The Structure of Chinese Philosophy:

From Dao De Jing to Thick Black Theory

楊道還　著

Daohuan Yang

中國傳統學術
之結構　從道德經到厚黑學

為道還先生書序

黃鶴昇

　　當今世界，以動力橫掃一切的西方理性工具主義已經推演到極致，其給人類帶來的生存困境日益加劇。德國學者韋伯（Max Weber 1864-1920）主張寬容哲學，企圖消除這種理性擴張；後來的哈伯瑪斯（Juergen Habermas 1929-）提出溝通哲學。用溝通來融合世界各類文明的衝突。這些大智大勇的哲學家，都看到理性工具主義的危害，也提出了一些解救的辦法。可是我們看到，這種用理性來療傷理性的辦法是微乎其微的。歐盟主張「溝通對話」解決世界外交的手段收效甚微：伊朗、朝鮮的核武危機依然存在；獨裁國家的人權迫害更加倡狂；而中東的恐怖主義更是泄無忌憚。原因是這個理性的腫瘤已根植人類的頭腦中。當年德國哲學家康得指出理性的局限性就是要打破懷疑論和獨斷論的枷鎖，想不到今天的懷疑和獨斷更加猖獗。一個人，他從小就接受那種知性教育：生活習俗、宗教、文化等，早就滲透其中，其理性觀念牢不可破，你的寬容、溝通能起作用嗎？我們清楚地看到，與恐怖分子講寬容，講溝通，無異於與虎謀皮；與獨裁者講人權，他只有把你當傻子──所有種種，就是其觀念已根植於腦袋之中，把它當作一切行動的準則。理性已經病入膏肓，根本無法自救。

　　多年來，我對人文哲學的很多新理論，新突破，新真理，新思想感到特別的沮喪與無奈：在新潮流狂操熱的鼓動下，各種理論層出不窮，但基本上都是一種理性反思之作，看不到更進一步的形而上學思考。他們自稱已掌握宇宙真理，已破解了人類命運的鎖鏈，實則只是一些標新立異，信口雌黃，自欺欺人，譁眾取寵的浮躁之作。

　　有多少人能真正坐下來認真地做反轉又反轉的悟覺，得出真正的學問來？人文哲學的學術，墮落到今天這個地步，完全是理性分析論的結果。人文學術領域受科學技術研究方法論的影響，如今的人做學問，先定一個關鍵詞，然後對這個關鍵詞進行分析，抽絲剝繭，旁徵博引，資料堆積，最後得

出結論。這種分析研究方法，已蔚然成風，作為是做學問的固定格式。他們已忘記了更大的綜合，已沒有「孔子登東山而小魯，登泰山而小天下」的綜合統一。這種分析論的學問，在科學技術領域來說，是非常有效和進步的。但在人文領域來說，則是一種大災難和毀滅性的打擊。人文科學不斷分析，最後必然是分析出靈魂基因，把人的本性、人與鬼神的關係都摧毀了。人沒有了靈魂，沒有了道本，生存的價值意義何在？正如莊子所說的，「天下大亂，賢聖不明，道德不一。天下多得一察焉以自好。譬如耳目鼻口，皆有所明，不能相通。猶百家眾技也，皆有所長，時有所用。雖然，不該不遍，一曲之士也。判天地之美，析萬物之理，察古人之全。寡能備於天地之美，稱神明之容。是故內聖外王之道，暗而不明，鬱而不發，天下之人各為其所欲焉以自為方。悲夫！百家往而不反，必不合矣！後世之學者，不幸不見天地之純，古人之大體。道術將為天下裂。」（《莊子·天下篇》）

人類的墮落，文明的缺失，很多的不幸，是他自身造成的。

人類要自救，不是在創造什麼新理論，也不是什麼新思想，新學說就能將人類拔起扶正的。太陽必定要落山，黑夜是要到來的，我們不如老老實實，承認這個歷史規律，回歸道本。華夏古老的先民老莊、孔孟，早就悟覺出道來，已有足夠的智慧，應對今天的人類生存困境。「反諸求己」，無須再創造什麼新的東西。

當我對中國人文學術界抱著，「前不見古人，後不見來者」、幾近心灰意冷的時候，一年前，一個朋友轉來一則資訊。一個叫楊道還的先生，想要我寫的「中國古人：『吾』之哲學觀」一文的資料。因此我就與楊先生書信交往起來。這一來往，令我大感興奮。我們對老莊道的悟覺，都有一種「志同道合」的見解。他在與我討論「吾」與「我」不同意涵時說，「我幾年前研究『吾我』問題，想有所驗證，找到了您的上述文章，真是喜出望外──比我所想還要徹底。……我以為，莊子《齊物論》中『吾喪我』，是莊子天人合一的關鍵。吾是那個與天合的，而我則是天地之『委形』、『委蛻』（《知北遊》）而已。這個吾，與《老子》中的吾是同一個意思，這是老莊學術互通最關鍵的一個聯繫。老莊的道和德，所有出入，都可據此理順。由此《老子》不再是玄學，而是與任何人都有一個聯繫，這個聯繫即是，任何人都可憑籍《莊子》去得到吾，然後窺道。人無時無處不在道中，不可逃，卻不能識得道，問題不在於『道可道，非常道』的困難，而在於『我』不能『識』，這種不能辨識是由於『吾』的缺位：有的人，雖然知有

餘，卻不能識，對道視而不見，這與王陽明深山識花的典故正成對比。由此出發，我從莊子到老子，又轉回來通往墨子和孔孟，將他們的學術整理成一圖，花了十餘年寫成了《中國哲學之結構》一書。」

我終於遇到一個得道之人了。有了一個既可以言，又可以訓的道人。我們幾次書信來往，雖然不多，但很有哲學意義。有次我在信裏說，世界是不可以認識完畢的，每一個認識都是一個意向性，不可能有絕對的認識。就像我們計算圓周率，它總是留下一個小數點，不可能計算完畢。道還來信說，他前幾天正在思考這個圓周率的問題，不想就收到我說的圓周率。我與道還先生未曾謀面，但我們真是「心有靈犀一點通」。我們一致認為，老莊的道，靠理性認識來開啟，是不可能的。只有靠「吾」的悟覺，才能得道。有時我們談論讀古書的心得，他說讀古書，一定要達到與古人神遊的地步，才能領略古人說話的真正意義，我剛好也有此體會。很多人先入為主，覺得古人不如我們現代人聰明，自以為了不起，讀出古人的學問不是垃圾就是不如自己。這種人做出來的學問，不是糟蹋古人，就是與古人的意義相去甚遠。更不可能看到古文明對我們今天的意義了。

道還先生大作《中國哲學之結構》之意義，在於他能進行綜合判斷，「先立其大者，則小者不能奪也。」（孟子語）他把中國先秦文化哲學：老子、孔子的道立起來。他從李宗吾的哲學思想受到啟發，找到一個「匡廓圖說」，然後在「匡廓圖」架構下進行闡述論證。洋洋大觀，古人之大哲學，就這樣被道還先生立起來了。

梁漱溟先生曾說過「中國文化哲學早熟」（梁漱溟《東西文化及其哲學》），早在幾千年前它就達到鼎盛時期。梁先生並指出西方哲學是講人與自然的關係（唯物論與唯心論），而中國哲學是講人與人的關係（我稱之為思維與思維的關係，是講人類和諧的學問。），它很少指涉到自然方面。就「格物致知」來說，它也不是西方傳統哲學的認識論。這個致知，最終還是為悟道目的服務的。中國的哲學，特別是先秦哲學，已發展到「致廣大而盡精微，極高明而道中庸」。特別是老子的道，已到了不用思、不可言說的地步，已抵達人類哲學的最高境界，但由於華夏文化哲學的久遠，長期的破壞和失傳，再加上西方科學技術的突飛猛進。中國人再也看不到自己哲學的博大精深，看不到那「大化流行」、在人類歷史洪流中屹立前行不倒的哲學。很多現代公知，認為華夏文化就是一堆垃圾，沒有邏輯性，不科學。有的甚至認為中國根本就沒有哲學。

　　我在研究先秦哲學的時候，常常感到一種無奈：我華夏哲學文明，明明擺在那裡，有史記載，有文載道，博大精深，「玄之又玄，眾妙之門」（老子語），何以到了我們現代人的手裡，特別是到了懂得一點西方哲學，懂得一點邏輯學的學者手裡，則變成中國沒有哲學了呢？

　　我在這中國哲學黃昏的途徑漫步也很長久了，總不見有來者，心有戚戚焉。這個「道可道非常道」，能被我們挖掘出來嗎？我們用思，用辯證法，是不可以證成的。人只有在「易無思也，無為也，寂然不動，感而遂通天下之故」。但「非天下之至神，其孰能與於此？」（《易·繫辭傳》）《中庸》也說，「肫肫其仁，淵淵其淵，浩浩其天，苟不固聰明聖知達天者，其孰能知之？」（《中庸》）老莊、孔孟的道，其哲學的精髓被埋沒也久遠了，有幾人能聰明聖知達天者？而達天者又有幾個「吾」能出來述說清楚？

　　我終於等來道還先生的出現。我們書信交往不久，他寄來他的大作。《中國哲學之結構：從道德經到厚黑學》，讓我為之一振。此書終於把中國的哲學結構闡發出來了，打破了中國沒有哲學的謊言。他的「匡廓圖」構思，不是馮友蘭先生的形而上學說不能說的哲學論述，也不是某些哲學家用辯證法上下折騰的論證，更不是國內的一些學者，將道歸為樸素唯物辯證法的簡單化約。他揭宇宙之太極，示人生之宿命，解往聖之絕學，開智慧之境界。他的思路明確，內道與外道化經緯分明，很好地將我華夏哲學的精髓闡述出來。道還先生的大作，為中國哲學立於世界哲學之林，做了一件非常有益的工作。此書得到出版，是哲學界的一件大事，是中國人文哲學的一件盛事，是為往聖繼絕學的幸事。作為同道者，願為其書做個吹鼓手。是為序。

戊戌年七月二十日

黃鶴昇，本名黃學昇。現為歐洲華文作家協會會員，世界詩人大會永久會員。著有短篇小說集《圈圈怪誕》，哲學論著《老莊道無哲學探釋》、《孔孟之道判釋》、《宇宙心論》等書。遊刃於聖哲之門，逍遙於老莊之道。

自序

（一）

　　中西方文化現階段仍處在相互隔膜和對立的狀態，兩者鮮有融通。中國人處於這兩者之間，思想往往斷裂成兩截，在個人和家庭生活上傾向於中國化，在職業和社會生活上則推崇西化。由此滋生出的裂痕和困惑，從潛意識一直蔓延到社會生活的方方面面。如何結束中西文化對立，將思想的兩截融合為一，是中國人仍亟待解決的文化問題。

　　從對中國人的影響上看，中西方文化並不均衡，西方思想日盛，而中國傳統思想日黜，有目共睹。如果中國思想能夠被西方文化完全取而代之，那麼株守中國學術顯然愚不可及。但事實並非如此。現代的中國人已經知道，科學和技術無法靠簡單的拿來或者拷貝發展起來，比這兩者更為深刻而復雜的文化，就更是如此。拿來主義所造成的只能是削足適履的跛腳文化。這裏的關鍵問題在於人的精神無法拷貝或移植。

　　文化的歷史性也使得學習西方文化，必須先理清中國文化，而不是將其簡單地虛無化了事。只有理清中國文化才能知道現實中的中國人是什麼樣的，是如何思考的，然後才知道什麼適合於他。此外，西方文化並不完美，更有其流弊，不能一概照搬。

　　中西方文化共存，並進一步融合，是中國文化問題以至於社會問題的惟一出路。李宗吾和錢穆都反復地指出了這一點。文化的融合始於對西方文化的內容的掌握和對其歷史起源的瞭解，但最關鍵而最困難的部分在於，文化融合需要中國人在個人精神層次上對西方文化的滲透。只有經過這一精神上的滲透過程，西方文化才能完成其轉變，轉變為中國人自體的，而非異質的東西。對西方文化內容的掌握和對其歷史起源的理解，可以從現實體驗和知識上得到解決。但一個人應用精神去滲透，進一步在潛意識中消融和攝化，則需要深層次的思想上的準備和修養，不是可以一蹴而就的。眾多中國人在

精神上能夠深刻地滲透西方文化之日，就是中西文化融合之日。

　　這本書的主要目的就是為有意於中西文化融合的人作一思想上的參考和準備。這本書的主要內容是對中國傳統思想，尤其是先秦諸子的學術思想的整理。

　　先秦學術作為中國思想的源頭，是一個整體框架。這個整體框架不僅包含了其後兩千多年所有思想發展的萌芽，也包含了社會生活所需的所有方面的功能。中國社會憑籍著這一具有豐富內容的整體，才能對其後曲折多樣的歷史情況作出反應，並得到發展。人類的歷史即是思想史，中國的歷史即是中國傳統學術的思想發展史。圓珠走盤，圓珠不出於盤外，史也不出於經和子。六經皆史，並非虛言。

　　與以往同類的書目中條分縷析的方法不同，這本書將先秦學術作為一個整體來處理，並提出了作者命名為匡廓圖的中國哲學結構。這個結構模型主要是受到李宗吾的啟發，是對李宗吾《中國學術之趨勢》一書中的思想的繼承和演繹。匡廓圖不僅反映出中國人的思想結構和社會結構，也適用於一般性的人類的思想和社會結構。

（二）

　　思想與物質不同，被一物所占據的空間，就容納不了另一物；但思想不具有物質這種性質。物質愈分享，留給自己的愈少，而思想「既以與人己愈多」（《老子‧81》）。西方思想與中國傳統學術不僅不是非此即彼，需要爭奪空間，而且可以互相補充豐富。正如莊子所講，「有萬不同之謂富」（《莊子‧天地》）。反過來，偏執一端就成貧乏。更重要的是，中國思想在根源上存在西方文化所不能及的部分。對這一部分的理解，是解決中西方文化融合的關鍵所在，也將為西方文化解決其本身積弊提供啟發，因而有重要的現實意義。

　　中國人而反對中國傳統思想，在近一百多年蔚為時尚，在開始的階段尚可以說是為了思想啟蒙開路。（參見張祥龍《深層思想自由的消失——新文化運動後果反思》）但在短暫的啟蒙階段之後一直到現在，反對中國傳統思想的主要原因是對西方物質文明的欣羨，思想上卻食而不化，並沒有長足的進步。西方學術進入中國，傳播廣泛，而愈壯大，而中國傳統學術被很多中國人反對而日趨萎縮。這其中一個原因是中國人不能會通中國傳統學術：無

法理解，也就不能「與人」；另一個原因是物質文明一葉障目導致的思想狹隘。這兩者又互相助長。

正如錢穆所講：「舊學宏博，既需會通，又求切合時宜，其事不易。尋瑕索疵、漫肆批評，則不難。」（錢穆《現代中國學術論衡》序）中國學術和思想，源遠流長，載清載濁，難以整理，隨心而用更難。出於前一種原因的對傳統學術的反對意見，或者出於對中國學術和思想一知半解，或者出於與西方比較時取彼上馴的詭辯，汗謾多，可取之處少。這樣的反對，大部分是隔靴搔癢，與傳統文化本身內容關系不大，既無建設，也不能有所損毀。出於後一種原因的反對意見，以西方文化中的科學主義，以功利主義為主要利器；而對西方其他方面的文化，重視程度就遠遜，因此流於短視淺薄。

這些反對中國傳統思想的人沒有意識到，中西方學術涵蓋對象的範圍不同，作用上也有所不同。「褚（口袋）小者不可以懷大」（《莊子‧至樂》），西方學術不能涵蓋中國學術，狹隘地將中國學術視為西方學術的附庸，或者狹隘地將西方學術歸納為科學主義，不僅不可能理解西方學術，而且有害無益。

中國人仍然困惑於何為傳統學術，其中最大的原因是，中國傳統學術遠未完結，傳統學術仍在發展，也就無法蓋棺定論。大器晚成，如果將中國傳統學術比喻為大器，那麼在冷澀凝絕的表像下，這個大器仍然生機萌動，有完成的沖動。這個大器晚成的比喻之所以成立，是因為不像古埃及人，古希臘人，或古羅馬人，時過境遷就蕩然無存，中國人仍然是中國人，中國傳統學術仍是那同一個器，仍是中國人生活日用不可缺少的一部分。中國歷史上，唐宋明帝國都斷送在異族手中，但因為中國傳統學術的維持之功，中國人仍是中國人，被改變的是異族。異族「進於中國則中國之」（韓愈《原道》），不僅是一種觀念，也是文化功效的實際表現，有這一功效的中國傳統文化在先秦即已建立，綿延至今。而傳統學術在流散於境外的中國人中，也往往得以維持：「居處恭，執事敬，與人忠。雖之夷狄，不可棄也」（《論語‧子路》）。現代中國人群慕西化，但因為中國傳統學術「不可棄也」，因此感覺芒刺在背，這是從清末以來，一些中國人對中國傳統學術不斷伐之的原因，而不是因為文化完全不相容之故。

中國傳統學術之所以能夠歷久不輟，是因為在其先秦的發源地，已經接觸到了人性的真正本質。後人不管如何推敲辯駁，也不能有所改變。這是中國傳統學術始終為一器的原因。人類的歷史，不管如何千變萬化，總是存在

著其基礎，即首先要有人性的可能性。沒有相應的人性基礎，就不可能有相應的歷史。人性的本質，不僅在古代和現在的中國人中是相同的，對古往今來的所有人類也是相同的，因此中國學術有其不可撼動的根源。

（三）

　　中國傳統學術以道家為源頭。《老子》講「曲則全」，曲即不是一維所能容納的，不存在唯一尺度。所以中國傳統學術傾向於認為世界是多層次的，而可以由道這個線索曲折地貫通。這樣的學術包含有科學的因素，但科學絕不是可以一以貫之的那個主要線索。世界也並非是理性主義這一線索所能貫穿。從人類複雜而往往令人難以索解的歷史來看，非理性因素至少與理性分庭抗禮，有意地對其視而不見置之罔聞，顯然不科學，也不理性。

　　中國傳統學術一以貫之的線索是道，是人能夠通行於其上的道，這個道必包含關於人的考慮，人能知，能行，並能成——三者合一，缺一不可。

　　對這個線索的理解，必須從對中國傳統學術的整體上的理解中來。在討論中國傳統學術究竟為何這個大題目之前，可以從一個小的例子說明傳統學術與科學的不同。科學家對於自己學科中的未知問題，往往勇於回答：「我不知道（這個問題的答案）」。科學家說「不知道」的時候，事實確實如此，這樣的回答，無損於他的社會地位，無損於他的身分，這是他的勇氣的來源。而中國傳統學術的學者，甚至中國的一般人，也很難有勇氣這樣回答。如果一個中國人說，「我不知道孝悌」，未免愧對家人；「我不知道忠義」，那就未免愧對朋友；「我不知道禮」，那麼何以在社會中立足就成了問題。這兩者的區別在於人的「我」置身事外還是其中。知或有人認為不必有「我」，但行和成必有「我」在其中。這個問題不是一種抽象，而是社會中的現實問題。

　　中國學術重視人，一個科學家首先是人，先要作人，然後作科學家。中國學術中對人的的評價是對人格的評價，不重視其職業，「君子不器」（《論語·為政》），「藏器於身」（《易·系辭》），因此有聖人，賢人，君子，小人等名目；而在西方，通常對一個人的評價著重在他的職業，和在這個職業上的成就，如哲學家，大哲學家，詩人等等，置人品不論。這裡中西側重不同，但不對等，顯然以職業上的成功與否來看一個人是本末倒置的，以此為目的的教育也是有害的。一個科學家也要回歸人。一個人的價

值如果等同於他的職業，才學，或事業，那麼當這一職業不復存在，才學無所用，事業已成舊跡時，這個人就失去存在的意義。

中國古人推崇激流勇退，不以失去自己的權勢地位，財富，或事業為人生終點，而視歸園田居為人生的另一開端，就是因為從先秦時代開始，中國人已經發現了人存在價值的更深層次。《莊子·秋水》有，「以道觀之，物無貴賤；以物觀之，自貴而相賤：以俗觀之，貴賤不在己。」職業，才學，事業等，都是「以俗觀之」的價值，當世俗認為貴時則貴，認為賤時則賤，不包含自我價值。

莊子要處於才與不才之間，「以俗觀之」的價值不是莊子認同的作人準則。對於一個學人來說，如果除了才學，就一無是處，這樣的人就像一個器具，當得其用的時候，可憫；當其才非所用的時候，就純乎可悲了。諸葛亮講「全性命」，而不講「全命」，這兩個詞之間的差別，就在於人有屬於人的特別性質，這個人性在天倫人倫的發展才算是實現了性命，而不是像動物一樣，一生只是個「全命」。諸葛亮鞠躬盡瘁死而後已，是全性而失命，如果能夠實現，他是寧願「全性命」的，就如「身未升騰思退步」的詩句所言。

中國學術重視作人因此包含三個層次，一是無貴無賤，二是自貴性命，三才是「以俗觀之」的價值。老莊孔孟，陶淵明，諸葛亮等人的生命存在是第一層次的例子；魏晉名士等人是第二層次的例子；第三層次的人不計其數，有如大浪淘沙，大多數人已被歷史遺忘。現代大多數人重視「以俗觀之」的價值，即人的才學和社會成功，勝過重視人本身的性和命。但也有清醒的人意識到，即便是試圖實現「以俗觀之」的價值，也不能只從「俗觀」著手，通過追逐「俗觀」中最貴者實現；而一個人只有在個人的愛好，性情相近，稟賦特出的領域才有可能實現此類價值，知道這一點，即是「自貴」的開始。不能回歸於道的「自貴」者，即如孔子所講的狂者狷者（《論語·子路》），遁世，以及特立獨行者。中國人往往認為他們可貴卻不足仿效。而當「自貴」的人能夠得到性和命充分發展，就是「踐形」，人自我實現為一個人——這樣的人是符合普遍人性的，從這一點回歸無貴無賤的第一層次，即，中道而立，中庸而行的人。這樣的人反而能與人混同，「大隱隱於市」。西方的理性主義屬於第三層次，近代的個人主義即是第二層次，而大衛·梭羅所代表的超驗主義類似於第一層次，但這些主張各自張揚，時有衝突，不成體系。這種情況與中國人匯總而言的整體認識要遠遜，時代上也晚近兩千年。

　　中國傳統學術從孔子開始注重德性教育，即第一和第二層次的教育。德性教育基於人，不剝離不迴避人的「我」牽涉其中。這是脫離「以俗觀之」的價值的教育，與西方亞裡士多德的教育傳統大相徑庭。孔子認為有教無類，不論做專業學問，還是做任何特定一「類」的學問和事業之前，必須先做好人這個基礎，即便法治和科學等要求客觀的學問也是如此。如，孟子講：「徒法不能以自行」。（《孟子・離婁上》）法的建立，通行，建設和發展必須得其人。忽視這一點的法治，輕則被等閒視之，使人免而無恥，重則有人以其不便而漁利，法治反而淪為以脅迫善類的工具。之所以說「不剝離不迴避」，而不是說中國傳統學術就是教人做人，是因為中國傳統學術是從人道角度出發，貫穿一切的一種學術，包括法律和科學，而有更多的內容：不是只有道，也不是只有人，而是供「能行之而成的人」來行的「可行之道」。

　　有斯道，有斯人；有斯人，有斯道。中國人所講的人性，不是人本主義，不是唯物質主義下的人性，也不是神本主義下的人性，而是「人道」，是人與道的結合。人有其本體，也有其用，體用不可分。人本主義充其量只能得到人的體，而人的用必須在人本之外的世界裡得以實現。這就揭出了中國傳統學術隱含的假設：在人本，神本，和物質世界所支撐起的空間裡，有「人之道路」的存在。即天下必然有道，而必然有具有真正人性的人能夠得而行之，達到極遼遠的境界。這樣的人的所行，即是「人道」：「道行之而成」（《莊子・齊物論》），人之用合乎道，即是「人道」。在這個意義上，「人道」與西方的人道主義相通，而具有更深的根源和意蘊。中國傳統學術，因此也即是學，又必須是術，能夠學而時習之，行之而能成；而不是象牙塔中的純粹學術。將道拆開為本體論或認識論，所得到的都不是道，而是德，即，「道失而為德」（《老子・三十八》）所指的那個德。因此，人們反復論道，其中的大部內容卻屬於德，這就引起理解的混亂。道既是本體又是認識，這就是「人之道路」的意味。

　　中國傳統學術對人性的研究，不是像科學家那樣，將人隔絕起來，從旁觀察；而是將人放在無限的世界，有無限的可能的開放世界中去體味。不可能通過研究魚缸裡的魚瞭解魚的真正本性；卻認為將人限制在一個社會背景中，在一個實驗室裡，從旁觀察，就能到真正的人性──這正是現代「社會科學」的致命弱點。現代科學對物質世界的研究中，實際上存在著同樣的問題。科學家利用各種儀器，將人的感知深入到以往隱晦暗昧的領域以取得數

據，這些數據的意義取決於對儀器的真正理解。而能否真正地理解科學家，這一至為精緻複雜的「儀器」——人，人的作用，在詮釋科學的歷史及其意義時，是根本性的問題。中國傳統學術對人性的研究可以從這一點切入，為解決此類問題提供思路，參考，和解決方案。如，孔子有教無類的教育方法，正是解決為人和職業這兩者關係的不二法門。

（四）

在知識爆炸的近現代，人類的生命和知識的局限，與知識體系宏大規模的對比日益明顯。很多學科，例如物理學，生物學，醫學等，往往才智出眾的人傾盡畢生精力，也只能精通其中的某幾個甚至某一分支。人的相對渺小，使得人們重視學和重視知識甚於重視人。2016年春，穀歌的計算機在圍棋上戰勝頂尖棋手，使這一問題不再只是學人的困惑，即使普通人也警覺到其中的含義。人的相對渺小，使得一些學人因此主張貴學而輕身，這就背離了求學的意義——生命的意義如果只在於知識的追求，那麼人就失去了自我和存在的意義，人的存在意義就降低到計算機之下。

現代人重視知識，追求科學和邏輯的知；重視幸福和自由，追求此一類的行，卻往往失去自己，這是有知有行，卻不能「成」的一途，不成其為道。

這裡面的關鍵在於，以知識為尺度來衡量人，還是以人為尺度衡量知識，兩者孰先孰後。莊子說：「吾生也有涯，而知也無涯，以有涯隨無涯，殆已」。（《莊子‧養生主》）莊子所講的，正是以知識為尺度，人就會窮於奔命而無所得。莊子所主張的，也是老子，孔子和孟子等人主張的，即，不能或忘人才是萬物的尺度，而不是反之。

知識和思想不是純粹的數據，它們只能按照人的認識規律積累而成，憑借著人，才能得到其意義。人的性質是貫穿其中的潛藏著的主線。因此，人性，人對自身的存在感和對自身存在的奧秘感，是知識和思想需要解答的核心問題。對這種存在感和奧秘感的不安，和解除這種不安的要求，是知識和思想發展的最原初的動力。離開這個動力，回避人而去追求純粹客觀的知識和思想，即使積累再多的學問，也無法回過頭來解決人的根本問題。這樣的追求，只是失去了意義的迷失。更何況，這是一個無涯的過程，也是無法完成的任務，正如莊子所講，是「窮響以聲，形與影競走也」（《莊子‧天下》）。這樣失去了自我的追求，所能得到的，也如柏拉圖所講，只如囚徒

看到的壁上的影子。

西方學術發源並執著於宇宙，中國學術則另側重於世界。上下四方為宇，古往今來為宙，宇宙是無限的。但自從人類啟蒙以來，宇宙就成為以人的尺度來衡量的世界，三十年為一世，天地人緊鄰而有界限。世界是有限的，是以人的尺度揭開的宇宙層次。人對宇宙的認識，最終要化為對世界的改造，才能達到其意義。從這個意義上講，科學並非單純發源於對宇宙的好奇，而是起步於世界，並以世界為目地而形成的。沒有這樣的認識，就無法真正地理解科學的意義和發展。

更重要的是，對宇宙的認識，一個人只有能夠把握人這一尺度，才能從懸殊的對比中，不至於失去自我，進而有所發現。中國傳統學術在解決這一問題上，是比西方哲學更為有力的工具。哲學不是自然科學之王，哲學與自然科學所處理的是完全不同的兩個對象。自然科學是關於自然的知識，建立的是一個知識體系；而哲學則是處理從人的角度和立場，如何理解和把握知識和知識體系的問題。哲學的愛智，只能是人去愛，而不是任何機器。自然科學是重視相同的學問，哲學是重視相通的學問，即人們能夠以同樣方式理解一系列的事實，而這些事實因為不相同，在科學中卻必須分門別類去研究。哲學的相通，是以人的思維特性為根據的。哲學是關於「真」的學問。哲學雖然始於愛智，其真實內容卻是「人」如何「得真」。而人的思維特性是人性之一種。中國學術在「如何是人的角度和立場」這一問題上，比西方哲學有更為深刻的認識，回答了「人是什麼」，「誰是我」等更關人性的根本問題。顯然這是哲學的最深刻的根基。

《莊子・天下》篇有：「譬如耳目鼻口，皆有所明，不能相通。」用比喻來說，科學的諸學科即相當於眼耳鼻口，各有專業領域，專業不同就隔行如隔山。哲學相當於人的思維，可以將目見耳聞鼻嗅口嘗交叉起來，綜合起來得到一個整體的認識和理解能力。而中國學術則包含了對「誰在認識」（如，是好奇心在認識，還是名利心，羞恥心，恐懼心，或者其他種心在認識？哪一種心是主人，還是這些心輪流做主才能導致真正的認識？），「不同的人為何以某種而非其他形式來理解」等問題的回答。顯然西方哲學在這些「非客觀」，「非理性」的問題上缺乏深入的探討。理性誠然是思維的利器，但人的意識和思維，並不限於理性一種。只有對人的意識和思維的其餘種種有深刻認識，掌控，和運用的能力，才能利其器，才能使理性真正鋒利起來。單純為了理性而理性，與眼耳鼻口的嗜欲沒有本質差別，都是以身殉

物。「其耆欲深者，其天機淺」（《莊子・大宗師》），這樣的理性喪失了人性，是最大的非理性。

具有深刻哲學思想，能從宏觀整體上把握知識的思想家和科學家，在知識的叢林中不至於迷失，才能使人類的思想得到發展。而只有知道「人是什麼」，認清「誰是我」，人才能真正地用獨立的眼光去探尋，而達到哲學深處。在這個深處，人才能與哲學家，尤其那些偉大的哲學家心意相通，進而理解他們的思想。對於普通人來說，這個基礎同樣重要，但人們「日用而不知」。偉大的哲學家卻能夠達到這個深處，得以與普通人心意相通，這是他們的思想能夠長久流傳的根本原因。

日本物理學家湯川秀樹從《莊子》得到了上述意義（湯川秀樹《創造力與直覺：一個物理學家對於東西方的考察》）。湯川秀樹說，天才的科學家所作出的發現，不是像計算機那樣，在充分掌握和遍歷所有數據之後得到的；而是從有限的殘缺不全的數據出發，憑借直覺的引導得到的。這種直覺是人獨有的，是能夠超越感官和理性邏輯的能力，這一能力也超越任何計算機能夠模擬的東西，不是隨機行走一樣的搜尋，不是完全基於已知，而是在極大程度上依賴對未知的認識，因此是人的獨特本質。這種本質即是大科學家與眾不同，而成其為大科學家的原因。這一描述同樣適用於思想家，哲學家，藝術家，詩人等探尋真理和美的人。

這種本質即存在於莊子所講的「吾喪我」的情形，在生理和心理上的「我」的背後，有著人的本質部分，「吾」。這個「吾」是人類直覺，想像力，和創造力的源泉。沒有任何偉大的發現能夠繞過「吾」而得以實現。

直覺不是憑空而來的，而在於對世界有一整體的，應然的認識。當這種應然與實然契合，科學家就做好了新發現的準備，開闢出新世界。沒有這種準備，即使新東西出現，科學家也會視而不見，這一點在科學史上不乏例證。在科學界，很多人認為提出問題比解決問題重要。但更重要的是如何能夠提出正確的問題，這樣的問題才能真正地導致新發現。而正確的問題只有那些具有應然直覺的人才能提出。只有基於對世界整體認識的流行，才會形成湯川秀樹觀察到的一個現象：「天才人物成批出現」。歷史上多有天才成批出現的現象，其原因不是因為某一時代特別饒於生理上聰穎明慧之士——這是湯川秀樹對「世」的精彩描述。

人的直覺與世界整體的實然默然契合，即是老莊學術所講的道：道，即是本體，也是認識。湯川秀樹特別會心的「魚之樂」的寓言，即是本體與認

識兼具的一個寓言。因為本體論和認識論的德的特性，老莊能夠通過「吾」行於道，而轉出德之上，得到「道之德」，而不是淩亂瑣屑的知識性的「物德」（「物德」一詞的意義，可參見胡適《中國哲學史大綱》）。這個關鍵，是中國學術中人們日用而不知的。從道去照觀世界，給予了湯川秀樹物理學上的啟示，也同樣會給予任何探索世界奧秘的人以啟示。老莊的道和德的理論框架，因此對於現代人能夠走出知識迷宮，有特別重要的意義。本書的第一部分，主要討論了這一框架的建立。

（五）

「人道」是曲則全的，在不同範疇的交界處蜿蜒前行，就像光線在湍急的水流中前行，而照亮路途上一切：自我，思維感官，我，人群，物質世界，和宗教。如果以人本，神本，和物質，作為一個坐標系的三個軸，人道是三維的，無法約化為一維或二維。在一維和二維的情形裡，看到的只能是人道的影子。無論儒家聖人還是道家真人，行的都是這個道。因為這道是曲則全的，從表像上看，儒家和道家分成兩截。但儒家和道家都是從完整的體用來考察人性，即在表像下，他們的人道內核是相通的，這是儒道互補的根本原因，現代中國學人已經對此有所發現。

孔子是先秦諸子中對中國社會和中國人的塑造，影響最大的一個弘道人。孔子的師道，有時被稱為孔教，而與宗教相比擬。這是不能理解人性的常，只從表面上的歷時長久比較，而得來的的錯誤認識。孔子的教導，並不是從神的假設來的，而是從人性出發的社會組成理論，是人的德性教育。

所謂德性教育，德即是得，目的不是知識，而是得到和實現人性的自我。從人性而來的對人類的理解，並不與宗教相牴觸。孔子說：「丘之禱久矣」（《論語‧述而》）──孔子不懷疑神的存在，在自信和知其不可為而為之中總是如有神在，而「仰不愧於天」（《孟子‧盡心上》），心與神相安，才有這樣的話。神的假設，可以使得一切都變得簡單清楚起來。但神可以啟示人，但並不替人思考；神不是人，神並不親自降臨到人間，人類的歷史仍然必然由人來執行和寫成；即使神為人設下道路，人也需自己去行走。在不需要神的假設就能夠理解的問題上，對神的依賴，則是一種寄生的生活。神如果存在的話，對人的期許必然是能踐其形──實現真正的人性和其發展，榮耀神，而非寄生。

孟子說：「惟聖人，然後可以踐形」（《孟子‧盡心上》），所指的人當是孔子，所講的當是孔子對真正人性的實現。道家的真人也是真正踐其形的人之意，而莊子對孔子的推重也與孟子相似。孔子的師道，一言以蔽之，即是己立而立人，己達而達人：必先有自己的卓然而立，然後為師使人自立，才成為師道。沒有自立，只是學之道，稱不上師道。學而能返，向外行遠而不迷失，向內返深而不惑，能潤其身踐其形，才能稱為自立。這樣的自立才能在千載之下仍然對學人有吸引力，有共鳴，使之傾心想從，孔子之師道深矣。

老莊的道和德，通過孔子的貢獻得以從形而上迴轉，與人們的生活接觸。孔子的仁，有兩個方面，一方面是個人內在誠意正心修身，另一方面則接近哈耶克所講的「真正的個人主義」，即同時也是一種社會生活的理論和規範」。仁的基礎是道之德，而轉入社會則成為道德，這是道德一詞的真正由來。這兩方面可以概括為「內聖外王」。內聖外王雖然是儒家所宗，最早卻是由《莊子》提出，「是故內聖外王之道，暗而不明，鬱而不發」（《莊子‧天下》），足見道儒的連續關係。余英時解朱子的一句話對此的闡述探驪得珠，「外王必本於內聖，而內聖所以為外王」（余英時《朱熹的歷史世界》）。這裡值得一提的是，《六祖壇經》中所記，六祖認為出世的釋家人，也須迴轉到儒家，出入自如，才算是功德完整，而不是對儒家加以摒棄。

後世常認為個人和社會是相互對立的，卻不知道這兩個方面是不能割裂的。人道存在著曲則全的從個人通向社會的通路，個人與社會不是懸絕的兩方面，從割裂著手的研究，其基本假設即是錯誤的。孔子與孟子講這一曲則全的人道，歸為仁，義，和禮。所謂義，就是「宜也」。禮則是仁義外化出的形式。個人不能與整體的一個社會發生接觸，只能以某種具體的關係，只能與特定的而且未必是具有代表性的一群人接觸。儒家將這種接觸的最基本的類型，歸為不可約化的五類，即五倫；次要層次上的接觸，或者說從第二層次到具體的複雜接觸，可以從五倫類比推衍而來。這樣的接觸，以仁為根本，義為變化的餘地，禮則是具體實現。如果不能完整實現理想的接觸，先去禮，其次去義，去仁是最後的決絕，這三者的重要性，即是按照這個順序漸深。任何一個人與社會的關係，即是以五倫及其衍生關係構成的集合中的一種，這一種中有仁義禮三個層次的約束。一個人與另一個人的關係，也存在於這個框架裡。而這一框架，只局限於「外王」這一方面，不能侵入內聖

的範圍。當社會道德強加於人，使其成為一個人內在的道之德，這樣的所謂道德，行之不遠，所以既不道亦非德。

（六）

「大道泛兮，其可左右」。（《老子・三十四》）歷史也因此在人道的左右搖擺不定中前進，歷史可能偏離，可能後退，但絕不可能完全離開或永遠悖逆人道──中庸之中即是在這個最廣大的背景下的中──這與被庸俗化的解釋，中庸即折中，是截然不同的。行道的人處於中道，他們能夠作為不變的方向參照，引領歷史。在行道的人身上，顯示出是人性的真正所在；他們對行為的選擇取捨，使人能夠一窺潛藏的道之用。道之用並不使一個人顯達，正如孔子所說的「人能弘道，非道弘人」（《論語・衛靈公》）。從這個意義上說，老莊孔孟這些人，尤其是孔子，對中國社會起到了真正的領導者的作用，他們是中國人的真正精神紐帶，而不是三皇五帝，帝王將相。歷史不能脫離人道，未來也不能；只有深刻地認識歷史所展現出的人道，才能知道未來的方向，通古今以至於未來之變──這是歷史的真正意義，也是中國傳統學術的真正意義之所在。

人類的每一民族的歷史，不管是不知戰爭為何物的非洲布須曼人，還是新西蘭好戰的毛利人，都是人性的一部分的顯現，而不是毫無來由的，是人性的可能性能夠支撐起來的。因此一個從人性出發的完整的知識系統，不是排他的，而必須找到所有衝突證據的根源，使之在理論系統中能夠有一位置，而不是剔除或拋棄其一，正如老子所講的：「善者，吾善之；不善者，吾亦善之；德善。信者，吾信之；不信者，吾亦信之；德信。」（《老子・四十九》）這樣的處理，才是對待真實世界的真誠態度，這就是莊子「齊之以天鈞（均）」（《莊子・齊物論》）的意思。只有能夠做到這一點的理論系統才是完整的。越具相容性的理論體系，越具完整性，越不是一種偏見和異端。以批評為手段的排他學術因此永遠不可能完整，而只能得到一種偏見，不能具有一個完整理論體系應有的相容性。以科學主義批評中國傳統文化，因此也只會得到偏見。

從老子開始的，包括莊子，墨子，孔子，兵家，孟子，韓非子，以及荀子的先秦學術，包含了以下中國學術的所有萌芽，因此對先秦學術的認識，即會使中國學術有一能夠安身立命的內核。這樣在中西文化的融通中，中國

學術思想能夠有一個立足點，而不是成為附庸，甚至一堆零散的材料。而先秦學術因為道的貫通，存在著內在的結構。這個結構，雖然看來簡約，但已經五臟俱全，構成了一個有機的整體。先秦諸子學間存在著轉承和對研究對象分而治之的關係。先秦學術的結構之所以能夠得到支撐，構成一個整體，就在於諸子學之間的潛在的支持，聯絡，和各司其職。

將諸子平等視之，平行地加以羅列和研究，不足以揭開先秦學術的結構性，獲得整體的認識，而只能得到扞格不通的凌亂結果，使人更加迷惑。本書試圖為中國傳統學術做一全面的整理，給這一內核畫一最簡而功能完備的輪廓（第十，十一，和十二章），揭開先秦學術這種結構性和整體性。為此提出的匡廓圖，主要是受到近代學者李宗吾的《中國學術之趨勢》啟發，是對他提出的以《老子》為主線，連綴而成的「道德仁義禮刑兵」的結構的繼承和擴展。匡廓圖包含了從道出發終結於禮的全部內容，這一結構不僅有對自然和社會的種種問題作出回應的功能，更重要的是提供了一個最簡的可行之道，進可以取用西方文明的成果，退足以自全思想力。

李宗吾是近代中國，從道家出發整理中西文化的第一人。李宗吾提出，先秦諸子的學術以《老子》為總則，其他諸子學，都是從《老子》中選擇一部分去研究，是細則。這一論斷探驪得珠，但從表像上卻很難看出來。這是因為，雖然歷代對先秦諸子的研究汗牛充棟，但仍然存在著重大的缺失，即存在著未曾得到解決的重要問題。這些問題的明確提出，無疑會引起新的思考。因此在這篇序言中，先羅列這些問題，而不是概括本書的內容，更能使讀者對讀本書有更好的準備。而讀者對這些問題的自我思考和反思，正是這本書所想要達到的拋磚引玉的目的。

茲將此類問題擇其重要者，羅列如下：

《莊子》是諸子書中，最難詮釋的一部，所以歷史上對《莊子》的研究缺憾最多。道家如何從黃老之學轉為老莊之學，有很多研究結果。但老子所講的道和德，與莊子所講的道和德，是否是一回事，因為對《莊子》的詮釋的不足，仍然難以說得清楚。以《逍遙遊》為例，郭象和支盾相互對立的解釋，明顯皆是錯誤的，但從未得到真正的解決。本書第一章即解決了這一懸案。

《莊子》雜篇中，最重要的一篇，是殿尾的《天下》篇。這一篇是一部簡略的道家學術批評史，歷數了先秦著名的道家學說並加以評論。這一篇的作者顯然是莊子的傳人而非本人。這一篇所提及的道家人物之一是墨子，而

且對墨子極為推重，說「墨子真天下之好也，將求之不得也」。墨子如何能夠與老莊聯繫起來，這是比「韓非為何與老莊同傳」更為重要的一個問題。

　　《孫子兵法》顯然有深厚的道家意味。但老莊皆是反對用兵或暴力解決社會問題的。兵家如何能夠從道家汲取思想，而不是像儒家那樣排斥老莊，道家兵家這兩者內在的聯繫是什麼？關於法家的源流，至少有兩種意見，一是「刑出於兵」，另一個是「其歸本於黃老」（《史記・老子韓非列傳》）。如果兵家同樣出於黃老之學，這兩種意見顯然就可以合為一體，這是值得探討的一個重要問題。

　　道家與儒家的關係為何，歷來只有爭議，沒有定論。近些年，儒道互補之說日漸流行。要論證這種互補有兩個重要的問題，一是先秦原始道家和儒家具體地如何互補，另一是這兩者在互補中是否有對稱的重要性。

　　「道德」一詞在中文中，有兩個重要的用法，一是老莊的道德學說，一是社會倫理意義上的善。這兩種意義是在詞源上聯繫起來的，還是僅僅因為無知而導致的誤用，是一個重要的文化問題。

　　《易》經八卦，是道教道家的符號，但孔子五十學《易》，老子卻對其絕口不提，《莊子》中更有陰陽是「物之殘也」的內容。所以相比之下，原始儒家更注重《易》經，這與流行的見解相反。而《易》經八卦實際上是人事的數字化。這種將人事映射到二進制數字列表的方法，如何是可能的，是否可以被取代，有無參考意義，是一系列值得探討的問題。換言之，這些問題即是：人事如何能夠公式化資訊化以進行計量，人事資訊的帶寬和容量如何，《易》經能否給這類問題以啟示？

　　中國傳統學術的內容，如何能夠轉入現代的語境，是關係到傳統學術生死存亡的一個問題。就目前來看，以西方學術為尺度，來解釋傳統是最為流行的做法。這一做法的前提問題是：這兩者是否有可公度性，西學能否有足夠的維度來容納中學的方方面面。只有在這兩個前提成立的情況下，此類的研究才有前途可言。但顯然這兩個問題沒有得到足夠的重視。而傳統學術的學者，將傳統學術作為歷史材料來研究，而不是視之為有現實性的有效理論來與西方學術相互動，是另一趨勢。舉例來說，這種做法熱衷於討論人的性善性惡，而不肯去討論人是否有自由意志，而先秦諸子對此卻多有論述。以中國學術為尺度，對西方學術加以解析；或者以超越中西的尺度，對兩者一併解析，這類的研究似乎幾乎無人問津──但這兩者是現實的亟待嘗試的方向。

　　中國這樣歷經幾千年的泱泱大國，到底有沒有科學和哲學，仍然是兩個常有爭議的問題。顯然，用一種學的定義，內涵和外延，來決定的答案難以令人信服。以科學為例，邏輯和實證被認為是現代科學的起因，但不可想像沒有這兩者，古埃及的金字塔和中國的長城，能夠得以建立。這就需要將科學延伸到古文化中去，去尋找科學的真正起因，這種對根基的重新認識無疑對科學的未來大有助益。哲學並非科學的附庸。「神以知來，知以藏往」（《繫辭上》），哲學與科學的客觀不同，哲學的任何論斷都必有人的作用在裡面。哲學能以知來，才能對科學有所裨益。從這個角度去解析中國傳統學術，才能看清古人「以知來」的學問和方法。

　　西方學者中頗有些人受道家影響，物理化學家和哲學家邁克爾・波蘭尼即是其中之一。他在著作中提到，各類學科的博士們匯集在一起也很難重複幾百年前小提琴製作大師的手藝。這個例子與《莊子・天道》中輪扁論斫輪如出一轍。道家思想在本土文化中仍然不甚清晰，很難說波蘭尼寫出這樣的例子主要是受到《莊子》思想的啟發，而更可能是他獨立重新發現了道家的某些思想，而道家只對他起到了輔助性的印證作用。這就引出了，像波蘭尼或人性心理學家亞伯拉罕・馬斯洛這類學者，他們所見為何，他們如何又重新發現了道家，他們的思想與道家如何聯繫，從道家出發如何能夠引其思想為輔弼等一系列問題。

道還　二零一八年五月於密西根改

目次

第一部分

第一章　德出於道，道同德異

　　道是中國文化的總源頭和總線索。中國學術中的儒道兩大派係都發源於此，儘管他們對道的解釋表面看起來有所不同。道又是唯一的源頭。老子說「道生一」（42。《老子》在本書被引用次數頻繁，下文中只註明章數。），《莊子・人間世》說「道不欲雜」，與孔子說的「吾道一以貫之」（《論語・裡仁》）是同一個意思，認為這個人間有一個，而且只有一個以「道」為名的總線索。但從中國學術現象上看，這個源頭並不那麼顯而易見，先秦時代的學術，已經有百家爭鳴的說法。

　　一般認為，百家的出現是學術繁榮的表現。但道儒這兩家的宗師們未必樂見這種情形。楊朱因歧路亡羊而不悅，對此老子孔子莊生應有戚戚焉──我們所處的的人間世只有一個，卻有眾多不同的，甚至相互攻訐的學術，顯出的只能是迷失和混亂。百家爭鳴的情形正如《莊子・天下》所講的，「悲夫！……，後世之學者，不幸不見天地之純，古人之大體，道術將為天下裂」。道還是那個道，那個大塊大體仍然是那個大塊大體；而「道術」，即學術，則「為天下裂」，學人之於學術正如尋羊於歧路，各自以所認定的岔路為是，以他人為非，《天下》篇認為這是可悲的。

　　道是源頭，可以也必然是簡單的；學術現像是道流的末端，難免支離，整齊劃一反而不合理。試圖僅憑「道」來解釋像百家爭鳴這樣的現象，不僅不夠，而且會擾亂本應清澈的源頭，妨礙對道的理解。所以在解釋現象時，必須引入一些次要源頭，以標誌岔路的路口。這些局域的源頭，也就是局域性的線索，不是像道一樣貫穿全域，因此有「致遠恐泥」的危險，必須時時要以道為憑稽，來估量其遠近與方向，即所謂「道也者，不可須臾離也」（《中庸》）。

　　道之下，第一個岔路就是德，道家統領百家，德是不可或缺的一環，諸子的不同是他們的德不同，而不是道不同──這一點歷來被忽視了。德得之於道，即德出於道，但萬物雖然共一道，卻所得的大小，程度，性質等等不同，這些不同可以用物德不同概括。萬物「順而不一」（《莊子・繕

性》），所以說「道同而德異」。

一、道德是道和德

　　百家爭鳴中所謂的「百家」是種虛指，有影響並經得起歷史時間篩選的學術家派只有幾種而已。《史記‧太史公自序》載，司馬遷之父司馬談採撮學術精華，「論六家之要指」，只歸納出了區區六家。這六家是：「陰陽、儒、墨、名、法、道德」。「論六家之要指」這篇短文中有兩個特別值得注意的地方。其一是「道家，……因陰陽之大順，採儒墨之善，撮名法之要」。這實際上是在說，六家並不是並駕齊驅的，道家總括了其餘五家。司馬談不是將六家並行羅列，而是試圖找出「一以貫之」的線索，這比細細地作一個百家學術譜，要有意義得多。司馬談所做的是處理材料，而他得到的結果是六家有個道的總線索。這個分而又合的結果與孔莊楊朱的觀點相呼應一致。司馬談這篇短文中的另一個值得注意的地方是「道德」。他說的「道家」，指的是「道德」家。其餘五家中，儒，墨，名，和法都是一個字，只有陰陽是兩字的。陰陽是兩元的對等的，不能以陰或陽一字指代。那麼「道德」是否也是如此呢？答案是肯定的，道德也是兩元。道與德這兩元，不是像陰陽那樣兩元對等，是不對等的，道為基元，德為次元。「失道而後德」（38），所以道德家可以簡稱為道家，但德仍是道家一不容忽視的主要內容，司馬談有意無意中兼顧到了這一點。

　　德本身字義是「得」的意思，「德者，得也」。（這種解釋，見於《禮記》，《韓非子》，《管子》等書，可說是一種共識。儘管「德者，得也」常常用來解釋德的字義，用「得」解釋德，並不全面。凡是提到德，不能脫離得的基本意思，但德包含了得，具更多的意味，尤其是抽象的意味。在所得到的對像是道的時候，德不能用「得」來代替，因此德所能得到的對象的範圍更為廣泛。在具體一事一物上，「得」更經常地被使用。）哲學範疇上的德，與道相對而言，是管子所說的「虛無無形謂之道，化育萬物謂之德」（《管子‧心術上》）。與道「虛無無形」相對，德「實而有形」：德是顯現的，結果性的，可以說屬於與「無」相對的「有」。

　　「道德」可有兩種解釋方法。一種是「道之德」，主語是德，道僅是定語，道之德取自於道而非其他；一種是道和德，兩字獨立如陰和陽，是道和

道之德並列。認為道德是個複合詞，是倫理意義上的善的意思，是後起的，不歸於以上兩類，所以暫不考慮。

德是道之德的這個意思，以《老子翼》所引的江袤言最為透徹：「無乎不在之謂道，自其所得之謂德。道者人之所共由，德者人之所自得也。」「自得」意味著自有，局域化；而道是共由的，廣延於一切萬物的。沒有任何兩個人是完全一樣的，也沒有任何兩個人有相同的「自得」。江袤此說，既繼承了管子「萬物」德的意思，又將「由道而來，得之在我」的關於「人」的德講了出來。這兩點，即是德在哲學意義上的範疇。德是道形而下的第一步，道既通往物理上存有的萬物，又通往人。這一聯繫中，形而上通向道，形而下一端通向德。

老子《道德經》，是道和德的經，德即是江袤所言的「道之德」。德在老子書中的重要性與道相比幾乎不分軒輊而稍遜，對此若有忽視或不清晰，《老子》則不可解。帛書《老子》中德篇在道篇之前的事實，最重要的意義在於對德的獨立性的凸顯。老子講道亦講德，但道為立足點。莊子也是兩者都講，但以德為主。道沒有德，只是一種「不落因果」，卻可能違背因果反而自以為是的玄虛（宋無門慧開禪師《無門關・百丈野狐》）；論道的人，也因此易陷入不能著於言語，卻見於文字的悖論境地。

道「人之所共由」，卻「可傳而不可受」，是因為這裡隔著受者自身的德這一層：即使道理講得天花亂墜，聽者如果是點水不入的頑石，也毫無用處。《莊子》講薪盡火傳，「指（脂）窮於為薪，火傳也，不知其盡也」，可以看作道和德的共同作用的一種隱喻：道如火，人如薪，薪得火而燃如德，沒有德，薪和火是兩分的。薪得火然後有火傳，火傳即「受」的表現。學道者需自身得之，道對於人才有意義可言。否則，就如有火無薪，只有可傳，而無「受」的主體。「心不在焉」（《大學》），道不可留，即沒有德之生。而材質好的薪一旦燃起，又可以勝於火種之火，就有文化的演進。錢穆對薪盡火傳的解說，也指出了以德見道的意思，他說：「薪乃一物，屬形而下。火猶道，屬形而上。天地萬物，變化無窮，即在此無窮變化中見道。火只是一燃燒，一作用，一業。薪能為火，乃薪之性。則莊周此番話，可演繹成宗教哲學科學三方面，而莊周則會通言之。」（錢穆《現代中國學術論衡》，北京：生活・讀書・新知三聯書店，2001年，第114頁）

從歷史上看，道家從漢代初期的黃老之學轉成後來老莊之學，從「此是家人言耳」轉成玄學，其關鍵就在於對「德」的瞭解的逐步恢復。一旦清楚

了道和德的關係，就可以很明顯地看出，這一轉變是理論邏輯內發的，必不可免的。此後道家老莊只能合稱，不可改變，從漢晉流傳至今，這一穩定性即是這種「必不可免」的明證。

二、《莊子‧逍遙遊》「小大之辨」解

　　《莊子》中，大多內容論的是德，即「得之在我」的道之德。德是莊子書被魏晉名士重視的主要原因。這一點從歷史的角度看起來很清楚，但當時的人卻有身在此山中的迷惑。郭象和支盾對《莊子‧逍遙遊》一篇中的小大之辨的爭論，就是這種當局者迷的一個經典例子。這一爭論，因為影響廣泛，而兩人各有所據，所以延宕久遠也未曾澈底解決。這種情況實際上阻礙了道這個總線索的形而下發展直至今日。解決他們的爭論，有助於解讀《莊子》，也可以進一步清晰確立德在中國傳統思想中的樞紐地位。

　　《逍遙遊》開篇有，「北冥有魚，其名為鯤。鯤之大，不知其幾千里也。化而為鳥，其名為鵬。……」。這個鯤鵬的寓言的重要意義和影響，毋庸贅述。莊子從鯤鵬寓言引出小大之辨，說：「窮發（不毛之地）之北，有冥海者，天池也。有魚焉，其廣數千里，未有知其修（長度）者，其名為鯤。有鳥焉，其名為鵬，背若泰山，翼若垂天之雲，摶扶搖羊角而上者九萬裡，絕雲氣，負青天，然後圖南，且適南冥也。斥鷃笑之曰：『彼且奚適（去往）也？我騰躍而上，不過數仞而下，翱翔蓬蒿之間，此亦飛之至也。而彼且奚適也？』此小大之辯也。」這段的大意是，鯤鵬極大，斥鷃極小，這裡面應該有所分辨。《逍遙遊》中還列舉了一些其他的小大的例子，但一旦解決大鵬和燕雀（斥鷃）的小大之辯，其他可以類推。

　　向秀和郭象對小大之辯的註解，見於郭象的《莊子注》。郭象說：「苟足於其性，則雖大鵬無以自貴於小鳥，小鳥無羨於天池，而榮願（心願）有餘矣。故小大雖殊，逍遙一也。」（《莊子注‧逍遙遊》）郭象認為，大鵬和小鳥如果具足本性，就是一樣的逍遙自在，（它們的道）沒有貴賤差別。支盾《逍遙論》說：「莊生建言大道，而寄指鵬鷃。鵬以營生之路曠，故失適於體外；鷃以在近而笑遠，有矜伐於心內。……苟非至足，豈所以逍遙乎？此向郭之注所未盡。」支盾顯然認為斥鷃不能像大鵬一樣「至足」，所以斥鷃不如大鵬，小大之間有不「至足」與「至足」的差別。

　　郭象和支盾表面所論是鳥，實質上卻是在論人。郭象認為「逍遙一也」，大鵬和燕雀內在的道是相同的，只要具足本性行之而成，就沒有分別。郭象此意隱含著人的德行也是如此，有道行的人的道與平常人的道沒有差別，就是端茶童子全心全意地端茶亦是聖人的意思。從郭象的意思推衍，苟且的人如果天性如此，也與有道行的人並無區別，這顯然有悖常識。支盾認為，大鵬「失適於體外」不受自身與外物之拘束，能「不物於物」，所以才是真正的逍遙。從支盾說推衍，即是說，修道的人，才能真正逍遙，童子端茶即使能盡心盡力，心無雜念，仍只是「小」人，不算作逍遙。

　　郭象和支盾兩說，在當時都有很大的影響，但支盾說更勝一籌。劉義慶說：「莊子《逍遙篇》，舊是難處，諸名賢所可鑽味，而不能拔理於郭、向之外。……支（支盾）卓然標新理於二家之表，……。後遂用支理。」（劉義慶《世說新語‧文學》）支盾說雖然得到了魏晉名士的推重，但支盾說存在著重要缺憾，因此後世對這一問題仍然莫衷一是，爭論紛紜。支盾說並沒有正面回答，大鵬和小鳥，具足各自本性後，是否沒有差別。而且支盾提出的「至足」，又引出了斥鴳是否要仿效大鵬，去追求大鵬那種「至足」的問題。

　　小大之辨的關鍵在於德。不同的德之間才有逍遙和不逍遙的區別。道本身已是納須彌藏芥子，無往而不入，何需逍遙？莊子的「小大」因此所指喻的是德而非道；逍遙是有德之人逍遙於道境的意思，是對德的描述。

　　道無分別，德有分別。小大之辨中，大鵬和燕雀內在的道是相同的，德卻有大小之分。《逍遙遊》以大為通達為美，因為大德更接近道，如老子講的「道大」（25）。又如，莊子說，道在螻蟻亦在矢溺，物雖然不同，道並無不同。此物不是彼物，物德因此有大小美醜之分。螻蟻矢溺之所以卑下，在於其物德卑下，不是它們的道卑下。

　　郭象支盾兩人所見皆各得莊子的一半，都屬誤解。郭象論道正確，但誤認為小大之辨的關鍵在於道，將道與德混淆了。所以郭象有將人的德等同於螻蟻矢溺的傾向。處於卑下的道仍然是那個道。人和蛆蟲同處於道，卻不能說有同樣的德，這是郭象沒有弄清楚的地方。而支盾的逍遙，是刻意而行，正是《莊子‧刻意》一篇指出的一種誤區：強德則悖道，反而失之。

　　從意象來看，郭象支盾的錯誤都極為明顯。郭象雖然論道正確，但不適用於《逍遙遊》，將道張冠李戴，硬套到德上，乖離於《逍遙遊》的整體意識。如果《逍遙遊》可以如郭象這樣解，莊子用大鵬的比喻開篇跡近譁眾

取寵，這就辜負了莊子為人擴開心野的努力。支盾之說，是「以大為通，以小為陋」（浦江清語）的意思，與莊子文意相符。但支盾的解，將刻苦之象強加於大鵬，這種「刻意尚行」（《莊子・刻意》）為道家所不取，而且支盾隱含了否認大鵬和燕雀的道相同之意，這是與老莊的道論相悖的。逍遙是莊子造設的大德之象。「藐姑射之山，有神人居焉，肌膚若冰雪，淖約若處子；不食五穀，吸風飲露；乘雲氣，禦飛龍……」無論如何不可以與螻蟻矢溺相對等，與「失適於體外」相融洽。（此外，《莊子・河伯》篇是大小之辨的發揚，可以作為《逍遙遊》的參考，道和德兩個層次的區別和各自的作用，在此篇中，更為明顯。）

　　總之，不引入德的範疇，小大之辨無法可解。而一旦明白德的作用，小大之辨就極為簡單，以至於《莊子》都可以豁然開朗了。

三、道與歧路

　　確認了德這一概念，諸子百家何以會歧路亡羊，就容易明白了。道本是相同的，但各家所得不同，即道同而德不同——百家爭鳴由不同的德而起。

　　百家的紛爭，正如《莊子・天下》篇所說：「天下多得一察焉以自好。譬如耳目鼻口，皆有所明，不能相通。猶百家眾技也，皆有所長，時有所用。雖然，不該不遍（不完備，不普遍），一曲之士也。」就像眼耳鼻口這幾個器官，各有各的感覺，但沒有哪個器官是全面的，能夠統禦其他器官；百家中的大多數諸子也是如此。

　　百家爭鳴是一些一曲之士之爭。一曲是局域的不全面的心得（德），有其長處，「時有所用」，但不是能一以貫之的線索，只是一些次要線索。不明白道是總線索，而執意認為一己所得是普遍情形，將其無止境地推及一切，就成一曲之士。一曲之士們不知自己這一察之得有效的範圍。不知何處應「止」，不知如何「知止所以不殆」（32）的一曲之士，相互爭競菲薄，就如盲人摸象，因為各有所據，各偏執於一體而互相駁斥。在學術上，這就表現為百家爭鳴；在理論上看，就是「道術將為天下裂」。

　　從一己的經驗，到專精的技藝，到在某一學科的建樹，乃至一個學派的理論，都可能成為一曲的內容。這樣的內容並沒有錯，但應用它的人卻可能逾界犯錯。就像「不積跬步，無以致千里」（《大戴禮記・勸學》）一樣，

「跬步以進」在局部講是不錯的；但認為這樣就一定會致千里，則是錯誤的：一曲之士跬步以進，不問前程，也可能只是在原地轉圈，走不出自己的局限。

　　守株待兔的農人無疑曾經得到一隻兔子，但把這一經驗推及到每一天的收穫，就可笑了。槓桿使人可以撬動重物沒有錯，但撬動地球則要複雜得多，是另外一回事，不是有個支點的槓桿就可以做到的。這兩件事，錯誤都很明顯，容易為人所理解。但很少有人能夠意識到，以現代自然科學的成果，直接應用於人類社會，與守株待兔並無實質差別。一曲之士如果認為只有自己所見的範圍才存在，這個範圍之外空無一物，這個範圍就成為一個封閉的空間，那麼他就困於自己知識的陷阱。這時的一察之得，反而成為一葉障目的障礙。莊子批評楊朱墨子，說：「而楊、墨乃始離跂（努力，勉強）自以為得，非吾所謂得也。夫得者困，可以為得乎？」（《莊子・天地》）用的即是此義，現代科學對人們認識的阻礙也類似於此。

　　在狹隘範圍或封閉情況中獲得的經驗和學問，不能直接擴展到更為宏大的範圍或對象。反過來講，一曲之士不能知其大，不知大體，也不能得知他的一察的來龍去脈，獲得真正的理解，而只能依賴於未加考察的假設和猜想。淵源於不同假設和猜想的推理，在應用於同一情況時，衝突必不可免。此類的衝突不是衝突任何一方所能解決的，因為他們各自的一察之得畢竟有其有效的範圍，在這個範圍內，另一方是錯誤的。在這種情況下，他們的爭論就成兩難的。在這樣兩個範圍的交界處，只有「曲則全，枉則直」（22），才能兩全其美，保全爭論的雙方的真實所得，使其「兩行之」（《莊子・齊物論》）。曲，《說文》說「象器曲，受物之形」，就是取象於物在外力作用下產生的形變，如凸凹，彎，扭等。

　　「曲則全」的意思是，就像插入水中的鉛筆看起來是彎折的，在兩個範疇的交界處，內在的完全而沒有人為割裂的聯繫，在表像上卻可能是「曲」的；反之，強求其直，則會發生人為的割裂。「兩行之」是微觀上解決兩個範疇間衝突的辦法；「曲則全，枉則直」則是通用的原則，是認識延伸到任何範疇都必須遵從的原則。在對任何一曲都能夠尋根溯源，得其全之後，才能最終解決「道術將為天下裂」的問題，這個根源就在於老子的道。顯然道這個根源不為任何一範疇的範圍所限，這就是「道可道，非常道」的道理。

　　人們對世界的知識，是由林林總總的一察之得綜合而成的，因此對其的整體認識，也充滿了「曲則全，枉則直」。多曲，多枉，即「為道日損」

（48）之義。任何一察之得，一曲，都是一德。愈小範圍的一察之得，就愈是小德。只有不自恃，不去一意孤行一刀切，而多曲多枉，才能曲盡其妙，才能通達而綜合許多小德，而成大德。莊子庖丁解牛的寓言即寓有此意。莊子說：「小知不及大知，小年不及大年」（《莊子・逍遙遊》），其實即是具體的兩種小德不如大德的情形。由小而大的德，最終趨近於道。這是小大之辯的應用上的意義。這裡應注意的是，上述只是成大德的方法之一，從大德到道，只能「上德不德」。

　　《天下》篇所講，不是道的分裂，而是術的分裂。術，據《說文》，「邑中道也」，是一種路，而且是人造作的路，與此處所論的德的意思暗合，一術即是一德。術可裂，道術學術都可裂，產生岔路，但道卻有恆，是我們與古人或任何人所共由的。「道，……其中有精；其精甚真，其中有信」（21），有真和信，即是道而非其他任何概念範疇，能成為中國文化的總根源的原因。道作為路，只有少數「真」人才走通了。老子說的「天下莫不知，莫能行」（78），既是抱怨，也是實情：未走通的人，每個人走的都不一樣，就成了一曲；通了卻是一樣的，不會錯認，即「有信」。

　　如果沒有一個有常的道（老子的「道」，「吾不知其名，字之曰道」（25）似乎用別的名稱也可，但如果注意到道這一概念背後層層疊疊的詞源，語義學，歷史用法上的意義，只有道這一字能夠保證在所有這些層面上不產生割裂。所以道這一名，雖出於不得不爾，但無可替代。），萬事萬物如芻狗一樣的祭器，用過則棄之，那麼歷史性的所有東西，都成明日黃花，對我們毫無意義可言。如果不能有常，像《莊子・許無鬼》說的那樣，沒有預先說好，射到即以箭中之處為鵠的，這樣說的善射，「天下皆羿也」，那麼倫理道德都成虛幻——人人自行其是的同時，也可以自認為自己是道德上的聖人。有人或許會舉出儒家的仁作為總根源。但仁只是一德。在下文中會看到，道概括了仁，仁可以做道德之補，是下一個岔路的開始。但仁並不能作為道的源頭，從仁發端的人本主義處於下游，不能上溯推演出自然。

第二章　道與德的框架

　　哲學意義上的道，是老子最先提出的。老子之前後，其他人也提出了這種道或那種道，不一而足。但老子定下的道，演變成這些種種的道裡面最重要的一個，談到道就無法迴避《老子》，必須以《老子》為依據。老子認為道不能用言談說出，所以《老子》中所談，不離於道，但不是道的本身，像指向月亮的手指不是月亮一樣。老子說：「無名，天地之始；有名，萬物之母。」（1）《老子》用道的名，是從萬物必有其母的角度來「指月」，人可以透過萬物窺道。而對於不需要這一步驟的人，「無名」──不藉助言談就可以了，也不需用什麼來指月。

　　道不可致詰，只能藉助可以致詰的萬物，通過喻其所指的辦法論說，這就必須引入德。萬物成為或作為「有」的存在，是自我的個別的德的蓄積成形和存在。老子說：「道生之，德畜之；物形之，勢成之。是以萬物莫不尊道而貴德。」（51）這句話的意思是，（某一）物得以生是因為道，物能夠以自身的形式存有是因為德。物的形狀形式，只能按照自身所得的道和德而顯現，只能在外在的勢的左右下而形成，所以萬物都必然在尊道的同時貴德，缺一不可。

　　物消亡之後，又回歸於道。在這個過程中，是德的消滅，導致物的消滅。因此道和德構成了最簡單的一個循環，這個循環是最為簡略的，但已經是一個完整的框架，包含了萬物的最基本的過程。

一、道可道，非常「道」

　　《老子》第一章，「道可道，非『常道』」一語說盡了道的所有意味，即，「可以說出來的道，便不是經常不變的道」（張默生《老子章句新釋》）。老子的道有常有恆，使其區別於其他的道，因此可以稱老子的道為常道。此句中的「常」，就是恆常，就是「無古無今，無終無始」（《莊

子‧知北遊》）；「獨立不改，周行而不殆」（25）；「於大不終，於小不遺，故萬物備」（《莊子‧天道》）；道無處不在，無物可離。對於人，道是我本有，不可離；德是我本無，因道而有。本有的，不能通過它物而體察，它物只是橫插在中間的東西，只能是一種妨礙。這是「道可道，非常道」的原因。體察到本無，就有「上德不德」。

從外延來看，萬事萬物都在道中，包括種種不同的道都在道中。而外延無窮意味著內涵為零，任何規定限定都會破壞道的完整。《老子》中的「寂兮寥兮」，「惚兮恍兮」，等等，都是重申這一無限制。天道和其他的道都只是這個常道的一部分，這些個別性的，有邊際的，有局域性的道是可言的，都屬於「非常」的道，不能用其定義替代或羼入常道。

常不是道的定語限制詞，而是一種「強為之名」，去掉常，仍是指同一個道，《老子》書中即是如此。常並非對道的一個限制，而是道的特性，正如陳榮捷所講：「（道）無限制，但並非無明確特性」（「On the surface non-being seems to be empty and devoid of everything. Actually, this is not the case. It is devoid of limitations but not devoid of definite characteristics.」譯自《The Way of Lao Tzu（Tao-te Ching）》, Wing-tsit Chan, Bobbs-Merrill company, Inc., Indiannapolis, the US, 1963.）。「道可道」一句中的常字，本來作「恆」，因為避諱而改為「常」。恆，如「如月之恆」（《詩‧小雅‧天保》），包含變動而長存的意味。用「常」代「恆」，是將「常」提高一格使用，如，數學上有常量變量（不常的量），也有恆等式，這個恆總是成立，總可以將常變量都聯系起來。蘇轍解「道可道」章，說：「（一切）莫非道也。而可道不可常，惟不可道，而後可常耳。」（轉引自焦竑《老子翼》）他舉例說：「仁不可以為義，而禮不可以為智，可道之不可常也」，又說：「名既立，則圓方曲直之不同，不可常也」。「仁義禮智」和「圓方曲直」每一個都有其常，但也有其不常（不適用之時之處），不是恆。恆則生用，不恆「用天下為不足」，只能用於一時，「止可以一宿而不可以久處」（《莊子‧天運》）。久處於只能用於一時的不恆，就會像刻舟求劍，因為拘泥而遭到困厄。

雖然常不如恆，但仍勝過不常。馮夢龍說：「智日以深，姦日以老」（《智囊‧雜智》序），這裡「姦」，指欺騙虛妄，也可以用一切不常替代；「老」是消亡的意思。馮夢龍這句話，深得道家的意味。偽則不常，只有真才有其常，才能經得住時間的考驗，這句話又揭出揭露與傳播的差異，

在揭露的過程中固然使更多人得知或嘗試某種騙術，但這樣的傳播只是一時的，騙術一旦揭開，便會速老而消亡。李宗吾的《厚黑學》即是應用此意的一例。

從整體上看道的「恆」，就靜態來說，道無內涵，古時如此，現在和將來也如此；就動態來說，古之道囊括一切，而現在和將來的一切放在一起，仍然是道，道囊括一切這一點是不變的。就細緻而言，道的存在「於小不遺」，充盈於一切微觀細節，道的運行總是「上善若水」，「道法自然」，這些都是有恆的。

對萬物而言，道之恆即如杜牧的「丸之走盤」的比喻。杜牧說：「丸之走盤，橫斜圓直，計於臨時，不可盡知。其必可知者，是知丸不能出於盤也。」（《樊川文集》卷十《注孫子序》）萬物就如同圓丸，儘管看起來無窮無盡，但總是不出於道的範圍，總是在道的允許下才存在，所以宋儒說「理在物先」：先有道理，然後才能有物。不存在沒有道理的物。

從道來看，人是萬物中特別的一物，人不像外物那樣，只能被其他萬物所推動，而可以有一定的自由。由此而來的人類社會，紛繁攪擾，比天然的萬物更複雜，但無論如何複雜，人類總是限於三界內，五行中，也有其丸之走盤的「恆」。對人來說的恆，與易經的易的意思很接近，即不易，變易，和簡易。從道外看，恆就是「不易」，對每個人能窺到「恆」的人來說都是如此，古往今來從未改變，道還是那個道。這一點極為重要，否認這一點，歷史就陷入虛無，而道如果不能伸展入未來，那麼未來也無從談起。從人的個體行動來看，道的變動的外延，就是「變易」，道允許變，人因此可以利用變，也可以不變。將萬變（變易）用不變（不易）貫穿，「循大變無所湮」（《莊子‧天運》，湮，堵塞。），就使之「簡易」起來。這就是老子所說的「既得其母，以知其子，既知其子，複守其母，沒身不殆」（52）。簡則易從易成，所以老子說：「吾言甚易知，甚易行」（70）。

無內涵的常道，只能以否定的句式提出。「道終不可得，彼可得者，名德不名道」。（《關尹子‧一柱》）這就像向人第一次介紹數字零一樣，先有一個蘋果，再拿走一個蘋果，然後說「沒有蘋果了，就是零」。這個零與蘋果或梨無關，蘋果或梨只是工具；與一個兩個也無關，不能用蘋果梨子或數量來肯定地定義，只能用否定式說明。語言或數學，理性或邏輯，都只是思維的工具，而不是思維的全部，而思維也在道中，道涵蓋思維，而非反之，所以這些工具都不能定義道。言辭有其定義，數字有其規則，兩者都是

有跡可尋的。用語言和數學以肯定的方式描述的世界，是有限的。

　　在論道的時候，「可道」就如蘋果梨子，道就如「零」，必須得意而忘言，而不能斤斤計較於是蘋果還是梨子。以建立一個動物園為例，可以將動物圈在柵欄裡，這相當於肯定的方式，可以說人規定了這些動物，規定了它們限於有限的生存環境；也可以將人置於車中，車外就成了一個動物園——在這個野生動物園裡，人既不知所有動物名目，也不知其數目，也無法限制它們，但這樣的動物園可說包括了所有動物，它們的生存環境和更多。與此類似，用語言描述道，只能是非言辭的否定句式的；用數學來描述道，只能用無限，這樣才能接近道不易，變易，和簡易。

　　《老子》德篇第一句「上德不德」，句式和意義與「道可道」一句相呼應，這並非偶然。上德向上的邊際接近於道，所以也只能用否定式的定義，別無它法。這裡的「德」，就是「道之德」的意思；而上德與常道對應。「上德不德」的意思是說「上德」不佔有德。反過來說，「有積為不足」（《莊子・天下》），有德而據守之，就失去德完備的機會，就不能具有「全」德，所以關尹子說：「得焉者失」（《莊子・天下》）。需要人為或必須刻意維護的德，也不是真正的德，真正的德如「善結無繩約而不可解」（70）。就像嬰兒，不需繩子繫住，即使母親試圖推開也不肯離開母親；上德也不用將德繫住，只是心善淵，眾德自然流歸。這樣形成的上德，其特性是真。上德不德，還可以藉用孔子的「過猶不及」來說明，上德之人已經自足，過德猶如有欠，畫蛇添足，反而失之。孟子說：「惟聖人，然後可以踐形」（《孟子・盡心上》）。朱熹注孟子此句說：「惟聖人有是形，而又能盡其理，然後可以踐其形而無歉也。」孟子朱熹的「踐形」即是「真」人的意思，唯有聖人得其真。這樣的真，「著粉則太白，施朱則太赤」，無以復加，不需另外有德。

二、道德的框架

　　「上德不德」中，前一個德是名詞，指具體地得到的東西，也可指抽象的心得；後一個德是動詞「得」，指擁有；德因此有靜態和動態兩種含義。我們在《尚書》中可以找到很多與此相類似的德既可是動詞又可是名詞的用法。能否理會德字的這種用法，是解讀《老子》《莊子》中有關德的部分的

關鍵。

道是成物過程中的源頭和背景：「道生之」。（51）道化生萬物，對於道來說，是通過施予的過程；對於萬物來說，每一物是通過德，各自得到並「畜之（積蓄）」的過程——這裡的德是動詞。「何以得德？由乎道也。」（王弼《老子》注）人（或物）所得到了的那些東西，其全部所形成的整體，就稱為人（或物）的德——這裡的德是名詞。

《莊子‧天地》篇說：「形非道不生，生非德不明」。道的「生」的作用要靠物的德彰顯出來，即「明」。而道則是「……（陰陽）交通成和而物生焉，或為之紀而莫見其形。」（《莊子‧田子方》）即，道是陰陽的紀綱，但不明——「莫見其形」。

萬物最終生成，就具備了自己的德，德是顯明的，明確的。人（或物）的德，縱向與道相區別，橫向與其他人或物相區別。前者如，「自其所得之謂德」，德是就「得到了道」的那個人或物的主體而言的。後者如，「德成之謂立」（《莊子‧天地》），人（或物）得到了人（或物）應具有的那些東西，即成一獨立之人（或物），與其他萬物相區別而有所立。這後一種意義，是將德稱為道之下第一個岔路的原因，萬物在此分途。

一人或一物的德，囊括了此人或此物的全部所有，而具有整體性。例如，人有人之德。人之德包括人得到了人的頭圓足方的形體，直立行走的行為，和理性能力等所有方面，就使人這種德區別於其他的德或其他的物。歷史上曾有的人的種種定義，都是以人的上述意義的德的某一方面或部分作為根據的，這些根據都是片面的。莊子說：「今指馬之百體而不得馬，而馬係於前者，立其百體而謂之馬也。」（《莊子‧則陽》）即在定義馬的時候，將馬的各個部分分列開來，即使列舉出數百項，也不能窮盡馬的所有部分，而且列舉出這些項，只會使人更難以理解何為馬。而將馬領到人前，一望其整體即可知道何為馬——這種認識不必經過將馬的定義分拆成幾百個細部的過程。將所有細部，包括難以言傳的部分，匯集成一集合，就是馬之德。馬之德作為名詞，與馬這一詞的區別在於強調了馬的整體性。「驥不稱其力，稱其德也。」（《論語‧憲問》）驥即是千里馬，千里馬不是徒有力氣，而是在整體上對良馬的衡量。無窮無盡的天道更是如此，「……天道。其出彌遠，其知彌少」（47）——試圖從無窮的細節知識上去瞭解天道，就如按圖索驥。對人的定義也與此類似，種種細節局部的定義，都如按圖索驥，盲人摸象，不如「人之德」那麼完整。

　　物有生成，也有毀滅。遵循自然的規則毀損消滅之後，物就返回到道。而人不同，人非木石，人可以自覺地主動返回到道。這樣的人，生而與道同在，能夠達到人性所能達到的最高境界和自由，逍遙遊。《莊子·天地》篇說：「德成之謂立，循於道之謂備」。老子的道是由世界本體到人的一條路，莊子則強調，德是由人到本體的一條路，從明確而立的德可以通過道而達到完備的上德或全德。人之德的真正完整，即是「能踐形」的上德或全德。如儒家的聖人，道家的至人，真人，等等；相對而言，其他的人只是未完成的人，殘缺的人。又如，有人以孔子的人生為一藝術人生，那麼不能踐形人就可以說是未完成的作品。

　　道是廣延的，只有道才「完備」；德是具體的，限於一隅和一己的，德只能說相對自身是完整的，相對於道，不能說是完備的。上德和全德擬同於道，不在此限。從道看去，無貴無賤，道不弘人；而人能弘道，是以其德彰顯道的作用，彰顯道的一部分，而非全部。道流而為德，「人在德中」是個現實的情形，人只能通過「不德」而復歸於上德和全德，以至於道。達到道的上德，是完備的，這是《莊子》所指示的途徑的最終境界。孔子說：「朝聞道，夕死可矣。」（《論語·裡仁》）孔子認為人得而為人，在自然生命完結之前哪怕一天，能夠得到道，就算是有一完整人生，實現了人生的意義，這與莊子的追求是一致的。孔子這句話也隱含了，不能得道，是不完整的人生，即生而為人卻不能「踐形」。

　　在前述野生動物園這個比喻裡，「上德不德」意味著一個動物園不去擁有動物，反而會得到完備。又如，《莊子·庚桑楚》說：「一雀適羿，羿必得之，威也；以天下為之籠，則雀無所逃。」不以射到與否來衡量「得到」雀，反而會「得到」所有的雀；威依賴於人，不常因而不足恃。人的「上德不德」與此類似。人已有的德，就像動物園的牆，也像羿射箭的範圍，人只有將這一範圍去掉，才能進入更為廣大的領域。這種去掉，就是「為道日損」（48）。「為道日損」不是像剝洋蔥那樣，剝到頭來，空空如也；而是像蝴蝶脫繭，拋掉身的羈絆，而可以飛翔。人的德既然本無，離脫後，就只剩道在我。莊子說：「絕跡易，無行地難。」（《莊子·人間世》）這句話的意思是，腳走路，就會留痕，思想也是如此。人走路總是在用腳走，人的思想也是如此，總是憑藉著瑣屑的小智小覺而行，例如一曲的知識，因而留下痕跡。莊子說，雖然思想的痕跡可以弄得讓人無可捉摸，達到這樣的境界還是容易。行卻不需憑藉著小智小覺，不在「地」上行，而如飛翔，達到這

樣的境界難。只有無限制的道，運行起來無壅無阻；與此相仿，思想只有上德不德，脫離一切牽制和桎梏，然後才能雪泥鴻爪，有「草枯鷹眼疾」的洞察力。這樣的思想境界外化到行為上，即成逍遙遊。

「上德不德」，不是對外物的得，而是得到自身的德。對外物的得是從外取得，老子說：「將欲取天下而為之，吾見其不得已。天下神器，不可為也，為者敗之，執者失之。」（29）陳鼓應訂「取」為「攝化」，用化與為相對而言。如人飲食，攝化後才能真正擁有其中的營養。不僅天下不能靠「為」去得而據之，即便隨便一件外物也不能靠「為」就能擁有，中國人常講「身外之物」，用的就是這個意義。只有順物自然而「無入而不自得」（《中庸》），才是攝化：在與任何外物相處時，在任何環境中，不為外物所困，而能遊刃有餘。這樣，即是「藏天下於天下」（《莊子·大宗師》），而取之如指掌，如探囊。六祖慧能不識字，佛經卻能隨聽隨解，即如此類：逍遙於佛經中，而不據而有之。這與謝良佐「舉史書，不遺一字，明道（程顥）告之曰：『賢卻記得許多，可謂玩物喪志』」一事相比，正是德與得的對照。

從道至德，與從德回到道，是相反的兩條途徑，由此形成了一個道德的環流。這個環流可以將萬物，包括人的過程包含在內。對此的認識，即可稱為「道德的框架」。道德的框架是閉合的，但有伸縮性：某一德可以展開，但展開後仍然可以納入這一框架。道德的框架，是老莊的道和德的環流，擴展開來也可以容納中國傳統學術的環流。

三、自道之德與自得之德

「形而上者謂之道，形而下者謂之器」（《易·繫辭上》），凡是有形之物，有分辨，就都是「形而下者」，都屬於德的層次。器是有形之物，有形之物都是有德之物，象器皿盛水一樣承載著它所得到的道。《管子》中有「德者道之舍，物得以生」（《管子·心術上》），即如此意。舍，就是可供停留的容器。韓非子說：「德者，道之功。」（《韓非子·解老》）尹知章註《管子》，將這兩個意思合為一，說：「謂道因德以生物，故德為道舍。」德與器不同的是，德作為道的容器，容器與其所盛合成為一而不能分離開來，分開則不能成一器，不能成德，也沒有功。德是道的具體器物化，

所以處在德的層次裡的任何一器都既有其道，也有其德。

　　陳榮捷說：「當道為個別事物所擁有時，即轉變成它的德。」（《中國哲學文獻選編》陳榮捷編著，楊儒賓等譯，江蘇教育出版社，2006年7月，137頁。）在此句的註解中，他又說：「『道』殊化於事物中者即為『德』。」就道而言，落在一個實體的人或物上的各種各樣的殊化了的道匯集而成的，就是那個人或物的德。

　　從一個特定的德者來看，「道者，人之所共由；德者，己之所獨得。」（《朱子語類‧性理三》）每個人或每一物所對的都是同樣的，作為種種殊化了的道的總和的那個常道，但所得卻各不相同。德足於己，以自身為憑據；德有一整體性，這裡的「整體」是以自身為衡量的完整。常見的「求全責備」的錯誤在於，要求桌子要像椅子那樣有扶手靠背，不以桌子本身為憑據。

　　德的差異，在於兩個物之間的兩種整體性的對比，而不是任何割裂出來的細節上的對比。即先有整體性對比，然後才有細節的對比。如德的小大之辨，小大隻是區分德不同的衡量之一，實際的德可說有無限種不同。大鵬和斥鴳相像處不可窮舉，「麻雀雖小，五臟俱全」。但從整體看，不管列舉出多少相像處，這兩者的區別仍是極端明顯的。

　　德因此有兩層含義。一方面，從道向下看，有一種殊化了的道即可能有一種德，一種德總是與一種道對應，是這種道的實現和顯現。殊化了的道和其對應的德，如仁道和仁德，其意義幾無二致，是規律性的。所以殊化了的道，也可以說是規律性的德。另一方面，從一物來看，它得到了某些道，卻無需或不包含其他道，就可以成為一個整體的德。這種聯繫的層次結構可以看作是：常道，眾多殊化了的道，取殊化了的道綜合而成一物的德。道與德的關係可以比喻為絲線與織物的關係：織物總是由絲線織成的；一方面有幾種顏色的線，無論織什麼，織成之物就只有這幾種顏色，以及其變化而成的顏色；另一方面任何一件織物所取絲線的種類數量都與另一件不同。但與此比喻不同的是，常道是無數種線，是所有可能的線的總名，所以萬物的形態也是無窮無盡的。

　　老子的常道包括了人能得的所有的道，人的所有所得都從道中來。老子說，道「為天下母」，就是就這個「所有的道」的意義而言的。被包括的任一種道，都是殊化了的，不是那個常道。萬事萬物，都是從道而來，分得積蓄了自己那份道，而成自身的德。對於不同類的事物，成物之道不同，德當

然也不同。對於同類的事物，有其同，也有其不同。

　　胡適在他的《中國哲學史》中解釋「物德」時說，雪的白和冷就是雪的德，用的是德的第一個含義。胡適說：「……人所以能知物，只為每物有一些精純的物德，最足代表那物的本性。（原書注：《說文》：『精，擇也。』擇其特異之物德，故謂之精。真字古訓誠，訓天，訓身，能代表此物的特性，故謂之真。）即所謂『其中有精，其精甚真，其中有信』。這些物德，如雪的寒與白，如人的形體官能，都是極可靠的知識上的信物。故說『其中有信』（原書注：《說文》『信，誠也。』又古謂符節為信。）。這些信物都包括在那物的『名』裡面。如說『人』便可代表人的一切表德；說『雪』便可代表雪的一切德性。」（《中國哲學史大綱》）

　　對於同類的事物來說，成此類物的殊化了的那些道是相同的。德的種類同卻因積蓄的不同而可能不同。不同地區不同時間的雪，都有白和冷的特點，雪質卻可以有所不同，這種不同是德的第二種含義。

　　在雪這個例子裡，同一種德在不同的雪中可以貫通，可以稱之為「自道（而來）之德」。周敦頤《太極圖說》中「乾道生男」，也是此類的例子，即特別的「非常道」的乾道，散見於個數眾多的同類，男，的情形，這裡的乾道是自道之德。自道之德可以看成是非局域的德，道之德可以同時存在於此物和彼物，這時說這兩物道同或德同，幾乎沒有分別。自道看來，萬物同母，相互聯繫，而不互相隔絕。當用自道之德來描述一物時，側重於物與物的同源和不可隔絕，如「德不孤，必有鄰」（《論語・裡仁》），沒有鄰，即非自道之德，而是我之私德。道與「自道（而來）之德」和「自得之得」的關係如圖2-1所示。

　　在同樣規律下，有同樣自道之德的兩物，可以說這兩物同德，但不能說這兩物相同，此物和彼物仍然有其區別，這個區別就在於德的第二個含義。世界上沒有同樣的容器，容器所盛也不可能完全一樣，因此也沒有同樣的德。在雪的例子裡，可以說白和冷是雪的德，但不能說雪的德就是白和冷，雪還有雪質雜質等其他特性。這些所有特性合在一起才是雪的德。一物之德是它所得到的所有自道之德的總和，在更複雜的情形中還有物於物之間自道之德的綜合不同，因此任何一個宏觀的物總是有自己的完整性和獨特性，自成一體。從這一角度看的德，就德者來說，其德在局域上完整，與道相對獨立，可以稱之為「自得之德」。自得之德是從物自身來看，當用自得之德來描述一物時，側重於物的獨特性和相互間差別，如「一蟹不如一蟹」。

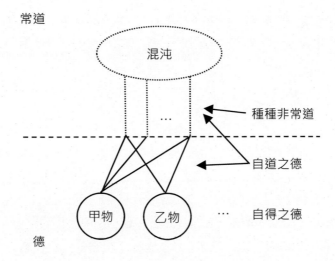

道生萬物的框架。常道不可說，是為混沌。而其中自有真有信，所以能化生萬物，凝結為物，物即有德。物與物的差別在於成物之道或說成物之德不同，和所得程度不同。從常道來看，「非常」的種種道，都只是道的一部分。而從德來看，任何一物的任何一德，都是從道中來。因此可以說道生萬物，卻不能說道即萬物的總和，天則有此一種用法。道生萬物，充盈於德的層次，是道的充盈性；而所有的德並非道的全部，是道的超越性。

圖2-1：自道之德與自得之德

　　大鵬和燕雀同樣會飛，是自道之德，它們飛行卻有高低遠近之辨，這個區別屬於自得之德。屈原《天問》中「夜光何德，死則又育」，問月為何有盈虧循環，這裡的德也指自得之德，是從一物視之的德，而不能說成「夜光何道」。人生而平等，指的是自道之德；而「每個人都是獨一無二的」，說的是人自得之德。

　　德的這兩層含義是分別從規律性的自道之德和德的主體這兩個方向看的。《老子》中的「德」，作為名詞的時候，不出乎以上兩個含義。自道之德是道到德的嬗變過程，是道的流變，在這層含義裡道與德的區分並不顯著。自得之德是已成之後的德。不管是「自道之德」還是「自得之德」，都是德這一層次的東西，這兩種德都是從道得來的，從道分得的，只是描述的角度不同。德是道衍化出來的，可以說只是道的一小部分，是我們所可見可知的部分，更大的道無聲無臭不是人類所能探知的。用比喻來說，道如土地，而德如地表上的生物。

　　對於人這一特別的存在來說，自得之德又可以再分為外德和內德，《莊

子》中的逍遙遊，「天地一指也」，養生主等問題，人為何為人的問題，最終只能從內德中尋出答案，這個論題有待在本書稍後的部分中展開。

四、從道到我：天，地，人

從常道而來的，是上德，玄德，或常德，《莊子》中稱之為全德。（用哪個稱謂，往往由語境所定，所謂「強為之名」，同時又意味著「名」不常。）上德就象道，也是混沌的，無為無言，無所表現。仍以雪為例，雪得到冷這種德，就缺乏熱這種德，所以不是上德。混沌的上德則可以同時具有相反的兩種特性。老子說的「善者，吾善之；不善者，吾亦善之；德善」（49），即是至善的德無所謂於善或不善。莊子書中多有關於全德的寓言，其一如《應帝王》中混沌的寓言。用寓言說明，是因為這裡有「既冷又熱」「既是又非」的不可著於言說的困難。

混沌不同於混亂，混沌世界與混亂世界是不同概念。混亂是相對於秩序而言的，已有秩序，然後才有混亂可言。混亂具破壞性，混亂所破壞的，也只是秩序，不是規律。混沌則先於秩序，條理未明之前是混沌，與分明相對而言。混沌之於分明，是前提，混沌生分明。混亂之於秩序，是後發，混亂危秩序。

老子莊子講的尊道貴德，是對規律的尊重，而不是對秩序的尊重，秩序未必是合乎規律，因此未必是道德的。這與儒家中的迂腐人物對禮的秩序的僵化理解，形成鮮明的對照。以雲為例，大氣看起來似乎均勻，但實際上並非如此，雲氣的瀰漫極其細緻地循微觀的溫度氣流條件進行，因此雲所呈現的形狀和變化若有規律，卻難以預料而氣象萬千，這種現象總體上可用混沌一詞來概括。水無常形，旱天時的土地龜裂的紋理，閃電或火焰的形狀，都屬此類。混沌之中有靈動的生意，這是因為混沌不違反規律，不具破壞性，而具有生生之意。道家所言返樸，復歸於嬰兒，是回歸於混沌而非混亂。回歸於混沌也決不可能僅從反對秩序得到實現。這就意味著哲學上的為批評而批評，不具有生生之意或說生命力。

相對於秩序，樸或混沌可說是得到和遵循更為精微的規律。無序只是混沌的表像，秩序不符合規律，或者對更為精微細緻的秩序規律無知未知，都可以使人產生混沌即是無序的錯覺。那麼規律和秩序何者為上？秩序如鯀治

水用壅堵，而規律如禹用疏導，何者更為首要不言而喻。所謂的秩序，能為是局限的，沒有規律那麼深廣，秩序的存在和穩定性決定於它與規律的契合程度。西漢曹參為齊國相，「參去，屬其後相曰：『以齊獄市為寄，慎勿擾也。』」（《史記・曹相國世家》）慎，是不畏懼，也不掉以輕心。曹參認為秩序有其局限，對監獄和集市，不要輕易強加正常社會的規範於其上。混亂這一概念，只是局限在顯而易見的秩序層次上，沒有達到能與規律相關的深度。混沌是超越秩序和混亂的，這三者的關係，是因為道的特殊性質所決定的；勢與動和靜，無為與有為和胡作非為，非理性與理性和錯亂等等，因為道的原因，都有類似的關係。

上德其下有大德。老子說：「故道大，天大，地大，人亦大。域中有四大，而人居其一焉。人法地，地法天，天法道，道法自然。」（25）這裡的道是常道，其他三者都是殊化了的，非「常」的道。天地人都是大德。將天地人稱為大德，是從自得之德的意義上講的。這三者所具的道，覆蓋廣泛，因此與之對應的天道，地道和人道是大道，這是從自道之德的意義上講的。《易傳》說：「立天之道，曰陰與陽。立地之道，曰柔與剛。立人之道，曰仁與義。」這裡的陰陽，剛柔，仁義也是自道之德，是更為細緻劃分的殊化了的道。

天地王這三者中，天道又為最大，天道幾乎可以說是另兩大的根本。但天又須地和人加以細化補足，有著陰陽，剛柔，和仁義的轉折——曲折全，才能最終逑畫具體的事物，形成完整的圖景。天道的「天」並非指物理意義上的天空，而是天地間萬物之總名，郭象說：「故天者，萬物之總名也」（郭象《莊子注》）。天有大德，其運行又稱為天道。天道與常道不同，常道超越於物之上，涵蓋所有的德；而天道是「非常」道，包含在物德之中，與地道人道相對，可分辨也可言說。天道可指事物運行規律，這時與天理幾乎同義，但天道多用於談物理，天理多用於有人事參與其中的情形。

天道最顯著的體現在於時間性，表現為運行和變化。「天道運而無所積，故萬物成。」（《莊子・天道》）時間川流不息，當然就無所積：積則殆矣，萬物皆然。而時不我與，天道不等待我，我也不能催促天道，只能潛藏以待，如「潛龍勿用」（《易・乾》）。陰與陽，最初大概是從日月晦明的意象引出的。陰陽時變，總是不停息地變動。對陰陽來說，「天法道」，就是陰陽仿效道的川流不息，「週行而不殆」（25）。川流不息是指，陰陽沒有靜的時候，無時無刻不在變動，「（陰）動之始則陽生焉」（邵雍《觀

物內篇》），陰極也陽生；反之亦然。周行不殆是指，陰陽相互流轉變化，週及於萬物的生滅和存在的一切環節，就像萬物都必須與時俱馳一樣。

天道於地道，表現為丘穀夷為平地，滄海化為桑田；於人道，表現為世運。得天道就是得時間上的常，莊子說小年不如大年，大年即是指能夠長壽者得到了天道意味上的大德，耆德，《逍遙遊》中的彭祖大椿，即是此類的例子。《老子》《莊子》都多談天道。天道最大，於萬物皆有影響，所以又產生天下的意象，萬事萬物都可謂天下的，包括地和人。

地道是地理之謂，是空間性的。與天有節氣相對應，地分高低東西南北。王充說：「地有山川陵穀，謂之理。」（《論衡》）地理在天道的變動中，對人來說，表現出一定的不變性。柔與剛最初大概是從山水的意象而來，就像說地球表面不是陸地就是海洋。山不厭高，水不厭深，地能載物，載華嶽而不重，振江海而不洩，所以有厚德。地道通過地理對人有所限制，由此而生方布和通塞的作用和高低水旱風土不同。《管子‧問》說：「理國之道，地德為首」。與此類似，文化地理決定論也是以地德為依據，強調文化發展的得地之利，因地之宜的特點。

坤為地，地德有陰受，卑順而靜久的意象，「靜之始則柔生焉，靜之極則剛生焉」。（邵雍《觀物內篇》）但「地法天」，剛柔由陰陽生成，「陰陽合德，而剛柔有體」。（《繫辭下》）剛柔又在陰陽統轄下，滄海桑田地不斷轉化——這是天道作用的表現，不可違。

《老子》將人列為大德，意味著否定「人是機器」，「人是動物」，或「人是萬物之靈」等觀點。人的德之大，在於人所能具的內在的德。人雖然與動物無限接近，但這裡存在個閾值或門檻。人在閾外和檻外的另一側。這就如同，人與黑猩猩觸手可及，但人在動物園的另一側一樣。人與動物極其微小的差別，決定了人與其他生物巨大的，本質上的不同。這裡的決定性因素，是人的內德，內德具自由性，這是人或能夠轉出於天地之上，直接去「法自然」的關鍵。這一重要問題將在本書稍後有詳細討論。沒有認識到人能具的出於閾外和檻外的自由，得到的社會學只能是機械論或動物學。

人道的仁和義，是具體的人事，仁義可能是由公私的意象而來。人事極為複雜，人群因時代，地理位置，和文化的不同，除仁義以外，沒有其他共通的德。「人法地」，仁是一種原則，需要堅持，類似於剛；義是一種權宜，需要權變，類似於柔。如，孔子說：「知者樂水，仁者樂山；知者動，仁者靜」（《論語‧雍也》），又說：「剛毅、木訥，近仁。」（《論語‧

子路》）但仁義並不是剛柔的直接延伸，仁義不能用剛柔取代；而是在剛或柔的作用下，又有一層轉折的人的作用。仁者有溫良恭儉讓，而義者也有「（浩然之氣）至大至剛」（《孟子·公孫醜上》）。

在社會中，陰陽，剛柔，和仁義具體化之後就形成了禮，這些內容是禮的自道之德。道包括萬物，禮也是如此與之呼應，包含一切而成一體。但道不欲雜，禮卻是最複雜的，充滿細節。古今中外的禮雖然複雜多樣，但大多從法天象地起始，沿革取捨有所差異，這是從禮的自得之德來看。《荀子·禮論》說：「禮者，人道之極也」。之所以禮是「極」，是因為禮必須具備與陰陽，剛柔，和仁義相對應的內容，道流化到了禮，即達到最為複雜的末梢，構成了完整的圖景：道就像植物的根，禮就如植物的花，就如莊子所講的「禮者，道之華而亂之首也」（《莊子·知北遊》）。這裡「亂之首」即是指道德的框架至此有「物壯則老」（30），繁花易落，衰亡從禮這裡開始。

對於人來說，陰陽，剛柔，和仁義都在具體化到我之後，才形成個人的德。也就是說，我對這些自道之德各有所取，以形成自己的德。不同社會，禮的形式雖然各異，但不論何時何處，禮總是人的外在的存在和行動方式，「禮者，人之所履也」（《荀子·大略》），人行走於社會中，必須通過自己所掌握的禮。社會中的人，尤其是高度發達的文明中的人，實際上生活在禮中。

天道與整體的人類相對應，適用於人類的每個人。老子和莊子都具有一種天下觀，他們論及天道時，不以具體一國一王為念，而是以人類為對象。整體人類是由一群一群的人組成的，人群按照地道分佈，有夷夏國別之分，所以地道與特定的國家，民族等人群組織相對應，普遍適用於這個人群中的人。人道對應於某個時間地點的人群內部的人，每個人都是形態各異的。而「我」是其中之一。因此老子的常道經由天地人，才落在具體的「我」身上。由道到「我」，這個途徑是最樸素直接的，所以歷來受到重視。除了這三種最為普遍的道，另有其他殊化了的道和德，但這些個別的道或德所轄的範圍，或者狹窄或者支離，無須列舉，在相關時予以討論即可。

「我」對全德的返歸，也需按照這一途徑回溯，正如老子所說：「修之於身，其德乃真；修之於家，其德乃餘；修之於鄉，其德乃長；修之於國，其德乃豐；修之於天下，其德乃普。」（54）道家和儒家所講的至人，真人，神人，和聖人，都不外乎循此途徑，而使「我」達到能夠通達於天下人的境界，能夠直接與道往來。即如老子所講：「天下有始，以為天下母。既得其母，以知其子；既知其子，複守其母，沒身（終身）不殆（危險）。」（52）

第三章　研究《老子》的意義

　　道作為中國文化的總源頭，以老莊道家的外在形式和內在的道德理論框架，來統攝和聯繫文化的形而下部分。《老子》中的道，從形而上的角度而言，是道家學說的最上一層，或說最玄深一層。道因此既是道家學術的起點，又可說是總覽中國文化流變的製高點。老子為何提出道，如何得到道和德的框架，對此類的問題的探討，有助於得到對中國學術在人類思想範圍內的起源，地位，和作用的認識。老子指道，莊子明德。老莊之學是道家的靈魂，使道家不同於道教。

　　從秦末到西漢，道家多指黃老，黃老學在道家的地位更為強勢而氾濫。佛教傳入中國後，佛教的組織形式對道教的正式成立可說有刺激的作用。漢武帝崇儒，儒家入主統治思想，也在大致重疊的年代發生，這也使黃老學的人另尋寄身之所。漢武時的民間攪擾痛苦，使一般人也重新思考社會秩序的應然性，憧憬宗教中的理想社會，這也是道教出現的動力。道教事實上成為農民起義造反的旗號，並非偶然。但漢武之後的道家卻回歸清減收斂的趨向。道家道教分途，老莊學這個道家真正核心才漸漸顯露出來。自從人們意識到老莊而非黃老是道家的核心，道家即為老莊這一點，就再無疑議。而道和德這個思想框架一直延續至今。此後道家思想主要存在於士的階層；而黃老學仍以道教的形式散佈到中國社會的根基中去了。老莊的道家學說，基於思想的空間，而不是知識的空間。這一特點使道家學說不僅在任何時代都具生命力，更無可取代。人的活動空間只是有時超出已知的範圍，而人的思想的空間卻總是大於任何學說的範圍。一個僵化封閉的學說是思想的囚籠，是死的知識。即如輪扁對齊桓公說的：「然則君之所讀者，古人之糟魄已夫！」（《莊子·天道》）信奉此類學說的人就如柏拉圖筆下的「囚徒」，只見影子，無由看到真實世界。因此一個學說的活力，在於它對未知的處理，不能應對未知，不是死的知識，就是行將分裂的知識。這種情形，正是老子「有之以為利，無之以為用」（11）和莊子對惠施所說的：「然則無用之為用也亦明矣」（《莊子·外物》）的一個很好的註解。未知類似於虛

無，未知對一個學說來說乍看起來是不利的，甚至是有威脅的，但只有去利心，用無，才能使一個學說能夠保住其「利」。這是《老子》總攝中國學術的深刻原因。

一、道之處所

《老子》一書不僅僅是指道，而且包含了道的提出。弄清楚老子提出道的原因，就能夠回答道的所處，即道作為源頭的發源地和在人類思想中所處的相對位置。對這個問題的討論，又是對老子為何要提出一個道的範疇而不是其他範疇的討論。

老子提出道的原因，只能到《老子》裡去尋找。從形而下的經驗和邏輯向上推求，不足以回答這個問題，由這種方法所得到的道只能是或然的和多元的。就像盲人摸象，只能像盲人列舉象牙，象腿，象尾那樣，從形而下向上推求，只能羅列出若干缺乏關聯，毫無體系的條目，而不能得到完整的認識。所以，作為文化起點的道，也是認識和知識的起點，處理道這個極限有沒有更上層的問題，是老莊學說向形而下延伸的前提。這不是說，從形而下向上推求毫無意義，人的認識必須有不斷地由上至下，由下至上的反復，才能真正地認識道，即，需要「既得其母，以知其子；既知其子，複守其母，沒身不殆」（52）的反復，而且這個反復可能需要有很多次——但「母」與「子」並不對稱，最終只能「複守其母」，才能「沒身不殆」。

老子在古遠時代，如何能達到道這樣的的高度思辨水準，為什麼《老子》能夠對現代人仍然能有所啟發，為什麼經過兩千多年文化積澱後的人們仍然不能理解道？這些問題，必須通過對道的發源地的瞭解來回答。

老子的道，發端於「無」。「無，名天地之始。」（1）無是人們未知，對其無認識的世界，這裡的未知世界也包括了可能存在的對人來說「不可（能）思議」的世界。未知世界與人們有知的世界相區別，在已知世界之外。

人類已知的世界經幾千年的探索有驚人的進展，但與未知的宇宙的規模相比，仍然渺小。《說文》中解釋「世」，有「三十年為一世」，即，世是一個時間單位。界，是邊緣和分限之意。「世界」一詞，以世指代時間，界指代空間，是從度量意義上講的宇宙或時空的意思。宇宙是個整體，它的細

節靠時空展開，又包納時空，這是宇宙與時空兩詞的不同。而世界與這兩者又不同。人的壽命，也可用一世來描述，「世」又可指人的世代，「界」又指人的存在的邊緣和限制。所以「世界」度量的意味裡又有以人為度量和以人為尺度可度量的意思，這與時空以物為尺度來度量的意味有所不同。以世界為範疇，人類的進展都囊括於其中。人生活在世界中，基於「有」或「存在」的思想也只限於世界中，種種新的進展也不能對這一情況有所改變。

如何將未知的轉變成以人為尺度可度量的知識，是古今中外的人類同樣需要面對的問題，對他們有幾乎同樣的重要性。這個問題只能從「如何處理未知，處理『不可思議』」開始來討論。老子的道，可說是為處理這更深一層的問題而提出的。後人，包括現代人，與老子所面對的問題在內容上相差無幾，所以這這個問題上，知識積累並不使後來人佔有什麼優勢，而與老子處在同樣的起點。以老子為師，對老子學說無不悅，和以老子為學生，對其批評指點，這兩種常見的對待《老子》的態度，在道發端的這個起點上消弭了，因為文化的流遷和知識量度的殊異在這個源頭處都只成累贅和無關大節的末梢。在這個同樣的起點上，後人能夠達到的思辨，即是老子能夠達到的；但老子顯然在久遠之前，已經探驪得珠，而後人卻仍然處在困惑中──老子對此問題的高度思辨，幾乎是不可超越的。這是老子能夠對現代人，以及未來的人始終能夠有所啟發的原因。

去掉文化和知識浮泛的累贅之後，在這個起點上，我們可以試圖與老子並肩看去，自行思索，然後與《老子》相比較，交流。經過這樣的一個過程，我們才能真正去讀《老子》。老子在此發源地揭示了智慧形成之頭緒，引領後人至此以自求，是《老子》最大之意義。

展開一種思想，必須先要有一個空間。否則思想即如裝在盒子裡的棋盤或棋局那樣雜糅錯亂，即便有規則，也無法看出來。思想家未曾展示自己思想時，思想就像被放在一個盒子裡，與普通人沒什麼不同。但思想家一旦將思想條分縷析地寫下來，即使是「日用而不知」那些普通的想法，對一些讀者來說也感新奇，這是因為思想被施陳展開了，變得有意義起來。而同樣的棋，又可以有不同的棋局，思想家能夠將平常的道理會通，在當用之時能用，不會錯過而不留遺憾，就將其化為神奇，《論語》即屬此類。

一個思想展開後，又要能將其收攏，而不是將思想延展到無窮，去而不返。這種去而不返，就像莊子所講：「吾生也有涯，而知也無涯。以有涯隨無涯，殆已。」（《莊子‧養生主》）在思想展開和收攏中，因此有個整體

性的考慮，即各部分互不相礙而保持完整一致。只有能夠「用之則行，舍之則藏」（《論語·述而》）的思想，才是完整的思想，才可稱「實學」，而不是名詞的堆砌。

思想於人又如避風雨的房屋，不論古今中外，房屋都有門戶和起居的用具，而具體門戶的設置和用具的設置，又很不相同，即不同思想都是為人所設，是共通的，但它們間存在著差異。越偉大的思想，越能使更多人感到舒適愜意，越能吸引更多人生活於其中。

《老子》的思想房屋，即是「道——德」的整體框架，是一種世界的模型。這裡說「一種」，是因為還有其他學說的體系模型的存在，如其他的本體論，宇宙組成論，宇宙起源論等等。這些學說，在道家學說研究中，可作為老莊體系的彌補和參考，但更重要的是，「德不孤，必有鄰」（《論語·裡仁》），它們也是人們在文化發源地的探索，它們的存在與老子思想的產生實際上有同樣的根源，只是途徑的選取有所不同。道和與道比鄰而處的諸學說所處的空間，即是從他們各自源頭的高度能看到的空間。而能夠容納「道——德」模型的空間，即是人類所未知和所已知組成的整個空間。這個世界所已知的部分，是德所描述的。道則伸展開來，深入未知的領域，相較德而言更為基本和重要。「道——德」框架的展開需要未知和已知世界的全部空間。因此，「道——德」模型不能被其他學說的空間所涵蓋。也就是說，用任何其他體係作為背景來展開道德框架，得到的只能是錯亂的，揉成一團的結果。

老子的思想的展開，在《老子》中是以「無」和「有」的形式出現的：「無」包括了未知，「有」可稱為已知。老子的道，即是老子設想出的執「無」的一個楔子，使我們在探討這些「無」時，有個依託。道可以作為一個參照點，從道出發，以道為歸宿來探討未知，即，我們只需回答未知的以及不可知的那些東西，對於道——德框架意味著什麼。這樣一來，採用了道—德的參照系，就可以避免陷入往而不返的虛無境地，即，陷入「玄而又玄」之更玄是什麼，或者「非非想天」之外是什麼天那樣可以無窮反復的循環。對於已知來說，道家框架可以作為對不同的「問題」探討的坐標系，在共同的一個坐標系下探索和整理這些已知。這樣一來，道家的框架就成為了我們在一團迷霧中的原點和坐標系。

建立這樣一個原點和坐標對於展開思想顯然是必要的。但緊接著的問題就是，「道」這個原點是否是個有利的選擇。也就是說，從道的角度看其

他學術更清晰,還是用一種別的學術,例如一種西方哲學,來解析道更為方便適宜。《老子》不能回答這個問題,試圖從《老子》中找到對這個問題的回答是徒勞的。這個問題只能通過對道的理解,對《老子》思想的應用來驗證,而這樣的驗證只能靠個人的理解和努力去實現。

二、道德有常

《老子》之道,是有常的,對現代人會有所影響。這是我們可能讀懂《老子》的可能性根源。

《老子》作者的生存時代和生平的問題,不是理解《老子》的必要條件。能夠得知《老子》作者的生平固然有意義,但對於現代人來說,與「我能從中得到多少教益」相比,這個問題只能說若有若無的重要性,甚至有些時候是無足道的。如果認為《老子》的內容囿於老子的生平和時代,非重現那個時代,瞭解作者的生平,就無從解釋,那麼《老子》中的思想就談不上「常」,也就沒有太大的價值,就像《禮記》和《韓非子》大部分內容那樣,不再有應用的意義;而歷代的注家,也不能算是解老,只是說是藉題發揮。

那種認為任何學術都局限於時代和階級的觀點是狹隘和錯誤的。這種觀點之所以狹隘,是因為它自我矛盾。一個顯而易見的事實是,科學作為學術即不必考慮科學家的時代和階級。學習牛頓力學,不必知道牛頓為誰,事實上很多學生的確不知牛頓是何人。這種觀點之所以錯誤,是因為它包含了自身的否定:正如相對主義者首先要明白自己觀點是相對的,懷疑論者要先懷疑自己的結論,無神論者要自省是否自己是全知全能的一樣,這種觀點的論者也需瞭解他在自陷於時代和階級的局限。從這種觀點出發的學術,與《老子》的常正相反,是不徹底的,只能表現為反復「無常」,因此其意義也有限。

《老子》流傳歷時久遠,譯本流布世界,這本身即是《老子》思想有「常」的表現。所以,《老子》的內容並不囿於老子的生平和時代。知道這一點,可以使我們擺脫一些瑣碎或局限的成見,集中精力於從思想性來探討《老子》,即從老子文本為出發點,去認識「道」。(此類負擔的一個例子就是劉歆和班固的觀點,他們認為,「道家者流,蓋出於史官……此人君南面之術也」,即《老子》講的是就是統治術之一種而已。這種說法是不能成

立的。老子注目於統治術是毫無疑問的，因為統治術作為君王社會極為有用的工具，是不容忽視的，但不能說統治術概括了《老子》，劉歆和班固把兩者包含的關係顛倒了。退一步說，《老子》即算是重視統治術，統治術也充其量只構成他的道德學說的一個餘論而已，《老子》學術的整體框架遠大於只限於一個時代的統治方式。統治術對於劉班二人而言，是相當大的概念，因為君王即是天下；但在春秋戰國時代，王者眾多，王的概念遠沒有與「天下」聯繫起來。《老子》中「天大，地大，王亦大」，是按照由大到小順序來說的，也意味著這樣的一個主次的順序，王在這個順序中處於末位。這種末位的地位，加上天道無為的內容，很容易使人想到如果沒有君主，是否可達一種理想社會，實際上胡適即說《老子》中有無政府主義的思想。胡適的觀點與劉班二人的觀點放在一起，恰是紛紜一詞的註解。這種觀點紛爭，實際上是《老子》學術「大方無隅」特點的表現，即，在統治術這一隅，「大象無形」，有無可無不可的意味。不株守於一隅，才能得其常，從時間上說，常即是常久，這是《老子》至今仍擁有可觀的讀者群的原因；這不是任何統治術的學問可以做到的。）

　　老子認為，世界上的萬事萬物，無或者有，未知或者已知，如果有一共同的源頭，這個源頭必然會經過道這個至為概括而廣大的範疇。這即是說，道類似於門，可開可合，開則連接兩處，合則分離。所以老子說，「玄而又玄，眾妙之門」（1），這是打開向上門路的意思；又說「玄牝之門，是謂天地根」（6），天地的根源係於此門，這是向下對形而下的說明。形而下的一切，必須經過道這門，不論哪一神的創世，不論是哪一類學問的形而上假設，都必然如此。道只是勉強起的一個名字，道所指的那個對象，叫別的名字也可。這是老子意識到他所談的道是獨一無二的，「一」和「常」是其必然的性質，名字無關緊要，只要對此對象有所見，就不會執著於名字，也不會弄錯弄混。

　　老子歸結說，道這個源頭「不可道」。道「不可道」，首先指老子對道的論述。《老子》就像「禪心指月」故事中手指並非月亮一樣，道不可致詰，所以只好指給人看。老子用「道可道，非常道」一句作為篇首，否認《老子》具有權威性，而認為自己只是提出了一種輔助性的意見。將指示之時所用手指或木杖誤認為道，或者順其所指但一葉障目，只能誤解《老子》。蘇轍說：「達者因似以識真，而昧者執似以陷於偽」。（蘇轍《老子注》）而對於道有所領悟之後，就會知道指或杖雖然「非常道」，卻不是錯

誤的，而有輔助的妙用。知道這一點，才能善用《老子》。而讀懂《老子》的關鍵就在於讀者自心「見道」，見道之後，觸類旁通，對《老子》的理解自然水到渠成。這是不必瞭解老子其人，而又能讀懂《老子》的具體途徑。讀者自求而「志於道」，久而久之，遂有感通之處，能循老子所指與老子並肩觀月。這種感通，是純然個人的。自心所得即如邁克爾‧波蘭尼所說的「個人知識」，是無法由客觀知識，僅從讀書即可得到的。

其次，道「不可道」又適用於一切涉及於道的著作，包括《莊子》。言語著作所載充其量只是現實的一個部分，不包括實物和言外之意，並受兩者之製約。對道的追尋必須不拘於言，言制約於道，而非道製約於言。道是言的本體論預設，而非反之。《老子》簡遠圓轉；而《莊子》恢詭參差；語言風格極為不同，卻兩看不厭，同為道家經典，這一點很明顯表現出了縱使語言千變萬化，卻始終不能出於道的情形。

西方有通天塔的寓言。通常人們對通天塔的理解是，人為設計的，不能達於神或者彼岸。但這個寓言也可解釋為，彼岸仍可達，只是人為地製造通天塔這一辦法並不可行。道不可道，與此類似，語言也是通天塔的一種。道有精有信，能夠「道行之而成」（《莊子‧齊物論》），眾妙之門仍然可達。但這種達，不能通過外在的事物來實現。這是老子說道「不可與人」（持贈，給予）的原因（《莊子‧天運》），不僅不能通過語言使人得道，也不可能通過外在的任何事物。「道行之而成」包含了兩個條件，一是可以通往彼岸的通天塔，在於一個人自己的行，而不是結伴而行或眾人合力。正如莊子的逍遙遊，只有與人相忘於江湖才有可能。二是，只能通過個人自心的精和信達到。這兩個條件又是一回事，道分而成物，物真不可達，不可致詰；真只能在「我」，憑籍「我」的精和信而建立。道充塞古今，也充塞一切，在這個意義上，任何外物也不構成任何人達道的障礙，而只在於「我」──這也是有常的。

三、《老子》在認識上的接引作用

由道出發，老子以道的角度照觀人類的整個世界。佛教傳入中國，佛經數量之多令中國人驚異。相對而言，老子的五千言，用以照觀整個世界，是極其簡短的。但考慮到道「不可道」的困難，《老子》竟能高度集中地圍

繞道而言，圓融無礙，五千言又不能算是少了。在文化的源頭之一，希臘，米利都的阿那克西曼德，繼他的老師泰勒斯提出的水元素是萬物的本源，提出了不確定的無限制者這一萬物的本原。老子認為上善若水，但水仍不是道。類似地，阿那克西曼德認為泰勒斯的水雖接近本原，但仍然過於具體而特殊，因而受限，他認為「原初物質則是無限定或無限制的」。（《西方哲學史》（第七版）撒穆爾‧伊諾克‧斯通普夫和詹姆斯‧菲澤著，丁三東等譯校，中華書局，北京，2005）阿那克西曼德的作品幾無流傳，我們無法一窺他對他提出的本原的真正解釋。但他的本原，在字面意義上與老子的「不可致詰」若相彷彿。阿那克西曼德所提出的本原，對與他同時代而稍後的哲學家阿納克西米尼來說，也是難以處理的，所以阿納克西米尼又將之歸於氣——這一思想發展的脈絡對中國人來說並不陌生。不管出於什麼原因，阿那克西曼德提出的「不可致詰」之本原，並沒有得到流傳和發展。而《老子》對這樣一個「不可道」的對象所作的五千言的議論和處理是原初而唯一的，又是極高明而完整的，遠遠比「無限定或無限制」更為豐富，這從知識和智慧上說，大有啟迪的意義。

　　亞裡士多德的形式邏輯學所面對的「第一因」問題，試圖從已知伸展到未知，其實是阿那克西曼德的問題的另一方面。亞裡士多德並沒有解決這一問題，得到一個像他的邏輯學一樣明白無誤的「可限定或可限制」的第一因，也不可能得到。按照亞裡士多德的思路，最終的果，即人們所知的事實，是定的，從邏輯結果不斷向前推求，就可以得到大前提的大前提，直至第一因。但這樣的一個執果尋因的過程，只能有兩種歸宿。一個歸宿是這個過程無限循環，以至於無法最終到達第一因。另一個歸宿是，最終發現的第一因，不再有它的大前提，或者是自為因果的。這兩種情形，都超出了三段論的範圍，作為結果的第一因都是不定的，令人不得不回到「無限定或無限制」。這樣的歸宿，是執果尋因的方法自身限制所決定的。這種方法所能找到的，即使在理想情況下，也只能是第一因的必然性或應然性，而不是可能性。換言之，地球未必唯一，人類所在的宇宙也未必唯一，如果有他方世界（例如物理學中的平行宇宙理論中的其他平行的宇宙）的果，這個果很可能不同於人類世界的果，即會有他方世界的第一因。他方的第一因與人類的，至少是可以相提並論的。有這樣的一個他方世界，就增加一種第一因的可能性。多種以至於無窮種可能性，即是「無限定或無限制」的另一種說法。人類歷史，充斥著多因一果（條條大路通羅馬），一因多果（概率事件，隨機

事件），和多因多果。邏輯方法在此類問題上無能為力，其根本原因是開放性的缺乏。亞裡士多德對此始料未及，老子卻一開始即注意到了這類問題。比喻和寓言因此而生。

老子明瞭這一問題棘手之處，所以給出了一種處理方法，即道——德模型，而非單純的道或德。老子的道，即可看作是有無窮可能的第一因，而德則是人類世界的果。這一模型既處理了可能性，也兼顧了必然性。可能性意味著這個模型是開放的，「道未始有封」（《莊子・齊物論》），道是非封閉的。德是屬於人類世界對某一種可能的具體實現。從德難以反推出道，人類世界的德在道中只佔一隅之地。道既不可道，也難以盡現，正如莊子所講，「彼出於是，是亦因彼」。（《莊子・齊物論》）單純的論道——「觀其妙」——只能得出「果也是『無限定或無限制』」，不存在人的主觀等等的錯誤結論；而單純地論德——「觀其徼（校驗）」——只能得出封閉的「第一因」，因其所因，不顧其他，就容易犯失去方向的錯誤，就像射到哪裡，就以那裡為靶心。這兩者都不能形成完整的認識。

印度文明中產生的佛教，在漢末進入中國，最初的翻譯家們常藉用道家的名詞來發明佛教的思想，老莊起到了接引主人和橋樑的作用。這段史實說明，釋道之間雖然有衝突，但道家的道——德模型的開放性，使得中國人在思想上，對接納佛教已經做好了準備。佛教至於宋代理學，才與中國文化基本上混而為一。這是中國歷史上一次文化大融合，是釋道儒的融合，不是儒家所能獨任的。

晚清之後，西方學說侵入中國，中國人所面對的是另一次文化融合，這個過程在清朝終結民國建立百餘年之後仍不見眉目。這次的融合，程度比之佛教西來更為劇烈，其中主客易位的情形特別顯著。有些學者試圖以墨子為接引之橋樑，但並不成功。以至於中西是否能夠融合，仍存爭議；認為兩者只能取其一的短視見解，仍不時出現。但實際上，世界混同或說全球化的趨勢事實上已經極為明顯，融合是必然的結果，可以探討的只是融合的途徑和結果。

文化之發展趨勢如此，文化所包含的具體而微的其他方面不言而喻。近代民族主義國家的興起，是一種反之動，是文化融合的前兆。從學術上來說，將民族絕對地劃分開來的企圖，反而使人們認識到民族的分野是難以界定的，彼此的聯繫和融合常密不可分。在現實中，將各民族強行分開只會導致文化割裂。文化差異和衝突的問題因此被正式提出，而且更為具體。以往

可以聽之任之，模糊不清的問題，如民族的血緣，地緣，文化特徵，生存權等，都凸顯出來，成為必須正視的問題。而以往由宗教，傳統，和權威而來的對此類問題的解答，必須重新考察和研究。民族間界限分明只能是短暫的階段性的，這之後，由張轉馳，互相協作就不得不成為下一發展方向，從而趨向民族交融。從人類整體上看，民族是在人類這一大的概念之下，對人群具體的劃分，這樣一種劃分，實際上是各民族互以對方為人類，而非異類的前提下進行的。這個前提也是文化融合的前提，只有人們意識到其他民族並非異類之後，紛繁特異的各種文化才有共通之處。每一民族都是人類一員，有生存權利，這一對現代人來說顯而易見的道理，從歷史現實上看卻得來不易。

　　從融合著眼，文化未來的演進就很清楚有三個方面，本民族文化的涵養，即自身的整理揚棄，不同文化的各細緻層次的銜接，和外族文化的引進。這三者的重要性和前後次序也遵循這個順序。這樣的進途當然可以全賴其自發，但不明方向曲折以進，所失必多，對人類共同文化貢獻也必少。本書稍後將要論及，民族劃分不是偶然出現的，而有其本質的原因，是必然「反之」而後才能「動」的。這裡值得一提的是，孔子欲居九夷，說，「君子居之，何陋之有」（《論語‧子罕》）。孔子這種態度是從他的「仁」的範疇出發得來的，仁是超越於民族或文化的。以仁為根據，教化所及，夷狄與諸夏的人並無差別。孔子的仁又是超越時代的，相較於「夷夏之辨」，對九夷的仁這種態度並不那麼容易理解，遑論接受，《論語》裡相關的對話已經使人可以窺到這一點。這種對孔子仁的含義的不理解和孔子欲居九夷，是互為因果的。對於九夷，孔子終於未能成行，反而內在地達於「人不知而不慍」的境界。這種境界，又是一種感慨。但感慨只是一時的，外在的功績，如像趙佗那樣教化南越人而終究歸漢，也只有一時的重要性。而孔子所達的這種境界卻是廣大而普遍的。相對於外功，孔子所立的是內德，孔子此內德成為古往今來人性的高標。孔子又說「夷狄之有君，不如諸夏之亡也」（《論語‧八佾》）。孔子去九夷，是為君主還是為師，是個很有趣的問題，大概仍是溫良恭儉讓以進，不問結果；但幾乎可斷言的是，孔子即使為君，也是重於為師輕於為君的君師，如燧人氏有巢氏一類。荀子言：「仁人之用國，將修志意，正身行，伉隆高，致忠信，期文理」（《荀子‧富國》），孔子溫良恭儉讓，可謂能「用國」會「用國」。他的「其為東周乎」（《論語‧陽貨》）的意蘊，不免令人想往。

　　可以預見，老莊仍是此次融合不二的橋樑。整理老莊因此應成為中國文化的當前要務，這關係到中國人未來立足存身的問題。而中國人遍佈世界，使此一問題的重要性又不只限於中國人，這是我們研究《老子》現實的意義。

　　此外，從十八世紀未開始，西方人逐漸意識到道家的重要性，一些受道家影響的人認為道家思想可能是西方文化的一個未來出路，但這些人並沒能深刻理解道家（《時代精神的玩偶──對西方接受道家思想的評述》，葛松山（德），《哲學研究》1998年07期）。這是不難理解的，在中國本土文化尚且沒能對《老子》有個可接受的詮釋之前，譯作當然不可能青出於藍。對西方道家研究者來說，更為明顯的一個困難是，道家譯作沒有給德足夠的重視，導致道德的框架殘缺不全，而德的譯法即有數種不能統一，這種狀態顯然與西方人對道家的遠不成熟的理解是互為因果的。這個困難也有待於先在中國文化中將其解決。

第四章　不必待有之無

　　道發端於「無」。對道的理解必須從「無」開始，從「有」來追溯道則緣木求魚。「無」在「有」之先，「無」是更基本的一個範疇。「無」與「有」的關係就如老子所說的土與台的關係：「九層之台，起於累土」（64）：台的「有」，需要先有土；而台又是土所構成的，包括在土之內；台之傾頹，又化為土。「無」包含了「有」的一切，「有」最初自「無」而生，被「無」的空間容納，又最終歸於「無」。

　　「無」不是渾然不可分辨的，而是有其結構的。沒有結構的「無」，就會坍塌萎縮成無窮小的一點。在這種情形下，世界只是由擁擠的「有」所支撐和撐開的，道就只能寄生在「有」，成為「有」的附庸。但「有」所組成的世界，並不完整，總是存在新的「有」，即，未曾存在過的「有」不斷創生。這說明，任何「有」的存在必然依賴更深層次的根源，即「無」。

　　道虛而不虧，道雖然虛和空，卻不會坍塌萎縮，這可以通過對「無」的探討得到認識。前面說到，思想必須展開之後，才能清楚。展開即需要有空間，「有」和「無」即可作為兩維，支撐一個空間，使得道德框架能夠在其中展開。道德框架的展開需要先在「無」中進行，然後從「無」出發到「有」。這個過程是自然的，本體性的，必不可免的，否則就如造空中樓閣。

一、道的起點：無待之無

　　《墨子・經下》有：「無不必待有，說在所謂。」待，是前提，預設的意思。「無不必待有」的意思是，「無」可以在「有」先，「無」的定義或存在，不必依賴「有」的預先定義或存在，而論證這一點的關鍵是「有」和「無」所指向的對象。「所謂」，即具體的對象。《墨子・經說下》舉不同對象為例，說：「無若無馬，則有之而後無；無天陷，則無之而無。」根據所講的對象，具體來說，馬這樣的對象，先要存在馬這種動物，然後說無

馬，這個無就包含確定的意義。而對於「天陷」這種對象，不存在天陷這種事，也可以說無，這個無與無馬的無有區別。又如柏拉圖的哲人王，說世界上無哲人王，不必先有一個哲人王。也就是說，凡是「有」，就會有「無」與之相對；但某些「無」，不需要先有「有」。因此說，「無」與「有」是不對等的。不必依賴「有」的「無」，是「無」大於「有」的部分。「不必待有」的「無」超出了「有無相生」（2）的範圍。

　　莊子對「不必待有」的「無」的解說，更為形象，他說：「天門者，無有也，萬物出乎無有。有不能以有為有，必出乎無有，而無，有一無有。聖人藏乎是。」（《莊子・庚桑楚》）此句的意思是：天門是物（「有」）得以生的門，這個門是對應於「有」的「無」──叫做「無有」，萬物之生都是從「無」變為「有」。萬物，尤其是新的物更為明顯，只能從「無」產生。與「有」相對應的「無」也有它的「無有」，即，存在「不必待有」的「無」。唯有聖人能達到那個地方，因而能在那個地方保藏自己。

　　老子說：「玄而又玄，眾妙之門。」（1）這個門，與莊子所講的天門意義類似，但更進一層，直接就是指「不必待有」的「無」。玄不是黑，玄是無視覺，無感覺的空洞。正如「天玄地黃」，「天玄」不是天有黑的顏色，天是一無所有的空寂，眼睛看去，得到的感覺是玄，而不是黑。所以玄就是從眼睛這個角度來講的無。有待於眼睛並且與眼睛這一感官相對應而得到的玄，不是根本，只有無待於眼睛，也無待於任何感官的玄，此時「欲辨已忘言」，才達到根本。因此玄而又玄，即是「無」而又「無」，也是「無」的「無有」。

　　道大於德，與「無」和「有」相類似。「無」近似於道的意味，「有」則接近於德。道是廣延的，遍及萬物；而任何一種帶有存在意味的德都是局域的，被具體物事所局限，就是墨子所說的「所謂」。「無」生「有」，「無」包括所有的「有」；「有」不包括「無」，但可以化「有」為「無」，但「有」總是具體的有限的，不可能化生出無限的「無」。生出萬物的「無」和已有之物滅毀而化成的「無」，與「有」存在時間上邏輯上的緊密聯繫，所以可以稱為「有待之無」。「無」是「有」之母，「有」隻是「無」衍化了的那一部分，不能或未曾衍化為「有」的那一部分，也不可能從取消「有」得到。相應地，道涵蓋德，道是「天下母」，德只能從道而生，德有待於道，最終歸於道，始終在道不離。德是道顯現的部分，德總是具體的有限的，德毀滅後又回歸於道，但有限的德不能化歸為無限的道。德

能為人的感官思維所及，是一種對人來說具可得性的「有」，人的感官思維所能達到的極限就是「有」的範圍，更確切地說，這個範圍是古往今來所有人類感官思維所能及的極限。

從「有」可以得到德，但佔據德即失道，所以「上德不德」，去掉「有」和「有待之無」，才接近道，才接近「聖人藏乎是」的那個地方。老子說：「大道泛兮，其可左右。」（34）「左右」就是可能性。我們生活的時空事件，只是種種可能之一。「左右」這些未曾實現的可能性，也屬於「有待之無」。上段中所講的「有待之無」與「有」是縱向先後的聯繫，而這裡所講的「有待之無」與「有」是橫向並行的聯繫。老莊的大部分比喻，所根據的和所揭示的都是這種橫向的聯繫，與縱向的因果或者相關性聯繫相區別，這是特別需要注意的一點。

根據有待和無待，「無」可以分為兩個層次，一個層次是與「有」相依存的，是有待於「有」之「無」，可以稱之為「有待之無」；另一個層次是不依賴於「有」的。在前一層次中，從空間看，「有」與「無」存在一一對應；從時間上看有無相生，成為一個封閉的循環，沒有新的「有」，也沒有新的創造或創生。「高以下為基」（39），後一層次顯然是更為根本的，是創造或創生得以發生的關鍵。「不必待有」的「無」，是「有待之無」的根基，可以稱之為「無待之無」。任何新的一對有和無都要從「無待之無」中來，「無待之無」是生生不息的，包含著可能，具有開放性。

「失道而為德」（38），未嘗失道的部分，即道從來未嘗以任何形式顯現過，無待於德，也無待於顯現的部分，這一部分仍在道中，不屬於「有待之無」，是「無待之無」。這部分「不必待有」，所以也「不可致詰」。相對獨立和孤立的物之德，其間的微小空隙也為道所佔據，這部分也「不可致詰」，同屬「無待之無」──有物還是無物對其都沒有任何影響。萬物在道中，正如魚游水中，周遭直到細胞間隙中，都是水。這種無處不在，是道的廣延性。因此道大於德，在道德框架已經隱含了。

從「不必待有」的無，可以很容易引申出莊子的「無待」。（《莊子·逍遙遊》有，「若夫乘天地之正，而禦六氣之辯，以遊無窮者，彼且惡（無）乎待哉！」）「無待」則「我自然」，只具自身的規定性，道的意義也就蘊含在其中了。「無待之無」不待於「有」，也不待於「有待之無」，具有超越性。這裡超越性是無待──不受限，無前提的意思。老莊思想的展開，必不可免地要從這個根基開始，而深深地植根於這個根基。莊子的「無待」，

也只能是就這個根基而言的：逍遙遊之所以成為可能，是對空間的超越；而《齊物論》的「方死方生」和「辯無勝」分別是對時間和前提的超越。

　　人類的認識有兩個顯然的起點，一是從人切近的經驗和實證出發，如人的感官，經驗，理性等，即從「有」出發；一是從人可以認識的最終邊界由遠及近，如上帝，神鬼，虛無等，即從「無」出發。前者不是普遍的，可能的誤區是目光短淺，具體狹隘，容易引起紛爭。後者則玄遠飄渺，難於理解，在有分歧的時候無法互相辯駁，因而容易流於虛妄。而「無待之無」則超越了這兩個起點，沒有這些問題，是自足的一個立足點。

　　由近及遠和由遠及近的兩個起點之間，即形而下之學的下學上達和形而上之學的上學下達的途徑之所存。兩者在「達」之後，是一回事——道只是那一個道——理一萬殊，一和萬是一回事。如張載所講：「散則萬殊（殊化了的道或者自道之德），人莫知其一也；合則混然，人不見其殊也。」（《正蒙‧乾稱》）道德展開的範圍，即是一切萬物，道如「理一」，德如「萬殊」。

　　道最表層的含義就是「達」之途徑，而強名之為道，已經包含人可以行在其上的意思。道涵蓋了人類認識的兩個起點和任何其間的東西，無所不包。就認識而言，道既是一條通路，又可看作一處關隘，類似於門，有開有闔。這扇門處於形而上和形而下之間。如圖4-1道德框架圖所示。打開這扇門，就如上古人神相混；關上則分離，神人各行其是。打開是開放性的；關上則是隔絕的，所以關又意味著一種境況的轉折，即境況變成隻有形而下具體而確定的世界，而不是神話般翻雲覆雨的變幻不定。完整的認識論，不管從形而上還是形而下出發，必須經過道這門才能連通。老子云，「故常無，欲以觀其妙，……。玄而又玄，眾妙之門」（1），這是打開向上途徑的意思；又說「玄牝之門，是謂天地根」（6），這是打開向下途徑的意思——天地的根源係於此門。類似地，《莊子‧天下》篇也用門比喻道，「以德為本，以道為門，……謂之聖人」。又如，前引「天門」一節。

　　老子提出道，將認識的邊界推及無待的無，因此邊際是開放性的。但道這個形而上的起點，又通過德，不離形而下的萬物，這是道能夠成為中國文化的總源頭的原因。道生萬物，任何一物都是一德（得），道之下的一切，都可用德來統稱。德的世界即是形而下的世界，是由一個個具體的萬事萬物所組成的整體。德是有待的，必須上通於道才能有衍化，而因為道的存在，不是物與物之間絕望的隔斷。德因此不是獨化，而是因為道彌散其間，互相滲透耦合而俱化。道與德合言，就覆蓋了人所能認識的所有範圍。

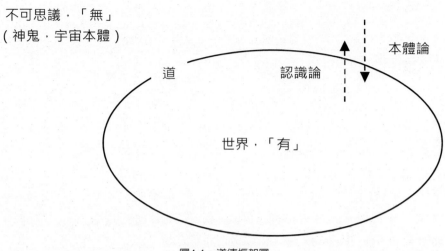

圖4-1：道德框架圖

　　老子所談論這個邊際——道——不是個清晰的邊際，老子命名其為道，是通路的意思，通路隱含了走路的人的意味，不能讓人走過就不成其為路。中國人認為世界始於混沌，人與物理物質世界都經由這個混沌而來，混沌未開之前只有道，已開之後才有人和萬物，人和萬物又終究死滅回歸到道中。中國的盤古開天的神話，就是關於混沌和人的寓言。（《大戴禮記・哀公問五義》，孔子對曰：「所謂聖人者，知通乎大道，應變而不窮，能測萬物之情性者也。大道者，所以變化而凝成萬物者也。」又朱熹語，「這一氣運行，磨來磨去，磨得急了，便拶（擠壓意）出許多渣滓，……」轉引自錢穆《朱子學提綱》。這個意思張載也曾提到。）

　　人類之世界只能在道的範圍中存在，不能外乎道。道即是那個將人與不可知，不可思議之境界分開的界限。老子說：「以道蒞天下，其鬼不神；非其鬼不神，其神不傷人。」（66）這是說，在天道遠，人道邇這兩者間，有個道立於其間，「其神不傷人」，神不跨越這個界限。而道對於人來說，是不可道，「不可致詰」的，因此人也無法超越這個界限。但老子並沒有關上通往不可思議的大門，認為人不可能達到神界。道是人通往神界之路，這是基於道的道教能夠發生的理論依據。

二、不可致詰的玄

從形而下向上看去，認識的邊界，不存在於「有」，也不存在於與「有」相對的「無」，而是存在於「無待的無」與「有待的無」的邊界。這個邊界「看上去」是極虛極靜的，可以稱為玄。老子說：「視之不見，名曰夷；聽之不聞，名曰希；搏之不得，名曰微。此三者不可致詰，故混而為一。」（14）此句大意為：看不到，叫做夷；聽不見，叫做希；摸不到，叫做微。這三種知覺不可能窮盡（它），所以沒有分別，是混一的。這種混一是空寂的，缺乏靈動的生意，所以是玄而非道。

玄從這裡一直綿延到萬物，所以《老子》接上，又說「其上不皦，其下不昧。繩繩不可名，復歸於無物。是謂無狀之狀，無物之象，是謂惚恍。迎之不見其首，隨之不見其後。執古之道，以禦今之有。能知古始，是謂道紀。」（同上）這句話大意為：上不明亮，下不暗昧，紛紛然混沌不可言談，就像回到太初無物。這叫做沒有形狀的形狀，沒有物的相，這就是恍惚，所有感官都渾一了。（猶如人讀書，越想讀明白，就靠得越近去盯著看，但突然恍然大悟，此刻反而沒有眼睛的感官，卻「看得」最清楚，這裡的「恍然」與「恍惚」是同類的。）迎著（它），看不到前頭；跟著，看不到末尾。掌握它的本原，可以適用於今，能夠知道這個本原，就抓住了道如何統禦有的線索。「古始」，就是不可致詰的最初起點。認識從古始出發到在自身，是「道之紀」。所謂紀，即是紀綱，漁網上貫穿一切經緯絲線的綱繩，可以抽緊收網，放開就可以撒網——道就散為無數的殊化了的道。

一個人從形而下向上看去，這樣的極虛極靜的玄及其以上的東西，可以籠統地稱為道。這個道不是人的感官所能感到的。老子所說的玄，不是黑；玄之於感官的印象，是黑，但黑不是玄。用耳聽，只能聽到人籟地籟，而不能聽到天籟；天籟之於感官的印象，是大音無聲，但無聲不是天籟（天籟的意味，可以從「此時無聲勝有聲」中想像。《莊子‧人間世》有，「無聽之以耳而聽之以心，無聽之以心而聽之以氣。」）視之不見，是純被動的；聽之不聞，聽是主動的，「往曰聽，來曰聞」（清段玉裁《〈說文解字〉注》，人還可以更主動地去觸摸，但仍然「搏之不得」。

這個道也不是人的思維推理所能得到的。就像「無色，無聲，搏之不

得」不是道一樣，可說的，可構想的，不是道；但不可說的，不可能構想的，也不一定是道。這種無能為力類似於否定神學，否定神學不會犯錯，但也不能通過否定說明神是什麼。用否定句式闡述，會導致不確定性，同時也不陷於偏狹孤陋，是否定句式的開放性使然。人能夠說明的神，其神不神。而無神論所能夠反對的，只是此神彼神，而非神本身。（宋張商英，擬作《無佛論》批佛。其妻向氏說：「既無佛，又何論？」（馮夢龍《古今譚概》）張因為這句話悚然廢筆，此後更皈依佛教。）

從外在於人的，世界的本體上說，「無，名天地之始；有，名萬物之母。」（1）從人的認識上說，「故常無，欲以觀其妙；常有，欲以觀其徼。」（同上）這裡的「無」是「有待之無」，與「有」相對而言。而這兩者之共同共通之來由，共同有待的東西，可以稱為「玄」。這就像人看到光亮，不必轉眼去看暗處，就可以推理出暗處的存在。這個例子中，亮相當於有，暗相當於無，亮和暗有待於光，眼和邏輯，這些有待是這個特定的例子中有和無的共同之處。推及到萬物，「萬物一馬也」，就可以推理出，有無物的存在，萬物與無物因此也是有待的，有待於萬物和邏輯，萬物與無物這一共同的有待，即是「玄」。萬物與無物，以及人類的一切感官，言論，推理，思維都到玄為止。

玄正是因為一切認識到此為止，而稱為「玄」。而「玄而又玄」，才是「眾妙之門」，才是道之所在。郭象與成玄英意識到了這一點，將其發展成了「重玄」的思想。郭象在《莊子注　齊物論》中寫道：「然則將大不類（不類，即不肖，是不像，不可擬於物的意思。不肖即老子說的，「天下皆謂我道大，似不肖。夫唯大，故似不肖。」（67）），莫若無心，既遣是非，又遣其遣，以至於無遣，然後無遣無不遣，而是非自去矣。」成玄英《道德經義疏》有，「有欲之人，唯滯（執著）於有；無欲之人，又滯於無，故說一玄，以遣雙執。又恐學者滯於此玄，今說『又玄』，更祛後病。既而非但不滯，亦乃不滯於不滯，此則『遣之又遣』，故曰：『玄之又玄』。」成玄英有見於人誤解道為無或者玄，有徒守空寂的弊病，所以說要放棄這樣的執著。

無或者玄，不是道。就如錢穆解《論語》「繪事後素」，有：「古人繪畫，先布五彩，再以粉白線條加以鉤勒。」（《論語新解》錢穆，聯經出版社，81頁）此處五彩即相當於有，粉白線條的素即相當於有待之無。人類通過智慧思維綜合而得的道，即如後素，此後素離道甚遠，可想而知。

　　道，求其可以致詰，是不可實現的。人不可能得「無待之無」而佔有之，也不可能得道而佔有之。對道而言，「有」是不當有。段玉裁《說文解字注》釋「有」說：「不宜有也。謂本是不當有而有之稱。……日月有食之。」黑格爾也達到了這一認識，他說：「一切有限事物，自在地都具有一種不真實性。」

　　對於至德之人，從道照觀，甚至身之「有」，也是不當有。此意如老子所說：「吾所以有大患者，為吾有身，及吾無身，吾有何患？」（13）又如《莊子・知北遊》有「舜問乎丞曰：『道可得而有乎？』曰：『汝身非汝有也，汝何得有夫道？』」莊子的寓意是，身在道中，不能超乎於道外，人自身只是道的微不足道的一部分。這一點同樣適用於「我思」，道使「我思」成為可能，而「我」並不能感覺這一點，令「我」有所覺察的，即不是道。

　　「褚小者不可以懷大，綆短者不可以汲深」（《莊子・至樂》），人身也不可能懷道如懷物。人如此，人造的機器更是如此，機器的感和思，離道就更遠了。從認識上講，知也不當有，莊子說：「人皆尊其知之所知，而莫知恃其知之所不知而後知，可不謂大疑乎！」（《莊子・則陽》，大意為：人都以所知道的知識為寶貴，而不知道，得到知識必須依賴那個人所不知道的（我心，先驗理性），這難道不是大困惑麼？）這句話猶如在說，從因果出發，而不知道第一因不能由因果產生，那豈不是最大的迷惑麼？

　　上德接近道，老子「上德不德」（38），也包含人不可能得道而有之的意味。人如舟，浮生於道的水上，不是舟載水，而只能是水載舟，上德不德即是得到輕如鴻毛的舟的途徑。不德包括摒棄感官，絕學去智，以至於去身。如，黃帝失玄珠之喻，「使知（尋找，覺察）索之而不得，使離朱（視明）索之而不得，使吃詬（力士）索之而不得也。乃使象罔（混沌不清），象罔得之。」（《莊子・應帝王》）。將身委之於天然，如同《莊子・德充符》所言「視喪其足，猶遺土也」。這樣的不德，使身延及於外以至於與道和順應節，即成上德。上德之身虛與「委蛇」（《莊子・應帝王》），與道合而無間無缺，即如「若夫乘天地之正，而禦六氣之辯，以遊無窮者，彼且惡乎待哉！」（《莊子・逍遙遊》）這樣所得的道，不得之於身，而外其身；「外其身而身存」（7），即對身的超越，反而得到身的（生命性的）全部，即成逍遙遊。

三、無待之無的用

「無待之無」沒有以「有」的形式曾經存在過。這樣的「無」對我們是不是毫無意義呢？老子對此的回應是：「無之以為用。」（11）莊子有同樣的觀點。《莊子·外物》有，「惠子謂莊子曰：『子言無用。』莊子曰：『知無用而始可與言用矣。天地非不廣且大也，人之所用容足耳。然則廁足而墊之，致黃泉，人尚有用乎？惠子曰：『無用。』莊子曰：『然則無用之為用也亦明矣。』」這裡莊子反問，除了立足的地方以外都挖掉，那麼人立足的這一點兒地方還有用嗎?!老子從正面回答，莊子卻是從反例來講，即如果沒有「無」，才是真正的無用，即使「有」也依賴於「無」才能有用。沒有以「有」的形式曾經存在的無，是新生事物的可能性，沒有這種無，即「太陽底下無新事」，人類社會發展到一定程度之後，試圖進行任何改變都是了無新意，徒勞的重複，沒有希望可言。而已有之「有」，假以時日，終究會被遍歷，成為了無新意的程式化機械化的東西。換言之，沒有「無」的「有」，就如一個鐵盒子，這個鐵盒子將世界納於其中，成為人類最終的牢籠。人類至今仍沒有發現世界的盡頭，即便對於「有」，無論是對大的宇宙，還對小的微觀粒子的探索，都仍沒有窮盡，所以「無待之無」仍在那裡——這也是老莊學始終綿延不斷的原因，任何時代的人都面對這一「無」，因此總需回到老莊那裡。

道是通達之路，得道的人能知，能行，最後能成。可以說，「有」是知的基礎；「有待之無」，是行的依據；而「無待之無」是行之能達，行之能夠有所成的指南。老莊所講的「用」，分為「足用」和「用不足」。「足用」者才是成的充要條件。「用不足」者，是一曲，到了行不通的地方，就只能半途而廢。

這裡還需澄清老子莊子的「用」是否是一個意思，這就需要對「用」稍作說明。「用」的甲骨文象桶形，有中空的意思。老子講「無之以為用」時，舉容器房子為例，與中空的意思完全契合。「用」引申出來的意思是施行，施行又帶有「往」，去用的意味。「往」的意思可以參照清段玉裁《說文解字注》中解「聞」一節：「往曰聽，來曰聞。《大學》曰：『心不在焉，聽而不聞。』」有了對「往」的領悟，就可以很容易明白老子莊子的

「用」，都是一個相同的「往用」的意思。這個「往用」沒有「無」所提供的空間，就無所施展施行，這正是莊子的意思。

老子無為的概念，也是植根於「無」的根基才可解。基於「無待的無」的作為，是生。生即是創造。任何新的創造，都可以認為是一種生的作用。「無待的無」，因此是創造力之所存，想像力的歸宿，和此兩者可能性的根源。「天下萬物生於有，有生於無。」（40）最根本的創造，即是世界的創生。世界能夠由無「生之」具體的原因就在於有「無待於有」的「無」。「無」既是創生的動力，又是可容生成之物的空間。

道「有物混成，先天地生」（25），道是在有天地之前的，無待於天地，而創生天地。但「天外有天」，天地不是道，所以只能歸於德的範疇，這就是「道生之，德畜之」（51）的意思，所以天地只是兩大德。德立足於有，上德屆道，而道起源於「無待之無」之中，涵蓋了其下的所有的德，包括「有」，有待於有的「無」，和無待於有的「無」。無待的道為德提供了無限的空間。就總體而言，萬事萬物的德的全體，也只是道的一部分。總體的德之外的那部分道，使德能夠有增進積累的空間，是「無之以為用」的部分。沒有無盡的空間，最終的德，也如莊子所言，只是一小塊無用的立足之地，無處可去。因此，德的可能性的空間大於實際的德的空間，這個空間是道提供的。德的總和，包括過去和將來，都不足以充滿道所提供的這個空間，所以老子說「道沖而用之或不盈」（4），即是說，道的空間是無窮盡的，物因此也無窮。

四、無待之無的背後

以上將道德的框架用「有無」為支撐做了一展開。這種展開的結果是一個以「有」和「無」為維度的缺乏細節的空間。在本書稍後我們將看到這個空間的細緻化，但在討論細節之前，無之以為用，必須將這種展開推向極致，才能為近乎無限的細節留下足夠的空間。

道發端於「無待之無」，那麼道的終極是否包括了所有的「無待之無」？「無待之無」邊界之外是什麼？從本體論來說，這個問題所討論的範圍，相當於西方哲學中，從神的本體到第一因這一部分。宗教，創世說，宇宙發生和組成論都發源於這一範圍。對此類問題的討論，往往免不掉陷入二

律背反的困境，即，存在一個或至少一個同等正確性的相反答案。但不能回答問題不等於不能處理問題。如果權威性的答案不能建立，就必須找到具有可操作性的切入點。必須注意的是，切入點的選取是技巧性技術性的，而非必然性的；必然性只屬於有無相生的那一有無所轄的範圍。所以老莊對此困境的回應不是一種理論上的答案，更多的是一種實踐性的處理方法。

老子提出「道法自然」，這個自然，即是自在自存，自蘊自足，自我推動，無待於外的意思。這種處理方法，進一步分解開了「無待之無」，使之成為：無待於外的「道法自然」和無待於己的「全然無待」。無待於外，即是在時間上和邏輯上，不必有先於自身的東西，只有自身對自身的規定，有特點，這就是「我自然」的道。而在其上，又可以有純然的無待。對於純然的無待，時間和推理都失去了意義，即使顛倒之，也對其無所改變，沒有自身對自身的規定，無特點。（無神論者提出的「上帝能不能創造出一塊自己也舉不起來的大石頭」論題，是因為不能理解這一點產生的。）完全的超越，帶來完全的自由，是「全然無待」的特性的由來。道的邊界顯然包括了「道法自然」，因此道的邊界處於這兩種無待之間，或者處於「全然無待」之中。

無待之無，不需前因來定其果，這正是莊子得以齊物的原因。《莊子·齊物論》的「物無非彼，物無非是」一段，正是以論述無待於外的道為對象而言的。《莊子·齊物論》有，「物無非彼，物無非是。自彼則不見，自知則知之。故曰：彼出於是，是亦因彼。彼是，方生之說也。雖然，方生方死，方死方生；方可方不可，方不可方可；因是因非，因非因是。是以聖人不由，而照之於天，亦因是也。是亦彼也，彼亦是也。彼亦一是非，此亦一是非。果且有彼是乎哉？果且無彼是乎哉？彼是莫得其偶，謂之道樞。樞始得其環中，以應無窮。是亦一無窮，非亦一無窮也。故曰：『莫若以明。』」

牟宗三認為，莊子此一段話不符合邏輯，是衝破（是非的）二分法的。（牟宗三《莊子〈齊物論〉演講錄》）邏輯並非無所不包。道不僅在邏輯之外，道更是言語之外的。「言有宗」，不依賴於其宗，邏輯討論就如與盲人講論黑白一樣；言只是德，作為思想載體的德（思想載體與理性相對應，物理載體與感官經驗和可實證性相對應），其宗即是道，不依賴於其隱含的形而上的假設，言語也不能傳達什麼。

莊子所論的道，是邏輯之外的，「前提」的「前」在此沒有意義。「自

然」的因是「自」，果也是「自」，自是常的，因此因與果沒有前後，也就沒有邏輯可言。因果與邏輯的區別在於，邏輯可以是單純概念上的，因果必從事實出發。邏輯依賴於前後，需要前提後果；而因果可以互為。公孫龍可以從邏輯上證明「臧三耳」，但一旦被鄒衍指出與事實不符，就無力辯論了。中國人對邏輯悖論的態度，因此在戰國時代，就已經有了定論。顯然，邏輯有悖論，允許並讚賞悖論，因果卻沒有。而因果如休謨所講，可能只是相關性，因而缺乏嚴格性。現代人只知道用邏輯分析中國學術，一來格格不入，二來範疇錯誤，試圖以小的範疇來囊括大的範疇，因而不可能得到清晰的認識，而往往全盤錯誤。

《齊物論》此段論「無待於外」，只能有「自彼則不見，自知則知之」。論因果沒有前後，「彼出於是，是亦因彼」。論時間也沒有前後，「方生方死，方死方生；方可方不可，方不可方可；因是因非，因非因是。」論道是獨一無對的，「彼是莫得其偶」。論道是無窮的，「樞始得其環中，以應無窮」。莊子說，懂得道的這一（這一些）特點，即是「明」。老子沒有與名家爭論的麻煩，也沒有與人論爭的習慣，直接論說「道樞」，即他所說的「道紀」，說：「執古之道，以御今之有。能知古始，是謂道紀。」（14）老子此處的意思是，在道的層次上，因果只是一體，這個一體是「惚恍」混沌的，「首」和「後」無古無今。簡言之，上述種種就是「道法自然」而已。「自然」是自在的，只有自身的規定性，包含了對時間和邏輯的超越。於思辨中尋得這一對象，是認識論中的一個里程碑，有其必然性。（《金剛經》有，「如來者。無所從來。亦無所從去。故名如來。」）道為一，道不可分，道無對，都是一個意思，即因果前後大小上下有無，皆不可分而為一，物在此可以齊，齊於「自然」。

那麼無待於有，又無待於己的「全然無待」，意味著什麼呢？道法自然，還有個不同部分彼此相因應的意思，「全然無待」則連這一特點也可取消掉。這意味著「全然無待」可以是完全理想的，也可以是顛倒錯亂的，兩者並無差別，並且兩者可以共存無礙。以「方死方生」為例，「無待於外」之物的生與死超越時間，不能離開此物，外在地度量，即無先無後，所以死生皆在於一個時間點。而對於「全然無待」之物，生死毫無意義，其所隱含的先後的暗示也沒有意義，可以「無生無死」，可以「先生後死」，可以「方死方生」，也可以「先死後生」。這是一種絕對自由，因此包含一切，也包括無常。

　　道是否也包括「全然無待」這一部分？包含神鬼之域？對此，老莊並沒有直接的回應。但相關地，他們有個一致的觀點。《莊子・大宗師》說，「夫道，有情有信」；《老子》說，「道之為物，……窈兮冥兮，其中有精；其精甚真，其中有信」。錢穆在《莊老通辨》中，訂莊子的「情」為「精」，頗有見地，今從之。所以，老莊所說的精和信，即算在字面上，也是相同的。精和信，就是道能夠流而為德的原因。按精，「擇也」（《說文》），引申意為細微。正如「卵有毛」這個名家論題一樣，雞蛋中有羽毛的基因，雖然偌大的雞蛋中，只有區區若干個分子大小的遺傳物質，但這些「精」蘊含了雞的所有羽毛的成因。道中有精，才生出德。信，此處是效驗的意思。

　　道有精有信，那就另有無精無效驗之物，這一物不成德也無表現，無法從經驗感官推求。老子莊子對這無精無效驗之物，沒有說其是什麼，只是留下了這一不肯言及的罅隙。這個罅隙所通往的即是「全然無待」，或者說絕對地「不落因果」，是非人類所居的他方世界，可以說即是鬼神之所居，是彼岸，是天國。因此道家的道的邊界，可說存在於無待於外的「自然」之上和無待於己的「全然無待」之下。而道教的道的邊界，卻可說上及包括「全然無待」。道家的道，在認識上可以視為隔離了宗教對人類社會的影響力。但老莊只是虛掩上了道這扇門。不管老莊如何說，道教不費甚麼力氣就將其打開，《老子想爾注》略略修改《老子》的指向，就通過五斗米教將實際上的影響力帶到人類社會——「想爾」一詞意味深長。老莊這扇門並非因為要將神人分離而有意為之的，而是這扇可通神人的門總在那裡。「上帝的歸上帝，凱撒的歸凱撒」，人類這一側歸於人，人終會來至門前，老莊在哲學家中先期而至而已。這扇門又不同於門後的世界，道是「不可致詰」的，而「陰陽不測之謂神」（《易・繫辭上》），神不可測。變化莫測是「超越性」的中國式描述，所以王弼註說「神也者，變化之極」。而這扇門是人神共用的。

第五章　道德框架的範圍

　　道德的框架，所涵蓋的內容是個整體。對道德框架的理解必須由完整性而來，而不能單獨論道或論德。道有其不落因果的超越，也有其不昧因果的可行性，即道即有自身的混沌，但又對人來說不是混亂的。道不昧因果的性質必須用德使其顯明。單純論德則落入窠臼，單純論道又有「昧因果」之虞。道德的框架即是以德明道。

　　老子所示的在認識上進於道的途徑有兩種：一種是持之勿失，一種是失而復得。前一種是對人「虛其心實其腹」（3），對己「我愚人之心」（20）。後一種則是失道之後的辦法，是「為道日損」（48）的「各復歸其根」（16）的途徑。前一種道無言，也不可言。後一種則是由學復道，是這裡要討論的。以學復道，又會回到「虛其心」，如老子所講：「大曰逝，逝曰遠，遠曰反（返）」。（25）返歸得到的是樸德，而不是返歸到虛幻。

一、道德的整體性

　　老子說：「道之為物，唯恍唯惚。忽兮恍兮，其中有象；恍兮忽兮，其中有物。……，自古及今，其名不去，以閱眾甫。（王弼注，「眾甫，萬物之始也」。）吾何以知眾甫之狀哉？以此。」（21）道不同於德的蓄積，「至道不凝」（《中庸》），道不滯於物；充而不滿溢，虛而不虧缺。道因此無表現不分明，不能執之以示人，隻是無細節的象和物，如雲氣瀰漫，又如「塵埃也，野馬也」。這是從道照觀的整體。這種象和物不同於感官所及的象或物，也區別於理性抽象出來的相和理型，而以「唯恍唯惚」為特徵。道之用，隻是可能和或然的實現。或然的實現是指，某些實現不可重複，甚至努力去營造同樣的條件，按照同樣的辦法，仍未必能夠重複實現，因為其中有「不可致詰」這一因素——不可致詰的是不可營造的。

　　德用以描述道下之眾，即萬物。德是道凝的結果：萬物有分別，而形

體分明。德給道了一個碇石。也就是說，從德看，道就有某種確定性和必然性可循，與人有千絲萬縷的聯繫。德和道就如佛家講的此岸和彼岸：沒有彼岸，此岸隻成一個無處可去的閻浮孤洲，彼岸給此岸一個方向性，一種希望。人總是立足於此岸的，即德這一邊，這是必然性的根源。所以道和德一同來講，就具有某種確定性，而不是任意的。隻有以德明道，所得才能正而不譎，不是荒誕不經。而認為道在此岸，不管什麼都可叫做道，這也是道，那也是道，也隻是一種「家人言耳」的庸俗認識。

按照解釋學的說法，一個詞必須通過語境，才能顯出其含義來。道所需的語境是道和道所含納的所有的德，包括語言的言外之意和物的全體。因此道的語境是物質界和精神界的一切，需要道和德範疇的澈底展開。道德的框架是完整的，所以無所棄。老子說：「聖人常善救人，故無棄人；常善救物，故無棄物。是謂襲（因之而取）明。故善人者，不善人之師；不善人者，善人之資（可資取的，可藉助的）。不貴其師，不愛其資，雖智大迷。是謂要妙（與眾妙相對而言，要而不煩的妙）。」（27）此句前面是說，德涵蓋的範圍，任一物任一人，都不能被排除在外，不管是卑賤之物還是邪惡之人。後一句則解釋為何必須如此。隻有如此才能得到道之下完整的德的範疇。如，老子又說，「善者，吾善之；不善者，吾亦善之；德善。信者，吾信之；不信者，吾亦信之；德信。」（49）以此類推，就有「不德者，吾亦德之」。至於「上德不德」，是已達完整性。

從道這個源頭來看，這裡一切都未萌，未展露頭角，雖紛然卻簡單，沒有細節。盲人摸象之所以出錯，是因為僅注意到了細節，隻摸到象牙，象耳，象尾等細節，不能知道大象是什麼樣的；將這些細節堆積起來也不可能得到大象的形狀。隻有在整體上對大象輪廓和規模有所認識，這些細節才能各得其所，變得有意義起來。處理道的源頭問題也是如此，最先見者，是鑿破巨空得到的粗獷大塊，大方無隅；中規中矩的細節有賴於後來的引入；而精密的分析在細節引入後才能進行。所以在源頭這裡，不能有莊子所講的成心，隻能有昏昏悶悶的「愚人之心」，了道的人也隻能「欲辨已忘言」——因為落入言詮，就失去整體，隻能描述局部的細節。

道的「唯恍唯惚」要由德來解除，「失道而後德」。（38）德是此岸的，此岸隻有一個，就是人間世，這個惟一性維繫了可驗證的因果性，即可以「觀其徼」。一物於德有所成，於道就會有所虧：物德是具體和獨特的，失去了可能性和普遍性，所以有「失」於道。任何形而上的學問，必須經由

下達，觸及具體的德，才有必然性，否則就如同空中樓閣，海市蜃樓。對人的認識來說，不能下達的形而上學，在實行時是任意的，不成統系，無法作為行動的指導。上學下達成為可能之後，其途徑就有跡可尋，成為人可以進退左右的憑據。道的或然性給了人間世的過去和將來種種可能。這些可能性是難以從下學上達而獲得的。在或然性層次的爭論，就如盲人摸象的爭論，並無意義。隻有在上下通達之後，在言語上的爭議才有意義。而下學的言語論爭實際上必然有個形而上學的背景。

　　「好」的形而上學在或然中有必然。像井田制一樣，井田並非方方正正的如「井」的字形一樣，而是在任何地勢都可施行的。井田的實際形狀可能是任意的，但其中拓撲的規律卻不變，或然和必然以此得到合一。中國學術與此類似，道即是類似於此的一種包含必然和或然的形而上學。道因此隨人類視野（德）的擴大而擴大，保持拓撲映射的不變，即常。

　　道隻有在或然和必然達到統一，即上學下達填充道德框架所有細節之後，才能開始顯出其意義。這種填充，要求框架與細節間存在有機的聯繫，如畫虎時骨架與皮毛間必須相協調一樣，而填充的結果必須得到完整性。道包含德，填充細節，也是漸漸趨於瞭解道的整體。

　　道德框架所需填入的細節是「有」，「無」在這裡是「有」得以生成和往用的空間。從「有」入手，即從精確細緻的細節出發，因為「無」的存在，無法超越：「隻在此山中」，也就無法推出形而上學，因此總是局限的。有，《說文》解為「不宜有也」，意味著「有」是奇點，是變異，是裂變的，不完美，不完整。從「有」出發，得到的道是割裂的，不是「一」，其字源學的原因就在於此。

　　哲學上的二分法，屬於從「有」出發的學問，其本質是二分之一法。二分法得到的兩個對立範疇，各自殘缺不完整，不能獨立而各自為一，隻能為二分之一。在這樣的範疇中，傾向或絕對化其一，這樣得到的隻能是殘缺的半識，用來指導行有害，更遑論成。老子所講的道生一二三萬，也是如此，不能得到各自獨立的一群「一」，而只能得到二分之一，三分之一，和萬分之一。

　　有待於「有」之「無」，充滿細節之間的空隙，又達於學術邊界和極限之外。有待於「有」的「無」，與「有」相對，可以有三種。一是「有」之前，化生出「有」的那個「無」；一是「有」之後，「有」化而成的「無」；一是，「其可左右」的圍繞著「有」的「無」。前兩者意思很明

白，不需解釋。最後一種「無」因此隨著時間變動，是時有時無的「無」。「有」是時變的，可以搖擺左右，從權而動，使這種變動成為可能的是圍繞著「有」的「無」。如，「三十年河東，三十年河西」，河水總是循最快流洩的通道而走，這個通道是常變的，不是河道的地方有時成為河道，是「有」；當其不是河道的時候，是「無」，這個「無」不固定，而常在常變。另外一個例子如，汪曾祺小說《鑑賞家》中的故事。文中說，果販葉三是個鑑賞家，他看到畫家所畫的紫藤，說「紫藤裡有風」，因為「花是亂的」。畫家並沒有著一筆於風，隻是畫了亂的紫藤花，這是葉三從「有」看出「無」，但花也並不亂，其「左右」是有待的，不是無限制的。這就如丘遲的「雜花生樹，群鶯亂飛」（《與陳伯之書》）中的鶯也不是亂飛。如果人能如鶯一樣感知這個世界，就會知道群鶯亂飛其實如人群散開，每個人的去往是有明確原因和方向的，循路而散去。莊子的魚之樂寓言，所看到的也是此類意境。

　　所以細節之上，又加入有待之「無」之後，才算完整。這樣的框架將眾多的「一」又合成為一個「大一」。這個「大一」在全部的「有」或「無」之前，之後，之左右，所以隻取法自身，而無待於「有」或「無」，這樣的得到的即是完整的道德框架。

二、道德框架中的遠和反

　　老子所提出的道和德，規模無限廣大，對其理解的完整性要求，使得任何來自於有的限制，都會構成理解上的牢籠。老子說的，「致虛極，守靜篤」（16），才是領悟道的不二法門。虛靜是理解《老子》及其同類所有學問的最基本的要求。虛至極，靜至篤才能容納超越道及其下的所有內容。虛極靜篤合在一起就是「心善淵」的括大而寧靜的狀態。

　　以德與器的比喻來講，由虛而來的習得的過程，就是器先能空而大，「唯道集虛」（《莊子‧人間世》），然後能充實；器不能容，即能注入，也因為滿溢而失去。這就是「天之道，損有餘而補不足」（77）的原理。人作為一個器及其所容在一起，即是德。這個德不是外在的得到，而是所得成為了人的一部分，成為了人的特性。對學問的心得也是如此，知識不成其為德，就只成表麵點綴，餘贅的得——科舉教育和過度教育即如此類。靜而持

之，即使器和所容不相匹配，靜仍然可以守而持之，動則可能有失，這就形成了學問的慣性，或者說僵化性。但靜到了篤的極限就不同了：可以持萬物，靜篤無外，萬物都在其持中，不再有能從外攪擾其靜的物。這樣的靜，如同鏡子，萬物自現而畢現，所以無所不容。

　　賈誼在《新書‧道術》中對虛靜的討論，得到了「致虛極，守靜篤」的意味，「曰：『請問虛之接物，何如？』（賈誼）對曰：『鏡儀而居，無執（不執著成心）不臧（沒有諱避），美惡畢至，各得其當。衡（天平）虛無私，平靜而處，輕重畢懸，各得其所。……此虛之接物也。』」同書又有，「曰：『數聞道之名矣，而未知其實也。請問道者何謂也？』對曰：『道者，所從接物也。其本者謂之虛，其末者謂之術。虛者，言其精微也，平素而無設施也。術也者，所從制物也，動靜之數也。凡此皆道也。』」這裡賈誼將無為的意味也講了出來，所謂「虛之接物」，即宏大處能容物，而精微處是人心之無厚。心無厚，而物有間，兩者有同一個無，因此能夠感通，然後即能有術如神，如庖丁解牛。

　　老子接「致虛極，守靜篤」，又說：「萬物並作，吾以觀複。夫物芸芸，各復歸其根。歸根曰靜，是謂復命。復命曰常，知常曰明。」（16）「複」，即是返歸於道的意思，因此「複」之後又有「常」。人和物皆是如此，能夠返歸道，即「歸根」。人與物不同的是，物滅毀而歸道，而人則能生返。生返與死歸是兩回事，其中的區別在於是否有「我」。死歸的歸宿是道，而生返歸宿在於「我」。歸根而且靜篤的「我」，才能「復命」，真正地回到自己生命的本源，如嬰兒一般，無成心無執著而虛。所以復命之後才能得「常」於我，「常」即不變恆常。「常」在我，用以照觀萬物，對萬物都各得其本身，真相畢現，所以叫做「明」。我心有厚，只能硬去剖開，這樣得到只能是人為割裂的物。

　　明與察不同，明在於我，察係於物。老子說：「知人者智，自知者明。」（33）明在我，使我在暗昧中行走不至於跌倒，而不一定要去察見淵魚。察係於物，格物可以致知，知到了極點還要與「我」融合為一，才是明。格物的知，沒有明，就會一葉障目：在認識的過程上如此，如那個著名的「看不見的大猩猩」心理實驗；認識的結果也是如此，如莊子「螳螂捕蟬，黃雀在後」的寓言。無明的知，「察見淵魚者不祥」。（《列子‧說符》）這是唯物主義和科學主義的誤區。

　　「我」超出了「我」的能力，勉強去做到智，做到察，雖然得到了智和

察，就失去了明。在明之前，「知有所困」（《莊子‧外物》），而外物無窮而又有變化，知不可能逆料一切達到極點。莊子因此說：「雖有至知，萬人謀之。魚不畏網而畏鵜鶘。去小知而大知明，去善而自善矣。」（同上）這句話的意思是，一個人的知即使到了極點，仍然不能超過萬人在一起的謀劃（這裡萬人的知既有廣度，又有變化無窮的意思）。知不能隔絕：知魚，還必須知道鵜鶘，萬物轉相聯繫。所以執著於小知，就會遭到困頓，不去察察於小知，反而會明瞭大體；不去斤斤計較計算小善（像道德的效益主義那樣），反而會明白道和德的根本。所以，明是根本，而察只是次級的，第二等級的，貴明不貴察；有明之後有察，不能反過來。孔子也是如此主張，他說：「君子可逝也，不可陷也；可欺也，不可罔也。」（《論語‧雍也》）君子有不察，或者不能察的地方或事情，但在這種情況下，君子（因為明）並不會迷失自己。

　　道所含的內容雖然無窮無盡的，但有去就會有返，有始就會有終；雖然中間的變化可以無窮，但仍是可把握的。「復命」的「我」即是把握此「道」的人。這種把握不是控制，因而保持了開放性。因此人對於道有得在心，不需要得知所有中間變化的細節，也不需要一去不返的向外馳求，卻可把握事物的本末和始終。這解釋了僅憑「虛極靜篤」就能夠「不出戶知天下；不闚牖見天道」（47）的可能性。以上是從認識上講，從道本身來講，「（道）強為之名曰大。大曰逝（去往），逝曰遠，遠曰反」（25）：物德的方向性，因為與道相結合，有「反者道之動」（40），而得以返回，回到「玄牝之門，是謂天地根」。（6）

　　去往和返回兩者結合在一起，使得道家乃至中國學術都始終具有一種完整性和周及性。老子說的這種返，使得中國學術更像太極一樣的扁平，與西方金字塔，通天塔式的學術相區別。與兩分法相比，兩分法像一維上兩端的對立，而中國學術更像一個兩維的圓環。對於早期簡古的學術，中國人不因其簡而認為其陋，反而認為今不如古，古簡則淳實，沒有虛偽庸俗的花哨和無關痛癢的枝節。就如線條疏落的古地圖一樣，不失其有效性。後來的學術可以重視繼承性，在原來的基礎上進行局部的增進，重畫此圓，將其邊緣擴展重新拓撲，而無需推翻重來，「獨立不改，周行而不殆」（25）。這與西方人所重視的顛覆和革命式的發展，顯然大相徑庭。

　　在中國學術這一圓環中，能夠「復命」的「我」是一個關鍵的節點，去往和返回都是相對這一節點而言。對於這樣的「我」，從源頭追尋道德框架

時，在得一整體之後，又必須突破之，才能突破「有」的局限。這意味著已成的德要流化。《莊子》裡有「故德總乎道之所一，而言休乎知之所不知，至矣。道之所一者，德不能同也；知之所不能知者，辯不能舉也。」（《莊子‧徐無鬼》）莊子這裡所講的是，成德仍然局限在已知，而不知的「無待之無」才是道之所存，尋求道，必須從不知處入手。這就是必須突破成德的原因。這種突破又如蟬蛻殼，視野擴大後，原來的我，破殼而出，而更壯大。

牟宗三在《莊子〈齊物論〉講演錄》中所言的超越也是此類的方法，超越即是不德；以道視之，萬物的差別都消泯了，沒有具體和分明，也就不成其為德。「上德不德」（38），上德了道的人因此也失去了我，使我與道都不可言，因此只能默會無言，老，孔和莊子對此一境界皆有會心。牟宗三所言的超越，是指超脫於人心中已經預設一套理論。心中的這種預設，莊子稱之為成心，牟宗三所言的超越是在成心之上取得更大的可能性空間，即達到更大，更逝，更遠之後而返回。推而廣之，在對道的追尋中，所需超越的又不止於此，而是必須達到無限的大逝遠，以至於三者混而為一，然後能返。這樣所得到的道，是澈底開放的，有無盡的可能性的。以二維圓環的比喻來看，這個過程就是圓環越畫越大，以至於只有首尾，而中間一段消融，開放，而沒有限制。這樣的超越，比脫蛻更進一層，有如出繭的蝴蝶。莊生化蝶所講的，即是此類的超越。

西方的理性主義，實際上是立足於「有」的。這樣的立足點，總是有限的；這樣得到的理論，有如蟬蛻殼後遺留的空殼。新的理論，必須以顛覆和革命的形式發生。結構之後總有解構，使得原來的蛻殼支離破碎，以至於完全無法收拾，這已經為後現代主義思潮所揭示了。以一個比喻來說，從「有」而生的學問，如同一個天平，一邊是學，一邊是「有」；非同尋常的「有」，需要異乎尋常的學來平衡，天平的橫梁總有不堪重負而崩裂的一天，重建更大的天平只是支撐一時的辦法，最終的散落只能不可收拾──天下不可持，不可據而有之，只能藏天下於天下。西方的哲學家，往往對某一理論所知越深入，越澈底，越是批評和反叛的：對現有理論探索達到深處，反而起而反對顛覆之。結構又解構，顛覆複革命，使人不得不產生「何必當初」的感慨。但以「有」為立足點，唯有如此才表現出進步。因此其結果也是表現性的，西方哲學所取得的成就令人印象深刻，哲學家們也往往頗具個人色彩，特立獨行，互不通融。德立而分明，卻各自割裂隔絕，不成其為道，得到的只能是這樣的表現。

　　中國學術立足於無。中國哲學家的表現，與西方哲學家大不相同。中國哲學家對中國學術往往越深入，越信之彌篤。立足於無，則無邊際無壁壘，也就無表現。中國文化重視無表現的人物，是中國文化的一個突出特點。錢穆說，「中國歷史上，正有許多偉大人物，其偉大處，則正因其能無所表現而見。」（《中國歷史研究法》中《如何研究中國歷史人物》章，錢穆，生活・讀書・新知三聯書店，北京，2005年，第6次印刷）他舉例說，孔子弟子最無表現的是顏淵。但無論當時還是後世，顏淵都是孔門最重要的一個弟子，對宋儒大有啟發之功。錢穆此說與司馬遷一脈象承，司馬遷將《伯夷列傳》置於列傳之首篇，文尾以顏淵為襯托，也是以無表現為類屬依據。

　　無表現並非真正的默默無聞，無表現是超越名的特點。道隱於無名，但其常不變；與此類似，歷史人物的偉大，要從歷史意義上的時間尺度來看，而不是從此人物所處的短短一生就能看出來的。所以錢穆又說：「《論》、《孟》、《莊》、《老》諸書，……卻不見他們時代的衰亂實況來，……他們雖生存在此時代之中，而他們的精神意氣，則無不超越乎此時代之外之上，而又能心不忘此時代。……他們都是我所謂能主持一時代，而又能開創一時代之大人物。……這些大人物，反而很少得記載上他們當時的歷史，然而他們卻轉成為此下最偉大的歷史人物。」（同上）此類人物的表現，在當時並不成一事件，但隨歷史推移，卻慢慢浮現出來，顯示出其長期意義和方向性的指導意義。錢穆據此說，此類人物乃是中國文化傳統的真正所在：「我們若能匯集起寫一書，即名『中國歷史上之無表現人物』。此書亦可有大作用，大影響，至少在闡發史心，宣揚文化傳統上，可有大貢獻。」（同上）錢穆此言，顯示出對中國傳統學術的深刻理解。

　　人物的產生與社會治亂相關聯，無表現則對社會舞臺無多要求，所以從無而來的學術使得中國人物可以生於亂世衰世；中國人物又往往生於亂世衰世，存亡繼絕，使得文化不至於中落，這實際上是道家於亂世衰世顯出的功用。與西方進步的衝動不同，中國學術總是有內斂性，總是預留退步，可以「退藏於密」。（《繫辭上》）習慣上認為道家是出世的，這是一種誤解。道家正是入世哲學，而且是亂世的最後一個避難所。道家庇佑的是入世哲學的最內核，為「捲而懷之」（《論語・衛靈公》）的人提供了立足點。從這個內核發源，中國學術內斂和擴張可以周而復始。每一次這樣的過程都是學術隨著社會的進展而清源重整的過程，每一次重整都導致學術圈的擴展和深入，但這種重整是化，而不是劇變或者顛覆。這樣的內聚性，也使得中國

學術大部時間被動因應社會變化，而非試圖控制社會發展方向和進度的揠苗助長，這就包含了道法自然的意蘊。中國學術總是於其不變性中，隨社會之化而不得不變。而變化之後，道德的框架不變，內容卻隨時代演進而更為豐富。盛世承平時，道家內核則隱而不現，人物的出現也隨之稀疏。

立足於無的學術，對中國社會文化也不成其為壁壘，反而使之超越於地域，風俗，和文化。中國社會對其他文化人群極具融合力即源自於此。中國社會相容並蓄，無明顯的邊界或限制。遠方對中國社會來說若有若無的人群，因為「無棄人」，在道德框架中始終被涵蓋在內。老莊對無的重視，反而使得這一部分人，在理論上處於一種相對重要的地位：「遠曰返」，遠是道周行重要的一環，不及遠的道，也就離常道甚遠。

三、道德框架的研究現狀

因為立足於無的學術的超越性，中西方哲學因此用中國學術可以整理，用西方哲學整理則會支離破碎，每一階段都有個過時即失效的整理法。實際上，在西方，顛覆和革命只是一種表面現象，隱藏於其下的繼承性才構成西方哲學的主體，否定經「正──反──合」三個階段仍會回歸到這個主體。只是一個哲學家往往畢生只投身於其中之一階段，只見其勇往直前，不見其返。此外，西方哲學傳統的愛智趨勢，使得「為學日益，為道日損」（48）所講的道與學的相反相成的過程，無法起到其作用，只能被動地被實現。愛智只是二分之一，還需另外二分之一。所以，老子意識到的「返」，即便在現代，仍是中國學術獨具的獨特的東西，有重要的應用。

「玄德深矣，遠矣，與物反矣，然後乃至大順」（65），「反」不是背道而馳，而是循環而運轉的意思，也就是前面提到的，中國學術更像一個圓環。這種學術的一個例子是中國君主制的設計：君臣民是自上而下的，但又「民為貴」，「君為輕」，民反在君之上。君是天子，需為日蝕地震，旱澇火災，乃至民生負責。君主制在中國能歷兩千年之久，一個朝代能夠有相當長的穩定期，與這種循環不無關係。純是專制，「其事好還」（30），不可能歷久，如秦朝。

從內涵的脈絡上講，立足於無的學術，道為其總源頭。中國文化的道統，應從道家老莊的道德開始，貫穿其他各家。但歷來對老莊的研究就有缺

憾，解道往往遠勝解德，氾濫而難以節制，因此難以成一體系。例如，在英語世界深有影響的陳榮捷翻譯的英文版《老子》中，陳榮捷將「道」單列出來，有詳盡的討論，而德只是約略提及。陳榮捷對於德，並不缺乏思考，只是與道相比顯得用功不足。陳榮捷的研究並非個例，學者賴蘊慧說：「直到最近，英語世界關於《道德經》的討論幾乎完全集中在『道』，很少關注與『道』相對的概念『德』。」（《劍橋中國哲學導論》，賴蘊慧（Karyn L. Lai）（新加坡）著，劉梁劍譯，世界圖書出版公司，2013，第一版）陳榮捷這種偏重是《老子》註解中一個典型的情況，並不只限於英語世界。歷來解《老子》者，似乎唯有王弼對德特為重視，但此後這一線索即中斷了，空懸在那裡。

從道家道統外在的發展史來看，研究也是頗多缺憾。道家第一篇發展史，當屬《莊子・天下》篇。這一篇顯然為道家史，只記載道家及有關人物，如莊子常與之辯論的名家；其他諸子，即使影響至大如孔子，亦不錄。但墨家諸子卻名列其中，墨家為何能夠廁身其間，是個疑案。同《史記》裡韓非與老莊同傳所引起的注意相比，墨子這個疑案可說幾乎無人注意到，而這是極為重要的一個問題。如果《天下》篇中老聃即是《老子》的作者，那麼《天下》篇的作者當屬極為高明之輩：老莊在漢代才得以並稱，而《天下》篇的作者早將兩者並列。這個作者將墨家置於道家系統中的原因，顯然不容忽視。此外，老莊得以並稱，個中原因卻無定論，反而不如孔子向老子問禮那麼為人注意。而對《莊子》的研究，在郭象支盾的辯論之後，就進入了一種懸置的狀態，可以說莊子學就此中斷了。雖然各種注疏可喜和可取之處眾多，但道家沒有像儒家的理學諸子，能夠相對無爭議地詮釋《莊子》的人或著作直到近代仍沒有出現，更遑論發展莊子的思想。所以道家的發展史，可說也是只限於道的研究。而前文已經提及，沒有細節的道體，就沒有任何確定性，沒有必然性。道沒有確定性，其重要性也就大打折扣，人們也就只能當其若有若無了。這種狀態，從魏晉一直延續到今天。

司馬談《論六家之要旨》，指出的六家，除墨家名家，還有有陰陽、儒、法。陰陽家本是一種橫斷性的學說，其學說自然發生分裂，已經盡數散入兵家，儒家，和道教。兵家與道家的關係，從兵家的角度，多有論述。但從道家角度研究兵家，卻罕見。道家與法家的關係，現在已經比較分明了。道家與儒家的關係的研究，差強人意。儒家在宋代之後，形成令人窒息的權威。發展以道家的道來統領儒家的學問，因為宋儒的關係，幾無可能，所以

可說在近一千年間，儒家和道家的關係的研究了無進展。近代中國面臨西方
文化的強勢入侵，儒家文化被拉下神壇，才打破了這個局面。近現代中國對
傳統文化的摧殘可說是前所未有的，即使秦，金，蒙，清都不曾達到如此的
烈度，甚至流傳數千年的文以載道的文言體都被廢棄。但禍兮福所依，這種
傳統威權的解構，同時也消除了各種各樣的權威的掣肘，使得文化從根源上
重整成為可能，降低了跨越人為障礙的難度。民國初期遂出現了幾乎如先秦
一樣的百家爭鳴的局面，但其中大部分努力是從西方學術的角度來整理國
故，前面已經言及，這只能得到支離破碎的結果，於事無補。儒家也試圖收
拾殘局，但因為缺乏道家的內核，只能在表層有所建樹，而不能有所突破。
從道家入手整理，是唯一可行的路徑，清末民國初的李宗吾即是此類工作的
先驅。

第六章　李宗吾的《中國學術之趨勢》

　　李宗吾是近現代用道家學術整理國故的第一人。李宗吾學術的核心，實際上是對道德框架的展開：將中國傳統學術按照這一框架加以整理，作為具體結構填充到道德框架中。從李宗吾的學術再進一步，就可將中國傳統學術完全貫通起來，但他的工作長久不為人所注意。這一章主要介紹李宗吾學術的要點和其意義。對李宗吾所清理出來的結構的完成，以及更細微細節和聯繫的討論將在本書中間部分進行。

一、李宗吾其人

　　李宗吾（1879-1943年）是四川自流井人士，以《厚黑學》聞名於世。厚黑學中的厚黑兩字，指厚臉皮黑心腸，是四川的市井話語，不是什麼大雅警言。厚黑學也不是深微的理論，而是富黑色幽默的嬉笑怒罵，但蘊含著作者的沉痛。王國維說：「詩人視一切外物，皆遊戲之材料也。然其遊戲，則以熱心為之，故詼諧與嚴重二性質，亦不可缺一也。」（《人間詞話》）李宗吾不是詩人，但王國維這句話，用來描述李宗吾與厚黑學卻很貼切，只是他的材料很特別。

　　李宗吾最大的發現，不是厚黑學，而是在老子學這個方向上，他發現中國不同學術的歧路有其共同的維度，可以將他們溶於一爐；他又進一步發現，即便如中西學這樣的根深蒂固的差別，也可以在道和德的框架裡會通。因此，李宗吾得以發掘出釋家，道家，儒家，法家，和兵家的內在聯繫，將這幾家的學術連接起來成為一個整體。道家本沒有道統的說法，但經李宗吾之工作，實在沒有另一詞可描述他所創立和整理的思想體系。李宗吾可說是道家道統的唯一的真正繼承人。

　　李宗吾個性真摯倔強，他的「宗吾」名字，是自己所改：以自己為宗，是超越中西聖人的意思，這也是他能夠開出與眾不同一條路的原因。李宗

吾認為治學要「人人思想獨立，才能把真理研究得出來」（李宗吾《厚黑叢話卷二》），他要「自己探頭看看外面世界的真相」（同上），而不滿足於「子曰」，「盧梭曰」。對外在的超越，李宗吾認為一個人必須先跳出時代的紛爭，然後才能有所見。他稱自己這種方法為「鳥瞰法」，他說「昇在空中，如看河流入海，就可把學術上的大趨勢看出來」（李宗吾《中國學術之趨勢》）。這是李宗吾悟到的超越方法。

　　就李宗吾的精神來說，他接近於莊子的「獨與天地精神往來」，實際上他也確實繼承了這一脈的道統。但李宗吾所做的，與莊子互為奇正，是上學下達一途上的兩個方向：莊子向道，李宗吾向學，但兩人都同在道的「一」之下，立足於一個「德」字。李宗吾不認同莊子「學則殆矣」的觀點，他認為，學而不為學奴即可，這取材於莊子的「物物而不物於物」（《莊子·山木》），人不應被外物所驅使的觀點。莊子「不欲雜」（《莊子·人間世》），因為「雜則多」（同上），李宗吾則認為，學是雜的，但學人可以貫通它，融入它，所以多也可以無妨，這取得是莊子「遊刃有餘」的意味。李宗吾選取了這個方向，重分不重合，也就失去了莊子「魚之樂」的渾然意境：魚之樂，物物，和遊刃有餘是順次而下的道之分（即是人與物不分，人與物分，和物與物分）。所以李宗吾的學說最終分而不合，留下進一步合的餘地，這是本書試圖彌補的。

　　李宗吾生於晚清，是晚清儒家教育下的舉人。李宗吾所受的教育，是晚清的科舉教育，可說是儒家的教育。接觸西方文化，是在他的思維方式已漸成形之後。李宗吾雖然蔑視科舉八股和中國的聖人之學，但他說自知自己的教育局限，從科學一途學習西方文化為時已晚，遂返身整理中國文化。從對中國文化的整理中，他發現中國學術中的八股和聖人，只是中國文化的一隅，是更為廣大的道家學術的一部分，而道家的學術體系，既包含了儒家理學，又蘊含了與西方文化的接榫。這樣一來，中西文化的融合不是取而代之，而是中國文化的進一步豐富。從道家的角度鳥瞰，文化無論中西，都在他的視野之中，所以他對兩者都有入木三分的批評。

　　李宗吾所處的時代，國家，民族和民生都面臨大變局。在思想上，儒家權威體系逐漸崩潰，社會思潮在中西文化碰撞的背景裡如水火相遇一樣劇烈變動。民國肇建之初，李宗吾即躋身於新式西方教育的事業，捲入社會問題叢生的世運。但李宗吾很快從中抽身，終老於田園，他的主要著述是在歸田這段時期作出的。這樣的世運背景，使得李宗吾的出現並非那麼偶然──

「文武之道，未墜於地，在人」（《論語・子張》），斯人之謂也。

二、李宗吾的道家立足點

李宗吾所有的文章裡，最重要的一部是《中國學術之趨勢》。（1936年。以下簡稱為《趨勢》）這本書是他學術思想的歸結和依託。如他自己所言，這本書是他的思想的根撥。在這本書裡，李宗吾以老子的道為立足，開示了釋，道，和理學內涵通而外趨異的因果。

李宗吾不很重視的厚黑學流傳甚廣，但《趨勢》卻無人提及，一個原因大概是李宗吾的厚黑學名頭，這個名頭過於驚世駭俗了。「聰明深察而近於死者，好議人者也。博辯廣大危其身者，發人之惡者也。」（《史記・孔子世家》。譯文：聰明而深刻體察的人，有危及生命之虞，原因是好評判人；博學明辨見識遠大的人，有危及生命之虞，原因是揭露人的醜事。）老子送給孔子這句話，也正適合李宗吾。李宗吾自知，厚黑學在人類社會裡「做得說不得」，但他故意「說而不做」，與這個公例反其道而行之，這種倔強使他的際遇驗證了老子的話。此書不受重視的另一個原因是，此書不同於儒家理學的正統，也不流於挾洋自重的勢利時尚，讀者自然就稀少了。他的書只能歸於奇書一類，與《莊子》頗有點類似，兩者都是「以謬悠（迂遠不切實際）之說，荒唐（虛誕誇大）之言，無端崖（無頭緒無首尾）之辭，時恣縱（無所拘礙，馳情入幻）而不儻（片面），不以觭（偏，狹隘）見之也。」（《莊子・天下》）

錢穆說，中國學統分道儒「兩大統」，儒家人物多仕教顯揚，道家人物多野處隱淪，而「道終與儒相抗衡」。（錢穆《晚學盲言》）這個觀察，產生了很有趣的問題。道家自老莊起就韜光隱晦，卻為何沒有像墨家名家等消失不見，反而成其為「大統」之一呢？這個原因在於，道家是中國學問的根基，儒家學問自持守成有餘，但發展變化時卻有待於道家這個基礎，儒學只能發展變化在道所闢開的世界裡。簡單來說，道家講自然，儒家講人文，人文在自然中，隨自然而變，而終究有自然的背景，不能脫離出去，所以人文的歸宿即在於人性的天然。

人文的歸宿，從孔子開始即是儒家的理想。後來的理學也是如此，尤其體現在程顥學術上。但儒家守成者多，進取者少，孔程之類的人物鳳毛麟

角，這使得儒家大體上面目僵化，使人幾乎遺忘孔程的活潑潑的意境。孔程的學問與道家淵源頗深，但孔子述而不作，程顥早逝，使得儒家與道家從源頭隔膜起來。此外，儒家所重視的理學和禮，注重凝固性勝過靈變，使得孔程以下的學人也難輕易跨過藩籬。因此一般來說儒家學者多不視道家為基礎，反而視為威脅，以固守門戶為要務。對道家的這種因應，使儒家陷入迂曲難通拘泥不化，這是人被學所驅使的固然症候。由宋代的理學家們做的儒道的融合不能澈底，這個工作只能由道家學者來完成。李宗吾的《趨勢》，與理學家所做的是同一融合工作，但是立足於《老子》，從道家的源頭入手。李宗吾的學說因此是獨特的，實際上我們將看到，《趨勢》一書是自成一類的絕無僅有的，是一部上學下達的道家書。

　　道儒的融合問題，理學家們已有成果。雖然儒家設的藩籬，對道家來說並不存在，從一新的角度重複這一工作，可以舉重若輕，但李宗吾從道家入手重整道儒，並非為學術而學術，而是為瞭解決中西學術衝突這一新問題尋找途徑，後者才是重心之所在。在李宗吾的時代，佔據學術正統的儒學沒有與西學的共通和契合點，中西文化的交匯只是一種雜多的粗糙混合，即是所謂食而不化，貌合神離，不能達到精微的化合。李宗吾慨於這種無能為力，才回歸道這個根本，從道出發考察西學。李宗吾的工作可說是激之而成的，有其不得已，「須自然而行，不造不始」（王弼《老子注》），這一點也頗合道家意味。

三、中國學術的三個時期

　　在《趨勢》中，李宗吾將中國學術劃分成三個時期：周秦諸子，是中國學術獨立發達時期；趙宋諸儒，是中印學術融合時期；他自己所處的時代是中西印三方融合的時期的開始。李宗吾認為，學術融合有其必然原因，因為「宇宙真理是渾然的一個東西」（《趨勢》）。他這句話有兩個意味，一是「宇宙真理」正如時空，對所有人都是相同的，其本身沒有中西印的差別，這是老子的「常」的意味；二是，「宇宙真理」是渾然的，看似對立的學術，分是暫時的，終究必合；分是因為不夠透徹，等學者尋到澈底的本源，仍然會融合在一起，「還他一個渾然」（同上）。所以，在李宗吾看來，各種互相衝突或者二律背反的學術，互不服輸的原因往往在於一方或雙方的不

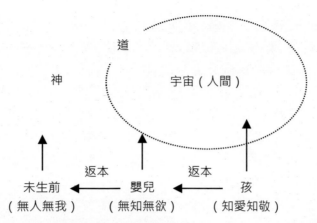

李宗吾《趨勢》十一章，返本溯源的順序圖（部分）。從人生的由無到有，可以歸納出不同學術的起點，所以在此圖中添加了神，道，和人本的範圍。

圖6-1：返本溯源順序圖

激底，而不是某一方或雙方的錯誤。有容乃大，將各種學術都放在一起，容納在一個共通的「宇宙真理」的背景裡，就可以發現合的根源。

　　從釋道儒內在的理論脈絡入手，李宗吾發現，他們的差別在於他們理論起始點，即形而上的起點的不同，如圖6-1「返本溯源順序圖」所示。這個圖的下半部取自於《趨勢》第十三章圖的下半部分。用李宗吾的話說，釋道儒都以「返本為務」，就是他們都以從人文返回本來的天真為責任。但釋道儒返回的程度階段不同。李宗吾舉孟子的「孩提之童，無不知愛其親者」為例，說儒家返本只到了兒童的階段，也就是人的社會性開始的那一刻，「知愛知敬」。而老子則回到剛呱呱落地的嬰兒，老子說「能嬰兒乎」（10）中的嬰兒，是「嬰兒之未孩」（20）的生物性的人，「無知無欲」。釋家則返本到未生之前的本來面目，「無人無我」。釋道儒從這些不同的起點出發，得到不同的人性，用以研究成人和社會的問題，自然有不同。但這些起點，都是通往人性必由之路上的關鍵節點，所以釋道儒又必然是相通的。越早的起點，容許變化的可能越多，空間越大，就越可以包括從稍後起點得出的理論。這樣一來，似乎有了釋家，就不必有道儒。李宗吾認為並非如此。道儒兩家較晚的起點，其實是這兩家開山鼻祖的選擇，因他們立教的宗旨而定；尤其明顯的是孔子，孔子並非不知道有更早的起點——老子與佛教徒從未謀面，但孔子卻是知道老子的。

　　老子為何選擇道這一起點，而非更先的，如神的起點，已經無由考察。從歷史上看，商周時期對神已經有不同的權威解釋。商紂說「我生不有命在天」（《尚書‧西伯戡黎》），對天或神完全信賴。在周人對商取而代之之後，這種純粹的信賴對周人來說，顯然是不可用的。所以周人提出「天命靡常」，「不敬厥德，乃早墜厥命」（《尚書‧召誥》），用人的德替代天命。但周人這樣的論斷，也只是人作出的一種解釋。對神的解釋，在人世，總是由人作出的，總是人意，而非神意。從反映神意上講，只怕處於迷醉中的薩滿巫祝非理性的淩亂的只言片語，比上述的解釋更為接近，更為本質。神的世界是人不可思議的，由神而來的理論有極大的任意性。老子對此當有極為深刻的瞭解，他提出的道實際上正克服了這種任意性，可說是一種最佳的處理。所以老子應該知道神佛這種起點，而選擇了道。

　　孔子問禮於老子，是道儒兩家都承認的一個歷史事件。即使孔子當日所發的問題都是關於禮的，老子的回答卻未必只限於禮。道是兩人幾乎不可能迴避的一個關鍵話題。這從可靠與不可靠的一些關於孔子問禮的記載中，也可約略領會到。李宗吾認為孔子對老子所學，有一定的瞭解，但又感慨於其猶「龍」，不可超越，也難以實行；因此才提出仁這個節點，從事一些腳踏實地的工作。這就隱含了道家包含儒家的意思在內了。

　　而儒家從孔子以降，已經確立了「人的世界」。儒家為「人的世界」所定下的教誨，其經典正統的地位，綿延了兩千年之久，這是人類文化現象中絕無僅有的。儒家這個令人敬畏的歷史，證明瞭其生命力，所謂生命力就是其中必然的因素，「事有必至，理有固然」，才能歷時長久。用道家的話說，就是得其「常」道，有其常德。對儒家的挑戰，來自於儒家所轄之外的範圍，例如釋道墨法兵，以及西方文化，但儒家仍有無可替代的自身範圍。自身範圍之外，儒家可說是完全無能為力的。而儒家身處無能為力的環境中，這是由儒家起點決定的。與宗教的任意性相比，儒家因此極為缺乏變通，不借外力就無可變通。道家處於這任意和拘泥之間，任意而不及於虛幻的神界，實際而不拒變化，因此是貫通中西學術的合適起點。李宗吾因此看重道這個起點，認為道籠罩著整個人的世界，是他說的「宇宙真理」的基礎，背景，和舞臺。而神就非李宗吾所知，所重視了，這可以說是李宗吾的選擇。

　　釋道儒的三個起點，就如河流的源頭，學術從此發源而流遷。從中國的學術史上來說，李宗吾認為，最發達有創造性的兩個時期在於周秦諸子和趙宋諸儒。而周秦諸子學說裡，《老子》是其總綱，貫穿了所有學說，其他諸

子都是只得了老子的一體，各自去發揚光大而已。這些人各執一詞，相互攻訐，是因為缺乏老子那樣的通識，缺乏全盤的考慮和理解。諸家裡，儒家在漢代逐漸坐大，有淩駕於道家之上的趨勢，但終究可以上溯到老子那裡。到了宋代，儒釋道融合的契機已經出現，宋儒將這三個流派詳細斟酌，合而為一，推出理學。

宋儒的貢獻是通習三家的學問，而復歸於「我」。從周敦頤開始講「誠」，宋儒的「我」就必不可免地與學術結合在一起。孔孟身後的向外馳求，至此得到返歸於我，這是宋儒能夠真正地接續老莊孔孟道統，並能夠有所發明的原因。以圓環為比喻，老子孔孟是個簡古的內環，而宋儒將其開拓成一個包括其後近千年文化進展的大環。去而能返歸於我，是其中的關鍵。沒有這樣的一個立足點，根基虛浮，就如沙上築塔，所建立的不可能高遠，也不能持久。中國學術在孔孟和宋儒之間，傑出人物不乏其人，如漢朝融古文經學和今文經學為一爐的大儒鄭玄。像鄭玄這樣的大儒，個人成就和學術修養，很難說出於理學諸子之下。但鄭玄的貢獻，與理學諸子相比，更多屬於外在的經義，所以時過境遷就影響日衰；而理學諸子的貢獻內在於人，流傳和影響就非鄭玄之學所能相比了。

理學諸子融合儒釋道，所以所得比前人深微，但這種深微只是在儒家所轄的範圍中，回歸到「我」，並不澈底。宋儒由下游溯流而上，在儒家起點之先的那些層次裡，只能得到歧亂的討論。所以宋儒只好倚靠儒家的門戶，來篩選這些論點，以至於理學迂曲難通。理學中以程頤朱熹門戶之見最深。他們這一派大行其道，但卻不能代表宋儒的成就。李宗吾認為，程顥所學才能代表理學諸子的成就，而程顥所學頗含老子的意味，是程顥出入老釋之後的所得。所以李宗吾說：「老子之學，不獨可以貫通周秦諸子，且可以貫通宋明諸儒。」（《趨勢》）

李宗吾發現了老學這條線索，更進一步規劃出了整理中國文化的方案。李宗吾認為由老學入手，將《老子》作為一個提綱，在每個關節處聯繫相關的諸子之學，就可以看出百家從老子學生發的節點，歧出學問的路口之所在；使老學更加豐富，而諸子各安其所，一些無謂的紛爭也可以得以解決。他這種整理，對宋前文化來說，可以回答為何儒釋道可以合一的問題；對宋代及其後文化，則可以回答理學心學為何可以合一的問題。

李宗吾又嘗試以老學來溝通中西方文化，但只作了一開端。李宗吾的時代，西學東漸尚淺，無論從天時地利還是人和上講，兩者融合的條件都不成

熟，或者可以說遠未具備。以印度佛學東來為鑑，沒有經過反復辨析，崇佛排佛的幾番波折，就不可能有文化的融合。在李宗吾的時代，人們對西學羨慕崇拜的程度，遠勝於對異種文化的疑慮，這種情形有違常情，實際上就是一種不成熟的表現。這種不成熟的其他表現頗多。其中之一如，當時西方有人認為中華文化是自西而來的，這種「文化西來說」頗得到一些中國學者的認同，但中國人對此的認同夾雜著反對清朝的政治思想在裡面，只是因一時的時勢而發。這些學者力推西學，是為了克服傳統文化對陌生文化自發的抗拒，此中工具性，功利性，和衝動多，理性和深思少。

李宗吾雖然身處他的時代，但他的超脫，使這種局限對他的影響降到微不足道，這一點與中國歷史上那些無表現的人物很相像。李宗吾認為反對某一思想，順應某一潮流，都不會發生獨立自由的思想。在他看來，西方關於人的學說不如中國的傳統學說，諸如斯賓塞，達爾文，尼采的學問，都是「收效大，其弊害亦極大」。李宗吾並不知道，他一一指出的這些學說的弊端，其實並非驚世之談，這些學說在西方並不乏批評反對者，只是國人視而不見，或者選擇視而不見，以售其說。西方學說求新求異，這些人的學術流派如今已經面目全非，其中頗有一些進展印證了李宗吾獨立作出的批評。

李宗吾對西方文化既不恐懼排斥，也不羨慕贊成，這與他的時代的大多數學人不同。在他為中印西人物所列順次中，西方學者都屈居中印聖人之下。撇開人物排列的根據不言，李宗吾「彼丈夫也，我丈夫也，吾何畏彼哉」（《孟子‧滕文公上》）的這種學術態度，是他能夠自由思想的根本。這樣的獨立，使他認定了一個學術的方向，即中西融合將以中國學術為主對西學加以吸收。

對西方文化的吸收，首先要有對中國學術高屋建瓴的整理，為西學留出一個無限大的虛空。這就要求將中國學術源流做一澈底梳理，即將整個源流，從發源地的涓涓細流，到社會生息的入海口，完全展開，這樣才能如飛鳥升空一樣鳥瞰整個大塊。如同天下各民族可以同處於一個大地圖中，各有其位置一樣。學術思想這樣展開後，各種文化也會各得其所。這樣一張學術或思想的地圖，它的展開，就大的程度來說，要有足夠大的思想舞臺；就細緻的程度來說，要有足夠多的維度。李宗吾認為中國學術兩者兼備：大，即是道這個無限的可能性；細緻，就是道統領下的諸子學開闢出的諸維度。李宗吾之所以認為對西學可以吸收，即是從他對自己展開的中國學術地圖的自信而來的。

　　在《趨勢》裡，李宗吾所做的，即是以道家為基礎，展開諸子學術，指出諸子學分流的關鍵，使之連綴成一體，而為中西融和做一輪廓。《趨勢》篇幅極短，卻涉及許多要點。事實上，李宗吾在此書中，將學術岐變的輪廓點出來了。這些點，可有很多連接方式，但用道家一線貫穿起來，有各得其所之妙。這樣得來的釋道儒合流的原因，可以作為中西融合的藍本。李宗吾前一半釋道儒合流的工作，可說是有創造性的，但是並未完成。他雖然接近成功地解釋釋道儒合流的問題，但他的工作仍有缺憾。但根據他開闢的思路，使繼續對中國學術加以整理，以形成一個有機的整體成為了可能。

第七章　李宗吾的道德框架

　　老子提出道德是創造性的，為後人的學術提供了可能性的空間。道是渾然的，道流而為德，德是對渾然的打破。李宗吾描述這個道流的過程，說：「宇宙真理，是渾然的一個東西，最初是濛濛昧昧的，像一個絕大的荒山，無人開採，後來偶有人在山上拾得點珍寶歸來，人人驚異，大家都去採，有得金的，有得銀的，有得銅鐵錫的。雖是所得不同，總是各有所得。周秦諸子，都是上山開採的人，這夥人中，所得的東西，要以老子為最多。」（《趨勢》）這裡「各有所得」，即是各有所「德」，老子得到的「最多」，是「大德」的意思。老子的大德，使他能夠上窺道的奧妙，其他諸子則不能。

　　道之下的德有其層次結構，這個層次結構就是人類世界的，從道這個源頭，到物質世界，到普通人日常生活的不同層次的存在狀態。諸子學說每一個都是對一個或幾個層次的探索，成就了他們的德，而老子則總領了所有層次。道囊括了所有這些層次，又存在於具體的層次之間的空隙，使它們能夠聯繫起來。李宗吾因此認為老子「見到了真理的全體，講出來的道理，顛撲不破，後人要研究，只好本著他的道理，分頭去研究。他在周秦諸子中，真是開山之祖。諸子取他學說中一部分，引而申之，擴而大之，就獨成一派。」（同上）

　　人類生活在地球上，不同的人群生活在一塊塊分隔開來的區域裡。區域的劃分，往往不是由人們的好惡，而是由天然的險阻而定的，例如山脈河流。老子揭示的存在層次也是如此，其分隔是天然的。老子的道，又蘊含著道路的意思，不僅是形而上到形而下，還是跨越層次間鴻溝的的必由之路。但這樣一條通路，在不同層次間有不同的特點。也可以說，道是門戶，在不同層次間，有不同的門戶或轉折樞紐。這樣的道是一以貫之的，可以含混地都稱之為道，老子即是如此講，注重其連續性。但也可以具體地分段說明，李宗吾就採用了這種方法，使層次間轉換的關節變得清晰明白，但有老子在先，又不至於造成層次間脫節的隔絕。老子的道是常道，這個層次結構因此也是有常的，不以時間，空間，人群，或文化的不同而變化。

一、老子提出的學術總綱

李宗吾說：「老子的學說是總綱，諸子是細目，是從總綱中，提出一部分，詳詳細細的研究，只能說研究得精細，卻不能出老子的範圍。」（同上）老子的總綱，見於《老子》第38章，他說：「故失道而後德，失德而後仁，失仁而後義，失義而後禮」。這裡的道，德，仁，義，禮，即是老子定下的道以下的層次結構。李宗吾的工作最重要的一部分，就是重新提出這個總綱，對其加以分析和補充，並根據這個總綱，將諸子精細的學說放在它們所對應的結構中的位置。這樣一來，道德的框架就可以有一完全的展開，而諸子學說可以在同一平面上統合起來。

老子這個總綱從何而來，已經無由得知。但我們所知道的是，道、德、仁、義、禮，這五種範疇及其排列次序，不是僅見於老子，而是先秦兩漢時代的普遍見解：《論語》，《莊子》，《韓非子》，《素書》，《禮記》，《管子》，《淮南子》，《吳子》，《黃石公三略》，賈誼《新書》，王充《論衡》，楊雄《法言》，等等，皆或者部分地或者全部地將這五個範疇放在一起論說，其排列的次序也大體如老子所言。這其中意旨與《老子》相近的有如下幾例，《莊子》屬道家，理應與老子同調，故從略：（略舉二例，如《莊子‧知北遊》中，「道不可致，德不可至。仁可為也，義可虧也，禮相偽也。故曰：『失道而後德，失德而後仁，失仁而後義，失義而後禮。』禮者，道之華而亂之首也。」《莊子‧在宥》有，「故聖人觀於天而不助，成於德而不累，出於道而不謀，會於仁而不恃，薄於義而不積，應於禮而不諱，接於事而不辭，齊於法而不亂，恃於民而不輕，因於物而不去。」）

《論語‧述而第七》中有，「子曰：『志於道，據於德，依於仁，遊於藝。』」儒家五常，仁義禮智信，與孔子此言一起來看，也是與老子相合的。（「漢代於仁義禮智四端加入信底一端，以配五行，於是陰陽與五行二說結合起來。」「董子對策，以五行配仁義禮智信，實為最牽強的分配法底例。」《道教史》許地山）

「道德仁義，非禮不成。」（《禮記‧曲禮》）

《韓非子‧解老》也從解釋這幾個概念開篇，其次序是德，仁，義，禮。

「聖人綏之以道，理之以義，動之以禮，撫之以仁，此四德者，修之以

興，廢之則衰。」（《吳子・圖國》）

「道、德、仁、義、禮，五者一體也。道者人之所蹈，德者人之所得，仁者人之所親，義者人之所宜，禮者人之所體；不可無一焉。」（《黃石公三略・下略》）

「夫道、德、仁、義、禮五者，一體也。道者，人之所蹈，使萬物不知其所由。德者，人之所得，使萬物各得其所欲。仁者，人之所親，有慈慧惻隱之心，以遂其生存。義者，人之所宜，賞善罰惡，以立功立事。禮者，人之所履，夙興夜寐，以成人倫之序。夫欲為人之本，不可無一焉。」（《素書》）

「是故知神明然後知道德之不足為也，知道德然後知仁義之不足行也。知仁義然後知禮樂之不足修也。」（《淮南子・本經訓》）又，「率性而行謂之道，得其天性謂之德。性失然後貴仁，道失然後貴義。是故仁義立而道德遷矣，禮樂飾則純樸散矣，是非形則百姓眩矣，珠玉尊則天下爭矣。」（《淮南子・齊俗訓》）

「萬物得其本者生，百事得其道者成；道之所在，天下歸之；德之所在，天下貴之；仁之所在，天下愛之；義之所在，天下畏之。屋漏者民去之，水淺者魚逃之，樹高者鳥宿之，德厚者士趨之，有禮者民畏之，忠信者士死之。」（劉向《說苑談叢》）

「物所道始謂之道，所得以生謂之德。德之有也，以道為本，故曰道者德之本也。德生物，又養物，則物安利矣。安利物者，仁行也。仁行出於德，故曰仁者德之出也。德生理，理立則有宜適之謂義。義者，理也，故曰義者德之理也。」（賈誼《新書・道德說》）

「三皇依道，五帝仗德，三王施仁，五霸行義，強國任智，蓋優劣之異，薄厚之降也。」（阮籍《通老論》）

「神心忽恍，經緯萬方，事系諸道、德、仁、義、禮，撰《問神》。」（《揚子法言・序》）又，「道、德、仁、義、禮，譬諸身乎？夫道以導之，德以得之，仁以人之，義以宜之，禮以體之，天也。合則渾，離則散，一人而兼統四體者，其身全乎！」（楊雄《揚子法言・問道卷第四》）

「許由……伯夷，……並由道德，俱發仁義，主行道德，不清不留；主為仁義，不高不止，此其所以不遇也。」（王充《論衡・逢遇》）

「道德為本，仁義為佐。」（王符《潛夫論・敘錄》）

《管子・心術上》有，「虛無無形謂之道。化育萬物謂之德。君臣父

子人間之事謂之義。登降揖讓，貴賤有等，親疏之體，謂之禮。簡物小未一道，殺僇禁誅謂之法。」（「簡物小未……之法」譯為「謂事雖微小，若傲視（簡）坐大，以致疏失而危害國家人群，則一律殺戮禁誅，不分親疏貴賤，此謂之法。」《管子今註今譯（下）》，李勉，台灣商務印書館，臺北，1988）又有，「天之道，虛其無形。虛則不屈，無形則無所位赶，無所位赶，故遍流萬物而不變。德者道之舍，物得以生。生知得以職道之精。故德者得也，得也者，其謂所得以然也，以無為之謂道，舍之之謂德。故道之與德無間。故言之者不別也。間之理者，謂其所以舍也。義者，謂各處其宜也。禮者，因人之情，緣義之理，而為之節文者也。故禮者謂有理也，理也者，明分以諭義之意也。故禮出乎義，義出乎理，理因乎宜者也。法者所以同出，不得不然者也。故殺僇禁誅以一之也，故事督乎法，法出乎權，權出乎道。」

　　在《文子》一書的篇題中，道德仁義禮都在其中，篇題分明是按照道德仁義禮的結構所立的。十二篇的名目為：道原，精誠，九守，符言，道德，上德，微明，自然，下德，上仁，上義，和上禮。這種細緻地對道德仁義禮分別條分縷析，是典籍中僅見的。（《文子》傳為老子的弟子所作，但今文《文子》所載的內容駁雜不純，多有從他處轉抄來的內容。大概原書失落，僅存斷篇殘句，後來的編者只好取他書，尤其是深受黃老影響的《淮南子》來補足，以至為《文子》留下偽書之名。《文子》的這種狀態，雖然令人遺憾，但從思想性上，仍然不失重要。八角廊簡本《文子》的發現，雖然文字不多，已可約略知道今文《文子》與原本意思相近；而編者繼承這一大意，再加編纂，仍表現出一種後來學者對道德仁義禮的結構的理解，注意到這兩層，《文子》文字的出處對意義的干擾，就不那麼嚴重。如果道德仁義禮的結構真如本書所強調的那樣重要，今文《文子》就不容忽視，而有階段性的意義。）

　　以上這些著述是否都是從《老子》那裡得來的道德仁義禮的範疇的集合，不得而知。但它們不都是道家書，而是分屬儒家，法家，兵家等。因此，這個總綱不僅僅是道家的東西，而是某種公識。（錢穆說：「老子又曰：『失道而後德……。』此處老子所用道德仁義禮各詞，皆承儒家言，而意義各不同。」（《現代中國學術論衡》北京：三聯書店，2001.6，《略論中國哲學》篇）錢穆其時誤認為《老子》晚出，所以有「皆承儒家言」的說法。錢穆此言不啻說，道儒共用這幾個範疇，甚至其組成的結構，只是解釋

有差別。）僅就此而言，老子學說統領周秦諸子百家，已經很明顯了。但這個總綱的影響，似乎只是到漢末。此後就失落了，沒有後續的研究。李宗吾重新提出這個總綱，可謂獨具隻眼。

二、道德仁義禮的層次和關係

老子提出道德仁義禮，除了凸顯出這五個範疇的重要性以外，還定下了其相互間的次序，使之成為一個綱領，一個結構，一個由五個層次組成的結構。實際上，這些範疇順序和層次關係的重要性不亞於這些範疇本身。而這個順序，為以上引用的其他著述中所無。在上面幾例中，順序如此不明顯，幾乎可說這五個範疇難分軒輊，可以等量齊觀了，這已失老子本意。

失去次序，就沒有系統性，就失去了這個總綱的完整性結構性。所以可以說，《老子》又以其理論的完整性條理性表率眾家。沒有次序的約束，就可以輕而易舉地增添或減少範疇，這個總綱就成任意的了，沒有完整性可言，有缺憾也不得而知。這個次序又約束了這五個範疇自身的定義，使其處於同一基礎之上，充盈而不重疊。所謂充盈就是理論在其統率的範圍內與事實細緻契合。與此相對的的是支離，支離則有罅隙，這樣既無法解釋反例，也不可能達到細緻的地步。重疊則指同一事可能處在相衝突的多個規則之下的情形，這樣的的情況下混亂不可避免。結構性的本身也清楚表明，不可能有一個範疇，一個主義，可以統率並且解釋一切；而總是存在著「曲則全」的全域性要求。

無視老子的這個結構的次序，不明白其中的因由，大概是這個總綱失落的原因。韓愈的《原道》即是將次序倒錯的一個例子。韓愈說：「博愛之謂仁，行而宜之之謂義；由是而之焉之謂道，足乎己，無待於外之謂德」，將仁義置於道德之上，道成了行仁義之道，為將「道德」解釋為倫理上善的意思開了先河。韓愈這個道德說，失去了道德自然之意，使先秦兩漢的經典，包括儒家的經典，涉及道德之處多有難通以至於悖謬的地方。如孔子所說的「志於道，據於德，依於仁」，按韓愈這種歧義來解，就重複而混亂。

老子將道德仁義禮的變遷，只用一個「失」字說明，過於簡略，而且容易使人以為這幾個「失」都是同樣的意味，其實這幾個「失」是不同的。老

子輕視仁義，不肯追究德仁義禮流變的細節，而用一個「失」字高度概括德仁義禮漸行漸狹，每一層次都失其上一層次的「大體」的這一趨勢，理論和文字因此顯得整齊而簡潔，但這對於形而下之學就不夠清楚了，而且帶有否定形而下的意味。形而下這一部分，是老子此一結構的重要組成部分，而且是具體統領諸子學說的關鍵，必不可少。形而下之學要解釋「失」後所保留的部分的特點，就需要具體而微的分辨。

李宗吾解釋道德仁義禮的順序，說：「失字作流字解。道流而為德，德流而為仁，仁流而為義，義流而為禮，道德仁義禮五者，是聯貫而下的。天地化生萬物，有一定規律，如路一般，是謂之道。吾人懂得這個規律，而有得於心，即為德。著天地生物之道，施之於人既為仁。仁是渾然的，必須制裁之，使之合宜，歸為義。但所謂合宜，只是空空洞洞的幾句話，把合宜之事，制為法式，是為飾文，即為禮。」（《趨勢》）這個解釋，雖然仍然簡略，卻已將形而下的樸又為繁的意味說了出來。李宗吾將純抽象的「失」，擬為「流」之象，「有待」的聯繫就明顯起來。這一解釋微妙而極具啟發性，揭示了在不同範疇中道之用存在天然的轉折。

在李宗吾描述的道德仁義禮流變圖景中，後一範疇總是前一範疇的一種特殊情形，後一範疇總是因增加新的內涵變得更為具體，而外延則相應地縮小。道德仁義禮連貫而下，正如一條河流的上中下游；愈上游愈簡單，流域愈廣，愈下游愈曲折複雜，流域愈狹；而上下游本是一體，下游是上游的流變，增添了內涵，但又有所不同，是一種枉則直的發展。以禮為例，確定一種禮需要在道德仁義每一範疇內對其加以考量，與其中任一範疇牴觸，即可斷定為無禮。從這個意義上說，禮是瓊樓最上層，只有得到道德仁義的支撐才能成立；而禮蘊含了道德仁義的意義在內。《莊子‧知北遊》中有「禮者道之華」。花有待於根莖枝葉，根莖枝葉決定了花之生發和種類，而花又各不相同。禮對道德仁義的依賴也是如此。

李宗吾的這個圖景，可以將儒家孔孟荀，法家，和兵家都概括進去。他緊接著道德仁義禮，說：「萬一遇著不守禮之徒，為之奈何？於是威之以刑。萬一有悖禮之人，刑罰不能加，又將奈何？於是臨之以兵。我們可續兩句曰：『失禮而後刑，失刑而後兵。』禮流而為刑，刑流而為兵。由道德以至於兵，原是一貫而已。老子洞明萬事萬物變化的軌道，有得於心，故老子言道德。孔子見老子後，明白此理，就用以治人，故孔子言仁。孟子繼孔子之後，故言仁必帶一義字。荀子繼孟子之後，注重禮學。韓非學於荀卿，知

禮字不足以範圍人，故專講刑名。這都是時會所趨，不得不然。」（《趨勢》）李宗吾所續加的刑和兵，既是如他所說繼承於《老子》，又是別出心裁的新論，是此前老子注疏中所無的。

　　《老子》的議論，環中於道和德，是可以轉圜回歸的。道德仁義禮是一往直前的，其回返的途徑並不分明，所以只憑這幾個範疇不足以理解《老子》。刑與兵與道德仁義禮不同，屬於折反的一支。如《禮記》所講：「仁者，仁此者也；禮者，履此者也；義者，宜此者也；信者，信此者也；強者，強此者也。樂自順此生，刑自反此作。（《禮記‧祭義》）

　　在《老子》中，刑與兵這兩個範疇的地位並不清楚。在李宗吾指出後，才可清晰地看出來。李宗吾所指出的，是與道德仁義禮相對的，反面的一條途徑和聯繫。李宗吾所說的禮，不是通常的禮節；而是理想狀態的禮，這樣的禮符合道德仁義各層的要求，總括所有禮而成一個系統，其邊際與義緊密結合，不存空白區域，這即前文提及的充盈性。孔子說「從心所欲，不踰矩」（《論語‧為政》），即是這種理想的禮在個人身上的實現。孔子此處所說的矩是指禮的範圍內的規矩，而不包括禮所不能及的那些領域中的規矩，比如偷竊的規矩。從義析出的禮這一分支，其範圍是禮作用能及的全部。不守禮之徒，實際上指的是脫出禮的作用範圍之外的人，這種人及其行為不再受禮的約束和作用，這就又落回義的層次。李宗吾所講的不守禮之徒，實際上是指禮不能製之徒，這種人及其行為與義相悖時，其實質是不義之徒。在這種情形下，刑的作用和範疇就顯露了出來。刑與義處於同一層次。而當刑不能加，刑不能製約時，則有兵的現象和範疇的出現。兵主殺，是與仁相反的另一極端，與仁處於同一層次。

　　《老子》本來涵蓋了善與不善，生與滅毀，去和返兩部分，道德的框架只有在這兩部分空間結合在一起，才有望於完全展開。李宗吾所續的刑兵，實際上是將不善，滅毀，返等，屬於另一半空間的東西補進了道德框架。李宗吾開拓了這另一半空間，但並不改變道德仁義禮的層次結構，只是對道德框架的豐富和展開。

　　對於李宗吾之說能夠涵蓋的那些範疇來說，李宗吾的發現賦予了它們新的詮釋學背景，給這些範疇之間和學術家派之間無休止的紛爭，打開瞭解決的途徑。但這個工作並不完整，需要加以補充完成。從中國學術來講，李宗吾的學說仍然沒有覆蓋墨家佛家。從西方學術來講，李宗吾的學說至少缺失宗教，科學，和商業這三個至為重要的部分。

　　道德仁義禮這五個範疇，有逐層向前依賴的關係，即「有待」。在道德仁義禮中，稍前的層次是其後諸層次的背景和整體，而越往後的層次越具體而孤立，作為稍前層次的特例而分離出來，有其「失」而後才得以形成。這裡的「有待」不適用於刑和兵，因為這兩個層次又在禮之上。禮如何「有待」於刑和兵是稍後需要回答的一個問題。此外，「有待」要求各層次之間有順序性，即對各層次之間除因果關係以外，還要有歷史性的時間關係的考察。道德框架這個時序的特點，使從哲學史，文化史，和歷史的角度考察整個道德框架成為可能。以這些史實為根據，可以校驗道德框架是否合理。道德框架的歸宿，僅僅是個思想實驗，還是可以致用之學，取決於它與歷史的一致性。這裡需要注意的是，「反者，道之動」，時序性的表現可以是往復的循環的。

　　徐梵澄的《老子臆解》對這個有待的順序，有一個頗為高明的描述：「世之將亂也，其禮先亡。……禮，重別異，明等倫者也，而託於義。義者，事之宜也。事而不得其宜，綱目紊，法度隳，紀律弛，公私無別，尊卑失序，而禮亡矣。世焉得不亂？雖然，此皆昭然可見者，尤未明其本末也。老氏之意，蓋謂義猶有所依立，則仁也。仁猶有所依立，則德也。德猶有所依立，則道也。譬如樹，道德，根本也；仁義，枝幹也；禮則其花葉也。見花萎，葉落，枝枯，幹槁，知樹且僵矣，此明而易知者也。……如欲起漸僵之樹，將披花數葉一一噓拂而潤澤之歟，抑且先培其本而次理其枝幹也？——故曰：『居其厚不居其薄。』」徐梵澄晚於李宗吾，他的解，可以看作李宗吾之後的一個發展，所以照錄在此，以為參考。

第八章　道德框架圖——道流

　　將道德仁義禮納入一本著作，最早的是《老子》。李宗吾發現，在《老子》中，刑和兵這兩個範疇不是被偶然提及，而是不可或缺的，是對這五個範疇的補充。在《老子》書中，對這七個範疇的歸納是在道和德所規定的一個框架裡進行的，是系統性的處理。從這種系統性來看，《老子》應該只有一個作者，而不是匯集而成，所以稱《老子》的作者為老子，應該是不錯的。

　　李宗吾重新提出道德仁義禮，並將其推衍到刑兵，使得這些範疇可以連綴起來。這些範疇在一個視野中表現出來，就形成了一個道德框架圖。這一方面為這些範疇的來龍和去脈提出一個線索，來理順這些範疇；另一方面又可以系統地探討這些範疇發生的更深層的原因。換言之，這些範疇放在一個平面上，其聯繫和畛界就可以明確起來。李宗吾這種方式一以貫之，使我們可以翦除這七個範疇中蕪雜的部分，有系統地確定各個範疇的內涵，使它們互相之間的依存，次序，和與現實世界的對應更清楚地顯現出來。將這些範疇放在一起研究，從中能夠生發很多有趣的結果和延伸的思考，還可以順帶解決一些具體問題，如老莊及其他典籍的解注。

　　老子從道看去，道以下的諸範疇，都是餘贅，都屬於不應有，所以聖人應該固守道。但這只是一種理想狀態的描述。從人看去，「道失」已然發生，道流化而成德仁義禮是現實的情形，德仁義禮不能被取消，因此需要相應的認識和處理。老子說：「大曰逝，逝曰遠，遠曰反。」（25）這裡的曰，是「而，則」的意思；逝，是「流行」的意思；反，是「返」。大道逝者如斯，流行不息，直到極遠而終究返歸。從人類社會看，這個極遠的盡頭就是禮。莊子說：「禮者，道之華」（《莊子·知北遊》）。以植物為比喻，道就如隱藏土中的根，而禮則是枝端的花。

一、超越門戶之見

在李宗吾之前，還沒有人能夠超越這些範疇和門戶之見，真正將它們擺在一起研究，因此這些範疇自身和互相之間的關係也從未得到有效地梳理。道德仁義禮刑兵概括了中國學術中大多數流派的思想基礎。各學術家派雖然互相有所溝通，但大多數時候是攻訐不已，百家爭鳴。一家往往佔據其中一個或幾個範疇，對其他範疇和學術，或者忽視，或者以其為洪水猛獸，加以排斥。理學排斥釋老就是個明顯的例子。而一個範疇的發展，又經常趨於涵蓋一切事物，使其外延過度擴大。這一方面導致各個範疇之間重疊而衝突，如禮和法之爭；另一方面，失去了範疇間的相互輔翼牽制，一個範疇獨木難支，過度發展就有荒謬之虞。孟子對嫂溺叔援竟然需要加以解釋，即是此類的例子。

學術上的門戶之見，以某個範疇為一家的禁臠，以挾聖人以令學人的方式獨攬解釋權，也增加了重新整理這些範疇的困難。此類聖人尤其以孔子，孟子，朱熹為典型，這三人都是儒家的。儒家與其他諸子不同，在中國文化和社會中毫無疑義地佔據正統地位，影響最大。超越門戶之見，因此主要是超越儒家及儒家的禮教。李宗吾寫出《我對聖人之懷疑》，非議聖人，有時代的背景，也有他思想發展的必然性──只有在超越儒家和禮教，才能獲得思想的獨立和自由。

錢穆認為儒家的正統地位，勢必使其成為眾矢之的，成為批評的焦點。事實確實如此，清末民國時代，儒家所受的批評最多，也最激烈。但儒家被批評，其自身僵化也是不可忽視的原因。明清兩朝，儒家與世俗政權關係緊密，孔朱的只言片語都被奉為金科玉律，不容反駁，使學術的權威蛻變成禁錮思想的霸權。無論儒家內部還是外部的知識分子，都深受其害，同樣喪失了學術思想的自由。（錢穆說：「批評孔子者，多出於儒家以外之各學派；而反朱攻朱者，多不出於百家眾流，而轉多出於儒學之同門。」《朱子學提綱》，三聯書店，2002）對儒家經典的解釋，一方面過度解讀，流於氾濫瑣屑；一方面機械僵化，既無法適應新的情況，又難以對自身的理論進行反思或改進。清末民國時代，隨清廷倒臺和工業文明的碰撞而來的社會混亂，儒家喪失了權威地位，儒家理論同時面臨自身危機和西方文化的侵入，導致

了理論結構的解體和思想材料的碎片化，這才打開了思想的牢籠。材料的碎片化為新組合和新視角提供了方便，即為李宗吾所擅長的「翻案文章」消除了障礙，這對他大膽提出整理中國文化的新方案，頗為有利。李宗吾的《趨勢》一書，因此受益於這種時勢。但他的《趨勢》一書的思想，卻與時勢關係不大，甚至可以說是脫節的。《趨勢》一書是李宗吾對材料的新的組織，他所依據的是材料內在的邏輯秩序，這種秩序並不為時勢所決定或左右。

　　李宗吾在《趨勢》中說，北宋是中印學術最終融合時期，與先秦中國學術的誕生時期並立，這兩個時期的學術最富創造性；而中西文化的融合，也會導致一個有創造性的學術發展時期。錢穆有類似的見解，認為文化融合是時代潮流，並引佛教東來到中印合流這段歷史為例，為中西文化融合的遠景作一展望。佛教東來這段歷史有極重要的借鑑意義。佛教對中國學術來說，是新的東西；佛教所展現的思想空間是中國學術此前極少涉足的。這個外來的新空間，亟待整合到中國學術之中，這就為中國學術的發展和北宋諸子的創造提供了新的可能性。北宋諸子超越舊門戶，出入釋老，引入釋家道家思想，對儒家思想進行了改造。這種改造雖然不完善，但從此儒家在這個經過整合過的新的學術範圍中可以有個立足之地。理學是宋儒建立的新門戶，這個門戶之所以能夠成為儒家正統，是因為仁義禮的內核並沒有改變；而且宋儒藉助道統說回歸先秦儒家，摒棄了漢儒的幹擾，重新清理和闡釋了仁義禮，推進了儒家理論的進一步發展。與佛教相似，西方文化也開啟了一個新的思想空間。中國學術在這個新空間舒展開來之前，也必然先要仿效宋儒，先破除門戶之見，然後做類似的回歸和重整的工作。近代史上的新文化運動，偏重如何對傳統文化的打破，沒有回歸，更沒有整理，因而只是帶來了破壞和新的混亂。其後中國的文化傳統與現代不能協調，就有邯鄲學步的跛腳意味，社會的步履總是深一腳淺一腳的。這是內在的文化思想和學術理論仍有深刻衝突所導致的，回溯與整理傳統學術因此仍具重要性。

　　先秦時代的學術發展到了韓非，已經形成了一個範圍雖小卻近乎完整的圓圈和核心，此後中國學術的發展是一種周而復始，而不斷輻射擴大的運動，這是後世的學者始終能夠在先秦學術中得到啟發的原因。中國本土文化的後續發展，都能夠在先秦諸子的著作中找到源頭，但難以獨闢蹊徑，另起爐灶，其原因也在於此。中國學術的發展總是可以看作起始於道，以道德仁義禮的順序逐漸遠離，而後折返回到道的過程，即「遠曰返」回到人的分而又合。佛教東來，宋儒完成了一次返，重歸儒家內核，仁，做了一番整理和

補充。對西方文化的融合，也將與此類似，但需要重歸道家的內核，道。但學術的分裂與混亂在先秦時代即已有之，道家總攝全域的作用沒有得到重視，也沒有得到充分解釋，而仍留有罅隙，也需要重新審視。解鈴還須繫鈴人，這些問題必須從先秦諸子的著作入手來解決。

近代對文化傳統的批評，禮教首當其衝，有幾個明顯的原因。一是，外在地看，禮是人們最熟悉和顯而易見的一個範疇，「禮者，履也，履道成文也」（《白虎通義·卷八·情性》），「不知禮，無以立」（《論語·堯曰》），每個人都不得不參與到禮的生活中去，人們對禮的變化因此最容易感知，也最敏感，尤其是在社會未亂禮先亂的情形下。二是，「禮也者，理也」（《禮記·仲尼燕居》），禮的維繫依賴於對道德仁義的理解，這種理解的任何改變都會與既成的禮相衝突。反過來說，禮崩樂壞，實際上是道德仁義理論，或者說學術趨勢將變的開端。最後也是最重要的一個原因是，在儒家的努力下，起源於祭祀的禮，成了儒家獨擅的專利「禮教」，發展成了一個涵蓋一切的僵化範疇，如荀子說：「禮豈不至矣哉！立隆以為極，而天下莫之能損益也。」（《荀子·禮論》）這就逾越了禮應有的處於末梢的地位和適合應用的範圍，導致了禮教本身就有荒謬的部分，經不起在自由思想的反思。

儒家從孔子到荀子，禮的重要性逐漸加重，禮教在荀子那裡就已初步形成。荀子說：「（禮）天地以合，日月以明，四時以序，星辰以行，江河以流，萬物以昌，好惡以節，喜怒以當，以為下則順，以為上則明，萬變不亂，貳之則喪也。」（同上）在荀子看來，禮不僅包括中國古代的社會倫理，組織結構，和行為規範，還包括了人與神和自然的關係。

從歷史上看，荀子只是集大成者，他對禮的觀點多不是自出新意。春秋時，即有「聞諸先大夫子產曰：『夫禮，天之經也，地之義也，民之行也』」（《左傳·昭公二十五年》）的記載。子產有大賢名，他的話頗具權威性。此外《左傳》《國語》裡多有以禮為根據推衍和預言人事和災異的記載。儒家和荀子將禮當作重要的理論基礎，自然要將這些例子納入考慮的範圍。後世將自然災異歸結為人事紊亂的反映，也多多少少是受到了這一類思想的影響。但孔子對此有所規戒和批評。如《孔子家語·辨物》中，子貢觀禮後推斷，「以禮觀之，二君者，將有死亡焉？」結果子貢的預言應驗，但孔子卻認為這是巧合而已，「賜不幸而言中，是賜多言」。（這裡的「幸」與孔子說的「丘也幸」（《論語·述而》）一樣，是幸運的意思。孔子此處

不是說子貢「言中」了「不幸」之事，而是「言中」這件事是子貢的不幸運。子貢的論斷將禮從儀式推及國事，又推及疾病的發生，很生動地表現了禮的濫用。）

在道德框架裡，禮是與道相去最遠的一端，因此道家認為禮「失」道最多，不僅不能包納萬物，而且是範圍最狹隘的一個範疇，只能是細枝末節。《莊子‧外物》篇有「儒以《詩》、《禮》發塚」的寓言，就隱含著道家對「禮涵蓋一切」的批評和嘲弄。（《莊子‧外物》有，「大儒臚傳曰：『東方作矣，事之何若？』小儒曰：『未解裙襦，口中有珠。』《詩》固有之曰：『青青之麥，生於陵陂。生不佈施，死何含珠為？接其鬢，壓其顪，儒以金椎控其頤，徐別其頰，無傷口中珠！』」）這則寓言並不是謾罵式地斥責儒家人虛偽，口中言禮，而背人時卻去盜墓；而是說對於像盜墓這樣的行徑，是超出禮的範疇之外的，禮不能製。反之，如果迂腐到盜墓「以禮」，將會何等荒唐可笑。

道家認為，儒家自以為完備，但實際上如果離開道和德，儒家就會目光短淺，目光隻及於禮能夠起作用的一點點大的範圍之內。這樣的理論既不現實，又不能始終如一，如《莊子‧胠篋》篇中舉出現實中的「竊國者侯」的例子：「田成子一旦殺齊君而盜其國。所盜者豈獨其國邪？並與其聖知之法而盜之。……，以守其盜賊之身乎？」「盜墓」雖然只是一種揶揄，但盜「聖知之法」，「以守其盜賊之身」卻是活生生的現實，是儒家自孔子以降，根基上最致命的弱點，以至於歷次改朝換代時，儒家都要自欺欺人一番。此外，荀子「天地以合，日月以明」一類的論斷，認為名決定實，削足適履，顯然也是荒謬的，是儒家逾越自身的適用範圍造成的錯誤。

儒家之宗孔子在對待禮的態度上，處於道家與荀子之間。仁義之於孔子，是一種選擇，而非孔子全部思想的基礎，孔子認同子產所講的「天道遠，人道邇」，並因此選擇從人道入手來施行教化，自己卻「丘之禱久矣」（《論語‧述而》）。孔子明瞭仁義的局限，他對禮可以應用的範圍也有很清晰的認識，如前所舉對子貢多言的批評。孔子的這個態度，與他所說的「人而不仁，如禮何？」（《論語‧八佾》）和「無可無不可」（《論語‧微子》）是一致的：禮或無禮並不是關鍵所在，禮受到更根本的仁的製約，因此也就不能只根據禮來演繹出子貢的那些推斷了。但孔子仍認為基於仁義的禮是不可缺少的，也可由禮做出一些判斷，他說：「（季氏）八佾舞於庭，是可忍也，孰不可忍也？」（《論語‧八佾》）這猶如說，季氏這樣的

（壞事）都能做得出來，還有什麼（壞事）他做不出來。孟子處於孔子與荀子之間，他重視禮，但不認為禮是不可改易的，他認為禮有經亦有權，可以以義（宜）權變，「男女授受不親，禮也；嫂溺援之以手，權也。」（《孟子‧離婁上》）

如荀子所言，禮的確是一極。但禮作為一極與道的另一極不是對稱的，禮是濫泛，是下游，而非源頭，不能回溯決定道，而是被道所決定。德仁義禮的外延是按順序遞減的，禮有其局限，仁義也是如此。從道德所包容的廣大範圍看來，仁已經是特殊而非一般，仁義禮隨內涵的遞增，越往後越特殊，在道德的大框架裡似乎越微不足道。但仁義禮仍然有其存在的本質原因，不是可以置之不理的，而是不可或缺的。正如幾何中點線面是基本的，但具體到現實中的一個物件，就不能從點線說起，而要用不那麼基本的一些通用的形狀來描述，才不至於不知所云。與此類似，仁義禮不是最根本的，是具體而特殊的，但在現實中卻有重要用途。

仁義禮這種殊化不是虛幻的或者荒謬的，在理論講是道流的必然結果。中國社會在能夠維持綿長的數千年歷史，是依託於仁義禮才得以實現的。中國漫長無中斷的歷史是仁義禮的重要性的一個顯例。如果簡單地認為仁義禮是糟粕，應該丟棄，實際上就將歷史和自己的容身之地一起拋棄了，而需要重新發明社會文明，這顯然是愚蠢的。對仁義禮的超越，不是對仁義禮的破壞和毀滅，而是高屋建瓴地重新會通仁義禮的結構，使之更為合宜地運轉。

二、老莊的仁義禮

老子和莊子對仁義禮的批評不能視為主張「取消」仁義禮。仁義禮都屬於德，三者任何一個都是具體而特殊的一德。老子和莊子遵道而貴德，他們不反對「端正而不知以為義，相愛而不知以為仁」（《莊子‧天地》）這樣的仁義，而是反對失去道和德的根基，人為的仁義禮。以比喻來說，老莊並不是用黑來反對白，而是論證了白之外還有其他顏色，所有的顏色有個本色的樸作為根源。

儒家重視仁義禮並沒有錯，而是錯在有為地推行。有為，無論強制地還是非強制地推行仁義禮，在老子和莊子看來都是揠苗助長，因而只能是制度性，教條化的──這樣的仁義禮，就像人手上的畸形枝指一樣，「侈於德」

（《莊子・駢拇》），是餘贅，對人無助而有礙。老子和莊子的反對，是試圖使仁義禮得到真正的保全。這正是「曲則全，枉則直」（22）的道理。莊子說：「相濡以沫，不如相忘於江湖。」（《莊子・大宗師》）「相濡以沫」的仁義禮的境界，不如「相忘於江湖」中的仁義禮的境界。因為在後一種情形中建立的仁義禮，是一般的，因此是有常的，可以取法的。而有利害在內的仁義禮，總是有為的有目的性的，會隨著勢利的變動而變化無常，因而不足法。

知道了這種「曲則全」的道理，才能解開《老子》和《莊子》中相應的部分，即老莊到底主張什麼。老子說：「絕聖棄智，民利百倍；絕仁棄義，民複孝慈；絕巧棄利，盜賊無有。此三者以為文不足，故令有所屬：見素抱樸，少私寡欲。」（19）這裡「絕仁棄義」等很容易引人誤解。單提出這一句，似乎是對「仁義」的澈底否定。但從此章全文來看，並非如此：絕仁不是提倡不仁，而是歸於更深層次的樸，這個樸是自在的，因此是「非仁」的──不是仁，也不是不仁，非關於仁，不能以仁為衡量。

老子對仁義的否定實際上是不希望仁義使人一葉障目，看不到其道和德的根源。老子認為，「國之利器不可以示人。」（36）又說，「金玉滿堂，莫之能守；富貴而驕，自遺其咎。」（9）老子實際上將仁義與利器，金玉，富貴等平常人認為是寶貴之物相提並論。但據有這些寶物利弊相當，禍福相依，不能鼠目寸光只看利益。老子說，「甚愛必大費；多藏必厚亡。」（44）只看到愛，只知道藏，這樣的行似乎合乎道理，但行之不能成，為之不能有功。這樣的看似合理的行和有為，反而是令人更難以發覺的誤區。因此必須有更周全長遠的考慮，這樣就得到「處其實，不居其華。故去彼取此」（38），「不貴難得之貨」（3）等結論。而道和德貴樸而完整，其用無窮，用起來有行之而成的校驗。以歷史為例，人們往往認為歷史是由各種或善或惡的大人物造成的，應該驅使每個人都去學習善，向聖人智者學習，社會就一定會向好的方向發展。老莊主張樸，卻如同在說，任何大人物都是從樸的嬰兒而來的，而人類其實並不知道何方向一定會好，因而照顧好嬰兒之樸──人性的本來，才是未來的基礎。

《莊子》的觀點與老子一致，而所講更顯白。《莊子》書中多有對仁義禮和儒家系統裡的聖人具體地譏諷和批評。但與老子一樣，《莊子》也將聖人與難得之貨，仁義與珠玉等量齊觀。《莊子・胠篋》說，「彼聖人者，天下之利器也……。故絕聖棄知，大盜乃止；擲玉毀珠，小盜不起。……殫殘

天下之聖法，而民始可與論議。」有了這個層次的認識，莊子對「推行」仁義禮的行為才有「出乎性哉！而侈於德」的判斷，並將其與駢拇贅疣一同批評。莊子認為應順從天然人性中的仁義禮，不計較多寡，反而有餘。計較多寡，就會有人為地造作，使之成長為畸形的第六根手指。草尚且不能揠苗助長，人性更不應該被擾亂，「汝慎無攖人心」（《莊子·在宥》）。

「（豚子）所愛其母者，非愛其形也，愛使其形者也。」（《莊子·德充符》）「愛其形」與「愛使其形者」，在程度上有天壤之別，一望即知。對仁義理解的程度也是如此，徒愛「仁義」，只是一種「愛其形」而已，不如尊貴「使」仁義成其為仁義者。這裡的豚子愛母，與人類的嬰兒戀母並無差別，嬰兒親近其母並不只是因為需要撫愛或哺乳，也不是僅僅愛其母的形象或氣味，不能完全歸於無知無識的本能，也不能解釋為思維和理性，而是兼而有之的一切之一切都使其願意與母親親近，個中原因不可分別也不可盡數。知道了這個意思，才能真正瞭解老子的「絕聖棄智」的本意和「而貴食母」（20）的深意，仁義據此才真正地能夠有用，有所成就。

這裡值得一提的是，《莊子》中不同篇對孔子的評價不一，但對孔子的重視頗為一致，將孔子當作某種聖人來奚落和讚揚。不一是由不同作者立足點的不同所導致，而以孔子為聖人則是實情如此──孔子是道家與儒家過渡和貫通的樞紐人物。從史實來看，孔子多藝而無所用，也不輕易用，他的言雖是仁義禮，行卻接近道家。孔子講的仁義禮，富含道家意味，而與後世教條的仁義禮差別很大。

老子和莊子能夠發現仁義禮「侈於德」，並非偶然。實際上道流而為德，就是德侈於道，生而有缺陷，所以有這樣或那樣不可逃的困厄和禍患。他們對仁義禮的批評，就是將這個思路類推到仁義禮，也就是說，仁義禮也生而有缺陷。德尚可以得一全德，因而可以回歸於道。但仁義禮對於德來說就像枝指，有其來由，但多餘而累贅，因此不如歸回一般性的德──人的天性。仁枝於德，而其他「枝於仁」者又很多，如「小人則以身殉利，士則以身殉名，大夫則以身殉家，聖人則以身殉天下。」（《莊子·駢拇》）利，名，家和天下，都是類似於仁義禮的枝指。以利，名，家和天下為重的人，與以教條的仁義禮為重的人，看似有差異，實則等同，都是重外在，重外物。所以莊子對這些人批評說：「故此數子者，事業不同，名聲異號，其於傷性以身為殉，一也。」（同上）傷性，即傷害天然的人性，傷害赤子之性；以身為殉，即是被外物所役，所決定，以生命殉物。莊子所講的「盜跖

亦伯夷」就是在這個意義上講的。教育人去以身殉名利，其不善顯而易見；
但教育人去以身殉仁義禮，很多人就很難分辨是善還是不善。解決這個問題
的關鍵在於，「以身殉」必須俾人自擇，而不能是外來的。人有自由意志而
自擇以身殉仁義禮，是善；人有自由意志而自擇以身殉名利，是不善；而沒
有自由意志，不管所殉為何，都只是被外物或人所役使，因而都是不善。
樸，則無所染，做出來的一定是自擇。這樣一來，道和德的善，通過樸，與
社會道德的善就聯繫起來了。

　　在仁義的層次上，仁義之外，仍有其他，而非除仁義以外，再無其他
道理。不能納入仁義範疇的事物，也需要處理，如前面的「儒發塚」，就在
仁義禮範疇之外。又如《莊子》中的「昔者龍逢斬，比干剖，萇弘胣，子胥
靡，故四子之賢而身不免乎戮。故盜跖之徒問於跖曰：『盜亦有道乎？』
跖曰：『何適而無有道邪？夫妄意室中之藏，聖也；入先，勇也；出後，
義也；知可否，知也；分均，仁也。五者不備而能成大盜者，天下未之有
也。』」（《莊子‧胠篋》）這裡的「盜亦有」的「道」，是仁義禮之外
的，而人可能得以生存的一種另類形式。「盜亦有道」雖是寓言，但提出的
問題卻極具現實性。佛家和西方文化中的仁義禮，也是儒家仁義禮之外的另
外體系，道家可以說預見到了文化衝突中的這些問題。所以老莊對待仁義禮
的態度，其啟示的作用要遠大於批評的意義──不是取消掉仁義禮就解決了
問題，而只能從道和德的層次出發對仁義禮進行詳盡的研究，包括其形成機
制，可能變化，和可變化的空間範圍，才能形成完整的認識。

　　道家中，更保守的一種立場則認為仁義禮有害道之虞。這種立場出自於
「天地不仁」（5）的考慮，強調自然與人為的對比，主張阻止「失道」，
除回歸於道，其他皆無意義。這種立場因此要求完全拋棄仁義禮層次的主張
或討論，以便處理更高或者說更深層次的問題，因此可以與前一種立場分開
來討論。《莊子》中，與此對應的部分是達到「齊物」之後的趨進道的問
題，「視喪其足，猶遺土也」（《莊子‧德充符》），修道的人對自己身體
亦無所惜，何況等而下之的仁義禮。這裡先解決道流這一方向的問題，對回
歸問題的討論需在本書稍後部分進行。

三、道流而為德

　　莊子關於混沌的寓言中（《莊子・應帝王》），混沌之死，就是道之流。聖經裡，夏娃所吃的蘋果，是西方智慧中的混沌寓言，由此得到的教訓也與道家相似，即智慧導致原罪，失其天然。七竅洞開，智慧通達，是德。

　　當道讓位於德，已失精與信，德之真取而代之。道為上，流則下，有進步，就會有弊病，福禍相依。老子說：「天下皆知美之為美，斯惡已。皆知善之為善，斯不善已。」（2）以時尚為例，一種時尚，始於美；一旦為人仿效，其魅力就減失；等到人人皆以其為美，就顯庸俗。這就是物失其精的道理，美感或道理渾然不開時，有其精的發展餘地；而當它們一旦外在，因而明朗起來，就成了「粗」。如果認為，外在的「粗」即是準則，人便失去與道的聯繫。

　　七竅的感覺，是智識的開始，這個趨向一開始，就有混沌的消亡，這是必然，不可避免的情形。物在混沌的狀態，是中。混沌消亡，就有明顯的趨向，任何一種趨向，都有正反，是個向兩個方向延伸的，不會只有半邊──美和惡，善與不善，相伴而生。信言不美（81），美不可信，有惡焉；善不可信，有不善；至善的上帝一旦出現，撒旦就相伴而生；所以德的出現導致「有不信焉」。

　　美與善有其真，以真為衡量。從認識論來看，「真」在德的層次取代了「信」：在林林總總的不真中，有個唯一的真，可以用來衡量德。仍舊用信來衡量，就會得到「家人言耳」的不辨真偽。道的本體，不可致詰，因此說「『信』道彌篤」。到了德的層次，物德分立而分明，本體此時有「粗」的表現，可以致詰而驗證之，所以有真。當「知之至」，到了極點，又重新得到物德的精時，「其德甚真」（《莊子・應帝王》），又可返歸到道。這就與老子「其精甚真」（21）相通了。這種相通正是萬物不能須臾離道的本質聯繫：物的存在必有其道，必有其精。

　　德是得之在我。對於人來說，人生到這個世界上，先要意識到「我」，才能分辨出其他皆是萬物。德不分明就不能立，與萬物相混而不自知，如莊子所講，「夫至德之世，同與禽獸居，族與萬物並，惡乎知君子小人哉！」（《莊子・馬蹄》）在與萬物相處中，不僅僅在外形上看到，在心中也意識

到自己的不同，才可以說有德，個性因此而形成，並且隨年齡漸長而得到強化。渾渾噩噩不辨物我的人仍留在道中，就是老子說的道中之人，「我愚人之心也哉！沌沌兮，俗人昭昭，我獨若昏。俗人察察，我獨悶悶。澹兮其若海，飂兮若無止，眾人皆有以，而我獨頑似鄙。我獨異於人，而貴食母。」（20）這裡母是道的意思，道中人一切依仗於付諸於道，如同嬰兒最好的食物就是母乳一樣。在道的層次，金玉再貴，對嬰兒來說，也不能勝過母乳。

德生成與眾不同的「我」。這個德得到了道中「我」，失去了非我的所有其他，所以從道來看是失；而我得「我」之後，「我」不脫離道，這是流，有繼承的意思在裡面。物在道中不可分辨，不可言說；在德中失去渾然，可言說。

物之德可言說，但不意味著可以用名來限定決定德。一物的德和名仍然有所差別。從認識上講，物之德是真和非真的問題，而物之名是邏輯是非的問題。認識物之德，需要得其實；而認識物之名，需要證其是。可以邏輯上證明或證偽的是名。但這樣的證明或證偽得到的是，未必是實。得到其實，即有真，則不煩證明——真的層次在證明的層次之先。這兩層次之間的關鍵是實，實有其時空上的常，即是真。換言之，真與是非之間的枉則直的轉圜，實是其中的直，在轉折中不變。

物是實，不同於物之名，這裡的分辨即是名實之辨。莊子說：「聖人懷之，眾人辯之以相示也。故曰：『辯也者，有不見也。』」（《莊子·齊物論》）這裡莊子講真人（即道家的聖人）已經得其實，所以不辯，但普通人沒有得其實，用辯論的方式互相展示對方見解缺失的部分。但語言和邏輯證明證偽是名的層次的問題，與實不同。辯論「能勝人之口，不能服人之心」（《莊子·天下》），在名的層次中轉圜相勝負，仍然不能超出名的層次。而在實和名相衝突時，只能「處其實，不居其華」（38），否則就像買履寧可信尺子，不肯信自己的腳的愚人。能夠對別人證明眼前的桌子並不存在的名家和哲學家，也是同類。莊子所講的「辯也者，有不辯也」（《莊子·齊物論》），即是「不居其華」，即使辯論得勝也對得其真沒有幫助，反而使人更加困在名的層次，默認了和加強了莊子所批評的「成心」（同上）的基礎。

舉例來說，「人不能兩次踏入同一河流」，此中的「失」是指：除踏入這一瞬間感覺到的河流，「我」失掉了此前此後的河流。但此前的河「流」成踏入這一刻的河，此後的河由此流變而成，並非此時彼時的河截然不同，而有其連貫，這個連貫的即是河流之德，是其真。人這一瞬間的感受，是

實，並非全為虛幻和無常。從實可以得到河流的有常的實，這個「常」實就是真——對所有的在任何時刻踏入河流的人來說都是一樣的。因此真保證了德的可能性。沒有真，就不可能有德，因為物的實在時時刻刻變化著，此刻的物與彼刻的物不同。此刻的物與彼刻的物的同，只能用物之德概括。

名與實對應，但名可名，非常名。對此刻的實澈底描述的名，就不適用於彼刻的實；名越完備澈底，就越限於某一特定時刻。舉例來說，春天的黃河，不同於秋天的黃河。黃河此刻的名和彼刻的名可以同時存在，但實時過境遷，實不能重複，或者說，一物的此刻的實與彼刻的實不能同時存在。《世說》中樂廣解釋「旨不至」，涉及的即是此類問題。「客問樂令（尚書令樂廣）『旨不至』者，樂亦不復剖析文句，直以塵尾柄確幾曰：『至不？』客曰：『至！』樂因又舉塵尾曰：『若至者，那得去？』於是客乃悟服。樂辭約而旨達，皆此類。」（《世說新語・文學》）樂廣所指的至，是過去某刻的名至實歸的名，這個名可以一直存在。僧肇的《物不遷論》也是討論這個問題，只是所講的應為「（物的）名不遷論」，不存在一成不變的物。

名與實不符，則取其實。但在沒有得其真，或者憑藉已有的知識證據不足以得其真的情況下，此刻的實也不可靠，不能把此刻的實當作真，以推知彼刻的實，如守株待兔。這種情況下，名的推理和邏輯反而更為重要，也就是說，這時需要有是和非的判斷。但這種判斷是名層次的問題，需要不斷的以實來佐證，一旦有反例即被證偽，因此所得到的也不能代替真。此時發生的就是失德，德流。

物之真得到了物的所有的實和常，這裡的物真就等同於物之德。而對人來說，我對於物之德得之於心，即為我的德，此時，實又需要轉為真。實，作為外在的得的時候，對物來說與物之德是一回事，對人來說，則是不常的，無常的。李白有詩，「夫天地者，萬物之逆旅也；光陰者，百代之過客也。而浮生若夢，為歡幾何？」「世界」一詞中，世是時間，界是空間。在這個世界上，人生如白駒過隙，就同踏入河流這一瞬間。外在的得的確是「浮生若夢」，隨波逐流。有德則不同，德得其常，所謂常，就是「古之道」和「今之有」都相通而有相同處之意，這種聯繫就是老子所說的道紀，古人，今人和未來的人，都係於此，「共飲長江水」。

一個人得生為人，心屬德，身屬得，身外也皆屬於得。讓物自存，「以馬喻馬之非馬」（《莊子・齊物論》）而不是將物當作自己的得，自己的附屬物，或者一個「名」來對待，才能得其真。「我心」，就是一個人積蓄德

的那個容器，也是一個人的德的本身，這裡的「心」不是生理上的心臟。不存在沒有「我」的心。所謂的「天心」，是由「我心」看過去才有的，天並沒有心，這個心仍然是我心，只是映射到天這一物上了。沒有「心」的我，只是得了人的生理心理的功能，行動起來仍然像個不由自主的傀儡，當然有無常如夢的感覺。有德的人，得到外物的常，才真正能夠分辨出如何是我，即得到真「我」。得到河流的常，河只是同樣一條河，這條河盡可瞬息萬變，但仍然是它；「我」也是如此。「心」的萌始，是道流化為德的開始，「心」實現了德。沒有這個心，物自在，不需要德；有此心，而如果此心絕無得真的可能，則萬物盡是虛幻。

「天人合一」，看起來像是個悖論，天與人相分而不同，不同則不能為一，否則是與非，善與惡也可以說成是一樣的。（這裡的天，即是郭象在《齊物論》注中所說的天，「故天者，萬物之總名也」。）與此類似，老子說：「善者，吾善之；不善者，吾亦善之；德善。信者，吾信之；不信者，吾亦信之；德信。」（49）但在德這一層次，因為「心」的關係，天人合一，取其真，取其流，德善，德信皆成可能，並不悖謬。心在這裡，起的是一個樞紐的作用。天與人通過心相連接和接觸，天人合一隻是指這種接觸，「天人感應」，程度和範圍上可以達到無微不至的地步。無微不至則可以看為天人融為一體，這種相不同的兩部合起來狀態，就是陽明學派說的「無善無惡（是）心之體」，老子稱之為德。以心作為立足點出發，似乎天與人都在心之中，則是順序倒錯而生的誤解。正如道與德的關係，至德僅僅能達到道，仍不能涵蓋或擁有道；至心的極限在於達道。

四、德到仁，仁到義，義到禮的流化

仁由德流化而來，與德有所不同。德是一個人的事情，或者說在我與萬物間產生。仁者，二人也。仁是兩個人的事情。一人的情形類似於沒有夏娃之前的亞當，二人則是只有亞當夏娃的世界。仁是人與萬物間的一種極為特殊的情形，是我之外有另一人，這個人也從萬物中分離出來的情形。

仁中這兩個人，不是隨便的兩個人。鄭玄解釋說，「仁者，相人偶」，數雙成偶，偶，則成對兒。就是相像相等同的兩個人，才有仁可言。人都是不同的，能夠對偶起來，是因為你有你的「我」，我有我的「我」，這兩個

「我」都從萬物而來，同得，因此同德，所以能夠對偶起來。沒有德，一人尚且沒有，遑論兩人，因此仁必建立於德之上，沒有不德而能仁的道理。所以二人之仁有兩層含義，一是先有自立，這是從德而來的；二是施之於人，使之對偶起來，這是德流而生出的新的仁的道理。這同時就是孔子所講的，「夫仁者，己欲立，而立人；己欲達，而達人。」（《論語·雍也》）孔子此言極具深意，尚待在本書後面詳述。此處可以簡略說明。「己欲立，而立人；己欲達，而達人」就是仁的精義，除此，仁再無別的意義。

孔子說：「仁遠乎哉？我欲仁，斯仁至矣。」（《論語·述而》）這是孔子從德的角度解釋仁的第一義。有德在我，仁只需一動就可達到。這句只是說仁不遠——在於我心，當然就不遠；不是說做到仁也不難；不忘仁已經很難，時時事事都做到仁就更難。孔子說：「回也，其心三月不違仁，其餘則日月至焉而已矣。」（《論語·雍也》）這是對顏淵的高度讚揚。在現實中，仁是一種理想，但這個理想又不是外在的。仁存在於人的關係之「中」，每個人都相對「中」有所偏離，但又不能脫離，一旦脫離，就落回到人與萬物的關係了。

仁的第二義，是施之於人，就是立人和達人。立和達，就是使一個人的德性能自立，有人格尊嚴有其不可辱之處的意思。這是孔門重視教育的原因。而人與人不同，有材質，地位，身分的差異，使任何一人皆可立可達，是繁難的工作。孔子致力於人的德性教育，在《論語》頗多記載。孔子被稱為偉人的教育家，不為無因。

二人世界是個簡單的抽象，但這是人類世界的開端，至少在理論和想像中如此。世界是由古往今來無數人組成的，這些人之間有成千上萬種聯繫和相處形式。理想情形下的仁，在這種情形下是不可操作的，不能化為具體的行動指導。如李宗吾所言，仁是渾然的，必須制裁之，使之合宜，歸為義。

相對於仁，義就更為具體而特殊。德是一人之事，仁是二人之事，義則是人群之事。義最簡單的情形是三人之間，例如甲乙丙。但有三人，情形即不同於仁，甲與乙，甲與丙，乙與丙的關係有對比，其不同就顯露出來了。這時三種關係不同而適當的情形，即可稱為義，合宜的意思。這三種關係單獨來看，可以算作三個仁的關係，所以仁是義的基礎；如果其中一個關係不是以仁為基礎的，即其中一人不以另兩人中的一人為人，也就打破了義，義就不再成立。所以義最簡也必須有三人，不能再減。而一種特定的義，往往可以約化為三者之間的關係。

　　孔子說：「三人行必有我師焉。」（《論語・述而》）三人則是一小社會，相處時親疏有差別有變化，這種差別變化就是仁義之學的演習，觀其變化，可以印證啟發仁義之學，這是「善弓者、師弓，不師羿；善舟者、師舟，不師奡」（《關尹子》）的道理。孔子學而時習之，見到三人成群，即能夠觀察演習自己所學，以道為師，以行事為師，不是以三人中的人為師，是很明顯的。孔子接著說，「擇其善者而從之，其不善者而改之」，從和改皆是從我之判斷而來，不以人為師的意味明白無誤。

　　義的層次和理論主要是孟子開闢和開啟的。孔孟學術是一致的，但所處的情形不同，側重和表現也不同。孔子在百家之前，超脫百家之上，只需講無差別的原則；孟子與百家同處一個層次，所以孟子取義，以適宜與否與人辯論。孟子偏重義這一點在與孔子的對比中特別明顯。例如這兩人對於志行生死這些較大問題的態度。孟子說：「仁，人心也；義，人路也。」（《孟子・告子上》）這與孔子大致相同。但孔子講「志於仁」（《論語・衛靈公》），孟子卻從義的角度認為，認為「集義」而能「動志」（《孟子・公孫醜上》），這是兩人理論偏重不同。孟子更加重視作為「人路」的義，奉其為原則，他說：「大人者，言不必信，行不必果，惟義所在。」（《孟子・離婁下》）與此類似地，孔子說過，「我……，無可無不可」（《論語・微子》），但很明顯，這不是孔子理論中的重點所在，只能說孔子理論也延伸到義的範疇。又如，孔子有殺身成仁，孟子則說舍生而取義。再如，孔子有教無類，但又認為下者不可以與言上，這裡就產生一個選擇學生的問題。但孔子仍然是有教無類，有仁的意味。孟子教人，說：「士未可以言而言，是以言餂之也；可以言而不言，是以不言餂之也，是皆穿逾之類也。」（《孟子・盡心下》）孟子更願意得天下英才而育之，這就有宜的意味在裡面。再如，孔子的仁與人無尤，很少怨氣；孟子卻是黑白分明的，認為立仁的辦法有其宜：不能實現仁之前，必先有一權衡，必選取應該先立的人而育之，這是「失仁而後義」不得不採取的辦法。這個不得不的意思，孟子說的很明白：「予豈好辯哉？予不得已也。」（《孟子・滕文公下》）孔子的理論根基「仁」是不能改變的，孔子因此並不需要辯論。實際上孔子說的「予欲無言」（《論語・陽貨》）和「天何言哉？四時行焉，百物生焉，天何言哉？」（同上）就可以理解為一種對別人的不理解的回應。這與孟子的義的權變不同，義可以順勢變動，因此要去講解辯白。

　　「知者樂水，仁者樂山」（《論語・雍也》）可以說是孟孔的一個形象

的對比。《孟子》所載的辯論因此不能脫離當時的語境與社會背景去解釋和理解，從邏輯上說，《孟子》中有些辯論並不嚴謹，是以「氣」取勝，但並不妨害其意義。與此相比，墨子的論辯技巧更高一籌，但意義和影響遠遜於孟子。孟子又說：「執中無權，猶執一也。所惡執一者，為其賊道也，舉一而廢百也」。（《孟子・盡心上》）這是孟子為自己的權變的辯護，但也表現了他反對僵化的行為準則的觀點；而孔子的仁因為「無可無不可」，則不屬於執一，不在他譴責的範圍之內。去掉權變的禮只有一個空殼，孔子認為禮內在的支柱是仁，而孟子顯然認為禮必須順義而動。

　　孟子對仁的裁，是為了製成。孟子要使仁的思想在時代上與時代合宜，因此主要講裁和制的重要性及其方法。孔孟的比較以比喻來講，就是孔子說「條條大路通羅馬」，這是不加分別的仁，而好學不倦，則是教人步步為營，實現仁要遵循禮的法則；孟子則認為，條條大路並非同樣的，此時此地，有一最合宜之路，大家皆應此循路而行。很明顯這樣的義，不考慮現實情形就去生搬硬套，就有成為教條的危險和危害。時代變，地理異，社會和人有所不同，合宜只是局部有效的事情，推而廣之，則有強迫別人行自己所選之路的意思。這是孟子多辯，與其他學派多紛爭，後世受到非議也多的重要原因。孟子依傍儒家以拒楊墨，是學術門戶之見的始作俑者之一。但孟子將仁化為禮的中間步驟清理了出來，所以孟子對孔子雖似乎多有相違之處，但卻是孔子的不二傳人，真正地應用了仁。孔子逝後，孔門一分為八，各循一路，趨向各個不同，顯達為卿相有之如子貢，隱居如道家有之如原憲，子張是個豪傑，有子成為教育家。而孟子收拾起了儒家門戶，儒家得以佔據正統地位近兩千年，孟子與有功焉。

　　將義推及到古往今來的所有人之間的相互關係，制為更為具體而凝固的法式，這樣形成的整個體系即是禮。禮的現象的外殼稱為儀，儀是固定的製式的意思。儀是禮的一部分，具體瑣碎，不能無禮自存，所以是個次要範疇，不能單獨討論。德是一人之事，仁是二人之事，義是人群之事，禮則是所有人之事。君臣父子夫婦兄弟朋友，一個人與祖先，古人，客人，路人，外鄉人，外族人，外國人等等所有關係都屬於禮的範疇。在這些關係中，任一種特別的禮要由比較而定，這個比較就是「取義」，所以禮又以義為基礎，可以根據義來權變。時代社會不同，禮取其時宜，因此也須不同。

　　與過度氾濫的禮不同，在道德框架裡的禮只限於人際關係，不能推衍到人與動物草木土石的關係。人與動物的關係可以很近，但這種關係的一端不是人，不在仁的範疇以內，仍是一種人與自然的關係。孔子說：「今之孝

者，是謂能養。至於犬馬，皆能有養；不敬，何以別乎？」（《論語・為政》）養犬馬，適其性即可，有勤和慎在裡面，卻沒有尊敬在裡面。禮卻必須敬，敬是維持禮的必要因素。沒有敬，禮就有形無質，流於虛偽虛無。

　　自荀子開始，儒家重禮的同時也很重視敬，如荀子說：「仁者必敬人」（《荀子・臣道》），二程講「主敬」，朱熹說：「敬乃聖門第一義」。敬的一端是我，另一端或是人，或是擬人的抽象概念。孔子的「敬事」，泛指人事。敬天敬神，都是擬人而抽象的，沒有敬晴天敬一物的說法。實際上，西方宗教上的禁止偶像崇拜，有防止敬向具體的物轉移的意味。敬天敬神的敬，不屬於仁的範疇。人之間的敬，屬於仁的範疇。至於敬為什麼能夠跨過仁而仍舊成立，這個問題在本書後面會有討論。二程和朱熹認為敬可以是只在於「我」這一端的一種修養，這是一種以偏概全的說法。敬不及於草木，禮也是如此。少年哲宗春天裡「戲折柳枝」，程頤說：「方春發生，不可無故摧折。」（《伊川先生年譜》）這件事裡，程頤所堅持的（禮），與義（宜）和敬相悖，因此馮夢龍將其做為迂腐類的笑話，評論說：「遇了孟夫子，好貨好色，都自不妨。遇了程夫子，柳條也動一些不得。苦哉！苦哉！。」馮夢龍此處提到孟子，意味深長。（（明）馮夢龍《古今笑史・迂腐部》）

　　狹義的禮，即是作為人際關係的法式的禮，可以從四個方面理解。一，禮是個社會秩序，每個人在社會中都有一個地位，這個地位由禮來決定。這樣的禮是一個系統，是一個框架，每個人可以據此得知自己的地位，所受的約束，所賦予的責任，和由此而來的應有的權利和尊敬，這種意義上的禮，可以成為社會禮系，這裡的「系」是系統的意思。人按照這種禮行動，就獲得社會的容納，認可，和保護。這樣的禮有其凝固性，但不是一成不變的。例如，一個小孩子，長大成人時要行成人禮，從此作為社會上有獨立性的成員，相應地，有關他的禮也必須調整。才華，財富，功勳等，也是禮的社會中引起調整的動力。這種變動，是禮的一部分，是禮在時間維度的展開。

　　無論中國還是西方，還是任何時代中有過一個穩定文明時期的社會，這樣一整套的禮都是存在的，是文化傳統中有關社會秩序的部分。在不同社會中，禮也往往很相像，例如敬父愛子，對朋友的忠誠，婚姻的長久等等，都被認為是有榮譽的，受尊敬的。人們常說某個民族或國家的人有若干特點，比如斯巴達的人勇敢和堅忍，雅典人的懶散和優雅等等，這些特點是由禮來塑造的，可以說是禮的特徵。

　　「禮者，道之華」（《莊子・知北遊》），如花對於植物來說是最容

易受人注意的部分，禮是一個社會文化文明最顯著的表現。一個民族或國家的禮又有其獨特性，例如取宜不同即可造成不同的禮數。禮的權威性和範圍也可能有所不同，即類似的禮，但對社會每一員的約束的力量，和約束的程度在不同社會中也會不同。中國社會被稱為禮教社會，是因為禮的權威性極大和範圍極廣。中國的禮教以繁文縟節無微不至著名，清人秦蕙田編寫《五禮通考》，長達二百六十二卷，浩繁驚人，這很明白地顯示出禮教範圍廣大的特點。中國的禮教，又侵入了刑的範圍，權威性往往勝於刑律，這是權威性的表現。這樣的禮，已經逾越了禮應有的範疇，繁花易謝，因此不能「常」，難以持久，即「道之華」的後半句「而亂之首也」。「金玉滿堂，莫之能守」，禮只有在道德仁義的所有層次的約束下，才能略微持久，一旦理論現實背景有所改變，則滿盤盡失。

　　二，禮作為社會秩序是從宏觀上說，從微觀的角度，禮是一個個社會關係的集合，每一關係都是禮。禮的這一層意思，描述的是兩兩關係的親疏遠近，強弱彈性的程度，彷彿於一個力學系統，因此可以稱之為力矩禮系。

　　三，從個人的角度來說，一個人的禮，是他與所接觸的每個社會中的人的關係的總和。這種意義上的禮，只關係到禮的關係在一個個體的人這一端，是禮在此一端的集合；這個方面的的禮，顯示出了個體的社會獨特性，這種獨特性為禮所塑造。用比喻來說，人體由細胞組成，每個細胞既有自身的特性，又在一個複雜的集體中，與其他細胞相互作用。一個細胞的定義因此不僅限於孤立時能做什麼，還因為與其他細胞的協作自身產生分化，被協作中展示出的功能所定義。根據禮的這一層意思，可以將人群分解為一個個原子的人，因此禮的這層意思，可以稱之為個體禮系。這樣的每個關係中，其一端都是同一個人。一個人的生活圈子，自有一個範圍，不可能與所有幾十億人逐一接觸。這樣的禮，是局域的，具體的，個人化的，因而多樣化而容許獨特，不同於前面兩個角度的廣泛性，是非學術化的，非理論的。

　　四，孔子所講的禮，是一種心的禮，是儒家思想中的禮的真正內核。以上三種禮，是社會性的，可以說止於人社會身分這個外殼，只在人的社會活動時，才顯露出來。而孔子的禮，則涉及到獨處和修養，無待於外，也不能用外力強使之改變。這樣看來的禮，是德性教育要傳達的對象。其他三種，只是知識性教育，公民教育。子貢問禮，「子貢曰：『貧而無諂，富而無驕，何如？』子曰：『可也。未若貧而樂，富而好禮者也。』」（《論語・學而》）這裡孔子所說的，是心與身的關係，比子貢所說的是人際間之

事又深一層。又如，「子路問君子。子曰：『修己以敬。』曰：『如斯而已乎？』曰：『修己以安人。』曰：『如斯而已乎？』曰：『修己以安百姓。修己以安百姓，堯舜其猶病諸！』」（《論語・憲問》）孔子認為如果心中禮的修養漸深，其用可以達到影響整個國家，如內聖外王之意。理學的存誠與居敬，繼承了這種心之禮的意味。心中的禮，不受時間與地點的約束，有其「常」，這是儒家的禮對現代人仍可以有教益的地方。而禮的前三個方面，可以說是一時一地的義的反映，時勢變化，即成黃花。

　　至此，我們將從德至禮的依存和流變簡單梳理了一遍。道德仁義禮始於無人無我——道，然後有我和非我——德，非我分為人和物——仁，我與不同人又有親疏不同——義，將我泛化為任一個個體的人——禮。在道的層次上，「無人無我」，只有道一個對象。在德的層次上，道成為了一種背景對象，提供了舞臺空間和可能性，而前景中出現了我與非我，但非我還沒分化出別人。在仁的層次上，非我進一步分化為與我對等的人和其他。我與其他的處理在德的層次已經有了了斷，也退入背景中去了。所以仁的層次集中處理的是對等的二人的相互關係。在義的層次，與我相對的人不限於一人，而是具體的，因為有比較而不對等的多人。這其中對等的部分在仁的層次已經處理過，因此義主要處理不等的情形，仁也退入背景中去了。義的層次中最簡單情形是三人的關係。禮的層次居於最末，禮主要也是處理多人關係的問題，但這裡的多人是人類的全體都在內的。就實際的禮的形態而言，禮的對象可以包括我，親近的人，疏遠的人，天然之物，道，和神。這裡非人的對象，雖然可以人格化之後用禮來處理，但所遵循的法則是由禮之前的諸範疇。實際的禮的形態受到所有範疇，所有對象的所有相互關係的影響和牽制，所以最具體而繁雜。

　　道德仁義禮隨道流順序，內容和複雜性漸漸增添，越往後的範疇或層次越特別，繼承了前面範疇的法則，受其約束，又有所增添。這與老子「人法地，地法天，天法道，道法自然」（25）之意類似。

　　道先天地生，無所待，亦無可規定，因此止於自身。道德仁義禮不僅有邏輯的先後順序，在時間上的發展上這個次序也若隱若現。道德始於老子，先道而後德。先秦儒家中，仁決定義，義規範禮，與道德框架是一致的；而孔子重仁，孟子重義，荀子重禮，這種發展的時間順序也是吻合的。韓非是荀子的學生，刑經他發揚，始可與禮抗衡，但法家的源流另有發源，不是從儒家中孳生的，所以這個時間順序不適用於刑，也不適用於兵。

第九章　道德環流的遠則返

　　老子反復說明道是兩達的，一方面有道流，一方面有折返。如，老子
說：「玄德深矣，遠矣，與物反矣，然後乃至大順。」（65）又說：「大曰
逝，逝曰遠，遠曰反」（25）。但老子所講的折返，不是原路返回的直線運
動。老子所講的道之動不是幾何上的一維直線，而是周行於多維的空間，這
個空間是道之下的可以容納萬物的生長，舒展，和滅毀的所有空間。老子所
講的去和返，是環狀的周流，是遍歷空間所有周流的高度抽象。老子的學術
因此是完整的，或者說是自圓其說的：雖然簡，卻無缺；雖然樸，卻不敝。

　　最簡的周流，只在道德之間：道化生德，德返還於道。仁義禮刑兵是
德這一點的向外展開，探討了具體而特殊的幾種德。老子雖然認為仁義禮刑
兵無足尊貴，但並不反對探討之：「故常無，欲以觀其妙；常有，欲以觀
其徼。」（1）但脫離道和德，反而以仁義禮等範疇為根本，這樣的去而不
返，是老子反對的。所以展開後的道德框架，雖然概括了更多的內容，仍必
須呈一環狀，像串起來的一系列珠子，這些內容之間的貫穿是由道實現的，
但珠子本身並不一定是道家的。從學術上來說，展開了的道德框架就是用道
家學術貫穿諸子，使他們成為一個更大的統系中的組成部分。

　　道德仁義禮一貫而下，從天道到人道，達於每個人的一言一行。這是
個生之的過程，與之相反，則是削減，人道漸消，返歸於質樸，正如春生夏
長，秋收冬藏。這返歸的一途，可以從道說起，也可以從禮說起。從道說
起，帶有生成的意味。從禮崩樂壞開始，則是個人道失滅的過程，是人道的
秋冬。李宗吾的思想，包括了這兩方向的運動。表面看起來《趨勢》中的思
想與《厚黑學》聯繫不大，這是因為這兩者沒有打通，仍然斷為兩截，這裡
的斷點就在於「德」。在李宗吾的《趨勢》中，德字的意味類似於儒家的倫
理的德；而在《厚黑學》裡，李宗吾的德字的用法，更接近「得」。

　　在道德的環流中，仁義禮等範疇需要將德展開之後才能被納入道德框
架。德的展開，即是將德分為內外兩部分，在內為德，在外為得。在道返歸
時，得就成為關鍵節點。對外物的佔有，對外部知識的探索，和兵家，都通

過德的「得」這一意義，與道發生聯繫。先秦諸子中，墨子對外物，包括科技，生產，和戰爭最為重視。墨子和《墨子》是「得」這一環節的關鍵人物和學說。墨家在先秦諸子中，是與西方現代文明最為接近的一個。通過對墨子的研究，可以尋得中國文化與西方文明的重要接榫。

一、刑——由禮而返

　　李宗吾在《趨勢》中說：「萬一遇著不守禮之徒，為之奈何？於是威之以刑。萬一有悖禮之人，刑罰不能加，又將奈何？於是臨之以兵。我們可續兩句曰：『失禮而後刑，失刑而後兵。』禮流而為刑，刑流而為兵。由道德以至於兵，原是一貫而已。老子洞明萬事萬物變化的軌道，有得於心，故老子言道德。孔子見老子後，明白此理，就用以治人，故孔子言仁。孟子繼孔子之後，故言仁必帶一義字。荀子繼孟子之後，注重禮學。韓非學於荀卿，知禮字不足以範圍人，故專講刑名。這都是時會所趨，不得不然。」這裡的禮，是指狹義的作為人們之間關係的禮。李宗吾認為「禮流而為刑」，禮在法先，大概是受儒家「禮法」的影響，如孔子講，「禮樂不興，則刑罰不中；刑罰不中，則民無所措手足。」（《論語・子路》）李宗吾沒有意識到，刑實際上是與義處於相當的位置，是在禮之先的一個範疇。「刑自反此作」（《禮記・祭義》），從道流來看，禮是最遠端，從此只能返歸道，這種返歸，即是「反此」，與禮相反。

　　「禮流而為刑」，李宗吾在這裡用的是陳寵「失禮則入刑」的意思，《後漢書・陳寵傳》中有，「禮之所去（離開離棄），刑之所取，失禮則入刑，相為表裡。」李宗吾用刑而不是用法，是極為準確的。

　　刑不同於法，刑的範疇指的是實現了的懲罰，包括懲罰本身，也包括了導致懲罰的原因：法或其他原因。狹義的法是刑的根據，與刑對應，並指導刑。這樣的法從起源上看，出現比刑要晚。實際上，最初的法起源於對刑的實際形態的歸納，使之簡單劃一而易從，以應對日漸複雜的用刑日多的社會變遷。最初的法與其說是為促進正義而設，不如說是為了實際方便而採取的暴力規則，是受時效局勢限制的一種權宜之計。而新的法，又是在刑的需要下促成的，以對付新型的案例。試圖實現義刑義殺的法律，要待此後幾千年才能出現。而作為權宜之計，只為了一時所需而設，始終是法的特點之一。

任何社會中的懲罰現象都歸於刑所覆蓋的範圍內，因此刑與法相比，是更為根本的一個範疇。刑的範疇，在時間上，比法更古老而涵蓋法；在空間上，比法更廣闊而涵蓋法。狹義的法作為範疇比刑次要，法的真正形態附著在刑之上。不同社會，一個社會的的不同時期，有不同的法；在原始部落社會中，或無政府的混亂時代，法可以無存；獨裁統治下，獨裁者可以法外施刑恩，法可以形同虛設，但所有這些社會中卻都有刑。（清沈家本《歷代刑法考》說隋朝：「文帝淫刑而身被弒，煬帝淫刑而國遂亡。蓋法善而不循法，法亦虛器而已。」轉引自《中國古代刑與法》，崔敏著，新華出版社，北京，1993年。）

狹義的法，即是通常所講的法律體系。法律一詞，是晚出的。這個詞義，在先秦時代，大體上等同於法；其後從漢至清，除了劉邦「約法三章」之外，幾乎都是用律一字來指代狹義的法。律，《爾雅・釋詁》說，「法也」；《說文》說，「均佈也」；段玉裁注《說文》說，「律者所以範天下之不一而歸於一。故曰均佈也」。相對於法的辦法手段的意義，律的均佈的含義，帶有更多公器的意味。所以自從商鞅改法為律，法的發展從「予一人」的隨心所欲，開始與外界妥協；法作為方法手段的意思就減弱了，而帶有公器公例的意味。

廣義的法，覆蓋範圍又不止於與刑疊合的部分，神明有律法天條，大自然有自然法則，君主出言即法，中國古代祖宗行為和決定可以作為法，威權之下的政令教誨也可稱為法，如官吏，宗族，社會組織所立之法，某些傳統也可入法。這些法，雖然都用稱作「法」，但卻很不同，無法在整體上一併討論。儒法之爭，雖然表面看來是社會禮教和狹義的法之爭，但兩家的爭論實際上牽涉到了性善性惡之下所有問題：儒家爭的是性善的權威性，是用禮涵蓋一切的理想；而法家爭的是性惡的權威性，用廣義的法涉及的所有範圍與禮相抗衡。這樣的論辯沒有結果，也可想而知。狹義的法，律，因為內容淺狹，根本沒有與禮相爭的資格。因此漢代之下，律禮實際上是並用的，但兩者不僅相安無事，而且互有襄助。

狹義的法實際上部分地依禮而製定，反之法也可成為傳統習俗的來源。從效果和目標上看，狹義的法與禮是相同的。儒法之爭，本質上是性善性惡之爭，在理論假設的層次上之爭。理論上的性善或性惡只是一種界限模糊的抽象，只考慮到了僵化的靜態。善惡界限不可能完全確定，善惡的轉換往往存在於人的一念之間。性善性惡將人性的一分成兩個二分之一，試圖以二

分之一概全，都是褊狹的，不能獨立而成立的。王陽明說，「無善無惡心之體，有善有惡意之動」。很多人只讀懂了王陽明的心之體，但「動」才具決定性的意義，能夠取消掉性善性惡的無謂之爭。單純討論靜態的體，忽略人的意，即人的意志，是無意義的。老子早就講過，「皆知善之為善，斯不善已。」（2）老子這句話是在講，善惡轉化的關鍵在於「有意」。對於有自由意志的人來說，善惡界限是不存在的。《莊子》對此多有闡述。因此單純的性善論或性惡論與人有自由意志是相矛盾的。（《實現自由：自由意志主義的理論，歷史與實踐》（美）帕爾默（Palmer，TG）著，景朝亮譯，法律出版社，北京，2011。在這本書中，帕爾默說：「在一切文化和文明中，都同時具有自由和壓制兩方面的思想」。法和刑顯然是屬於壓制的一邊，它們的對象，人，必須具有一定程度的自由性，才能保證法和刑的必要性。帕爾默認為發現各文明的自由思想的來源是非常重要的。對於中國文化，帕爾默說：「在中國……老子和孟子……就表述過自由意志論的基本思想，構建起中國的文化環境。）

　　在實際生活中，人們不需太多智慧，即知道如何區分善惡。也就是說，何者為善，何者為惡，對哲學家來說是個難題，但對大多數的小孩兒來說卻不是，他們知道如何做是善，而且絕大多數時候是對的。這說明，雖然將一切善惡完全分開的絕對界限是無法確定的，但在一小塊局域中，確定的小環境中，有限的前提下，善惡卻可以不假思索地得到。即，善惡不能抽象地得到結論，而只有在具體前提下，才能進行有意義討論。基於性善性惡的禮和法之爭，也因此只能是在人類社會生活這個背景下的爭論，必須從具體社會生活的內容分析而得，而不能超出社會生活。這一理解有重要而廣泛的應用。

　　從道德框架看，先於人的道和德，不存在善惡。善惡是人所定下的名，不是實。因此對禮和法或善和惡的分辨必須是在仁以下，三人以上的義和禮的範疇內進行。這就擺脫了難以確證的神意和自然法則的糾纏，也將社會可以整體為善，整體為惡這一問題分拆出去──此類的問題需要將社會作為一個整體來處理，而不必涉及到社會內部的細節，它們遵循的法則可以在仁及仁以上的層次上解決。這裡必須注意的是，在道德仁範疇內，從社會整體出發得到的宏觀法則，不能直接作為微觀法則應用到社會內部，而從社會內部分析得到的法則必須與它們在邊界相銜接，這個邊界是仁。將進化論直接引入社會理論而形成的社會進化論，其錯誤就在於沒有意識到仁這一關鍵環節。

　　社會內部生活的主要內容，是社會關係。社會關係不能歸結於最簡單的二人之間關係的累加，每一二人關係都受到幾乎其他所有關係的影響，而不是孤立的，無邊界條件的。每一個二人關係都與整個社會關係體系相連通，因此每一個二人關係的變化和互動，都對社會發生影響。個人的行為對社會的影響是通過這種關係實現的。一個人的行為，不影響任何一個二人關係，就對社會沒有影響——這規定了社會人的個人自由的範圍。

　　對社會來講，不同的二人關係的變化，所不同的是其對社會影響的廣度，時限，和程度的差別。在一個穩定的社會裡，大多數關係變化都可以相互抵消，被遺忘，和被視為無關緊要的細節。所以雖然每一個人的行為都是獨特的，宏觀上社會關係卻可以是穩定的。社會生活的每一天都是不同的一天，若隱若現於每天不同中的穩定性就是社會的傳統。傳統的固化和外現，就成為禮。禮的內容是常變的，但作為社會穩定關係這一特性，卻是不變的。如果一個人的行為循禮而行，即使可以導致關係的變化，這種影響也不會對社會傳統有所改變。孔子自言：「七十而從心所欲，不踰矩。」（《論語・為政》）即是孔子禮的修養已經達到了個人自由與傳統無間融合的程度。這種內在境界與社會關係的融合，是《論語》中孔子與弟子們談論禮時的核心思想，即禮雖然是外在表現，但真正意義的禮是「禮從中出」的。如果一個人的行為影響不可消除，就破壞了禮的穩定性，這種破壞就可以說是非禮的。因為從來就沒有完美的禮的系統，所以非禮有時導緻禮的改善，成為禮發展的動力；也有時導緻禮的混亂，引起不便和傷害。這兩者都超出了禮的範疇之外，前一種可以歸於義，而後一種無禮是禮和刑統轄權不明的領域。

　　禮貴和，禮追求的是理想的社會關係，完善而穩定。完全依禮而行是儒家的社會理想，也是儒家理論行得通的前提條件。如果能夠完全依禮而行，人際關係就會和美，所以禮要吸引人，只能側重於對善美和合社會這樣一種願景的描述，而非面對現實。在禮這個理想中，現實中的不和與無禮只是暫時的不便，不倦的道德教誨會使禮逐漸充盈，將這些不便從社會中驅除，就是孔子說的風行草必偃。牽涉到法時，孔子說：「聽訟，吾猶人也，必也使無訟乎！」（《論語・顏淵》）頗有無可奈何的意味。

　　與儒家理想化的禮相比，法家就現實的多。法家重視不和與無禮的現實性和危害性，側重於用「引繩墨，切事情，明是非，其極慘礉少恩」的酷烈辦法以儆效尤，為的也是無訟。法家認為猛烈而公正的法，會比禮更有效，能更實際地實現無訟的理想。子產始鑄刑鼎，鄭人先怨而後悅；諸葛亮治蜀

法令嚴峻,而蜀大治,身後祭祀不絕,都是法家成功的例子。但法治不成功的例子也很多,如商和秦亡國都與法的嚴酷關係甚鉅。所以法治也並非像法家所講的那樣包治百病,而有其局限。

如果不像儒家所想的那樣,訟是有常的,無可避免的,不能澈底消除,那麼儒家對訟的結果應如何執行呢?即如何施行懲罰,這種刑人的行為在儒家的理論中的立足點何在?正如晏子所問:「古者明王聖主其肢解人,不審從何肢解始也?」(《韓詩外傳》)這個問題是儒家難以回答的,卻是法家所擅長的,暴露了儒家在此範圍的無能為力。儒家雖然可以從繼承祖宗先王,繼承前代的歷史現實,為刑的殘酷性發現一些辯解,但儒家的仁的理論從根本上與「肢解人」的刑是不能相容的。這樣一來,儒家既不能消滅刑,又不能將其納入自身的理論。因此,禮的範疇自上與義相接,自下與刑有著邊界,這兩者之間是禮的範圍。法不能侵入此範圍,取代禮。在現實中,侵入了禮這一範圍內的法,是禮所決定的禮法,本質上仍是一種禮。禮法是人們所共遵的,用榮譽吸引人們遵從,用不榮譽而非用強制性的刑來保障其施行。禮只能在教化所及範圍內起作用,不能求全於身處荒野不識禮數的人,更不能對他們施以刑罰,「不教其民,而聽其獄,殺不辜也。」(《荀子‧宥坐》)又,漢班固雲:「禮為有知制,刑為無知設也。」(《白虎通‧五刑》)

刑是禮不及,而法過之的一個關鍵範疇。禮的最大限度的實現在於使人免於刑,而法最低限度的表現在於刑的落實。沒有通過刑的表現,法就無法顯露出來,也就沒有製定的必要。《大戴禮記‧禮察》中有:「禮者,禁於將然之前;而法者,禁於已然之後。是故法之用易見,而禮之所為生難知也」。儒家這是在抱怨禮的作用難以顯露,禮和法都可見諸於文字,「法」更易見是因為刑的緣故。但法只有過甚,而沒有不顯的問題,《莊子‧在宥》即有「刑戮者相望也」,即受肉刑的人隨處可見。過之猶不及,不及如孔子「是可忍,孰不可忍」和「鳴鼓而攻之」,過之則如商和秦的亡國,這兩者都屬於枉刑失刑。以禮治國,必須明正刑罰,罪無所恕;而以法治國,必須慎刑,不枉罰。做到這一點,刑與禮實際上就統一起來了,子產和諸葛亮既像儒家又像法家的原因也在於此。以諸葛亮為例,前者如「宮中府中,俱為一體;陟罰臧否,不宜異同……不宜偏私,使內外異法也。」(《出師表》),後者如「夙興夜寐,罰二十以上,皆親攬焉」(《漢晉春秋》)。諸葛亮能夠罰人而不被怨恨,不在於他的禮,也不在蜀漢的法,而在於他個

人不寬不枉的刑德。諸葛亮的這種刑德，即為難能可貴，為他人所不及，這也是他的事業在他逝去後難以為繼的原因之一。

超出禮之外的範圍因此分成由禮刑不分和刑兩部分。禮不能侵入刑的範圍講不榮譽，只能由法定刑，這個範圍是法的領地；而法不能侵入無禮的範圍內來刑人，不能因為對方沒有禮貌而置之於刑。禮刑不分的範圍是個邊界，這個邊界是模糊和動態的，在對一個社會來說新闢的領域中尤其如此，因而往往更為受重視。「法者，禁於已然之後」，在與禮的邊界上，刑滯後於新情況的出現。在新的情況產生之始，先有禮，一旦發生禮不能製約的問題，就必須禮去刑取，刑因此對禮有所裁制。刑後發於禮，又對禮有限制減損，與禮趨於繁複的發展方向相反，所以是折返。對於禮來說，義是生生，刑是病病，義與刑的地位對等，義和刑對禮的作用就像是對立的推和拉，使禮的內容增進和消減。

刑不能取代禮，成為社會唯一準則。刑必須與懲罰相關，而不應規定什麼是允許的。人非機器，人所有可能的行為和能力不能被完全列舉，然後決定哪些是允許的或不允許的。換言之，人不是為任何社會或製度所設計或定制的機器。不論人類從神創論還是進化論而來，人的設計和可能活動的方式是由神或自然生態系統所規定的。即，在人的社會性之上，至少還有人的生物性一個層次，在更完整的背景裡，還有神的作用和「計畫」的影子。所以，作為社會性的刑和法，只能為保護「社會關係」禁止和懲罰一些行為，但不能規定人應該以何種方式運行，也不能用刑罰去強制人像機器一樣，在某種精度和速度範圍運行。否則，就侵範了人道，束縛和違背了人性。人性比任何社會制度的形成都要古老，也更根深蒂固──「儻驕而不可系者，其唯人心乎！」（《莊子・在宥》）對人性發出挑戰的任何一個社會，都難以歷久。有神論認為人性的根源在於神，進化論認為人性的根源在於自然，想要約束人性，只有將神和自然這兩者完全從人類社會驅除才有成功的可能，顯然，這實際上不可能做到；歷來此類的嘗試，都是出於無知，缺乏對現實和自然規律最基本的尊重和知識。道家，尤其是莊子，對仁，國家，社會及其以下範疇的批評，明顯地是發自於有常的那個澈底人性的角度。

「禮從宜」（《禮記・曲禮》），理想的禮應該是從人性自發的，不帶有強迫性，「上禮為之而莫之應，則攘臂而扔之」（38），否則也不可能歷久。儒家禮的根基孝，即是從個人人生最基本的情形出發的。人性的自然而然，就是人性的自由伸展。而由性惡而來的刑，則是壓制的力量。儒家的禮

在孔子那裡，發展成為一種深深地植根於人的性命和個人修養的體，這個體之用是大同社會的願景；這使得刑在中國文化中特別難以侵入禮的範圍，更不用說取而代之了。毋庸置疑，這種內在禮的根基是無法撼動的，任何時代的製度或法律都不能。即使在民國初期的儒學危機中，雖然社會風潮要「打倒孔夫子的古董店」，但陳榮捷說：「中國人民並沒有真正遺棄他。……並沒有放棄儒家的根本學說。譬如說……他們並不懷疑尊敬父母一事。又，……仍然相信上天。」（《現代中國的宗教趨勢》，陳榮捷著，廖世德譯，文殊出版社，臺北，1987年）陳榮捷據此認為，反孔只是去掉了儒學教條化了的外殼，反而會有助於儒學的新發展，事實證明瞭他的先見。孔子的禮，本質上是保護在人的社會性層面的人性自由，所以反而是與壓制相抗衡的工具。在人的自然性的範圍內，此類工具則存在於道家學說。

二、兵──由返而消亡

接著「禮流而為刑」，李宗吾說：「刑流而為兵」。對於兵出現的原因，他解釋說：「刑罰不能加，又將奈何？於是臨之以兵。」這句話講出三層意思：一是，兵處理刑之外的情形；二是，兵是緊鄰著刑的一個範疇；三是，這裡隱含著，就像刑比禮次要，兵是比刑更次要的一個範疇。這三層意思，前兩者是對的，最後一個卻不正確。前面講到，李宗吾受到禮的影響很大，他沒有意識到，禮而為刑是一個折返。道德仁義禮可以說是人性自然而然的發展，「性本善」，而刑則是一反，根據的是性惡。此外，這樣的順勢而下造成了一去不返的一種理論結構。這樣的一種結構，到兵就無路可走了。而且將兵置於最末，最次要的地位，這與兵起源之早和兵在歷史上表現出的實際地位不相符合。但李宗吾這一疏忽，不難得到糾正，而且對此的糾正不會影響他的理論的大致結構。

刑一邊與禮相接，在另一個邊界上，則與兵相接。兵，段玉裁說，「器曰兵。用器之人亦曰兵」，即兵指武器，或者執兵器的戰士。人類的一切戰爭和其他軍事行動，都可以最終歸結到武器和戰士這兩種基本元素的運用。在中文中，這兩個基本元素都可稱為兵，所以古人將此類現象統稱為「兵」，是極具概括性的，兵家和兵法的名稱即由此而來。兵作為一個範疇，概括了以生命為賭注的所有武力對抗。兵的對抗性要求至少有兩個對象

參與其中，這兩個對象在理論上是對等的，不管這兩者實質上是否對等。兵與刑最本質的區別在於，兵可以約化為對等二人的對抗，而刑則至少是三人及三人以上之事。

刑出於兵。刑是兵的特例，從屬於兵的範疇。早期的刑，肉刑，尤其如此：兵主殺，是劊子手，也施行肉刑，如「大刑用甲兵」（《漢書‧刑法志》）。兵的殘酷性遠過於刑，「兵者不祥之器」（31），「故兵者，兇器也；爭者，逆德也；將者，死官也，故不得已而用之」（《尉繚子‧武議》），「兵者……死生之地，存亡之道」（《孫子兵法‧始計》）。兵主殺，不是刑的刻薄寡恩所能比擬的。兵的殘酷性，尤其是一些極端殘酷的情形，起因於人的社會性，是人的有意為之，不能歸結於生物性。人心無窮，人的慾望也就無窮，這是此類殘酷性能夠發生的根本原因，而這樣心和慾望，人只有在社會化之後才具有。（「人類之所以變得兇殘起來，是因為人具有『洞察性的行為』」。《穿褲子的猴子——人類行為新析》（日）栗本慎一郎著，公克，晨華譯，北京：工人出版社，1988，第16頁。）

作為一個範疇的兵，不能被刑所概括。兵的範疇處於刑之外的一個領域。兵與刑相聯繫的時候，必須與殺戮相關的刑才能稱為兵。作為刑的兵，是刑能力所及的最嚴厲的懲罰，也就是刑的邊界。但因為沒有對等的對抗性，施行死刑的劊子手不能稱為兵。

韓非說：「明主之所導制其臣者，二柄而已矣。二柄者，刑、德也。何謂刑德？曰：殺戮之謂刑，慶賞之謂德。」（《韓非子‧二柄》）韓非認為，可以用刑和德，即懲罰和獎賞來禁姦治世。但《莊子‧在宥》篇指出，刑和賞作為辦法不足，作為理論不完整，在刑之外尚有刑鞭長莫及的一個領域。《在宥》中說：「故舉天下以賞其善者不足，舉天下以罰其惡者不給，故天下之大不足以賞罰。」這即是說，刑和賞沒有將所有的情形考慮進去，留有罅隙。《莊子》中這一論斷，被後來的歷史所驗證：《資治通鑑‧唐紀一》有，「（隋煬）帝曰：『我實負百姓；至於爾輩，榮祿兼極，何乃如是！今日之事，孰為首邪？』德戡曰：『溥天同怨，何止一人！』化及又使封德彝數帝罪，帝曰：『卿乃士人，何為亦爾？』德彝赧然而退。」這段對話暴露出，禮不足約束士人；而「榮祿兼極」也不足約束權臣，是荀子的禮和韓非的刑兩種理論沒有料及的情況。

莊子接上又說：「自三代以下者，匈匈焉終以賞罰為事。」（同上）顯然這是法家儒家只知其一，不知其二的短視。《莊子‧胠篋》具體舉例說：

「彼竊鈎者誅，竊國者為諸侯。……，竊仁義……者，雖有軒冕之賞弗能勸，斧鉞之威弗能禁。」韓非理論留下的罅隙，竟漏過「竊國」這種情形，不可謂不大。這同時也說明，當刑的使用達到極致的程度，就只剩下「竊國」一類的鋌而走險才可以不受刑罰。以短期效能論之，刑的禁絕效用是顯而易見的，所以歷來的統治者都不憚於嚴峻刑罰，幾乎每個王朝的末年都有「治亂世用重典」的情形。重典可以更有效地抑制犯罪合乎邏輯，但並不合乎實際。用加重刑罰來治理亂世，只會適得其反——亂世中，得罪之人往往是因為社會而非自身原因，罪不當罰，就只能導致法被輕侮，軍事反叛，和起義，到了這一步，亡國祇是遲早的問題。

重典可以啟動兵的作用，即李宗吾所講的「刑流而為兵」。韓非說：「故設枅非所以備鼠也，所以使怯弱能服虎也。」（《韓非子・守道》）重典必然導致濫刑，懲罰波及普通人，壓迫正常的社會生活。這就違背了法的規律，只能導致法的破壞，這種破壞總是由刑的基礎——法律執行機器——吏治的僭濫和疲怠開始。

秦朝和隋朝亡國，是重典啟動兵的明顯例子。而輕刑的例子，最明顯的就是漢初的無為之治，這種治理思想是直接受到《老子》的影響的。漢初的無為之治，或許有人認為只是因為秦重刑罰，而故意採取的招攬支持的政治手段。但《漢書・循吏傳》有，「（龔）遂曰：『臣聞治亂民猶治亂繩，不可急也：唯緩之，然後可治』」。本來，「渤海左右郡……，盜賊並起」，在他這種策略的治理下，「盜賊於是悉平，民安土樂業。」此類的例子很多。

三、兵與德的關係

兵並不是刑所不能及的這個領域的唯一範疇或主宰。在更極端的情形下，刑不足用，兵也不足用。老子說：「常有司殺者殺。夫司殺者，是大匠斲，夫代大匠斲者，稀有不傷其手矣。」（74）老子不贊同刑，更格外不贊同濫用兵，認為這樣的兵不僅不足用，更不祥，「以道佐人主者，不以兵強天下。其事好還。」（30）好還，即傾向於還報自身。（老子此義又見於《左傳・隱公四年》，「夫兵，猶火也，弗戢，將自焚也。」）兵家孫武佐兩代吳王，百勝而亡國，即是一個例子。又如，秦滅六國，收天下之兵，

獨霸戰爭機器，也只存在了十五年，這是老子先見之明的一個特別明顯的證明。

老子所講的大匠，主掌人生死的權柄，這樣的大匠只能是人格化的道，可以稱之為天命。天命主宰萬物的生死，當然也就主宰人的生死。德者，得也，生是天地的大德和大得，殺則是對德和得的克伐，生殺形成一個循環，是天命定下的生殺。而從天命來看，人是萬物的一種，兵導致的殺只是物失去其物德，死亡而復歸於道的種種方式之一，可以被天命所涵蓋在內。這就將兵與德之間聯繫起來了。兵是人為的，有悖自然的，因此兵導致的殺是「代大匠斫」，是人對天的一種僭越，會「傷其手」。

兵與德的聯繫，有多個層次。兵主殺而屬於德的循環，在現象的層面將兵與德聯繫起來。從功能上講，戰爭向來與得，即利益，關係甚鉅。李宗吾所講的兵能夠制刑之所不能制，這只是兵的功能的次要的一部分，刑不是兵的起因。兵或戰爭的起因，不能單純用經濟原因來概括。

只能用「得之爭」才能概括所有戰爭的起因，即兵起源於對外在的「可欲」的爭奪。亞裡士多德在他的政治學裡，概括地說出了這個意思，「戰爭的藝術是一門關於獲取的自然藝術，因為它包括狩獵；是一門用來對付野獸和那些生來應該受統治、卻不願服從的人的藝術。這種戰爭當然是正義的。」（轉引自《全球通史》Ｌ・Ｓ・斯塔夫裡阿諾斯）。亞裡士多德認為兵以「獲取」為功能和目的是對的，與「得之爭」一致。但他認為兵是「自然」和「正義」的，顯然是錯誤的。存在戰爭雙方都是非正義的兵，但不存在戰爭雙方都是正義的兵。兵不是自然的，而是人為的。這一點從兵器的起源來看，非常清楚：兵器是人發明的工具。《淮南子・兵略訓》中說：「凡有血氣之蟲，含牙帶角，前爪後距，有角者觸，有齒者噬，有毒者螫，有蹄者趹。喜而相戲，怒而相害，天之性也。人有衣食之情，而物弗能足也。故群居雜處，分不均，求不澹，則爭；爭，則強脅弱，而勇侵怯。人無筋骨之強，爪牙之利，故割革而為甲，鑠鐵而為刃。貪昧饕餮之人，殘賊天下，萬人搔動，莫寧其所。」人能夠從事兵的活動，需要有兵器和執兵器的人。兵器和士兵是一個社會能夠發起戰爭的器官，就像猛獸的爪牙，在這兩者形成之後，才有真正意義上的兵，才有兵的範疇。兵的範疇是社會性的，《淮南子・兵略訓》因此回顧兵的由來，不及於人的自然史，而說：「兵之所由來者遠矣！黃帝嘗與炎帝戰矣，顓頊嘗與共工爭矣。故黃帝戰於涿鹿之野，堯戰於丹水之浦，舜伐有苗，啟攻有扈。自五帝而弗能偃也，又況衰世乎！」

　　此前的狩獵，雖然也是以獲取為目的的爭鬥，但不屬於兵的範疇，也無法用兵法的規律來解釋。「兵」這樣的爪牙，人類社會不是生而具有的，而是在一定的發展程度和實際需要下誘發的。這就說明，兵的本質是人的社會性，是人與人的爭鬥，屬於人道的範圍；而不是動物性的，不屬於天道。亞裡士多德不以異族為人，而視其為野獸，就將兵視為一種類似於勞動的活動，將掠奪與收穫等同起來，認為兵是一種人與自然的關係，就得到了「正義」的結論。這個結論的錯誤在於違反了以人為人的仁的原則。在獲取「可欲」的外物的諸多手段中，兵表面看起來是最直截有效的，亞裡士多德只看到這一面，但沒看到另一面，兵對人道的傷害也是極端的──古希臘缺乏與「仁」相對應的建立。老莊孔孟等人對兵持非常謹慎的態度，不是反對，而是謹慎，如「子之所慎：齊，戰，疾。」（《論語‧述而》）慎是不畏懼，也不輕忽的意思。老莊孔孟等人對兵的論述，缺乏具體內容。這一點要由《墨子》和兵家補足，尤其是《墨子》。墨家和兵家對兵也都持有「慎」用的態度。墨子反對不義的戰爭，為此不惜自身去參與兵，他的的「非攻」，因而不同於反戰，而符合老子的「兵……不得已用之」（31）。《墨子》一書，多有備戰的內容。

　　這樣一來，禮刑兵這一反之動，就回升到德的層次。德仁義禮刑兵形成了一個回環的結構。這個回環是在道德的環行中，打開了一個以人為特別的對象的缺口，這個缺口因為反之動的原因，必然最終回歸，就形成了德仁義禮刑兵的回環。老莊認為引入仁義是禍亂的開始，應是預料及此，如《莊子》雜篇《庚桑楚》和《徐無鬼》說仁會導致「人相食」，即人道的澈底破壞。與「人相食」相仿，兵與仁正相反，標誌著人道的毀滅。道家雖然有理論上的預見，但無力也不試圖阻止這種情形的發生，而是委之於自然。這看上去似乎是一種圓滑地策略，但並非如此。人道不同於天道，老子已言及之；人道有從天道繼承的部分，但人道又有自我生發出來的特點，這些特點不能簡單地還原成天然元素，或者還原到天道的東西。老莊適時地將理論收束，不肯下及於仁，極可能是對人有所知，而不是「蔽於天而不知人」（《荀子‧解蔽》）。老莊的理論因為「知止所以不殆」（34），避免了錯誤。近代人往往將自然科學和其邏輯直接應用到人類社會，這才是「蔽於天而不知人」，出錯在所難免。

　　從道和德層次來看，道只有元亨利貞，沒有咎兇悔亡，「天之道，利而不害」（81）。道與《易》是大相徑庭的兩種思想方式，處於《易》之

外，超然外觀的地位。兵只能在德的層次尋其根源。「自道之德」，是物所共用的，有「利而不害」，「萬物並育而不相害，道並行而不相悖」（《中庸》）。「自得之德」是得，有彼此你我誰得誰失的分別，則可以有爭。「天之道」是前者，不爭；而聖人是後者，或許有爭。老莊講道和德，認為人為的諸範疇都是德之流失，自然而然地就既不贊成仁，也不贊成兵。從理論上講，這兩個範疇地位相垺，老莊對它們的批評激烈的程度也相似——這令很多不明所以的人驚訝或迷惑。正如人們在草中看到蛇，不管看到蛇頭還是蛇尾，駭然的程度是一樣的。老子從道和德看過去，仁與兵同源，在邏輯上前者是禍亂之首，後者是尾而已。老子一葉知秋，得到整個圖景，所以能夠這樣說。老子得到的這個圖景，韓非是認同的，他說「上古競於道德，中世逐於智謀，當今爭於氣力」（《韓非子·五蠹》），此處「智謀」，如老子所批評的聖，智，「前識」一樣是仁的根源；「氣力」則是刑兵之謂。

老子提出不爭，不尚賢，是對兵在根源處釜底抽薪，但這種辦法也會將仁和聖賢也同時取消。但這是理論和實際上的唯一解法，人「不能行」，所以實際也無解。所謂聖賢，即是智和才能有餘的人，《莊子·徐無鬼》推衍此義有，「以德分人謂之聖，以財分人謂之賢」。智和才能有餘，如「餘食贅行。物或惡之，故有道者不處。」（24）《莊子》中《駢拇》闡述此義更為清晰，指其為「侈於德」。

老子對於兵，在不得已的情況下也會採用。老子說：「天之道，不爭而善勝」（73），又說：「聖人之道，為而不爭」（81）。這與他說的「兵者不祥之器」（31）是一脈相承的。但「不得已而用之」（31）的時候，除了上引「善勝」，老子又說：「夫慈以戰則勝，以守則固。」（67）也即老子一旦用兵，也求必勝——莊子講，「道行之而成」；而這裡老子有如在講，道行之「必成」。

老子用兵，反對多殺傷，他說：勝而不美，而美之者，是樂殺人」（31），「殺人之眾，以哀悲泣之，戰勝以喪禮處之」（31）。老子又說：「夫司殺者，是大匠斫，夫代大匠斫者，稀有不傷其手矣。」（74）老子這些觀點，為兵法家們所繼承。如《孫子兵法》有，「不戰而屈人之兵，善之善者也。」（《孫子兵法·謀攻》）即是說，在兵爭之中，最佳的情形是以不戰的其他手段代替兵，而同樣實現「得」這一目的。《淮南子》也說：「故兵者，所以討暴，非所以為暴也」（《淮南子·本經訓》），「非以亡存也，將以存亡也」。（《淮南子·兵略訓》）

四、刑即是剝奪

刑的真正意義，只有在得的意義上，才能真正地顯示出來。就刑的對象來說，所謂懲罰，就是剝奪。刑的這個意義與兵一脈象承。兵的剝奪是澈底的，因此又是趨於劃一的：只有敵我的簡單分別，人情，社會人的種種複雜身分地位都不再重要。對刑來說，對象總是社會中的人，是對具體而複雜的社會人的各種剝奪的總稱。無實質剝奪，就無所謂懲罰，無所謂刑。「以眼還眼」的原始法律，很明顯是在規定對剝奪的懲罰就是相對等的剝奪。當沒有清晰的更高層次的依據時，這種懲罰自然而然要求對等的剝奪，即以人為平等的人。肉刑，放逐，罰金，囚禁，處死等刑的形式，無一不是剝奪。

上面的「實質」是就人性的完整性而言，凡是對人性的割裂，就是實質性的剝奪，除可見的物質肉體的剝奪以外，對精神的剝奪也是實質性的，使精神，理性，智力，情感，或感官貧乏，缺乏，失去等等，有時比物質更具效用。中國上古時代已有「象刑」的懲罰，是對榮譽和受尊敬感的剝奪；而在戰爭中，從「四面楚歌」到現代的心理戰，都是注意到了此類精神剝奪的效用的例子。

刑不能取代禮，不能規定什麼是允許的，其根本原因也在於刑是剝奪。任何一個正常的社會，人們的和諧相處，對等交換都是社會活動的主流，這些活動非關剝奪，刑就無用武之地，對其無任何規定性，所以韓非說：「立法非所以備曾、史也」（《韓非子・守道》）──道德性的生活不是刑所應侵犯的。

非關道德的社會交換活動，如商業交換，只能以適宜性，即買賣雙方在某一「特別具體的」交易的協議，為憑據。這個憑據即是義，義只能因時因地因人因事而具體而言。憑據不是標準，顯然沒有也不應該有精確規定，而有一定的容許範圍，如個人自由相競的市場經濟。只有超出了義這一範圍，如壟斷，剝削，欺詐等，侵犯了個人自由性或自由相競的空間，才是一種剝奪，才歸刑所統轄。但此類罪行，只能具體地一例一例地處理。完全公平平等的交易，只能是一種理想，在現實中無法實現，除非消滅一切交易，實行統一的分配製，事實證明這是行不通的。試圖以階級的角度劃分社會交換活動的剝削與非剝削，只是掩耳盜鈴。

　　法不責眾而從眾。刑罰嚴明的社會可以整體為善，也可以整體為惡，這是刑的具體而非廣延的性質所決定的。這種惡的懲罰，只能從這一社會之外以兵的形式而來，以刑之上更高或者說更根本的的層次為依據，不可以法來制止。二戰中的德日即是如此。

　　通過和諧相處的這一種「得」，對等交換而得來，在一定的社會裡遵循一定的規則，即成禮。刑將兵的嚴酷與禮相隔離。如果將交易標準化，以一種唯一的義為標準，那麼大多商業甚至社會行為就都成為剝奪，這就使以刑代禮有了機會，而將兵置於日常生活之側。這樣的兵，不再是老子所認為的不得已而用之的兵，其不祥和不宜不言而喻。

第十章　匡廓圖說（上）

　　李宗吾發現《老子》能夠總括周秦諸子，這個重要的創見是他的著作《中國學術之趨勢》的主要內容。李宗吾的這個認識源於他對《老子》的研究。李宗吾在《趨勢》中，關於《老子》有很多新穎論述，這些論述中的大部分與其說是新解，不如說是新用，是李宗吾在新的學術困境，氛圍和語境中，重現了老子思想的生命力──「道沖，而用之或不盈」（4）。

　　在老子的道德仁義禮的順序之後，李宗吾又接續上了刑和兵兩個範疇，這是老學中前無古人的成就。經過李宗吾這一創舉，在邏輯上，法家和兵家就與《老子》一以貫之。李宗吾所得到的框架是線性的，只有「流」一個方向，將其畫出就呈一條直線，如圖10-1所示。李宗吾將這一線繼續推衍，將西方文化又接續於其後，就得到了一個近乎無所不包的學術道統。

道→（內）德→仁→義→禮→刑→兵

圖10-1：李宗吾道德仁義禮刑兵線型圖

　　這張圖，也將李宗吾這一框架存在著的兩個問題明顯地暴露出來。一是，這七個範疇由「流」而串聯起來，這種聯繫在邏輯上講得通，但在時間，即各個範疇出現的歷史性的時間軸上，並不成立。兵與刑不是由禮演變而來，兵與刑的出現在禮之前，這是一個最直接的反例。李宗吾的學，雖然從大處取象，但不能脫離歷史和思想史，而歷史和思想的發展有類似於循環而非重複的特點，這一點是顯而易見，圖10-1卻沒有顯示出這一點。二是，在這個線型的學術流變中，獨缺墨家這一環節。李宗吾在《趨勢》中，沒有仔細考慮墨家學術的地位的問題。墨家與道家的聯繫遠比與孔孟諸子為近。墨子的學說實際上處於將兵與道家連接起來的位置。將墨子補入圖10-1，就可以得圖10-2的環流圖。

　　李宗吾不是沒有註意到歷史和思想的循環，他對這一循環的認識與他的

道德仁義禮刑兵，分而論之，沒有有意地將兩者結合起來。歷史循環則有很多理論。歷史學家黎東方即舉出「一治一亂」的二階段，「正反合」的三階段，「窮變通久」的四階段，「五行相剋」的五階段循環理論。（《我對歷史的看法——黎東方史學叢議》黎東方，上海：學林出版社，1997，第3-4頁。）撇開小的循環不提，在整個歷史時間軸上，對歷史演進的方向也有文明進化論和退化論，後者即墮落論，兩種觀點。這兩種觀點各有所據，是兩難的（兩個二分之一），只能兩從之——這兩種觀點是從不同的維度來看待人類文明。這裡用「維度」而非含混不清的角度，是因為兩個角度仍可以歸於角的規律，是量不同而沒有質變。而兩個維度則是將一維的線性變成了二維的平面的質變。在直角坐標下，一個點在縱軸上不管如何變化運動，在橫軸上也只需一個位置就能規定它。與此類似，文明進化論和退化論從兩個軸上看待文明，此進化非彼進化，此退化非彼退化，兩者互相彌補才會有足夠的空間，更真實地覆蓋文明的變遷。思想的循環，與歷史類似。

歷史和學術的循環有其必然性。李宗吾從方法論的角度說：「宇宙真理是渾然的一個東西，……分了又合，合了又分，經過若干次，才能把那個渾然的東西，研究得毫無遺憾，依舊還他一個渾然的。」（《趨勢》）從對象上，李宗吾認為歷史和思想都必然融合，他說：「宇宙真理，只有一個，只要研究得澈底，彼此是不會衝突的，如有互相衝突之說，必有一說不澈底，或二說俱不澈底。……衝突者，融合之預兆也。譬如數個泥丸放至盤中，不相接觸，則永久不生衝突，永久是個個獨立，取之擠之捏之，即可合為一個大泥丸。……佛法西來，與中國固有學術發生衝突，此所謂擠之捏之也，而程明道之學說，遂應運而生。歐化東漸，……就天然趨勢觀之，又必有一種新學說應運而生，將中西印三方學術，融合為一。」（《趨勢》）李宗吾此段分析，極其明瞭，是他對歷史和學術的發展的預見。李宗吾對未來學術趨勢，只預言其合，而不及其分；因此是開放性的。李宗吾認為這種循環不出《老子》的範圍，道和德貫穿於分合其中，他據佛法西來的經驗推斷：「循著老子的途徑做去，必可將中西印三方學術，融合為一。」這與錢穆的觀點不謀而合，錢穆也認為佛教與中土文化融合將為未來中西學術融合所借鑒。

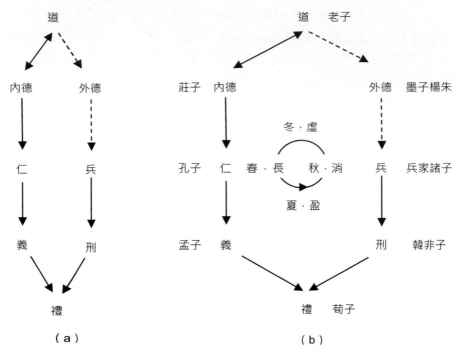

圖a即是改進之後的道德仁義禮刑兵環流圖。圖b將先秦諸子的工作，以其重心所在分佈在環流圖中。圖b包含了李宗吾所作的老子盈虛循環圖，李宗吾解釋此圖說：「老子認為宇宙萬事萬物由虛而長，而盈，而消，循環不已，都不出道德軌道。純是自處於虛，以盈為大戒：虛是收縮到了極點，盈是發展到了極點。人能以虛字為立足點，不動則已，一動則只有發展的，這即是長了。如果到了盈字地位，則消字隨之而來，這是不移之理。」（《趨勢》）

圖10-2：李宗吾道德仁義禮刑兵環流圖

　　李宗吾按照《老子》，將此類循環簡化為盈虛消長做成了一圖，即圖10-2b中心的盈虛循環圖。這裡道，仁，禮，兵四個階段分別對應於人道的虛，長，盈，消。以一個朝代興衰為例，在人道之虛，即是群雄並起，逐鹿中原的亂世，人道消滅殆盡，衰弱至「亂世人不如治世犬」的地步。「夫樂殺人者，則不可以得志於天下矣」（34），只有「不嗜殺人者能一之」（《孟子・梁惠王上》），遂有人道之「長」，有德者得天下。一個新朝的舉措，往往仍有欠缺，但民間仍能得以恢復生息，這是由長到盈。在人道之「盈」，此朝此循環的發展臻於極點，一切似乎都有條不紊，即形成道之華的「禮」，備極繁華。但陳陳相因，積弊漸漸暴露出來，苛政可以猛於虎，「率獸而食人」（《孟子・梁惠王上》），即人道之「消」。以至於終於

不可挽回，就有刑繁兵興，朝代崩潰，重歸於渾然。李宗吾的盈虛循環與「流」，這兩部分合在一起的環流圖，就克服了他的線型圖的弊病。

環流圖清楚地展示了道作為中國文化的總源頭，統領諸子之學的效用。中國學術極為明顯的一個特徵就是系統性，而不是像西方學術所呈現的那樣多角度發散，無系統的淩亂和極端。整理中國傳統文化，通過道德展開圖，可以解開許多以往重疊，糾纏不清的癥結。道德環流圖中，也有西方學術的位置，可以用來整理西方學術，將其分門別類。粗略地講，以希臘為代表的文明，是從外德起始，重商而重爭，經由兵，而通向刑；這與中國文化經由儒家標誌性的範疇仁和禮而到達的刑，大體上正相對，但兩者皆可在道德展開圖中按圖索驥。

就人類社會和思想而言，循環不是往復不變，每次都是新的循環，有新的遍歷途徑而蘊藏著演進的契機。在道以下的空間中，有種種可能，人類發展史上的每次循環都是拓開更深入和更廣大的可能性空間。諸子之學不是單單有一個中心，而是有其形質，而相互作用；諸子之學的用，充塞道之下的整個空間。道作為諸子之學的舞臺，諸子之學在其上不是凝固的，而是互爭雄長，不斷演進變化的。

將諸子之學不作為一點，而作為有形質的範疇展開，即將道德的整個空間撐開，就得到了圖10-3所示的盤狀的匡廓圖。諸子之學各有其體，有學術重心，也有多方向的延伸。匡廓圖將諸子之學的相互接觸和作用包括在內。這裡「重心」的意思為，諸子之學，各有所師。師是法效，以其為法則的意思，如「善弓者、師弓，不師羿」（《關尹子‧五鑑》）」，不是指人為師。李宗吾講，老子「法自然」，以道為師，得到「自然」的法則。諸子各得道的一體：墨子以外得為師，莊子師吾師心，孔子師「三人行」而得到人群的法則，等等。

匡廓圖也描述了一個完整的世界模型和生存於其中的人。所謂完整是指，在匡廓圖中很難再插入，也不可能減去一個層次維度。本書前面引述了多種將道德仁義禮匯集在一起而論的著作，這些著作的歷史時間跨度，說明瞭這幾個維度經受住了多代學人和歷史時間上的考驗。李宗吾重拾這一古老模型並非偶然。西方人本主義心理學的興起，從人的角度也折射出類似的模型。著名的馬斯洛的「基本需求層次理論」實際上可以與匡廓圖對應起來，而馬斯洛也正確地意識到他的思想與道家頗有淵源。李宗吾和馬斯洛的思想可以看作是近現代學人對這一模型的反思。

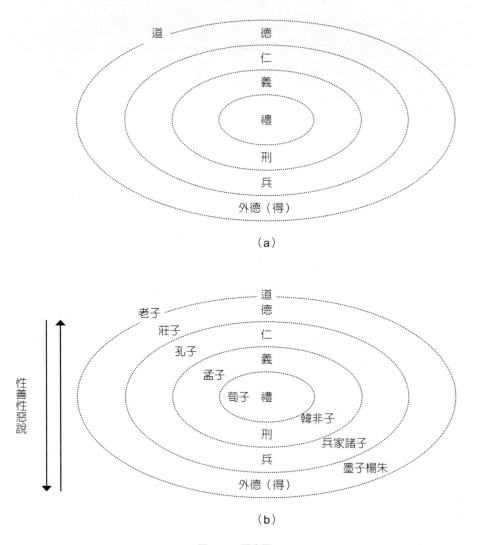

圖10-3：匡廓圖

　　因為此圖與周敦頤的《太極圖說》中的水火匡廓圖具有同樣的結構,所以藉用匡廓為名,匡示其形,廓而大之。

　　從外向內看,道是所有其他範疇的基礎,對它們具有規定性:在這些範疇與道存在衝突時,只能師法道,而不能否定道。道猶如高樓的地基,不可缺,但也不限制樓房的製式,因此其他範疇可以有自己的特性。德的層次對其下的範疇與道類似,仁和義的層次也同樣可以以此類推。

匡廓圖以道德仁義禮刑兵的範疇為骨架。以學術範疇的聯繫和時間發展為線索，可以將先秦諸子連接起來成為一個結構。以人的認識為線索，又有信，真，是非，宜和節制的層次分別。與這些層次對應，人與物的相互作用，存在無物無我，有物有我（無人），二人，三人，無數人的層次。此外從天道轉為人道，在德和仁層次之間又有實和名的轉變。這些線索是最基本的，由這些線索，可以將先秦諸子，以至於以下的文化流變條分縷析之，得到一個整體的認識。在匡廓圖的展開之後，其他的範疇如文化，國家，經濟，和歷史等等，在討論時也可以避免盲人摸象的「誤」解，而可以更進一步將此類的認識「兩行」之，改其孤懸和無方向性為有用的補充。此章及以下兩章用上述線索澄清和溝通諸子學說，所以略顯繁雜，但總不出於匡廓圖之外。

一、墨家在傳統學術中的位置

墨子在中國學術中的地位至關重要。墨家地位的問題，在中國整個學術史上，研究都極為欠缺，有如懸在傳統學術體系之外的一個孤島。在李宗吾的《趨勢》中，李宗吾將墨家置於韓非楊朱之後，也沒有為墨家留下應有的地位。但在《趨勢》中，李宗吾提到墨家有簡短的一段：「墨子之兼愛，即是老子之慈，墨子之節用，即是老子之儉。……墨子非攻而善守，足見其與老子相通。」李宗吾此言已得關鍵。墨子所實踐的，正是《老子》中關於外德（外得）部分的具體化和外現。

墨家在傳統學術中的位置一旦確定，從匡廓圖來看，其重要地位一目了然。墨子看似雜亂的思想，在與匡廓圖中相鄰範疇的聯繫中，可以得到充分展開，並顯示出整體性的內在脈絡。

墨子為何出現在道家史中

墨子與楊朱之學皆是道家嫡系。司馬遷將韓非與老莊同傳，引起了一大學術公案，引起了學人的注意，去考究其原因。但《莊子・天下》篇，作為道家重要思想史史料，將墨子，楊朱，老聃，莊子等人同列，也屬於同類的公案，在量級上只怕更為重要，卻沒有引起相應的注意，這是很令人詫

異的一件事情。這與司馬遷忽視墨子，墨子「其行難為也」（《莊子・天下》），以及研究者之零落，大概有些關係。《史記》中竟然沒有墨子之傳，雖不能說這決定了墨子的學術的衰微，但至少反映了墨家在漢代即已衰微，後繼無人的事實，所以即使如司馬遷，也不能意識到墨子學說之重要意義。值得注意的是，楊朱的遭遇也類似。《墨子》的重要性，要直到晚清才被重新發現，而所謂發現，只是因為《墨子》中有與西方科學相近的內容，這是一種比附的研究，缺乏內在的邏輯整理。

　　《天下》篇對墨子的評論，是墨子之學與道家同源最直接的證據。《天下》篇的作者認定墨家也是源於「古之道術」，引之為同道。「古之道術」，即道術未為天下裂（將一分為無數的若干分之一）之前的大道，顯然指的是與道家相同的「道」。雖認為墨家的行為有過分的弊病，這個作者仍然感嘆說：「墨子真天下之好也」，連用「真」和「天下之好」，對墨子極為推崇。這個作者對墨家的這種態度，與對老莊同，與對非道家學術的態度完全不同。

　　韓非說：「世之顯學，儒墨也。」（《韓非子・顯學》）《抱樸子・明本》有，「疾疫起而巫醫貴矣，道德喪而儒墨重矣。」這類見解大概是對戰國末期思想史的通識。孔子影響雖大，與老莊也不無相通之處，但在這兩大潮流中，道家顯然是傾向於墨學一邊，所以《天下》篇的作者只提墨子。孔子汲汲於救世與墨子相仿，即使稱為「天下之好」也毫不為過，卻不能躋身於《天下》篇的「道統」之中，其原因就是墨家理論與道家，尤其莊子同源：莊墨將德分而治之，一重內德，一重外得。

　　道家與儒家所要處理的對象不同，儒家理論的重心處於從德又分出來的仁的層次，所以相比於墨子，儒家與道家隔了一層。可以說，墨子是道家自己人，而儒家是道家之補。道儒兩家並不衝突。孔子曾問禮於老子，原始儒家對道家的態度不是像理學那樣排斥。孔子對有道家意味的隱士，還願意親近──孔子憮然於「鳥獸不可同群而語」（《論語・微子》），所講的即是道家處世如鳥，高舉翱翔以避塵網，而自己卻如獸，步履艱難，卻知其不可而為之。道家對儒家褒貶參半。《莊子》書中對孔子有褒有貶，內篇尤其傾向於褒揚，對孔子不乏敬意。甚至《莊子・寓言》一篇中有，「莊子曰：『孔子……已乎已乎！吾且不得及彼乎！』」這句話極有可能莊子親口所言，而非一種寓言。（蘇軾《莊子祠堂記》有，「餘以為莊子蓋助孔子者……。故莊子之言，皆實予，而文不予，陽擠而陰助之，其正言蓋無幾。

至於詆訾孔子，未嘗不微見其意。其論天下道術，自墨翟，禽滑釐，彭蒙，慎到，田駢，關尹，老聃之徒，以至於其身，皆以為一家，而孔子不與，其尊之也至矣。」）但外雜篇的作者，卻有思想偏激的，因此對孔子多有嘲諷，這些篇章在思想上與內篇也或多或少有扞格之處。（《莊子》外雜篇不是莊子親筆，歷來已經有很多論證。近代學人更舉出決定性證據：《莊子‧寓言》篇有，「（莊子）寓言十九，重言十七，卮言日出，和以天倪。」這裡的「十九」不是十分之九，而是十又有九。十九和十七這兩個數目，與內篇裡的寓言和重言數大致符合。）

《天下》篇中，與墨子相關有兩個重要的段落。一段是對墨家學術的概括：「不侈於後世，不靡於萬物，不暉於數度，以繩墨自矯，而備世之急，古之道術有在於是者。墨翟、禽滑釐聞其風而說之。為之大過，已之大循。作為《非樂》，命之曰《節用》，生不歌，死無服。墨子汎愛兼利而非鬥，其道不怒；又好學而博，不異，不與先王同，毀古之禮樂。」另一段是對墨子及其學說的評價：「子墨翟、禽滑釐之意則是，其行則非也。將使後世之墨者必自苦以腓無胈、脛無毛，相進而已矣。亂之上也，治之下也。雖然，墨子真天下之好也，將求之不得也；雖枯槁不捨也，才士也！」

墨子之學的重心是德的外物部分，包括從萬物到他人，並以此為根據推衍到其他。在對外物的處理中，墨子所取的態度與科學的實驗方法相類似；而不重視「我身」和「我」。與墨子類似，楊朱注重外，但楊朱更重視得。得與外物的區別在於，外物是相對道而言，而得是從「我是否能夠得而有之」的角度看外物，重心在「我軀」和「我身」。楊朱是以得為根據將理論推衍開來的，認為不能有得在我身的，就不重要。墨子則認為無關與我的外物知識，也是重要的。莊子之學重視內德，在莊子學派看來，楊墨同屬於向外求道，在道從外來這一點上沒有差別。莊子的學術重視心，認為身也屬於外。莊子的學術向內，可稱之為內德。有了內德，內聖外王，外物和得也就有了。但外得對莊子來說終究是末節，莊子像老子一樣也不肯對之做出實質性的探討。墨子的學說，補足了這部分老莊學說忽視了的內容；相比之下，楊朱的學說就不那麼重要，可以被墨子和莊子的學說代替。比起楊墨，莊子的思想顯然與老子更為接近。但從匡廓圖上來看，莊楊墨三人所講大體上同屬與德的層次，因此也都是道家的道德框架的一部分，只是所得不同。

《墨子》與《老子》

　　老子重道，道德仁義禮刑兵無所不包，楊墨之學也包括其中。從《老子》的道德框架來看，楊墨之學是德層次的外得部分。在德的層次中，人的德已經從道脫離出來，就產生了人與萬物的關係的問題。在這一問題上，墨子學說的中心依據在外，依賴天命和萬物；而莊子學說的中心在人的內心，思維，以至於靈臺；楊朱學說的中心在身，身是處於莊墨之間的一個環節，其重要性顯然就遠遜。

　　老子處理外物的方法論，涵蓋墨家的方法；處理「我身」，則兼有楊墨。前者，如老子說：「我有三寶，持而保之。一曰慈，二曰儉，三曰不敢為天下先。慈故能勇；儉故能廣；不敢為天下先，故能成器長。今舍慈且勇；舍儉且廣；舍後且先；死矣！夫慈以戰則勝，以守則固。天將救之，以慈衛之。」（67）此章所講正與墨子學術內在脈絡相同。後者，如：「故貴以身為天下，若可寄天下；愛以身為天下，若可托天下。」（13）從道視「我身」，有道之士的「我身」如同赤子；而這個赤子「唯道是從」（21），對外物來說看起來又像道。老子此句講出了道者「我身」與天下的關係，楊墨的重心，一個在身，一個在天下，各得一偏，卻沒能上升到老子將兩者融合為一的認識。莊子批評了這兩類偏執：「予無所用天下為」（《莊子‧逍遙遊》）；「夫地非不廣且大也，人之所用容足耳。然則廁足而墊之，致黃泉，人尚有用乎？」（《莊子‧外物》）

　　在上段所引的第六十七章，老子將外物分成三個部分，三種對象來講：慈的對像是他人及有生命之物；儉的對像是物，有可得之物的意思；不敢為天下先的對像是「我身」。除了「我心」之外，所有形而下的萬物都可歸納在這三類之中。墨子楊朱一個極端不重視「我身」，一個極端重視「我身」，可以看作是在老子思想的結構中，不同趨向的發展分支。

　　李宗吾認為老子的慈與墨子的兼愛對等。這是極為準確的。《天下》篇所講的墨子「汎愛」也與此相合。天地不仁，卻生養萬物，其慈如母；人也可有道心，有道心則承襲了慈。《說文》有，「慈，愛也」。慈生愛，但所生是兼愛，不是仁愛。雖然墨子所說的「視人之國若視其國，視人之家若視其家，視人之身若視其身」（《墨子‧兼愛中》），似乎是仁的翻版，但兩者在來源上有根本的不同──墨家的兼愛中無我，「為人」而「自苦」，

而仁的根本在於我的「己達」，如孔子言：「古之學者為己，今之學者為人。」（《論語・憲問》）《墨子》中的《天志》和《明鬼》等篇，認為神鬼能夠「賞賢而罰暴」，很明顯帶有宗教意味。神鬼顯然是墨子的慈的來源和精神力量的基礎，這顯示出墨子試圖以比道家更古老的神鬼文化作為自己理論的源頭。這個來源與道家不同，與道教類似。可以說，慈和兼愛更接近於宗教家的愛，而仁卻是發源於人道主義。孟子明顯有見於此，認為即使「墨子兼愛，摩頂放踵利天下，為之」，也會「賊道」（《孟子・盡心上》），即有妨仁道。如，兼愛無差別就會泯滅「孝悌」這個「為仁」之本（《論語・學而》）。孟子依據仁而主張，「老吾老，以及人之老；幼吾幼，以及人之幼。」（《孟子・梁惠王上》）這顯然與兼愛不同，而對於普通人來說，更容易理解和實行。

慈只在於我心，存在於內，是一個人自己的事情。有慈心，即使兀然獨坐也可以慈。慈發乎外，就表現為愛。慈的內在性決定了，由慈生的愛與對象間的差別無關，無是非，無君父。（《孟子・滕文公下》有，「墨氏兼愛，是無父也。」）錢穆對此看得極為明白，說：「墨翟言兼愛，與孔子言仁不同。孔子言愛有分別。……兼愛則是一無分別愛，……既不主分別，乃亦不言禮。……墨子非禮又尚同，孔子則尚異。……後起儒家言禮又有主張大同者，則在儒家思想中又滲入了墨家義。」（《現代中國學術論衡》，北京：三聯書店，2001.6）所以，因慈而生的愛可以兼，泛，和博。仁發源於慈，但仁是兩人之事，有待於兩人相偶，是慈處於一種特定條件下的情形。仁雖然發源於慈，但不能被慈包含，有自身的特性。有仁則有仁愛，有愛未必仁；仁愛推衍開來，也是汎愛，但仁愛中有作為人的我。慈愛從道或天而來，從上而來，施予其下，無我而為人；仁愛則從我和人道而來，「我」與仁的對象存在於一個層次，仁愛由我及人。慈愛是無我，「我」不處於慈的對象中，有「是天地之委順也」（《莊子・知北遊》）的意味，這是墨子的道家特徵。

慈不包括憎。但有愛則有憎，有憎未必不仁。孔子說：「唯仁者能好人，能惡人。」（《論語・裡仁》）但因為「己所不欲，勿施於人」，仁的邊界也就止於憎惡，因憎恨而產生的行動，不屬於仁的範疇。仁則意味著放棄兵。孟子說：「仁者無敵。」（《孟子・梁惠王上》）這句話可解為，敵人無法與我相抗；但另一方面亦可解為，仁者沒有敵人：不以人為敵，（所以）人亦不以我為敵，所以沒人可與我抗衡。從《梁惠王上》上下文看，後

一種意思居多。孔子在食，兵，和民信三者中，在不得已情形下，主張先「去兵」。（《論語・顏淵》）爭利是兵的起源之一，孟子不言利，因而不重視兵順理成章。孔孟秉著這樣的人道主義，行道維艱可知──在春秋亂世之中，但除了宋襄公這個丑角之外，哪個侯王又肯自縛手足呢？孔子孟子雖然行道維艱，但不肯曲說以俯就時勢。在這一點上，與老子莊子墨子是相同的。他們都有比世俗政權更高層次的權威為根據。

　　老子知道仁不足，因此不敢棄兵。對於侵犯，老子取慈為出發點，慈在這種情形下是一種容忍，退讓，不敢。老子認為「天下神器」，有利有善，尚不敢輕為；何況為惡，去侵犯別人──這是慈的行。但老子有不敢為，也有不敢不為。朱熹說，「老氏之學最忍，它閒時似個虛無卑弱底人，莫教緊要處發出來，更教你枝梧不住，如張子房是也。」（《朱子語類・陸氏・老子》）這就是「慈忍之不可勝，其終必至於勇也。」（蘇轍《道德真經註》）物極則反，慈忍至極，忍無可忍，轉而生勇，則「哀兵必勝」。當不得不以暴力的兵的手段來解決問題時，慈就轉化為勇。慈無我，委之於天地；老子之勇也是如此，己身亦不在考慮的範圍之內，這樣的勇不可奪，是真正的勇。哀兵之勇，就如閒散市人都聞聲左袒，揭竿而戰，怯弱因此能伏虎。這正如「天下莫柔弱於水，而攻堅強者莫之能勝，其無以易之」（78）所言。孟子論兵，頗與老子相合，如孟子說天時地利人和，老子慈勇的主張即是達到「和之至也」的途徑。

墨子學說上承老子，下接兵家

　　墨子「汎愛，兼利，而非鬥」三者是一體的。墨子因為汎愛而主張在經濟上兼濟天下。墨子的兼利主張，也是他的宗教思想的延伸，是理想的。《墨子》對社會文化和人的精神的認識，顯得遠比儒家粗疏。從儒墨的歷史發展來看，這一點是決定兩者興衰的關鍵。

　　墨子著眼於利，因此也重視知識和人才，因而有《尚賢》，《修身》，《經說》等篇。墨子對利的重視的程度，與儒家對利的輕視程度相仿。墨子得利是為了「備世之急」，自身卻很儉省──力行老子的儉。《墨子》中載，弟子耕柱子招待同門儉省，而將積累的十鎰黃金呈交墨子，墨子大為讚賞，這是因為耕柱子與自己素行相肖。對利的這種態度決定了墨子與儒家學術在經濟問題上的不同趨向，反對繁複的禮儀和厚葬只是墨子這一主張的一

個末節應用，只是因為觸怒了儒家而常常被言及。在「尚賢」和「修身」這些大節，墨子其實與儒家類同，但不如儒家學說精密，因而沒有太大影響。

利就逐利的對象而言，可來自於自然，也可來自於人。開發自然資源以求得到，導致了墨子對自然科學和生產技術的重視，包括原始的幾何，機械，光學。這是墨家最為獨特和獨擅勝場的領域。而來自於人的利，只有爭一個途徑，墨子非鬥，「其道不怒」，決定了墨家只能採取非攻而善守的策略。守是一種被動的兵爭，一方面與老子的哀兵之說相一致，另一方面與兵法最上層的原則——「不戰而屈人之兵」——相接，墨子在沙盤上戰勝公輸盤，避免楚宋交兵就是此類一例（《墨子·公輸》）。除了原則性的策略，墨子也發展出具體守備的戰術，《墨子》中《備城門》，《備高臨》等篇，實際上是兵家之書，與《六韜·虎韜》中《軍用》篇相仿。《漢書·藝文志》即將此數篇歸於「兵技巧家」類。

道生的萬物，即是墨子之學的一類對象，也是現代科學的對象。將《老子》應用於此類對象的研究，就成為最根本的原則和最有效的方法。如果將《老子》僅僅視為一種政治思想，就很容易忽視《老子》中關於自然和認知的部分，這一部分的發展是墨子學術的重心所在。大抵上，《老子》中每段論述都是從上至下，從廣泛到具體：先講天然萬物，再說人類社會。從形而上到人，天然萬物是中間過渡，但不是可以忽略的一環。老子莊子因為講絕聖棄智，而被認為是反智或反知的，這是一種誤解。老子莊子都不是不學之人，反而可以說是飽學之士；他們之所以說棄智，是反對捨本逐末，以學代道，以粗為精，如惠施公孫龍一類的主張。「道可道，非恆道」已經說明了學，知，或智不可能作為根本來取代道。老子說：「知不知，上；不知知，病」（71），那個不可說的，不可用知來追尋的，才是最為重要的主宰。

人「知不知」則會「輔萬物之自然，而不敢為」（64），這便是無為。王弼註說：「須自然而行，不造不始。」（王弼《老子注》）無為則無不為，道之所及，即是以無為的方法去為所能做到的。為無為，才可以「輔萬物之自然」，而不會擾亂之；要想得到「萬物之自然」的知識，也必須為無為，超然而虛心旁觀，不先預設。「無我」，我無容心於其間，據天真而非人為的偽——才能得到真知。這是現代科學對物之理的觀察考察中基本的原則。唯有如此，才能得其真。有生命之物更是如此，自由自在和關在籠子裡的動物，研究哪一種才能得到其「真」的習性，不言而喻。真與自然是一回事。從道而言，人所認為的真即是自然；對於人而言，道下萬物的自然即是

真。道教求真，有道之士被尊稱為真人，從道的角度來看，所謂的真人就是純粹的師法自然之人。錢穆說：「道家的真人，則自然即是，為則失之。」（《國史新論》，北京：三聯書店，2005，《中國知識分子》章，第135頁）因此可以說《老子》包含了自然科學的最基本原則──真；也指出了求真的方法──無為。道法自然，所以真是道之下，德的層次中最重要的一個原則──德在於真。

老子將無為與有為對立起來，即揭示出自然與人為的對立。人為為偽，真因此與偽相對立。這就隱含著，追求真的自然科學，無法用來研究人；人屬於另外一個範疇，不能用超然旁觀，不容心的方法來研究。對於人，道家另有原則。例如，即使不能無為，不能忘卻榮華，但得以盡天年也可，「不能自勝而強不從者，此之謂重傷。重傷之人，無壽類矣。」（《莊子·讓王》）道家認為自然而行，一個人盡可以隱於榮華，言語，或所好；只要不沉溺其中，像惠施那樣去而不返，就仍可以「有意」於道。不能「自勝」，違反秉性地去刻意忘掉榮華，言語，或所好，道家認為也是偽，反對這樣做。

真與偽對立的一個直接結果就是天道與人道的分途。人道另有特性，從天道到人道有「枉則直」的轉折。即人的出現意味著德的轉折，德必定會流會失，從而「失德而後仁」。處理人的問題，就涉及到墨子之學的第三個對象，「我身」。這一部分頗為複雜，需要稍後專門討論。

總而言之，墨子上承老子，重心在外物，在社會和人的問題上與莊孔孟相競，下接兵家。老莊之學中外得部分，包含了墨家學說範疇的全部，並在其上邊界有本源性的地位。墨家在諸子學中，與道家根源最親近，並被道家所包括，迨無疑義。墨家式微之後，各種技術或異術歸於與道家密切相關的道教，而不是其他諸子學，即是一個明顯的證據。道教在漢初即對墨家取而代之，其後更幾乎匯集了所有處於萌芽狀態的中國古代科學技術，其中主要原因就是道家的德的範疇一開始即包括了所有外物。

二、中國傳統學術與士

有斯道，有斯人；有斯人，有斯道。學術從來就不能脫離人，學術的本質是「人的學術」：人的學，經由人的使用，行之而成，就成了人的術。學

和術最終是「人的」，這一點是中國傳統學術的重要而獨具的特徵。這一特徵使中國傳統學術與西方科學哲學相區別，而能彌補西方學術這一方面的不足。所以在進一步討論傳統學術之前，有必要先釐清這一問題。

士之學術

學術的發展有其內在動力，也有其外在動力。追求形而上的根源，以取得穩定的立足點是學術發展的內在動力，這種內在的動力促進對已有學術內容的審視和反省。處理新對象和整合新情況的要求，是學術發展外在的動力，這種外在的動力使學術向形而下延伸，導致新的內容和推論的產生。學術思想所取得的內在發展往往影響久遠，歷久常新，而外在發展可能隨時代的不同而改變重來。從體用來看，學術的發展，又有社會採用與否的因素的影響。社會是學術的舞臺，即學術的用武之地。社會對不同學術有所選擇，未被選擇的學術就難以得到充分發展，這樣的學術只能停留在書本裡和萌芽狀態。

原始的學術，不需要係統性，自發性就是其立足點，無須反思。就象人類初期，原始部落間距廣闊，風馬牛不相及，一個部落的文化自然而然產生，其本身就是其立足點。但不同學術發生接觸之後，不同學術間的相互作用和具體應用，就使得學術綜合在一起，形成了一個工程，有另外而更深層的立足點。這樣的工程需要很多人的長時期的努力才能在思想性上內在地匯通和外在地切合時宜，這個任務不是任何人，任何學派一己所能承擔的。學術最終由工作在這一工程上的那些特定的人群所塑造，這些人中的主持者和核心人物的作用尤其明顯。

中國傳統學術，從先秦時代開始，就演變成了這樣的一個學術工程。先秦諸子的學說，大體上是以老子的道為源頭，沿著匡廓圖展開，這些學說綜合形成了一個完整而開放的框架，道貫穿了整個框架。此後的學術都可以視為這一框架的演變和豐富，而不是對其取而代之。這個最初框架的塑造，最重要的部分是由道家的老子莊子墨子和儒家的孔子孟子主持的。道家和儒家的學術因此成為中國傳統學術最重要的兩個源流。

在中國，實現學術工程的人，是社會中的士的階層。中國的士，來源於社會任何階層和任何中國文化所及之處。士與社會中的其他人，不是以經濟，政治，種族，職業，學術派別，或者其他易變的標準劃分的，而是以

「志於道」劃分的，這一標準不隨時代而改變。

　　志的字形，是上之下心。之是去往的意思，志的本意就是「心有所之」。一個人的身可能困在某一專業，職業，生活，社會，或時代裡，但他的心卻可以超出這些限制而有所去往，這樣的人，即成一個士。在中國傳統學術裡，最上乘的士，有個超出一切的，心去往的最終目的地，即道。如孔子自言，「志於道」（《論語・述而》），這是一個天下士的宣言。

　　士「志於道」這一標準，雖然好像若有若無，但從先秦開始，歷朝歷代的士，都自覺不自覺地以此自勵，從中汲取力量。中國的士，雖然所處的歷史時代不同，卻有相像的修養和氣質，也是得益於這一標準。因此，工作於中國傳統學術工程的人，歷朝歷代都是相似的，而他們都是工作在以道為線索的同一個工程上，是連續的工作。而在西方，這一工程是由教士，哲學家，詩人，藝術家，政治家，科學家，軍事家等按照職業劃分的各色人等來實現的。這些人沒有共同的階層，也沒有一以貫之的意識，因此他們的工作無法綜合在一起，所得到學術也以批評，求新和斷代為特點。需要指出的是，西方並不是沒有士的存在，只是缺乏士這樣的一個範疇，這樣一種意識。

有教無類

　　中國傳統學術這個工程是為人類，即古往今來天下每個人而設的，而不是為某一個階層或團體服務的，這個目的也保障了中國傳統學術的連續性和一致性。先秦諸子大多都清楚地意識到，學術的目的是天下人。作為中國傳統學術的核心人物，老莊孔孟更是如此，他們在這一點上是一致的。孔子主張教育應該有教無類：人有不同，但教育應基於天下人的同；不以類別取人，也不通過教育使人有類別之分。老莊的「我自然」也是相似的意思。

　　外物有類別，必須分類研究，由此得到的是分門別類的學，如數學，物理學，生物學，文學等等。精通某一門或幾門學的人，就是專才。一個人不必精通所有的學，但如何作一個人，是每個人的必由之路，不管是學人還是職業人，都必須有這一共同的，人所共由的基礎。如果沒有共同的基礎，只有專才，就會發生學習某一學科的人與學習另一學科的人或者沒有專才的普通人，難以交流的情形。導致這樣情形的教育是「有類」的，是孔子所不贊成的。

術的本意是人為的小路。學某一學科，做某一件事情，能夠如願以償地取得成功，這種實現，屬於術。掌握學或術的人，即是人才。一個人才未必能夠稱得上一個士，人才還必須有「之心」才能算作士。中國人認為「士先器識而後文章」（《新唐書・裴行儉傳》），文章屬於才，而「之心」決定器識的大小。

一種學總是依附於一類物或現象。道在螻蟻，不為卑下（《莊子・知北遊》）；學在厚黑，也不為愈甚；不明白這一點的人，不足與言道。認為厚黑學可能會誤人子弟，而排斥李宗吾的思想的做法，實際上是寧可選擇忽視掩蓋，而反對揭露。如果這種邏輯能夠成立，萬人敵的兵法，又如犯罪心理學等，就只能付之一炬了。這種觀點的荒唐是顯而易見的，其錯誤在於「真」之失。真無可選擇，不可逃，類似於命運。莊子說：「天刑之，安可解？」（《莊子・德充符》。西方有不可知論認為，自在之物不可認識，那麼又如何能夠控制或改造它呢？這樣的不可知論，實際上是「不可得真論」，但反求之於己，求之於自己這個自在之物，為什麼不能得真呢？這是不可知論者忽視了的重要問題。而中國哲學就在這一點上，打開了人類思想的整個洞天。）真是就物而言，命是就人而言，兩者都是無可避免的，都是得之於天。物並不知道自己運行的規律，物無論如何奇妙，但也絕不能超出真的規定性，就如同上天對物嚴屬而周密的囚系——「天刑之」。

老子說：「天之道，不爭而善勝，不言而善應，不召而自來，繟然而善謀。天網恢恢，疏而不失。」（73）這段話前面一半說的是物化自有真宰，自有決定性的真理。（《莊子・齊物論》有：「若有真宰，而特不得其朕。」朕，跡象，徵兆，表現之意。）後一段則是說無物可逃，無一例外。先秦諸子多引申天然的真宰，作為宰製人類社會的天道依據。如，法家認為，「天刑」在人類社會即是法；法，作為天刑的法，而非帝王，才是人類社會的真宰。韓非說：「一雀過羿，羿必得之，則羿誣矣。以天下為之羅，則雀不失矣。」（《韓非子・難三》）此語中，羿即指帝王；天下，即指法；人治有遺漏，法治不失一。韓非這個說法，很明顯地表明了法家對道家思想的承襲。法家只是道家思想在人類社會的一種應用。這種應用注重外得，另一種應用注重內德，則成為仁義。那麼，人道即天道嗎？答案是不盡然，人道與天道往往有反之動的情形。這就意味著法家是不澈底的，在確定的局限的範圍內才有效。

有選擇的「真」，是人為的，人為即偽。從這個意義上講，所有學術

都是偽，都是陳跡糟粕。莊子說：「知也無涯。」（《莊子‧養生主》）老子說：「不言之教。」（43）孔子說：「天何言哉？」（《論語‧陽貨》）這三句話，都含有學與真之間的區別的意味。蘇轍意識到學與真的差別，說：「夫道不可言，可言皆其似者也，達者因似以識真，而昧者執似以陷於偽。」（蘇轍《老子解》）蘇轍此語，講出了學轉為真的關鍵。蘇轍此語的意思是，道在於人的自得，不能被給予；學只是一個助力，要明白道無窮和流化不息，有窮之學，不能隨道變化，即為錮蔽；要透過學這一層，達到「以無厚入於有間」的學而化，化而見其真，才能窺道。這樣的從學到真，從真到道的衍化，要靠人實現，而只有通過具這樣的德性的人才能實現。人才與士的區別，就在這裡，士須有自身的德性。

　　孔子所講和所實行的有教無類，實際上是德性教育的根本原則，其對像是學生本身，而不是某種學科。德性教育使得學生能夠得到人所共由的人性基礎，為任何學和術做好準備。這可以說是一種通才教育。但培養才能，並不是孔子的教育目地，孔子的目的是培養人的德行：取天下人使之成為天下士。而這樣的天下士，不以才作為衡量，正如莊子，莊子說：「周（莊周自己）將處乎材（同才）與不材之間。」（《莊子‧山木》）孔門弟子的才能大多是基於本人的性情特質，自然而然產生的，是他們的自得，不是孔子灌輸的；但他們得到了孔子的教誨，才能更加突出，則是德性教育的功效。

　　孔子講：「用之則行，舍之則藏。」（《論語‧述而》）即，士在環境允許弘道的時候，當仁不讓；不能弘道的時候，也可做一個不才的普通人。人才卻做不到藏，否定了他的學，也就否定了他的人。孔子此言與老莊的隱於市是相通的。老莊與孔孟在這個問題上的差別，不是通常認為的出世與入世的差別，而是老莊主張無為，孔孟主張中庸，得中道而用之。老莊的無為意味著，「用之則行」應是被動的，「舍之則藏」應是主動的。中庸強調用，所以與之相反。但老莊和孔孟對行或藏都是無可無不可的，即出世或入世並不是絕對的原則。無論道家隱於市，還是儒家「舍之則藏」，都是將社會的元氣和天下士蓄積在民間。士的階層，即使在黑暗混亂的時代，也能夠源源不斷的從民間中得到補充，與老莊孔孟的這一思想有莫大的關係。士的階層的存在，是中國歷史未曾中斷的決定性因素。

有斯道，有斯人；有斯人，有斯道

學術的生命力，即學術的維繫和發展，除了學術本身，更依賴於其應用。書本上的學並不能解決任何問題，只有在人能應用學的時候，才能解決問題——實現術。學的發生和應用，術的實現必須通過人才能發生，只有人才能使學術具有生命力，得到發展。因此學術的生命力的關鍵就在於能吸引人，能夠得其人，然後其人能用之。中國傳統學術能夠歷經兩千年之久，其關鍵就在於對人的重視。中國傳統學術培養了士，而士又總是抱有為天下護持其道的情懷。這是個循環相生相長的過程。

單純的學或者術從來不是中國傳統學術的重點，將可以致用的學術與能用之的學人結合在一起，並使人自己能夠行之，才是重點。而處於求學的人和學術之間，起到橋樑作用的那種士，即師，就往往成為學術的靈魂。中國傳統學術中，孔子就是這樣的一個師，而且是影響最大的一個。孟子講，「乃所願，則學孔子也。」（《孟子・公孫醜上》韓愈也講，「並世無孔子，則不當在弟子之列。」）而不是乃所願，則學「哲學」，或者任何一門專業，這與西方學術很不相同。西方學術傾向於認為人與術之間的橋樑只是學，自然就不重視師。例如，在「吾愛吾師，吾尤愛真理」題目下，西方哲學史上的師生反目，就如中國人師生護短一樣尋常。但即使在西方，師仍然不可或缺，哲學史和思想史往往也按照一個個哲學家（師）的思想來敘述。

中國傳統學術認為育人，是學術的根本，本立則道生。其人是否見用於社會反倒是次要的。育人不同於教育，教育是學術的一支，而育人則是學術的根本；教育是有類的，育人是無類的。因此中國學術之用可以分成兩個部分，一部分是固本培元的育人，是基本的；一部分是對社會發生影響。前一部分是中國學術所特有的。育人是由師來實現的，中國的士之所以重視「學孔子」，其實是重視這一部分的用。對社會發生影響，對師來說，是一種間接的作用。師也可以對社會有直接的作用，但這時候，他的身分轉變為普通的士，他所行的是為士之道，而不是師道。這是師與士的一個重要分別。

中國傳統學術所主張的育人，是一種化。化是使其自化，使人按照自己的特性發展。化不是去改變人，使人發生變異，不是取人某些部分捨棄另一些部分，而是整體的潛移默化。化不是去矯正人，而是使人自然，因為沒有任何的標準比「我自然」更適合人，可以用來矯正人。有教無類，要化所有

的天下人，就必須知道普遍的人性，這個人性是取法自然的，是人的天性。

人經過社會的點染，很少有人能夠保持天然的人性，這是育人的必要性的來源。對於傳統學術來說，保持天性有更深一層的必要性，即，不能保持天性的人，也無法理解中國的傳統學術。這是道不能拿來給人的原因，即使將道拿給不能保持天性的人，他也不能真正地理解接受。老子說：「吾言甚易知，甚易行。天下莫能知，莫能行。」（70）這裡老子所指的，就是被點染的人。天地所包含的道理，是無字天書，人識字之後，就與無字天書無緣了。被點染的人不能理解道，也是如此。受點染越多的人能領會的越少。用比喻來說，人帶著金銀珠寶鳧水，帶得越多，越不可能達到彼岸──言辭學問就是金銀珠寶。王陽明說，用聖人的話比作金玉屑可以，但放在眼裡一點點，就會眼都睜不開了。

對中國傳統學術領會的程度，最終取決於人保持天性的程度。老子，莊子，孟子都明白地提到回歸嬰兒赤子，其寓意就在於此。只有回歸得到嬰兒赤子的德行，「含德之厚，比於赤子」（55），才能真正地從道的源頭上理解和掌握中國傳統學術。而學人沉浸於中國傳統學術，修習漸深，也會漸漸得到我之天性。中國傳統學術因此突出的一個特點是，總是有人的因素參與其中，而不同於完全客觀的知識。這一特點使得任何學科在中國古代總是與人性耦合在一起，這就使得自然科學不容易得到發展。但另一方面，這個特點使得中國社會物質化的程度比西方社會要輕得多。

育人的人，化人的人，先要自化，自己要先能夠回歸嬰兒赤子，得到人的天性，然後才能與他人的人性相通。因此，對於一個人來說，立德，得到自己的德行，比立功或立言更為根本。就像臨淵羨魚，不如退而結網，對自己德性的修養，即是結網；修養越深，結網越大，所得的人越多，最終就對社會發生影響。

人類社會可以分為兩部分，文明和文化，文明是外在的，文化是內在的。一個社會文明有如舞臺背景，而文化則寓於舞臺上你方唱罷我登場的演員的互動中。文化存在於文明外殼下的民眾生活中。中國人認為，人類社會，是「人文化成」（《周易·彖·賁卦》）。人文與天文相對，天文是天的紋理，展現了天道的規律，而人文是人（性）的紋理，是人性的展現。因此文化，不是天或者神，也不是地或者地理的反映，而是人性的反映。中國人所講的人文，沒有宗教，種族，或地域等前提，因此隱含著任何人都不是異類，任何人在人性上都相等同的意味。中國人有這樣的文化潛意識，對於

老子函關化胡，孔子欲居九夷這樣的故事，就毫不驚訝，但這兩件事其實很應該引起人們的驚訝的。中國傳統學術對人性的普遍性的確信，是中國文化對周邊民族融合力的來源，如前所言，傳統學術本是一個為人類而設的工程。

老莊的道家與孔孟的儒家對社會的人文本質的認識是一致的，都強調社會應該符合人性的規律。他們都主張文化應該順應人性規律而流化。這一思想在以後兩千年的學術中，始終發生影響。

三、對道與德的認識

老子的道是中國傳統學術的起源點。「道未始有封」（《莊子‧齊物論》，封，畛界，邊界。）：道無待於有，沒有任何前提和約束，是個無窮的空間，在尺度上無窮，在維度上無窮。這時的道，其發展方向是像湍水，流轉不定；又像氣，混沌大塊，而又升騰舒卷不定。

一旦開始存在「有」，德就從道中分離並呈現出來。對於物來說，德就是物的物德，一個物的物德使它能在其他物中被區分出來。從德看去的道是有情（精）有信的，信就是可以得而校驗之的意思。能夠檢驗，就有某種確定性，就有規律規則。但確定性不是絕對性──「信不足」，信之動，有順動也有反之動，信可以轉為不信，所以說「道未始有封」。絕對的，完全的確定性，意味著死氣沉沉的機械性和死亡。反之動表現為，不待於有的「無」為已成的「有」提供源源不斷的新的空間。

大製不割

從「無」到「有」，分別由道和德兩個名來描述。名也有生死。按照形式邏輯，名有內涵和外延。外延是名所概括的所有對象的集合。所謂名的生，就是外延不能確定而導致名的不斷變化。在只考慮到物德的情況下，當外延有其確定性時，得到的是死的名，不變的名。道和德這兩個名，都是生而動的，像標籤一樣，附在道和德上。這與對名分析得到的概念不同，道和德不是概念，也不能被概念限定。即，不能從名或概念得到對道或德的認識。相反，概念需要根據道和德變化，而取得自己的生命力。

　　「大製不割」（28），在道的層次上，用名或概念分割切斷是不可實現的；而只能「方」，用「方而不割」（58）取得認識。老子這裡說的「方」是一種對比測量，方向，或比擬比喻。「方」的這三種意義的運用，在老莊的書中隨處可見，與其他諸子學皆不相同，這就是因為在老莊的意識裡，總是有道在。「方」與割存在著重大的差別，可以說是道家與墨家名家在認識論上本質的差別。

　　太極圖是道家這一「不割」思想的菁華地表現。太極圖中，陰陽是由「圓無直」（《墨子・經上》）的曲線所劃分。然而陰中有陽，陽中有陰，陰陽相生，圖雖畫定，但陰陽仍如同在動，有動之勢。太極圖中陰陽雖然似乎有割，但不能割斷。這種割而不斷無妨於理解，為「方」提供了空間：對比測量，揣摩走向，或比擬比喻；而有妙不可言，言之難盡之處。這是因為，「精」不能致詰。這一特點也正是老莊的道和上德兩個名的特點：道不可道，上德不德，兩者有名，卻不能用名限定，而有欲動的趨勢，越用定去限定而越欲動。這使得，道和上德可以「神受之而昭然」，但思辨議論則只能使人「昧然」。（《莊子・知北遊》有，「昔之昭然也，神者先受之；今之昧然也，且又為不神者求邪？」昭然是明白的意思，昧然是昏暗。）

　　「天下多得一察焉以自好」（《莊子・天下》），其粗易得，得之而失其精。這就是得而失之的道理：執著於一得，所失的是備。備顯然永遠遠大於所得，也即是說，一得所失遠大於其得。做學問也是同樣的道理。「計人之所知，不若其所不知。」（《莊子・秋水》）老莊不是得「不知」而喜，而是為人「只知其一不知其二」而歎息。「不割」才能備，備則足。老莊屢次講到人的認識往往有「不足」的弊病，其病因就是：不備就會「不足」。

　　「循於道之謂備」（《莊子・天地》），備是有與無歸於一體，得與失合在一起。老莊的認識論是備的，有與無，得與失並重，但因為人們的不理解而強調無和失。老子說：「能無知（智）乎？」（10）《莊子》有，「不知深矣，知之淺矣；弗知內矣，知之外矣。」（《莊子・知北遊》）備則常；偏得則失道，失道則不久。知的作用是使得人與外部世界的相互作用有個依據，有了知，這種相互作用就不再是隨機的，也不再是純粹物理的或者生理性的，如條件反射一樣。但這樣的知，與不知合在一起，才能備。這裡已經隱含了，世界是有規則的，有可知在那裡。這也隱含了，人對行動能夠有所選擇，否則知只會徒增煩惱。

認識的「人」的基礎

　　道家內德這一支，認為認識起始於不知，以備和常為準則。《莊子·徐無鬼》有，「人之於知也少，雖少，恃其所不知而後知。」顯然，人的因素在內德中佔據核心地位。知由人的認識來劃分和衡量。但知與不知的基礎在不知，將不知和知作為兩個整體來看，不知是不變的，知是常變的，所以不能作為基礎。從時間上講，也有不知在前，已知在後。

　　知與不知事實上都是以「信」為基礎，以真為辨別。人的知與「絕對客觀」的知識，也有本質的區別。老莊認為知有其前提，這個前提即是「信」，「夫知有所待而後當，其所待者特未定也。」（《莊子·大宗師》）不同學術的差異從根本上來說，是「信」這個基點的不同。以人的認識能力為前提：人——知——物，是內德。以物為前提：物——知——人，為外得。外得的一支，往往被簡化為：物——知，就形成了客觀知識的印象。老莊的「絕聖去智」所反對的，是這種簡化了，「割」之後的情況。

　　知處於人與物之間，不可能完全割斷與人的聯繫而絕對客觀。知是「人」對客觀規律的裁剪，使之適合於人類的認識，使人類可接受。而人類的認識，是受到人類生理的局限的，「若告我以鬼事，則我不能知也」。（《莊子·盜蹠》）人類的思維和想像力不是絕對的無約束的，但可以是無限的。有約束和無自由是兩回事，只有在約束是絕對封閉的時候，兩者才等同。就像人的感官只能感覺到人所能感覺的，但人可以通過儀器感覺人所不能感覺的；人只能思考人所能思考的，人可以通過思維工具去思考人所不能思考的，但這樣的工具或儀器最終為人的特性所限定；所以知識體系必定帶有人的特性，如康德先天理性理論所講，而不能是完全客觀的。人所謂的唯物主義，只是一種主觀唯物主義，自我標榜的唯物主義者身處其中而不能自知。

　　經由人裁剪的和未經人裁剪的知識，可以蓋莫夫設想的列印機作比喻來說明。蓋莫夫（George Gamow）曾經說，如果有一個理想的隨機的列印機，能夠隨機地列印出26個字母（顯然指英文而言）和標點符號，那麼在無限長的時間內，人類所有著作，都會從中列印出來，無論是《老子》還是《聖經》。（《從一到無窮大：科學中的事實和臆測》）這樣的隨機序列就是未經人裁剪的知識，而《老子》和《聖經》以及其他文章，則是經人裁剪後的知識。但顯然，人類所有的錯誤認識和謊言，也會被這一機器列印出來

──所以這不是個智慧或知識發生器。

又如中國的《易經》，易經的數，是零和一的全部組合。沒有《象》，《彖》，《繫辭》的裁剪，《易》就毫無意義，而這些才是《易》之所以成為智慧的關鍵。西方人對《易》的重視從數開始，那是一葉障目了。《易經》隱含了人對行動能夠有所選擇的意思，不能選擇就知之不如不知；而不是能夠預知。而全部組合，沒有偏失偏私，則是方而不割的意思。所有可能都存在，在於人的取裁；而人的取裁，則是未定的。

學＝名＋概念

從人的認識能力出發，以人為尺度，知可以分解成幾個部分：不可知，可知而未知，和已知。莊子的內德，即是以不可知為依據，總需顧及信和真的問題，「知徹為德」（《莊子・外物》）；而外得以已知為依據，只要基於某種事實就可以了。

從「有」，從外得而來的互為矛盾的思想，往往根源於從哪種已知出發，此類矛盾，在能夠反思何為不知之前，不可解。內德和外得，如果兩者都意識到知的這種分類，兩者並無不同。在論述時按照先因後果，還是先果後因，沒有差別，人類的頭腦可以處理這兩種順序，即三段論或因明學都是一回事。

不論從內德出發還是從外得出發，在融會貫通之後，兩者沒有差別。但在沒有貫通之前，前者容易發生虛無荒誕，後者容易流於狹隘粗鄙。但兩者並不對等，前者的極端，人僭神位，名實不符，但比後者要寬容些，留下了人道發展的餘地；後者的極端會消滅人和人性，使得人等同於物和機器，否認了人道，而危及於人自身；人道或者可以從前者起始建立，卻不能以後者為全部支撐──人是後者的麻煩。

知，經過人的認識，就從物與人關係的天道不言，轉變成了人與人關係中可言的名，從無字天書轉為有字的人書──學。（字總是屬於某一種語言，因此語言是增添出的一個新的中間環節。）所謂學，就是名以概念為粘合劑組成的有結構的集合體。由學到知，需要將學這個集合體與人和物連接起來，才能實現。顯然，內德和外得的學，在完成「人──知──物」的連接之後，是一致的。但是這並沒有完備，還不澈底。這就引出了「知徹為德」的問題，即一種知是否真。

　　學可以等於知，但學未必等於「知徹」。絕對客觀的學，無法「知徹」，無法達到真。所謂客觀科學，是從外得歸納而來的知。很多人誤以為，這樣的知要達到澈底，必須脫離人，將其變成「知──物」。人在時間和空間不可能去遍歷物，這樣的認識就導致了，科學只能是暫時的，是有待事實來證偽的知，但這已經包含了「可能非真」的意思，因而是不澈底的。這樣的錯誤認識又必須將不能證偽的知，從科學中剔除出去，這樣的科學切斷了自己經驗來源。將此類的錯誤認識應用到科學研究上，科學研究就變成了邏輯體操，將邏輯不斷應用，就可以作出「新的」發現。但這樣的「發現」，不是發展，科學的發展只能是由本質上「新的」，「人的」發明實現。（發現與發明的區別在於：在發現裡，人用同樣的方法，未見過的物可以出現；而發明意味著人的「明」察能力，發生改變。）絕對客觀的學，在事實上不能實現「知徹」；而哥德爾不完備定理又決定了，其在邏輯上無法自洽，也沒有實現的可能性。以這樣的思維考慮「知徹」的問題，只能得到「知徹」和真是不可能達到的，最後反而會否認科學的客觀性質，而導致虛無主義。

　　知徹的人，能夠發明；而不知徹的人可以東施效顰地去發現。從學到知，從知到「知徹」，是個發展的過程，這個過程離不開人。而人的因素導致了「知徹」具有可能性。摒絕人，卻想要「知徹」，就如緣木求魚。科學研究可以得到知，但從知到「知徹」卻是哲學的任務。所以說，哲學是關於真的學問，經由人愛知得到。道家認為真是可以達到的，德就是「知徹」得到的。「知，接也」；知不是「據也」。人達到與真的接，就是知徹，這樣的知徹，要由有德的「人」去實現。人達到與真的接，這樣的接就無以復加，後人只能承接和超越，無法辯駁或改變。

　　道家所講的「知徹」，還含有備的接的意義，不是割裂的選擇的接。備的接的關鍵在於，要由有道（玄德）的「人」去實現。很多人誤以為「知徹」等同於「徹知」，以至於無所不知，這是一種錯誤的理解。「知徹」歸根結底是屬於人的特性，人「知徹」能「執古之道，以禦今之有」（14），而不是將「今之有」據為己有。

　　以上將名，概念，學，知，知徹，真等諸認識環節做了一個簡單梳理。雖然不能從名出發來認識道，但名在現實上，已成為認識過程中不可或缺的一環。對名須有重視，但「名亦既有，夫亦將知止，知止（局限）所以不殆（危）」（32），只有認識到名的「止」，才能真正地去用名。認為名和

名的體系可包括一切，是對名的濫用，這樣的名的用法，「殆」，是投機主義的。

　　人類社會在很大程度上，是由名的積累而成的。在人類社會中，物在很大的程度上也轉變為人與人之間的符號性的東西──人不可能真正地擁有物，而只能在名義上擁有物。所謂的物慾，實際上是對名義的貪婪，是社會出現後的社會人所特有的，而非自然人的。可以想見，在人類完全脫離自然的純粹人類社會中，物只能是一種符號。但人不可能完全脫離自然，所以名的任何系統都處於物之中。從實證的角度來看，這一點很明顯，不管名的體系如何完美無瑕，只要與物與人的關係相衝突，如與實證不符，就一定非真。

　　物與人關係中的知，是原生的，本質的；而人與人關係中的名，是次生的，依附的。名只是因為因人與人的交流和傳播的需要而產生的。物與人關係的知，處於思維裡，是連續的；而名存在與語言中，是斷續的，依靠無言的思維接續起來。所以通過語言分析，只能得到次生的，表像而非本質的認識──「故學者不至，至者不學也」。

　　交流和傳播不可能產生原生的本質的物與人的關係，只是人與人關係中名的流傳和由此產生的積累。因為流傳，所以人們無須每一事實都要親歷就可得到知識，從先人那裡得到的和親身經歷經由一代代人累加起來，就積蓄為德，為人類社會的出現做好了思維上的準備。從這個意義上說，語言是人類文明的出現的必要條件。有聲的語言，可書寫的文字，因此在人類文明的歷史中，都是里程碑式的，具有階梯性的意義。而印刷術和互聯網的出現，在加速脫離物與人關係和增進人類社會名的積累上，這兩者幾乎具有同樣的重要作用，但不是本質的改變。

四、莊子，內德，吾我之辨

　　《莊子》是《老子》之輔助，《老子》側重於講道，《莊子》則側重於講德。莊子所講的德，既包括內在的內德，也包括外在的外德（得）。內德從德的精微處，可以返歸於道，同時又是人用來駕馭外德的支點。老子從道來看形而下的萬物，也是循著這個途徑。《莊子》的精華，主要在於內德，從外德（得）入手去研讀《莊子》，就如買櫝還珠。

吾我之辨

莊子的內德，植根於人與道交通的部分。這部分不是身體，感官，思維，或意識。而是一種無意識，這種無意識只能從驅除一切意識得到，而不是確定的某一意識。可以說，莊子的內德存在於精神裡，但這裡的精神和與物質相對的那個精神不是一個意思，也不是生理性的精神，而是道之「精」，其動如神的意思。人的這種精神，在於心之動，心同於道的動，可以勉強稱之為道心。道心不是只在人的身體器官，也不是只在於道，而處於人與道的相互作用和接觸之處。老子的「無有入無間」（43），莊子的「無厚入有間」（《莊子・養生主》）和逍遙遊，只有這個道心才能做到。

道心是莊子的內，其他皆是外：思維，身體，他人，萬物都是外。這個內屬於一個人自己，而不是像道那樣無所牽繫。對於外的身體，莊子稱之為我；對於內的我，莊子稱之為吾。有道之人可以「吾喪我」（《莊子・齊物論》）而遊於道境。老子能夠「以身觀身，以家觀家，以鄉觀鄉，以國觀國，以天下觀天下」（54），能夠不摻入自我的偏私，得到真正的認識，就在於吾這一超脫的立足點；而有思想，有身則不能做到這一點。為道日損，人只有損無可損，才能達到吾。也就是說，吾是外物所無法觸及的。萬物只能在道中動，人只在道中行，而不能有損於道，是同樣的道理。

這裡有必要對吾和我的用法做一說明和區別。胡適似乎是近代最先註意到吾我不同的第一人，但他依據語法詞性所做的區分缺乏依據。此後學者對吾我在先秦文獻中的不同有了進一步研究，總結出：我是根據社會意義的自我指稱，與他人相對而言；而吾則沒有這種外在的屬性。這些研究與一個人內在為吾，外在為我相符合。

吾是內在的，我是外在的，吾我之分就是內外之分。將人的內在與外在作為兩極來看，向內的極點是「吾」；向外的極點是「我」。《說文》中解「吾」，「我自稱也」；解「我」，「施身自謂也」。段玉裁注《說文》中「我」條，說：「謂用己廁於眾中，而自稱則為我也。」《說文》的解釋簡潔而完整，但段玉裁的解釋卻更易於理解。一個人在處於眾人間的語境裡，即社會中，自稱為「我」。「我」是有形質的，名化的，別人可以得而知之：既包括我的社會地位，也包括我的身體性情。但一個人處於自然中，處於在名的出現之前的萬物之間，但感覺不自然不自在的時候，仍是「我」。

一個人與物獨處時，不分物人，忘形骸跡時，則自稱為吾。

　　德只有在吾才能積蓄，所以說「故德有所長，而形有所忘」（《莊子‧德充符》）。如「善遊者數能，忘水也」。（《莊子‧達生》）所謂忘水，實際上是忘身與水的的區別。又如「墮肢體，黜聰明，離形去知，同於大通，此謂坐忘。」（《莊子‧大宗師》）再如，「梓慶削木為鐻，鐻成，見者驚猶鬼神。魯侯見而問焉，曰：『子何術以為焉？』對曰：『臣工人，何術之有！……輒然忘吾有四枝形體也。』」（《莊子‧達生》）

　　從外物到吾的順序是，外物——我身——我心——吾。而對道者而言，吾又存於道之中，與其他層次混而為一。從我照觀外物，因為我身我心摻雜在裡面，所以是扭曲的，不完整的，不澈底的。只有從吾照觀，才能得到完整而真實的認識。因此，在認識上，我不能取代吾，而吾則能夠取代我而更具深意。此意黃鶴升已經先言之：「『吾』所表達的是完全內在的『自我』……『吾』是一個主體，但其常常是不與客體發生關係的主體。」（黃鶴升，「中國古人『吾』之哲學觀」，黃花崗雜誌二十二期，2007年9月）。黃鶴升是當代理解而清晰地表述出吾我這個深刻區別的第一人。黃鶴升此文，揭示了中國學術的內核，具有歷史性的重大意義。

　　黃鶴升解老子中吾和我，說：「『俗人昭昭，我獨若昏，俗人察察，我獨悶悶。……眾人皆有以，我獨頑似鄙。我獨異於人，而貴求食於母。』（20）這裡的『我』都是對外而說的，也是對他人而言的。是你們看『我』是這樣一個『昏昏、悶悶』的人，其實老子本人是不是這樣呢：這只是『我』顯現的一個現象，是你們對『我』的看法。『吾』之真面目如何那是另一回事。接下21章最後句有說『吾何以知眾甫之然哉：以此。』此處的『吾』，即其真本人如此。」（同上）

　　黃鶴升指出，吾的這種用法，在先秦古籍中有很多例子。往往在一句話中，既有「我」又有「吾」，極其明顯地表現出這兩者的差別。如，「今者吾喪我。」（《莊子‧齊物論》）吾可以視我身如蟬蛻，吾寄居於天地委形的我身，兩者分別如此明顯，因此能夠猶如失去身我，而有吾的獨存。同類的例句很多，姑舉數例如下：「大宰知我乎！吾少也賤，故多能鄙事。」（《論語‧子罕》）；「二三子以我為隱乎？吾無隱乎爾。」（《論語‧述而》）「我欲觀夏道，是故之杞，而不足徵也；吾得夏時焉。」（《禮記‧禮運》）「我有好爵，吾與爾靡之。」（《繫辭上》）「我知言，我善養吾浩然之氣。」（《孟子‧公孫醜上》）「審吾所以適人，適人之所以來我

也。」（《荀子・王霸》）「故明主者，不恃其不我叛也，恃吾不可叛也；不恃其不我欺也，恃吾不可欺也。」（《韓非子・外儲說左下》）

　　吾有時可以代替我，但不能取消我。莊子說：「非彼無我，非我無所取（沒有我，彼就無表現無意義）。是亦近矣，而不知其所為使。」（《莊子・齊物論》）莊子肯定了「我」仍然是一個必須有的範疇，是基礎的，不能將彼我抹煞，那樣就歸於混沌的道境，也就無所謂德了。個體的我必須存在，才有德可言。這與老子論述的角度相反，老子是從道看德，老子認為「我」的身使得「我」與道終究有層隔膜，沒有身才是純然的道，得到自然。老子強調了道和德的邊界的消融。而莊子從德看道，不能取消德，所以需要將德分為不同層次，他認為「我」的內德，是與純然道境相連的。莊子強調的是德有分，內德近道。可以說莊子學術是老子的一個發展，也可以說是在「失道」之後的一種補救。老子重視失道之前，他說：「能嬰兒乎」，因為嬰兒近道。莊子想要處理的問題是脫離嬰兒之後的人生階段，失道而為德的階段：我要返歸於道，又必須去我。吾是德之所在，有吾之後，人才能有德，否則人只有物德，如土石草木。莊子之學的最重要的落足點即是吾，莊子之學可以概括為得吾和忘我。忘我之後又復歸於道，就完成了對「失道」的補救。

　　對道者來說，吾是使其形者，即驅使我者。而普通人「不知其所為使」，即普通人在彼和我的耦合糾纏中迷失，不明白吾才應該是我的主使，因而被彼率制役使而不自知。形只是軀殼，這個形，包括身體，情感，思維，理性，心靈都是我。從吾來看，這些都與外物等同。這樣，莊子所講的「形固可使如槁木，而心固可使如死灰乎？」（《莊子・齊物論》）就很明白了：「使其形者」的吾仍在，我則可像脫蛻一樣，沒有生機也無妨，吾可以任意驅使之；而不是被驅使，像物於物溺於物那樣成為外物的奴隸。《莊子・應帝王》中神巫季咸見壺子也屬於此類之事。所以只要吾在，我並不那麼重要。又如，《莊子・德充符》中殘疾之人，吸引人的原因在於「使形體」的那個吾的吸引力，而非外形，而外形竟可被忽視。明白了這一點，再去看老子的「五色令人目盲；五音令人耳聾；五味令人口爽；馳騁田獵，令人心發狂；難得之貨，令人行妨。是以聖人為腹不為目，故去彼取此。」（12）應會有更多的解悟。

　　身非人自己所有。《莊子》中有：「舜曰：『吾身非吾有也，孰有之哉？』曰：『是天地之委形也；生非汝有，是天地之委和也；性命非汝

有，是天地之委順也；孫子非汝有，是天地之委蛻也。」（《莊子·知北遊》）天地生人，人的生理身體，從天地而來，飢餐渴飲，受自然的約束。「男女構精，萬物化生」（《繫辭下》），人的身體託生父母，父母生之畜之，成人之前是父母之責，受父母的約束。從實際社會來看，在奴隸社會或專制社會中，奴隸或平民身非自己所有。儒家又有殺身成仁，舍生取義，克己復禮。此類種種，都是身不由己。所以「吾身非吾有也」。注意這裡的吾，不能用我代替。老子說：「吾所以有大患者，為吾有身，及吾無身，吾有何患？」（13）身之患，在於身可奪，自然力和社會力皆可能做到這一點。但自然力或社會力，不可奪吾，這就為意志的自由留下了可能性。放棄吾，而只有身我，就有身完全被劫奪裹脅的情形。在這種情形下，身沒有作出對於自己來說趨吉避害的行為的權力，因此不能為行動負責，不承擔責任。這樣的無吾的身，即是一物，沒有善惡可言，也不是倫理道德的對象。因此人的道德，是由吾來保障的，由吾對自己的認識和吾的修養所決定的。

　　「故養志者忘形，養形者忘利，致道者忘心矣。」（《莊子·讓王》）人或者能很輕易地認識身我，但達到吾，往往不是輕而易舉的。達到吾的途徑，在於不執著於外物。為學日損，只是最初步的；去誌之後有忘形，如心齋，深入到使其形者。然而因為有成心的存在，心又不是吾的最終歸宿。所以又有忘心，「靈臺者有持，而不知其所持，而不可持者也」（《莊子·達生》），這才深入到使其心者。莊子即是一達到「不可持者」之人。這一境界在《莊子》，多處論及，如「忘乎物，忘乎天，其名為忘己。忘己之人，是之謂入於天。」（《莊子·天地》）又如，「知謂黃帝曰：『吾問無為謂，無為謂不應我，非不我應，不知應我也。吾問狂屈，狂屈中欲告我而不我告，非不我告，中欲告而忘之也。今予問乎若，若知之，奚故不近？』黃帝曰：『彼其真是也，以其不知也；此其似之也，以其忘之也；予與若終不近也，以其知之也。』」（《莊子·知北遊》）

　　薪盡火傳，人的生命為薪，內德蓄積於吾，如薪的火。內德和道都為火，薪火與道火並無不同。薪可盡，人必死，但火總是在那裡，就是道不斷的傳承。生命之薪，不得其火，就會枉自白費，莊子哀之，說：「終身役役而不見其成功，苶然（精神不振）疲役而不知其所歸，可不哀邪！人謂之不死，奚益？其形化，其心與之然，可不謂大哀乎？」（《莊子·齊物論》）所以包括了身體的生命，只是薪，不是火，另有「真君存焉」（同上）。

吾之用

吾與道相通，是道和德層次間發生的。在不涉及道，僅從德的層次看時，我與萬物並立，吾驅使我這個形遊於萬物，有其用。這個用最主要的也是最切近的問題就是吾和我的問題：吾和我如何融為一體，使我能夠立德，不成為物的附庸，而成為一個真正的人，具有人的德行。前已言及，「我」並不能單獨實現這一點。孔子說的「據於德」（《論語・述而》），實際上就是吾在德的層次之用。「據於德」是一個人自己的事情，使自己相對於外物有所立，形成完整的人，人格。在完整的人格的基礎上，才能立人，進而實現仁。

認識之所以可能，在於吾的存在。外得總是分立的，而人們能夠將其綜合起來，使「類」成為可能，繼而形成認識。吾是綜合，而非與外物的一一映射，即吾的認識不像外物那樣各個分立開來，而是一體。所以吾與外物有絕對性的區別，不是外物的延伸或者一部分。但外物與吾之間的界限和分離程度因人對道的所得程度而異。莊子所達到的齊物，是將吾與外物完全分離開，外物完全是分立的，而吾是完整無罅隙的渾然一體。這樣的境界就是「聖人之靜也，非曰靜也善，故靜也，萬物無足以鐃心者，故靜也」（《莊子・天道》），這樣形成的認識，「心如明鏡台」，就像完美的鏡子所映出的景物，沒有灰塵蒙蔽和扭曲。這樣的吾的完美，不能通過追求完美而得到，而是因為任何事物都不足以影響或破壞，因而達到的。這樣的吾，是澄明而純粹，不帶雜質的，所以是真正人性的，而非異化的，不是物於物的；這樣的人，稱為真人。這即是「且有真人，而後有真知」（《莊子・大宗師》）的所指。

這裡值得的注意的是，真人所表現出來的即是真正的人道，這是人道主義在中國傳統文化中的起點。真有常，能夠經得起時間的考驗——不可加，矯飾不能使之改變；亦不可逃，迴避不能使之不存在。從真而來的人道也是如此，而唯有從真而來的人道如此。

真人的吾，不一定要通過「時時勤拂拭，莫使惹塵埃」的磨礪和苦修來達到。但真人的吾，一定經得起磨礪和苦修的考驗，而沒有任何更改。這個意思就如孔子所說的「歲寒，然後知松柏之後雕（凋謝）也。」（《論語・子罕》）孔子這句話是一個比喻，君子在窮困落魄時，節操可已經得起考

驗，小人則不能。這可以作為選拔君子的一個依據，但君子的修養不是因為窮困落魄就一定可以具有的。

　　對道的認識，要做到真人的吾，才能真正得到。這是一個必要條件，而不是充分條件。《莊子・天運》中有「老子曰：『然，使道而可獻，則人莫不獻之於其君；使道而可進，……。然而不可者，無它也，中無主而不止，外無正而不行。』」又如，《文子・上仁》（《洞玄真經》）中有「老子曰：『本在於治身，未嘗聞身治而國亂，身亂而國治也。故曰：『修之身，其德乃真』。道之所以至妙者，父不能以教子，子亦不能受之於父，故『道可道，非常道也，名可名，非常名也。』」這是說，道只能自心有得才行，僅憑聽人講說不能得道，受教者自己不能置身於事外，做客觀冷眼來看；而必須心在其中，或許有得，才能體會道的含義。

　　莊子的吾，不再可分，是一人的根本，由吾的存在而生我。因此笛卡爾的名言其實應該翻譯為「吾思故我在」。從「我」的這一端看吾，吾有局域性質，是個生命的歷程。但從道這一端看吾，得到吾的人，也具有廣域性質。吾的廣域性表現為在用「我」行走於天地間，「其生也天行，其死也物化；靜而與陰同德，動而與陽同波」（《莊子・天道》），行之而成，行之必成，而「同於道」（23）。

　　真人的吾，用來照觀萬物，就可以做到齊物。莊子的齊物，就是從吾看到的。在這種視角，萬物同於一指，無所偏私。人對物的認識：人──知──物，就成為吾──真知──物。而真知的極致，是由吾的能知的範圍和局限所定。吾仍不是道，所以知就只能是經人取裁過的。道流而為德，沒有吾，就是一種無知無覺；而有吾，則見其流，有了得的可能。

　　不能意識到吾我的分別，對知的認識就成為我──知──物。在這種情形下，「我」的局限性偏私性很明顯，從這個關係中剔除「我」的影響就至為重要，因此實證方法和實證主義有其明顯的作用。實證最突出的優點就是能夠讓人們的經驗共用更為可靠。但實證的缺點也甚為明顯，實證得到的不再是真，而轉變為是非，對象的範圍更為狹隘。

　　從吾得到的知，因為範圍最為廣大，可以稱之為備。備是指，用來照觀萬物時，隨照觀所及而隨解：解有其道，達到吾則能「唯道是從」，不再有無謂的，無明的掛礙。實證得到的就不再備，而經過更大的剪裁。詩歌，音樂，和其他藝術形式的美感上的真，是無法重複而實證之的。這裡需注意的是，在西方，戰爭往往也被冠以藝術之名，如《孫子兵法》即通常被譯為

戰爭的藝術（「The art of war」）。僅以實證作為工具，就將這類的真知排除在外了。中國唐朝專以詩賦取士，遴選出的人才與歷代相比，並不遜色。如果此種知識沒有內在的一致性，那麼選士得人就只能是一種偶然——但顯然，唐時士林之人才濟濟不是偶然性可以解釋的。實證可以保證某種可靠性，但不能保證知識的完備性。「有萬不同之謂富」（《莊子‧天地》），僅僅從實證出發，所得就會貧乏。

對外物的認識，不能做到齊物，就會有人為的嗜欲，偏好，或利害摻雜在內，人就會自覺或不自覺地被這些認識之外的外物所影響，有偏見或扭曲，不能得到真知。在這種情況下，因為外物與吾之間的界限不明，一部分外物被人為地納入認識，就形成偽——人為。等而下之，沉溺於外物不能自拔，鍾情外物而放棄吾，這樣的人，「其耆欲深者，其天機淺」（《莊子‧大宗師》），完全談不上真正的認識，即使是非，宜與不宜也不可求。

中國傳統文化，「有來學，無往教」的原因也在於吾的存在。教育中能夠觸及的是我，而不是吾，學生能真正有所得，他的自心的吾去驅動我是必要條件。「往教」知識性的東西，存在偶然遇到自我驅動的學生的可能性；但「往教」德性類的學術，這種可能性就消失了。在古希臘，蘇格拉底即已經知道教育是一種喚醒。蘇格拉底大概已經意識到內在的吾的存在，他所講的喚醒的對象，只能是吾。邁克爾‧布蘭尼的默會知識論，認為知識的最終習得，在於一個人自身的領悟，不能由外在的知識佔有量來決定。這兩人所講的，只有在吾存在時，才能夠成立。斯通普夫在他的著作《西方哲學史》中，在介紹米利都哲學家之後，評價說：「人類知識的本性和限度的批判性問題還沒被提出。米利都哲學家們也沒有以任何方式提到關於精神與身體關係這一問題，他們將所有的實在還原為一種原初物質，就肯定會產生這個問題，但是只有到了後來哲學家們才認識到它是一個問題。」這個真知灼見可以作為吾我問題來自西方的一個註解。（撒穆爾‧伊諾克‧斯通普夫，詹姆斯‧菲澤著，《西方哲學史》第七版，中華書局，2005年）

吾只能自作主張，所以又必然是獨處的，特別而唯一的。別人能夠認識的接觸的，是我，而不能及於吾。大隱隱於市，所隱的是吾，我並沒有隱：我不是獨處的，也不特別。儒家的慎獨，即是對吾的有所認識。而莊子無待，不待於物，更不能與人偕往，莊子的逍遙遊與人相忘也與身相忘，所以能夠夢為蝴蝶。

有我無吾或我與吾衝突，就造成割裂的扭曲的人，由吾及我才能達到完

整的人。吾重於我，如老子所說的，「吾所以有大患者，為吾有身，及吾無身，吾有何患？」——這樣的人是自由而完整的人。吾我不相勝，則如魏牟「身在江海之上，心居乎魏闕之下（《莊子・讓王》）——這樣的人是完整的但不自由。而只重我，則毫無道德修養可言——這樣的人既不完整也不自由。「富潤屋，德潤身」，富能夠及我，但不能觸及吾；而我或者我身的自在，取決於吾。一切外在的都只能影響，改變或決定我，但無法影響，改變或決定吾。吾的修養，即吾之德，完全由吾決定，與出身貴賤，職業，社會地位，經歷，身體殘疾與否等所有外在的，都可毫無關係。《莊子》一書，多處稱譽天生殘疾的人，被刑殘疾的人，庖丁木匠泥瓦匠等工人匠人；對堯舜禹孔子列子等人有所貶損。其中的原因，不是莊子刻意而為之，而是其勢使然：莊子比較的是內在的德行的「吾」，而不是兩人外在的「我」的互相攀比。「盛名之下，其實難副」，外在的形名越顯赫，與內在的德愈不相稱。《中庸》有，「君子素其位而行，不願乎其外。素富貴，行乎富貴；素貧賤，行乎貧賤；素夷狄，行乎夷狄；素患難，行乎患難」，也是外在不能決定吾內在的道德。無論道家還是儒家都認為，道德在於吾，是內在的，是一個人之事——這一點確定無疑。而墨家，名家，法家都是外立其德，與此形成對比，因此不能進入中國文化的正統。

五、外得的範疇和相關理論

萬物從道而來。道流，從物的觀點出發看到的第一環是外得。在中國傳統學術中，墨子和楊朱處於這一環。外得包括對外物的知識和價值。

老莊統領楊墨

莊子重視知，但他的知是老子所說的大逝遠返的「大知」（「小知不如大知。」（《莊子・逍遙遊》）），出乎「吾」，而回歸於「吾」。大知的極致，極遠處在於從不知出發，而後「知天之所為，知人之所為者，至矣。知天之所為者，天而生也；知人之所為者，以其知之所知，以養其知之所不知，終其天年而不中夭者，是知之盛也。」（《莊子・大宗師》）「以其知之所知，以養其知之所不知」就是善假於物的意思：關於物的知識，只是

用來養「吾」。「知天」雖然重要，但莊子的知始終是為「吾」的：「吾生也有涯，而知也無涯。以有涯隨無涯，殆已」。（《莊子・養生主》）這兩句話合在一起，就是莊子的大逝遠返的知。這與墨子從物出發，楊朱以身出發的立足點是不同的。莊子的知是完整的，其處理的對象就包括了墨子楊朱的物我。墨子楊朱因此可以說是從莊子分出去，而更為專門的研究。

　　莊子側重內德，從吾照觀世界，不認為人能夠真正地擁有物，物的貴賤值價，對於莊子就不是一個重要的概念。老子莊子都用是貴重之物來比擬聖智，但又不以為然，這是因為「以道觀之，物無貴賤」（《莊子・秋水》），物沒有「自然價值」。

　　墨子和楊朱學說都是立足於物，認為物只在對於人或我有意義時，當其用時，才有意義，有價值，除此之外並無意義。這即是「以物觀之，自貴而相賤」（《莊子・秋水》），即以得觀之。這就開啟了「得」的思維。墨子的學術側重於對人的價值，而楊朱側重於對作為一物的我的價值。（以人類社會觀之，就有「以俗觀之，貴賤不在己」（同上）。這裡的貴賤是指價格而言，價格的貴賤是人類社會賦予的一種名義，可以符合實，也可以不符合實，而不符合實的時候居多。老莊楊墨都注重實，不重「以俗觀之」的名，表現了他們內在道家思想的一致性。）

　　從匡廓圖看，墨子全部思想的結構，至為清楚，《墨子》思想的內在邏輯也一目了然。墨子的學說中，天志明鬼即是道；而在處理外物時，墨子的節用求真，與莊子相接；對於人的問題，墨子的兼愛尚義與孔子孟子相競；而非攻與兵家相接。墨子這些所有的分支，都可以說是從外得這一墨家核心部分生發出來的。匡廓圖展示了墨家思想伸展的必然性──處於匡廓圖這一位置，必然會受到相鄰範疇的挑戰，而因此生出反應。墨家思想的伸展和邊界清晰明瞭，遠不是雜亂的。

　　墨子對於幾何，機械，光學，邏輯學和軍事皆有研究，是中國傳統學術中與現代西方學術重疊最多的一支。在墨子的思想體系中，人不從屬於物。墨子認為存在鬼神天志，上天可以賞賢罰暴，參與人事，所以人的行為不是單單由物所決定的。而人能夠有天志，可以驅使物，而使之有利於人，即物與人的關係是人去治物。墨子對物的研究，是在這個框架下進行的，重視實用性。雖然墨子所用的方法有實證性質，但純知識性的研究，不是墨子所追求的，這一點使得墨子的發現，技術性甚於科學性。墨子在幾何，機械，和光學中都有了不起的建樹。在實驗不可得的情況下，人必須從已知推求未

知；在證據充足的情況下，可以通過邏輯論證達到實，這也促使墨子進行邏輯學的研究。

　　老莊道家學術的對象包括了墨子學術所有的對象，因此墨子學術屬於道家思想重要的一部分。《墨子》被收入道藏，而得以流傳至今，應是這一層關係起的作用。對《墨子》的研究，在秦代似乎就中斷了，一直到明末才又有人去研究。司馬遷在《史記》中，關於墨子，只在《孟子荀卿列傳》中，有寥寥幾句提及；班固在《漢書》中也沒有為墨子單列一傳──墨學的衰敗，可見一斑。中國傳統文化在這一環上的薄弱，在與西方文明衝突時，才引起人們的重視，將《墨子》視為中國本土未得到應有重視和發展的科學和邏輯學。墨子之學的對象的確包括這兩者，但很難說對《墨子》研究會導致科學的發展。墨子對於知的追求，似乎只是政治主張和行動的副產品，因為重利而重視生產，因而重視研究技術知識。

　　楊朱的學說流傳下來的很少，比墨家衰落得更為澈底。從僅存的零星材料來看，楊朱也是講「內德」的，但是他的內是以我身為界而劃分的，屬於「終其天年而不中道夭者」（《莊子‧大宗師》）。楊朱為我，為的是我身，在歷史上頗有惡名。但楊朱反對過分奢侈就不大為人知，「楊朱曰：『豐屋美服，厚味姣色，有此四者，何求於外？有此而求外者，無饜（厭）之性。無饜之性，陰陽之蠹也。』」（《列子‧楊朱》）楊朱認為外物不應多取，不應去據為己有。這一觀點也大致與老莊符合。

利與人

　　楊朱和墨子同樣重視利益，但在利益如何分配上有看似相反的觀點。楊朱之為我，與墨子之無我，在取得均衡之後，效果是相同的，是一種平均分配。即澈底的個人主義與利他主義最後導致的社會平衡是相似的。但墨子的利他主義難以實現，正如《莊子‧天下》篇所講，「墨子雖能獨任，奈天下何？」──墨子這樣的「才士」和高尚道德是罕見的，不可多得的，但同時也預言了墨學的衰敗。而楊朱的學術更類似於西方社會的個人主義。

　　墨子和楊朱的理想社會，與孔子孟子的理想，仁的社會，也是相似的。但他們是從利益和價值的角度得到的這一觀點的。這一方面印證了仁的思想的常；另一方面也顯示出中國傳統文化與西方從一開始就有不同的進途：價值和利益總是服務性的，以人為目的，而不是對價值和利益無限地追求。墨

子兼愛而尚義，看起來與孟子相近。但與儒家根本的不同在於，墨子重利。這與孟子「何必曰利」形成明顯的對照。但墨子一旦涉及到爭取利益的問題，就自然而然引出了利益衝突的問題。在這個問題上道家和儒家幾乎沒有任何實質性的內容。利益衝突時，最直接而常用的解決方法即是兵。墨子主張非兵，但《墨子》的一個重要的組成部分就是墨家的兵法，或者說以防守為主的兵技巧。墨子因此成為道與兵之間聯繫的一環。

　　莊子，墨家，和楊朱思想的核心部分，處於物與人的關係範疇之內。但墨子和楊朱對於人際問題的涉及只是邊緣性的——人被約化成無面目的抽象的相同的人，這樣的學說因此不能揭示人的內在的複雜性，沒有得其精，因此難以引起人們的共鳴，也難以普及和流傳。物與人的關係範疇，在匡廓圖中屬於德的範疇，是以下諸層次的基礎，有普遍的影響。而與此形成對比的是，儒家和兵家是建立在這個基礎之上，而不能改變這個基礎。這就如同地基與樓閣的關係，完整地談論樓閣必須談到地基，否則只是空中樓閣，而樓閣的性質不能推演到地基。例如孔子的仁，不能夠延伸到人與物的關係，否則就會出現「虎狼仁也」（《莊子‧天運》）這樣的悖論：不能說虎狼仁，與此同時也不能說虎狼不仁。同樣，兵也不能延伸到人與物的關係上來。老子的「兵……不得已而用之」（31），是一種對自然的模仿。在自然中，野獸間致命的格鬥只出於不得已，猛獸在狩獵時也只挑選最不具威脅的獵物。而人類間的戰爭，絕不能以狩獵視之。也就是說，兵有著自然的映射，但人類的兵是與其自然映射截然不同的人為現象。人類戰爭中的不必要的殘酷殺戮超出人的理性所能理解的，但這種不理性不是自然性的，而是社會性的。兵的現象，因此雖然有著自然的基礎，但不是人的一種天性。這就像人的枝指，枝指的存在有其生理基礎，但是是一種贅餘。認為兵是一種人性，就像因「彼有其具」而定罪一樣荒唐。（《三國志‧蜀書八‧簡雍傳》）

　　人的真正天性，是像老莊所說的與物無傷，「含德之厚，比於赤子。蜂蠆虺蛇不螫，猛獸不據，攫鳥不搏」（55），所以「禽獸可系羈而遊，鳥鵲之巢可攀援而窺」。（《莊子‧馬蹄》）與此類似，孔子說：「七十而從心所欲，不踰矩。」（《論語‧為政》）這表現出在人類社會中，人的真正天性與人無尤——與人為惡，殺人傷人搶奪盜竊等等是社會性的，而不是人性的。與人為善，捨己為人的仁義種種也是社會性的，而不是人性的。莊子說：「去善而自善矣。」（《莊子‧外物》）仁義有鄉愿之弊病，並非真正的人性；去仁義而得「含德之厚」，物且不傷，何況人。孔子說：「性相近

也，習相遠也。」（《論語・陽貨》）這是與老莊相同的觀點，習之後人性表現為多種多樣，習即是社會的──「夫水之於汋也，無為而才自然矣。至人之於德也，不修而物不能離焉，若天之自高，地之自厚，日月之自明，夫何修焉！」（《莊子・田子方》）

孟子說：「形色，天性也；惟聖人，然後可以踐形。」（《孟子・盡心上》）即是說只有從孔子這樣的人身上才能窺到人的本性是什麼樣的。而社會化之前的人性是思無邪的，樂美食，好好色都是自然而然的，不涉及善惡，也不在非禮勿視的範圍之內。社會化之前的人性，唾手可得的一個例子就是嬰兒赤子，老子說：「能嬰兒乎」（10），而孟子說：「大人者，不失其赤子之心者也」（《孟子・離婁下》）。大人，聖人，真人在踐形上和思無邪上是一致的。老子孟子兩人不約而同地以此來比擬人性的先天本質──天真──韓非固然與老子思想淵源相通，但孟子又何嘗不是。

六、德流而為仁和兵

從自然角度上講，仁與兵是同類的東西。德流是因為人是萬物中特別的一物。自然的物都是真的，有限的，而人可以是偽的，無限的。德流之前，是天道的流行；德流之後，人類社會轉入人道。仁和兵都是人道才有的，為天道所無。天道是人道的源頭和基礎，人道是天道岔開的一個支流，與天道有趨異和隔離。人類文明社會脫離了天道之流，而萬物仍舊留在天道之流中。

仁是精神性的，仁德可以分享，使別人得而有之，不僅無損於己，而有裨益，有益於人道。兵是物質性的，如同攘奪，人得即意味著我失，反之亦然，這是得反而有損人道。仁和兵因此相背反，而有兩極性。從二人關係的角度來看，仁是平等，而兵是一人佔盡，不平等的極致。這兩者因此是二人關係的所有可能中的兩極，真實世界中的二人關係存在於這兩種極端之間而近於仁。仁與兵相對而不等，這是由人的趨吉避禍的本能決定的。

德人與仁人

老莊所講的至德之人，至德之世的人，「雖有甲兵，無所陳之」（80），自然而然，沒有殺戮的本能，也沒有仁愛的秉性。克己復禮，在儒

家看來，是相當深厚的修養。但在老莊看來，非禮是在禮存在了之後才有的，禮如果完全符合人性，那麼非禮並非天性。至德之人即使隨心所欲，無拘無束，任性放達，但並不能做出非禮的事情——天性中本來無之。達到克己復禮，並非是根本的，完整的人格不能依照禮來樹立：禮必須依照真正的人性建立；在禮與真正人性衝突時，禮應該被改變，而不是凌駕於真正人性之上。

孔子的「從心所欲，而不踰矩」即是德人的表現。正如《莊子・天地》篇所講：「『願聞德人。』曰：『德人者，居無思，行無慮，不藏是非美惡。四海之內，共利之之謂悅，共給之之謂安；怊乎若嬰兒之失其母也，儻乎若行而失其道也。……此謂德人之容。』」這裡的「共利之之謂悅」與孟子「與眾樂樂」（《孟子・梁惠王下》）是一個意思，莊子從德向下講，孟子從義向上求之，雖然起點相反，但兩人都達到了通達的地步，所以見解是一致的。這顯示出原始道儒有一貫性的聯繫。

人作為特別的一類存在，從德的層次分離出來，是在自然這個地基上建起了人類的樓閣。這樣的樓閣，即是文明。同樣的地基上，能夠建立這樣的樓閣，也可以別樣的樓閣。自然為人類社會提供了可能性的空間，對樓閣有著某種程度的限制，但不能決定一切。人類史上，不同的社會制度，都是在自然容許的可能性範圍之內才得以存在的，它們就像式樣不同的樓閣，使人們多多少少脫離開自然，而生存在人類社會中。文明是人道與天道的趨異和隔離的具體實現。在文明中，人可以減少自然的限制，取得更多的自由：這既使人取得輝煌的文明成就，也使得人的異化能夠達到前所未有的荒唐。文明將人與天道隔離，在自然環境變化的時候，人可以拒絕改變，拒絕進化。這是人道在天道的地基之上獲得的自身特性。

社會進化論沒有認識到自然與人類社會的本質上的差異，因此錯誤地認為適者生存的規則可以直接延伸到人類社會中，這是用天道為理由，對人道的一種否定。在自然範疇與人類社會範疇的交界處，普遍存在「曲則全，枉則直」（22）的情形：存在著連續性，而同時存在著轉折。天道不能直接延伸到人類社會中，將進化論直接引申到人類社會，就毀文明為動物世界。在生存這一問題上，健康的人類社會所做的是「不適者亦生存」，這是基於人道的善惡作出的判斷。莊子講「每下愈況」，況，是由比照而顯明的意思，每下愈況比喻越是從微末的事物上推求，越能看清「道」，即「一個社會的文明程度取決於它對弱者的態度」。文明也是如此。

　　在自然範疇與人類社會範疇的交界處,有著「曲折全,枉則直」,這裡的連續得全的應是人性,得直的應是真,而不是什麼生物進化論的理論。以進化論為直,就會枉人性,這已經為歷史所證實。

　　德之流,在意義上,與道之流相仿。道及道以上,無人無我,德中有我無人,而仁和兵以下則是人道的世界,有我有人。這三個層次,後面的層次都是以前面的層次為基礎,而有自己獨特的規律,受到前面層次的限制,但又不被其決定。

　　在德中有我無人,只有人和物的關係,人是人,物是物,人物相分,形分而德立,否則就失去其真和自然。人不擁有物,物也不擁有人;人不能成為物的一部分,物也不成為人的一部分。知和價值皆是如此。而知與價值此時是一類的東西,同歸屬於「我用」。德流,知與價值兩者從「我用」分出來,德就流入人道。此後,對人來說,物就具有價值的屬性。

　　現代人心中橫著價值觀念看去,原始社會的平均主義令人驚奇。但無價值的物,不論如何分派,總是平均的,這與現代人的斤斤兩兩論之是截然不同的兩回事。原始部落對於交換價值的出現,頗為不安和警惕,無所適從,因此在人類學對原始部落研究中,人們發現存在著各種奇特的交易方式和對財物處理的辦法,這些方式和辦法即是人類對價值的最初的探索。(栗本慎一郎《穿褲子的猴子──人類新論》,栗本慎一郎著,晨華,公克譯,北京:工人出版社,1988.8。)在最初的社會經濟裡,滿足基本生存的物用,即是老子說的「足」,「天之道,損有餘而補不足。人之道,則不然,損不足以奉有餘。」(77)這種最基本的用,與「餘贅」是兩種不同的經濟:「餘食贅行。物或惡之,故有道者不處。」(24)一種是前於價值的物用,一種是後於價值的物用。在中國傳統學術中,老莊孔孟以至於墨子楊朱,都認識到了這兩種不同的經濟,因而反對後者──抑制貨商和奢侈;重視前者──保護農民,使「不足」者「足」。即便一個普通的中國人也知道「錦上添花」遠遠不如「雪中送炭」,可見這種思想對中國人的心理影響之深。

與仁處於同層次而對立的兵

　　仁和兵的層次處於人道的開始。在匡廓圖中,這兩個範疇是由孔子和兵家所佔據的。孔子向上取得道德的立足點──「據於德」(《論語・述而》),由此向下選擇了處理人道的根本原則之一,仁──「依於仁」(同

上），從仁一直延伸到禮——「遊於藝」（同上）。孔子大體上是貫徹內德，對外得沒有實質性的論述，只是認為其重要性來的次要，如，「子貢問政。子曰：『足食。足兵。民信之矣。』子貢曰：『必不得已而去，於斯三者何先？』曰：『去兵。』子貢曰：『必不得已而去，於斯二者何先？』曰：『去食。自古皆有死，民無信不立。』」（《論語·顏淵》）「信」在吾，在我的信可以被改變，不是真正意義上的信。

「民無信不立」看似迂腐，卻是亡國而不至於滅種的關鍵：一個民族，一種文化能夠在戰爭廢墟之後興亡繼絕，而不是一蹶不振文化消亡，變為其他民族或文化，是因為對自己文化的信沒有絕。「依於仁」是一種選擇，在孔子對仁的闡釋之後，仁就成為此下的中國社會文化的內髓性的原則，中國人總是作出同一選擇。不論朝代更替，外族侵略的動盪和破壞如何殘酷，中國社會總是回歸依靠這一原則，因而形成了中國文化的獨特歷史。兵是與仁相反的一個選擇，其他文明，或者選擇兵，或者選擇仁和兵之間的某種混合體。但從未有任何一個其他民族像中國人那樣將「仁」作為不可替代的原則。仁的原則深深地深入到中國社會的潛意識中，至今如此。

在匡廓圖中，兵的一環是由兵家們共同構成的，而其中《孫子兵法》最為全面。兵與匡廓圖中圍繞兵的諸範疇都有深切的接觸和聯繫。兵家對德的依賴，一是物力和知識，即外得；一是兵法，將帥的內德——「運用之妙，存乎一心」（《宋史·嶽飛傳》）。《孫子兵法·兵勢》篇講，用兵以勢，那是兵如無心之物，只在於統兵的人一人之心的意思，韓信用兵深諳此道。兵「以正合，以奇勝」（《孫子兵法·兵勢》），物力兵力的對比不是勝負決定性的因素，而往往有以弱勝強的「反邏輯」的情形。這是內德的作用比外得更為重要的表現，因此兵家源於道德，尤其《老子》。中國的兵家大體上遵循老子的態度，認為「以道佐人主者，不以兵強天下。其事好還。」（30）在這個原則下，再談論用兵之法則。兵的目的是得，而不是勝利，不用兵即可取得，是「善之善者也」（《孫子兵法·謀攻》）。

兵字形為人手舉斧（斤），最初的字義是兵器。兵概括了人與人之間的殺戮關係，是與仁相反的另一個極端。匡廓圖上，兵處於道德之後，與仁並列，居於義禮刑之前。

抗兵相加，除了道和德以外，不服從任何其他規則。仁義禮刑，都處於兵之反面和下游，為兵所製約。從德（得）的角度來看，兵是以得為目的的暴力。從仁的角度來看，兵是仁道的反面，與仁所趨向的對稱性相反，兵追

求非對稱的絕對優勢，兵在形式上的表現是反人道的戰爭和殺戮。

　　從道的源頭上來看，兵的根本原因是「失道而為德」。與混沌的無窮無盡的生生之意不同，德之出現將萬物包括人，分立地割裂地特化出來，生與滅的循環也就產生了。此後，萬物雖然可以「並育而不相害」（《中庸》），即仁。但在特別的情形中，德的「可欲」卻不可避免地導致爭奪，兵。德因此蘊含了得，勝，生和失，負，死，兩條相反的途徑。同類或不同類的生物之間的生存競爭，不屬於兵，與兵不是同類的事情。但這種競爭是兵的先聲。

　　人法地，兵亦法地。地理是兵家理論中重要的一個部分。《孫子兵法》中有《地形》和《九地》篇專門討論地理，其他篇中關於用兵法則的論述也多有因地理而定的。兵法中關於地理的部分可以說是最「有常」的部分。地理是有常的，兵家必爭之地，地形上的天險，不管是哪個朝代往往都是大戰役的發生地。法地，必須先得其人其兵，因此人事是兵家另一重要的組成部分，是兵法中的變數。但謀事在人，成事在天，勝負不是兵所能決定的。地法天，但關係到生死存亡的兵，發生時的天時或世運往往不可選擇，至少對其中一方是如此。這就牽涉到德和仁的問題，有德有仁以得人心，能夠使對我方有利的世運延長，因此可以更好地選取時機──而用戰爭轉嫁內部危機的情況，正與此相反。兵家雖然講不戰而屈人之兵，但此中關鍵的德和仁，不在兵家的範圍之內，所以兵家對這一部分所論甚少。兵責其勝，而不僅不責其德仁，反而具有很明顯的不擇手段，無所不用其極的特徵。戰爭的勝負不是兵所能單獨決定的，必然受到德和仁的影響，這是老子孟子認為不樂殺才能取得天下的背後原因。

　　兵的社會性，是顯而易見的。兵首先必須是人的一種活動，其次兵是至少兩人或兩群人之間的暴力關係。人與神之間談不到兵，神與兵的聯繫，大多數時候只限於戰鬥前祈求神的護佑的祭禮。神祇對於交戰中的我方而言，是精神力量，而對抗兵相加的另一方，充其量只是一種輿論力量。《淮南子・齊俗訓》有，「故當舜之時，有苗不服，於是舜修政偃兵，執干戚而舞之」。這裡「執干戚而舞」大概是祈求作戰勝利的祭祀性的舞蹈，與現代的軍事演習相仿，向對手發出威脅的信號，以期不戰而勝。兵的存在，因人道的出現決定，有仁則必有兵。仁義充塞不能消弭兵。《莊子・徐無鬼》有「武侯曰：『欲見先生久矣。吾欲愛民而為義偃兵，可乎？』徐無鬼曰：『不可。愛民，害民之始也；為義偃兵，造兵之本也。』」

道之德與社會道德

道之德在人與物的關係上表現，社會道德在人與人的關係中實現。社會道德是道之德的延伸，是道之德在外物是同等的人這一特別情況中的具體應用。社會道德具有自身的特點，與道之德既有一貫的連續性繼承性，也有轉變。

在人道中，起主要作用的是人與人之間的關係，即二人以至於無窮多的人之間的關係。仁和兵處理的主要是二個人之間的關係，而留有人與物關係的痕跡。在德的層次上，在自然中，人是獨立的個體，主要的問題在於一個個體的成長和完備，即人有道之德而德全。（「執道者德全，德全者形全，形全者神全。」（《莊子‧天地》））這樣獨立而完備的兩個人是上述二人關係中的人。也就是說，在這個二人關係中，兩個人沒有任何從屬性，而各自完整。這樣的兩個人之間的關係是人道中是最簡單的單元和元素。以人道觀之，獨立而完備的兩個人是其前提——這裡隱含著人人生而平等的意味，在這個基礎上，萬事萬物都可以看作關係紐帶的組成部分。認為人只是社會的人，就會導致對前提的修改，產生循環論證，就可以得到任何結論，能夠得到任何結論，就意味著這些結論毫無意義。

在人道中，二人之間的關係，有名義上的，有實質性的；有精神的，有物質的——自然人的因素與社會人的因素分庭抗禮。仁側重於名義和精神，兵側重於實質和物質。仁趨近於人道，大體上凡是趨近於人道，即可以說「如其仁」；而兵與人道趨反，「夫唯兵者，不祥之器」（31），視敵人為非人的物，人道就墮落返歸於物得。仁可以為常為正，而「以奇用兵」（57），詭道的兵不是常法，只能偶一為之，不足為法。

在人與人的關係中，物是關係紐帶的一種組分，組成要素，但這個要素並非必不可少。在這樣的情形下，物不再作為物，而是被名化，轉變為價值，被當作價值對待。同樣地，知也被價值化，往往成為寶貴的東西。實用主義哲學家杜威認為知識應如銀行支票，可以兌換。這雖然是一種極端的觀點，但從專利法這樣的例子來看，並非完全不現實。一個人一生的物質所需，大體上仍屬於前於價值的物用，處於德的層次。德流之後，對於後於價值的物的擁有，只是一種符號性的東西，是一種名義上的擁有，與純粹的符號——名——屬於同類。所以物在這種關係裡，就不再有獨立的作用，而蛻

變成了一種附屬性的東西。語言也是一種存在於這一層次中的符號。得意忘言是德的層次的東西，是個人的，不適用於二人的情形。

「以俗觀之，貴賤不在己」，價值有其變遷，而不由物或知識本身決定。認為擁有知識即能成為完整的人，是一種誤解。擁有知識的人才，也是價值化的。「天生我才必有用」，一種人才可以是無價的，也可以一錢不值，只由處境而定。莊子立足於德，拒絕價值化，也拒絕用，莊子說：「材與不材之間，似之而非也，故未免乎累。若夫乘道德而浮游則不然。」（《莊子‧山木》）這裡莊子所講是「大盈（材）若沖（不材），其用不窮」（45）的意思，不以一才求用，將才和值一併拋棄，而得到完整的人，然後人的用才能完全。莊子的自信是澈底的，深諳「有之以為利，無之以為用」（11）的道理。

獨立而完備的人是前於價值的，莊子的吾的內德不能被外物外人所驅動，因此也無法價值化：「古之真人，知者不得說，美人不得濫，盜人不得劫，伏戲、黃帝不得友。死生亦大矣，而無變乎己，況爵祿乎。」（《莊子‧田子方》）與莊子類似，孔子說：「古之學者為己，今之學者為人。」（《論語‧憲問》）孔子「據於德」，前面一句是在德的層次的夫子自道，後面一句是孔子從德的角度對現實的批評。「學者為己」是人與物相對而言，「為己」則人貴於物，好學而不媚學自賤──不被學所驅使；後一句「學者為人」，所學的則是價值性的東西，有被取或不被取的不確定性──不常，而「為人」則別人或者取其學，不必取其人，這就流於貴學而賤人，貴學而賤己。

孔子接受現實，「依於仁」來處理具體的人道問題，這與莊子反對德流的理想主義立足點不同。這就需要孔子將莊子的獨立而完備的人的意味應用於人道。獨立而完備的人不可多得，所以使人自化達到獨立而完備就成了仁的一個重要應用。所以孔子的仁，在不完美的二人情況下，即表現為一人對另一人的教化關係，即師生關係。師生關係有名化的部分，也有實的部分，實的部分即為師道。純粹名的師生關係可以價值化，而師道不能。孔子講的仁是發乎於己，然後及於他人，即仁的根本在於「據於德」的己，這與莊子沒有不同。孔子講「夫仁者，……己欲達而達人」（《論語‧雍也》），孔子已經通達於道，得到獨立而完備的人性，所以他的所行實際上是己達而達人。己達而達人既是孔子的師道，也是孔子身體力行的仁──孔子對後世的深刻影響，即在於此──不在於己欲達而達人的仁的方法，而在於己達而

達人的境界。只有己達的仁者才能真正地善善惡惡，知道己和人所真正欲達的是什麼。這樣的仁者所不欲的，就自然而然會「勿施於人」（《論語・顏淵》）——這就形成了社會道德的典範。這一社會道德與西方的道德金律是完全一樣的，但在西方這是從神那裡得來的。

己達是「學者為己」，要先於「學者為人」，己達之後去達人。己達是一種大成的自立，「己達」即無待於外，而只在於己。這就與老莊的道之德相差無幾。達人即是去教育學生去達——孔子所教的重點不是學，而是達的方法——「授人以魚，不如授人以漁」。因此，孔子的「為人」之學，孔子與學生之間的紐帶，不是赤裸裸的一線知識，而是包裹在能夠使得學生自立的道之德之中。表面看來孔子對弟子是因材施教——這是近乎不可能的任務，但並非如此——孔子並沒有教子貢如何經商如何外交，也沒有教子路如何去勇猛。孔子實際上只是使人自達——在堅實的立足點上個人的才能就自然而然得以發展。孔子所教，是立足於己，而不待於自己或別人的貧富。這樣不論對任何情形都可應對裕如而一貫，不至於自疑或無所措手足。立足於自己，則有道之德生長的根基。孔子這樣的做法，顯示出了師道的真諦：使人在吾之上建立道之德。

按匡廓圖來說，只能回到德的層次，才能接觸到吾。師道傳道只能在這一層次進行。孔子說：「不憤不啟，不悱不發，舉一隅不以三隅反，則不復也。」（《論語・述而》）這種方法，不是教育的方法之一，而是道德教育必由而唯一之路。這種方法所解的惑不是知識性的，而是只有當學生的「吾」浮現之時，才予以指點，這時的這樣的指點才能不落於空處，接觸到學生內在的吾，而與外得無關。莊子立斧飛白的故事有同樣的含意，只是反過來講：沒有學生的吾，就無處施斧，此時寧可不言，也不去灌輸，斫傷學生的自我發展。有來學，無往教，來學和往教從外得——知識——來看無差別，但從能否實現教育目的來看，則大相徑庭，其關鍵就在於學生的吾是否牽涉其中。《論語》中，孔子與子貢子路等人的對白，時見精彩，即是孔子的立斧飛白。至於學圃，那是孔子份外事，孔子自然不肯教。知識是可以價值化的，但吾的層次上的師道，無以為，也無法以價值衡量。

中國傳統中的師道與現代人所講的教育，因此同中有大異。師道不肖（「天下皆謂我道大，似不肖。夫唯大，故似不肖。若肖久矣。其細也夫！」（67）），貴養成學生之全才，有一完整的德；教育肖，貴專才。師道無以為而為之，「生而知之，或學而知之，或困而知之，及其知之，一

也」（《中庸》）；教育有以為而為之，用一種教法教所有學生，學生或得或不得。師道言中無物，以身教；教育言中有物，以言傳。師道教人成一質樸人，認清自己，無入而不自得；教育教人成為貴重器，但求某一種特定的知識才能的具備，而往往備而無用，如《莊子》中屠龍之技的寓言。韓愈《師說》中的傳道授業解惑，是為人之學，與教育近，而與師道遠。現代人說孔子是教育家，那是只知道教育，而沒有認識到師道的意義：師生之間的仁──師生尊嚴的對等和互相尊敬；青出於藍，是師道的作用。

　　西方人讀《論語》，往往只是從知識性──是否言之有物──來考量，這樣的讀法失之遠矣，顯然難以領會其中的師道的潛移默化之功。孔子之教學，沒有形成一個知識性的講義一樣的東西，即使如仁這樣重要的範疇，也沒有一個清晰的學術性的論述，是孔子之教以師道成之所決定的。而通過《論語》這樣的語錄和教學情境，孔子對中國社會產生了實質性的巨大影響，即是師道而非知識的作用。現代人可以擁有孔子所沒有的知識，但遠遠達不到孔子師道之尊嚴和吸引力，這是因為孔子言傳身教的仁是有常的，總是能夠引起人性中的共鳴和迴響。

第十一章　匡廓圖說（中）

一、仁流而為義，二人到三人

　　萬物的複雜，從三開始。莊子和畢達哥拉斯的學派都認為一二三這個順序中的三是從一和二合併而來的，因為四不夠簡單，所以自然的規律是最簡單的一二三，而不是一二四這樣的翻倍律。雖然三的意義是這樣來，但三仍可以指三個同層次的物事。三指一和二之和是一種就根源而言的歸結，是一種上學，通往天道；指三個同層次的物事，是複雜性的開始，則是下達，對於人來說，就是通往人類社會的現實；兩者並不相悖，可以互參。

　　從三到萬都是多，其間的變化既有簡單到複雜，也有新的內容和結構的產生。從原理上說，道流之後，德仁義禮從簡單發展到複雜。人從幼年到成人的意識，遵循這個過程，這是李宗吾返本溯源的順序圖的原理；學術的發展在原始階段也如此，道家先於儒家。從簡單到複雜的發展，在道與道以下諸層次間又存在往復，存在小的循環，勾連盤結，難以用直線來描述。但「道者，人之所共由」（《朱子語類・性理三》），從匡廓圖來看，層次間的界限決定了這類小循環的始終點，不論哪一種文明都不能脫離匡廓圖的層次結構，所以人類文明雖然複雜，但仍有脈絡可循，絕不是隨機的。

　　道之下的世界，在趨於複雜多樣同時，必然也有新的秩序和結構在某些關鍵的節點上產生，使得複雜性不至於發展到難以掌握。道德仁義禮都是這樣關鍵的節點，使事物的複雜性可以被簡化到人們能夠處理的程度。用個比喻來說，從化學和生理學出發，來發明一種美味的菜餚，這是任何化學家和生理學家都難以執行的複雜任務；但廚師只從調料和五味開始，卻不難開發出美味的菜餚。

三人

　　在現實中很少出現只有兩個人與世隔絕的情形，而總是多人。三人為

眾，三人即成一小社會，三人是多人中最簡單的情形。三人的情形比二人的情形要複雜得多，親疏分別及其變化無法避免。在三人的情況中，《易·損卦》有「三人行，則損一人；一人行，則得其友。」這裡損的意思可以參考「滿招損，謙受益」中益所相對的減損的意思。這句話的意思是三人在一起，一人會有損；單獨一個人則會遇到（另一人）的幫助。在三人的情形裡，幾乎任何兩人間的互動，都可能將仁打破，所以必然「損一人」，因此就有仁流而為義。

有人受損，意味著三的複雜將引起不平等。天道轉為人道，三為仁有餘；一為仁則不足，天道總是對不足有補益；二則合乎人道之始的仁。如果三人都平等的話，三將簡化為二，三將成三個一樣的二的關係，就無需說三了，所以三特別指有餘，有損的情形。楊雄推演出的《太玄經》，以三為基數，也是像易經一類的象數之學，但流布不廣，其原因大概是缺乏二這個層次，所以雖比易經繁難，卻多缺失。

人的社會，是從三開始的。知道了這個意義，對孔子說的「三人行，必有我師焉。擇其善者而從之，其不善者而改之」（《論語·述而》），就能有進一步的理解。如果說這句話是孔子隨口而言，只是個「三家成村」的有人即可為吾師的意思，也可以。但如此一來，一個人足可以師了，何必三人？如果認為孔子此言另有深意，此句或可解釋為，三人即成一小社會，其間自然生出義禮刑種種，此間的動態是個社會學的動態，正是孔子所關心的下達。孔子學無常師，所感興趣的在學不在師，學所在皆是，師也如此，因此這個最簡單的社會，就成了有物可學的實驗室。孔子注目於人類社會，好學不厭，故有此說。善者以為師，不善者以為戒，那是孔子學習社會的原則了。

三人的相互作用中最簡單的模式就是只存在一種不平等。以上下而分，三人就必然有一處上，二處下；或者二處上，一處下的兩種情形──這裡處下意思是處於易受損的地位，如弱者，無權力者。一處上，二處下，處上的人在有利的地位，處下的兩人對等，君主制即是其例。這種金字塔形狀的關係是不穩定的；在下的兩人合力時就會顛覆。不穩定則不是常久的，不是常道。（有趣的是，在伊甸園的故事裡，也是三個人，或說兩人和一個人格的神，這個故事所描述的神人分離，看似偶然實際上卻是這種三的情形的合理動態。）二處上，一處下相比來說是穩定的。在最簡單的情形下，上位的兩個人關係更為緊密，互相支持，這是義的情形，「兄弟鬩於牆，外禦其

侮」；上位的兩人對下位的人來說是一種威脅和損害，「損一人」，這是刑的情形。

三人也可以是三人平等的。這樣形成的規則就是民主制的。但因為沒有絕對的權威，這樣的三人互相牽制平衡，形成的決定缺乏方向性，決斷性，和執行力。因此民主的三人結構比起有權威在內的，往往效率更低。這一弱點在需要即刻決斷的時候，只有暫時形成金字塔形狀的結構才能應付，如雅典的僭主現象。但效率低下並不意味著缺陷，效率往往存在著一個最優值，過之猶不及；單純地重視高效率，就會影響效果和質量，欲速則不達。何為最優，只能因時宜而定，沒有一定的規律。商品生產過剩引起經濟危機，高等人才失業引起教育危機，是單純注重一種社會效率引起的。這兩者的發生似乎是由資本（價值）有其意志，知識（知，學）也有其意識引起的，但資本和知識這兩者都是符號性的，名而非質，是從屬性的，不可能有其意志。人們屈從於物，物於物，被名或物所役使所異化，才賦予資本和知識以意志。普通中國人對於前一種異化或者略有警覺，對於後者卻幾乎從不曾有所察覺：維持失業工人的基數是資本高效發展的秘訣，而維持失業人才的數量，則是科技發展的秘訣，兩者並無差別。物得以無限制的發展，就會與人類社會脫節，脫節即表現為人類社會的危機——人道誤入歧途。資本與知只是能夠而已經役使人的種種名物中的兩種，其他種名物仍多，無法窮舉。莊子稱物於物為「外立其德」（《莊子・胠篋》），言簡意賅。「外立其德」必然導致對人道的損害，莊子早已反覆言之了。

仁流

從匡廓圖來看，仁處於物與人關係轉變為人與人關係的節點上，即自然之流分岔到社會之流的拐角，所以仁兼有天道和人道的特點。而在義的層次上，人已經轉入人道的正途，人道的作用遠勝於天道。一個人只能用德來描述，人與人的德必不同，古往今來，人有相似，卻絕無相同。雖然仁所指的原則，是對等的兩個人。但仁是兩人之事，對等只能在兩人這種情形下成立。不能簡化為一人，即不能得到此人與彼人是相同的。在三人情形下，對等也被解除了，在兩人關係的背景裡，不再只有天道，而更重要而更切近的是第三人的存在，而第三人的性質是不定的。

在仁的層次，人意識到對等的儕輩的特別存在，因此產生另一人與我相

齊的原則。而在義的層次，人與人的關係的重要性或者可以超出了物與人的關係。在生存意義上，社會關係能夠取代人與自然的關係，不辨菽麥的人也能夠憑社會關係生存，而與自然有很大程度上的隔離。在這個意義上，能夠將社會與自然環境相對隔離開來的城市的出現，可以說是一個文明從自然之流分流出來的標誌。以時間軸為縱向，人群從鬆散的聚居發展到相互依存的一個集體，這個過程與城市的出現幾乎同步。從地域的橫向來看，一個文明中，城市是中心，除了城市以外，人們的居所還有鄉村，山林，和江湖。文明的程度以這個順序遞減。

　　天道轉到人道之後，人類社會自然關係在這種情形下，就由實轉變為名，人所命名的名。名為社會的主導，向上推演出人與人的關係，物與人的關係，以至於道，就成為禮教。「禮者，道之華」（《莊子‧知北遊》），禮教的發達和澈底的程度的程度，即是一個社會與自然之流的分離程度。但文明與自然不能澈底相分，忽視了這一點，禮就成了「亂之首」，即以名來繩墨自然，就會導致名之堆砌，終至盡是名而言之無物，則失道而亂。

二、信，真，事非，宜，節

　　匡廓圖的五個層次，是從簡單到複雜的流變形成的，每一層次對上一層次有依從的關係，而又具有自身的特點。人的任何一個具體的認識對象，都有一個層次或多個層次的複雜性。例如無生命的物，只有德的一個層次；而社會中的禮，則有五個層次，需要根據這五個層次取得整體認識。

　　可以根據匡廓圖對人的認識對象進行分類。與每個層次對應，認識方法也有五個層次。相應地，人的認識能力也分為五種。任何缺乏，都會導致片面的認識；任何混淆，都會導致錯誤的認識。這五種認識方法和能力，也有層次上依從的關係。

以認識對認識對象的分類

　　在道的層次，「道可道，非常道」，道與不道的衡量比較，在於吾，而口不能言，莊子的「忘之」，陶淵明的「欲辨已忘言」，最為接近。人在道層次的斟酌比較的認識，是為不可言傳的信。以信為界，可以將萬象分成兩

部分。這兩部分相對，但絕不是對等的。

　　信已達終點，信的部分不可再分。其餘部分則仍可再分。神，信，和宗教是三種不同的東西。神是上帝事，不由他人，也不由我。信是我之事，不由神，也不由他人。宗教，尤其是凱撒化的宗教，是他人事，不由神，也不由我。宗教能夠用言說使人皈依，因此也是可以撼動的；信仰只在於我，有不可撼動之處；神則不可及，也無從撼動。

　　道流為德，即非信的部分歸於德的層次。在德的層次，德與非德的分界在於真與偽，德必須為真，偽即不德。偽不是假，而是摻入了人為的意思。人在德層次的衡量比較的行為，是為實踐或實證，即用的時候成與不成。信先於真，在信的情形下，無須真來畫蛇添足。追求真，已是信之外之事。純粹的信，不依賴真。

　　在德的層次上，即物與人的關係中，真是決定性的認識，沒有置辯的空間。人在認識真的同時，也得到了我心；不能將我心從認識中正確辨別出來，所謂的真就夾雜了人的因素而為偽。真是唯一不變的。真不同於真理，真理或許有人為因素在內，未必是唯一不變的。

　　真偽將非信分成兩部分，這兩部分也是相對，但絕不是對等的。人為的部分，又可繼續分下去，德流為仁。在仁的層次，仁與非仁的分界在於是與非是。人為的存在，尤其是「我」的參與是仁的層次重要特徵。人在仁層次的衡量比較的行為，是為判斷。真先於是非：真無煩是非的判斷；是非無法改變真；在真缺失或不足的情形下，才需要判斷。

　　在人與我對等的情形下，選取判斷的前提，遵循共同的邏輯以決定是非，是仁。在仁的層次，判斷的前提未必是真，而是得到二人共同認同的。這裡「是」的用法與「國是」一詞中的「是」相同。「是」是正，好，對，善的意思，加入了人的判斷和思維常識等內容。與「是」相對的，不是錯，而是「非是」，即不正，斜（邪），橫逆（「其待我以橫逆。」《孟子・離婁下》）等。可以借用康得的「先驗」說明「是」來自於仁。

　　康得認為，後驗知識是經驗的，由經驗的內容所決定，而經驗知識又必依賴於人通過印象和認知器官本身提供的內容，這些是「在經驗之前」的，稱為「先驗」。即，人的知依賴於人的「能得」這一前提，人只能得知人所能得知的。人必能得，所以，人必有「先驗」。「先驗」首先是人的「先驗」。一個人的「先驗知識」能夠成立，而不是荒誕的胡思亂想，只能靠另一個人的「先驗」來證實。即，「先驗知識」之所以能成為知識，是因為人

同精，人有同心，因此人群能有「是」：存在正理，正道；人群存在同情和共鳴，人心相通。在真不可得的情況下，真理也不可得，但還有正理可得。「是」，即是正理，是真缺失後，以人為根據的另一個可靠的判斷標準。

先驗對人的依賴性還在於，只有通過綜合不同人的「在經驗之前」的認識，才能得知人有「先驗」。更重要的是，能認識「純粹」先驗的人，依賴於「先驗」的人能達到「仁」，即孔子所講的「己達」的人。孔子說，「古之學者為己，今之學者為人。」（《論語・憲問》）「先驗」屬於「為人」的範疇；而「純粹先驗」屬於「為己」。「為己」的人所能達到的「先驗」，有超出「為人」的範疇之外的部分，達到這一部分即成「超驗」。「超驗」的人並不能得知人所不能得知的，只是他窺到更多的真，甚或已經得到了真。這樣的人就回歸到了德的層次。

「是」的，可以稱為善的；義的，卻未必善。義有如，「能近取譬，可謂仁之方也已。」（《論語・雍也》）但人人皆說是，未必是；皆說非是，未必非是，所以有：「子貢問曰：『鄉人皆好之，何如？』子曰：『未可也。』『鄉人皆惡之，何如？』子曰：『未可也。不如鄉人之善者好之，其不善者惡之。』」（《論語・子路》）

是與非將偽分成兩部分。不能得其是，又必須將「非是」部分繼續分下去，即仁流為義。在義的層次，義與非義的分界在於宜與不宜。人在義層次的衡量比較的行為，是為權。是與非的判斷先於宜與不宜：已知其是，就無煩權衡宜與不宜；在是非難以斷定的情形下，才需要考慮宜與不宜，例如兩害相權的情形。在義的層次，宜與不宜的權衡，影響到事件發展的方向和結果。一事的宜與不宜在結果對比明顯的情形下，可以輕易取得。但在結果不可知時，能夠對結果產生不同的影響，即是權的表現。

不存在適宜與否的事情，即是無可無不可的事情，此類事情的存在，使義流為禮。在禮的層次，禮與非禮的分界在於節制。在無可無不可中，無宜無不宜中，能夠有一節點，而非毫無頭緒。節對於禮的意義，孔穎達在疏解《周易》節卦，說得很明白：「節者，制度之名，節止之義。制事有節，其道乃亨。」（儒家重樂，常禮樂同時提及，如「故樂也者，動於內者也；禮也者，動於外者也。」（《禮記・樂記》），其中原因大概是兩者同需應節。《禮記・樂記》有「節奏合以成文」孔穎達疏說：「節止其樂，使聲音和合，成其五聲之文也。」）此類事如兩人見面，在不同文明中，相互鞠躬，還是握手，還是直接問好，沒有絕對性的規定，只要約定俗成即可。非

禮的部分又分為沒有相應的禮和有相應的禮卻不知不尊。沒有相應的禮的部分，在一成熟社會，大多是無關緊要的細節。而有相應的禮卻不知不尊，只要無悖於義仁德道，禮足以治之。

現代社會中的人，一生中所牽繫到的關係非常廣泛而複雜，只有綜合信，真，是非，義和禮才能將萬事萬物分類而處理。這五種認識的次序如圖11-1所示。禮是最末一層，也是人最切近的一層，信，真，是非，和義往往只在禮的表像下潛藏，人們日用而不知。可以將信，真，是非，義和禮看作縱向，而在一個社會中的禮則是橫向的，通往社會中無遠弗屆的每一人每一物——縱向所達愈深遠，橫向所通愈廣——「修之於天下，其德乃普」。（54）禮是道之華，即如同植物之花。一個社會中，不甚豐富的禮的系統，就如簡單的花；而禮系豐富複雜的社會中，禮就如同五彩斑斕而繁大的花。在一個社會的禮的系統中，禮的關係由近及遠，有強有弱以至於無，其最為薄弱的部分處於禮系的位置，標誌了禮的豐富的程度。一個社會的良心，在於對弱者的態度，實際上是就這個意義而言的。中西方社會的對比，亦可從中得到。

信是人的所有認識的基礎，真有待於信。所謂客觀，實際上是在信流失之後，無法建立信，才提出的規避的辦法，其本質仍然是對「客觀」的信。得到信，認識已經完成，可以根據認識去行動了。信不可得的部分，才求真。得到真，認識已經完成。不能得其真的部分，才有是非判斷。是非判斷可以清楚做出，認識已經完成。無法得到是非的部分，才求義（宜）。得到義，認識已經完成。義不可得，才有禮的節制。禮的節制，是根據信，真，是非，義制定的，不能與任何一者衝突，衝突即非禮。同理義是根據信，真，和是非制定的，不能與任何一者衝突，衝突即不義。以此類推。

關於人的學問比科學更為重要，影響更為普遍和深遠。禮即是此類的學問之一。禮的種類繁多，是因為人的社會關係的多樣，「有天地然後有萬物，有萬物然後有男女，有男女然後有夫婦，有夫婦然後有父子，有父子然後有君臣，有君臣然後有上下，有上下然後禮義有所錯。」（《易・序卦》）禮既有其理論，又有其實踐，而禮的內容和目的，即是保證一個社會人的完整和自在。禮之用是覆蓋一個人的所有社會關係，而使其各得其所。西方諺語有「教育一個孩子，需要整個村莊」，也是類似的意思。放逐，隔斷社會關係，即是刑的起源。從禮之用來看，禮是社會之理，是人在社會悠遊之道。孔子說「不學禮，無以立」（《論語・季氏》），又說「禮以行之」（《論語・衛靈公》），即是此意。人在社會悠遊是禮之用；腐儒不知

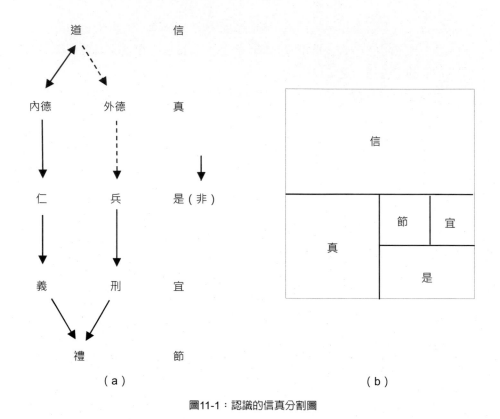

圖11-1：認識的信真分割圖

其所以然，只知道禮，不知道禮之用，就表現為繩趨矩步，束手束腳；而缺
乏禮的教養的人，放縱無節制，是另一種不知禮之用的情形，這兩者一過
之，一不及，在錯過節這一關鍵點上，沒有差別。一個人知禮在社會中才
能立足，才能通行或者隱於市。對社會來說，「安上治民，莫善於禮。」
（《禮記・經解》）「好」的禮將社會中的每個人都能勾連在一起，普通人
由這樣的禮不煩思索即可生活。而對於社會的不同層次等級，禮如同一架梯
子，使社會任意兩人可以通話，而不是高下懸絕。所以說，禮之本身是等級
的，而禮之用的目的卻是對等。

義與權，社會現實的核心問題

　　匡廓圖由外至內，有層層轉折，而包括一切情形發展的歧路。這些歧
路最終引向禮這一終點。在得到禮這樣的終點之前，在所有這些歧路中，結

果未卜而最難以剖明和掌握的即是義。義也是關於人的學問之一。在匡廓圖中，一個具體的社會處於義的層次上，對宜與不宜的權衡——這不是一種是非的判斷，大體上決定了此一社會的形態和走向。這就將權的運行和執行置於一個社會的運行中核心的地位。

　　社會總是變化著的，沒有一成不變的社會。社會對變化的因應，即是權變。而權變應該以義為準則，即以服從道德仁，不違背道德仁的義為準則。現實中，卻並非如此，權變總是以適合某種目標為判斷，如社會主義，經濟發展等。此類目標都是錯誤的。其原因在於，沒有人能夠預測社會的未來，也就沒有人能夠知道何為對的選擇——是非不可確知。人們只能知道什麼是不義的，但沒人知道什麼是最宜的。權變的適宜與否，只能以不違背老子的無為，莊子的自由，孔子的平等的仁為判斷依據。「民主是壞制度中最好的」，這一名言深得兩害相權取其輕的義的意義，其背後的邏輯即是不知何為最宜，卻可知道何為不宜。

　　一個社會中，能對如何變化發生影響者，有其權。如專家統治（technocracy），專家權力的出現，不是被賦予的，而是從對社會改變的能力而得來的。權是對一事的走向和結果影響的能力，是對宜與不宜的執行力。孔子說：「可與共學，未可與適道；可與適道，未可與立；可與立，未可與權。」（《論語·子罕》）此句中「與」的意味和「行成於思毀於隨」中的「隨」相仿。孔子這句話與他的其他言論一致，仍是以仁為立足點，強調自我之學，之立，由此而生權變。學是由仁至道，立是立於仁，而權則是從仁下達至禮的行動指南。朱熹解此句大致不差，他說：「可與者，言其可與共為此事也。程子曰：『可與共學，知所以求之也。可與適道，知所往也。可與立者，篤志固執而不變也。權，稱錘也，所以稱物而知輕重者也。可與權，謂能權輕重，使合義也。』」（《四書章句集注·子罕第九》）孔子這句話，也含有權是很困難的一件事情的意思。

　　權對事的影響是使其變，變或者通過舊例法律，或者經由權而得以實現，「道德可常，權不可常」。（《淮南子·說林訓》）沒有變動，或者權無所施，即為無權。韓非特別重視君權不被臣所分取，就是為了保證變動只能依據君王的意志，即保障王權。而臣子不是公開的，而是暗地裡對君王施加影響，即為弄權。沈括《夢溪筆談·謬誤譎詐附》中一則，極為精確地說明了何為弄權：「包孝肅尹京，號為明察。有編民犯法，當杖脊。吏受賕（賄略），與之約曰：『今見尹，必付我責狀。汝第呼號自辯，我與汝分此

罪。汝決杖，我亦決杖。』既而包引囚問畢，果付吏責狀。囚如吏言，分辯
不已。吏大聲訶之曰：『但受脊杖出去，何用多言！』包謂其市權，捽吏於
庭，杖之十七。特寬囚罪，止從杖坐，以抑吏勢。不知乃為所賣……。」公
開地對變動施加影響，如宰相制度，諫議制度，即是分權。（《韓非子·二
柄》有田常，子罕事與此類似。）

三、禮

　　義與刑的層次，處於過渡階段，終結於禮。禮的本質是名化之後的社會
性的關係。從禮出發，可以對社會關係進行解析。在這一基礎上，對義與刑
的討論更容易展開，因此有必要在義和刑之前，先討論何為禮。

禮，人道的端頭

　　「禮者，人道之極也。」（《荀子·禮論》）禮是文明社會的基本特
徵。匡廓圖中，禮處於最核心的位置。在現實中禮也處於一種中心地位，這
表現為禮最平凡地而最迫近地圍繞在每個人周圍。處在社會人群中的每個
人，一舉一動，有意無意地，是在遵循一種禮，尤其是與他人的相處時。

　　「道德仁義，非禮不成」（《禮記·曲禮上》），禮以上的諸範疇，
最終要通過禮外化出來。從外在的形式上看，禮是道德仁義最具體的化身；
但從內涵上看，禮作為一個哲學範疇只是粗略的，不完整的，需要禮以上的
諸範疇使之充實。認為只要掌握繁複的禮法禮制，就可以囊括一切內容；或
者對於個人來說，認為禮即是人生的全部所需，都是出於迂腐短視的顢頇見
解。禮的外殼不應是僵化的，而是變動的，隨社會的變遷而衍化，而衍化的
路徑和空間是禮以上諸層次所提供的。只謹守現成的禮制，不是守死善道，
而是一種刻舟求劍。

　　禮是禮以上諸層次的一種綜合，禮的任何一個細枝末節，都是禮以上諸
層次的延伸──禮與道以下所有層次都相呼應。在諸層次的作用下，禮因此
也是所有範疇中最為複雜繁瑣的，難以從邏輯上解說清楚的。禮受到禮以上
的諸範疇的製約，也非常明顯，這種制約尤其表現在，在禮的邊界處，需要
對與禮有出入的行為處理時，以及身處禮鞭長莫及的領域時。對一種禮的裁

制，往往需要道德仁義刑兵全部六個範疇，所以對禮的斟酌損益比其他範疇更需精密。制禮因此是複雜的社會工程。可幸的是，一個社會往往自發形成和繼承禮的系統，而不需全盤地創造。而創造的禮，因為涉及到每個人不同而且變動的地位，因此不可能周全。即使克服了這一層困難，每個人對禮的掌握和遵行所能達到的程度，也是不可確定的。

　　任何一個社會或群體，都存在著禮的規則。人初至一種陌生場合或異地的手足無措局促不安，即是對禮的陌生所致。禮不是一種書本知識，不能僅通過讀書就可以習得，而是與人的特殊的「我」密切相關。禮在特別的場合的固定化，稱為儀。儀，與禮適合的形式。儀是知識性的，但儀只在完全程式化的儀式中有效，對人的真正社會生活沒有太多的用處，時過境遷就可以完全被拋棄。（《左傳·昭公二十五年》記載，子太叔見趙簡子，簡子問「揖讓周旋之禮」，對曰：「是儀也，非禮也」。）社會通行的禮，在不同的場合，有不同的意蘊，因此可以有細微的調整。這種調整，往往只能憑個人的領悟，而不能被告知。這是禮不同於儀的僵化，而具生命力的原因。將禮固化為儀，加以強制，禮即失去生命力，而成為枷鎖。這樣的社會或許有序，卻麻木不仁，死氣沉沉，人因為動輒得咎而不能自安自在。

　　《左傳》有：「公如晉，自郊勞至於贈賄，無失禮。晉侯謂女叔齊曰：『魯侯不亦善於禮乎？』對曰：『魯侯焉知禮！』公曰：『何為？自郊勞至於贈賄，禮無違者，何故不知？』對曰：『是儀也，不可謂禮』」。這個觀點，孔子想必是同意的，玉帛，衣飾，形式都是儀。儀是純粹的外殼。儀可以因為時間地點有所不同，適合於禮即可。但是儀式並不一定有禮的內涵。只有形式外表，過度張揚徒有其表照本宣科反而不合乎禮的精神。墨子批評儒家刻意的鋪張厚葬，認為厚葬並沒有儒家宣稱的仁義或者孝的內涵和功效。雖然墨子是從計較利益得失為出發點，但他對於葬禮的意義卻很明瞭：「便其習而義其俗者也」（《墨子·節葬》），就是隨當地的禮而行即可，葬的厚與薄反而是末節。這與孔子的意見頗有一致之處，孔子認為「禮，與其奢也，寧儉；與其易也，寧戚。」（《論語·八佾》）孔子解釋孝時有類似的說法：「生，事之以禮，死，葬之以禮，祭之以禮。」（《論語·為政》）也是以禮為主。孔子反對缺乏禮的內涵的形式儀式。例如孔子認為祭神的儀應該「祭神如神在」（《論語·八佾》）。但孔子並不矯枉過正，反對一切形式儀式，如孔子說「賜也，爾愛其羊，我愛其禮」（《論語·八佾》）；「吾不與祭，如不祭」（同上）。

禮是道流遷的結果，而且禮這個結果是個極點，頂點：「禮者，道之華而亂之首也。」（《莊子‧知北遊》）「華」即植物之花，植物最精緻，最美麗的部分是花；花已發出，花上就不可能再有分蘖萌枝之事，所以花離根又算是最遠的。在文化中，從道這個根本之上，滋生出表現出的最精緻，離道最遠的人類社會的特質，就是禮。但禮既是這個頂點也是一個轉折點，所以稱之為「亂之首」——一個社會的衰退，總是從禮崩樂壞開始表現出來。花盛即是花落的開始，「春去也」，時令無可奈何，這個轉折也不可避免。禮失去生命力，刑和儀就成為社會基本關係——「夏有亂政，而作《禹刑》；商有亂政，而作《湯刑》；周有亂政，而作《九刑》。」（《漢書‧刑法志》）刑不能製，就有兵興亡國的混亂。在混亂中，上下尊卑都做不得數，暗合仁。群雄逐鹿，有人恰好得到天時地利人和的義，就有新政權的興起。新政權一旦安定，義就進入軌道，成為製式的禮。中國歷史的循環，由治入亂，大致如此，禮為其首其開始。

禮，差而等；仁，等而差

錢穆說：「禮之外面像是等級的，其實卻是平等的。」（錢穆《湖上閒思錄》「禮與法」篇）錢穆所見，極為透徹：禮是有等級的，但禮之用，在於使關係等。禮規定了人與人之間的關係，在內涵上是所有人之間的關係，在外延上卻是一切兩人之間的關係。仁也是二人之事，也主張平等，但這兩者有重大的差別。仁所言是人與人等，而禮是關係等——前者是天道均而平，後者是人道社會之公而平。仁與否，在於人的修養和內涵，人不可忽略；而在禮的系統中，人的存在就退化為一個無內容的點，表現為各種外在社會關係的總和，顯然這是名而非實。不仁是根據人判斷，與關係無關，所以有「仁人」的說法；無禮是根據禮的關係判斷，而與人無關，沒有「禮人」的說法。在禮的關係中，無禮是基於維護禮還是破壞禮而做出的判斷，誰違反破壞了禮，誰就是非禮，這個結論不因為非禮的那個人身分，地位，和任何其他性質而改變，這是禮的平等——公平的含義。

前已言及，關係是符號性的。所以禮所維持的社會系統即是一種名義系統，禮教即名教。而一個人的仁或不仁，則是實在的。「越名教而任自然」，所說的即是名與實中，取其實。名最終被實決定，而非反之。對禮的誤解，如「夫禮者所以定親疏，決嫌疑，別同異，明是非也」（《禮記‧曲

禮上》），即是沒有意識到禮只能被決定。自然是名教之上的範疇，不超越名教，就無法歸於自然，即道家的真，真實；但超越不能憑藉反對名教而實現，反對名教仍然為名所困——魏晉風流既為人所歡賞，又為人所詬病，是因為這兩種「越名教」兼而有之。莊子說：「名者，實之賓也，吾將為賓乎？」（《莊子·逍遙遊》）又說：「名止於實，義設於適，是之謂條達而福持。」（《莊子·達生》）莊子所說的，與孔子所說的「人而不仁，如禮何」（《論語·八佾》），大體相同。

　　簡而言之，仁是等而有差，禮是差而有等。段玉裁（《說文解字注》）解齊（齊）字，說：「禾麥吐穗上平也。象形。……徐鍇曰：『生而齊者莫若禾麥。二，地也。兩傍在低處也。』」這個意象，即是在高地和低地的禾麥是平齊的。從仁的角度來看，禾麥都是禾麥沒有差別，只是有的處於高處，有的處於地處。從禮的角度看，禮是有等級，有高低尊卑的，而生在禮之上的禾麥，經過這樣的處理，與禮的基準比較，就都是平齊的。因此以禮為依據，躬耕農畝捲而懷之的書生，勝過屍位素餐的顯貴。

　　禮既可以說掩蓋了社會差別，也可以說禮認可差別，而試圖處理之以使之平整。禮適宜就容易被認可和採用，禮因此必然依附於義。荀子說：「故先王案為之製禮義以分之，使有貴賤之等，長幼之差，知愚能不能之分，皆使人載其事，而各得其宜。然後使穀祿多少厚薄之稱，是夫群居和一之道也。」（《荀子·榮辱》）禮與義（宜）一致，就有和的效果，不是單憑禮即可以和，義決定了禮。《論語·學而》中，有子說：「禮之用，和為貴。先王之道斯為美，小大由之。有所不行，知和而和，不以禮節之，亦不可行也。」——有若這是在說，禮在人際關係中的應用效果，以能相處和諧和悅為上，但這個和諧和悅不是鄉願的縱逸的，而需要禮的嚴格節制之下的。

禮的剖析一例：男女之情

　　禮的外延包括一切社會關係，牽涉到社會中的每一個人。所以禮可以分解為兩種基本元素來考察：一是禮可以看作關係的集合，以一個個社會關係為元素；一是禮可以看作個人的集合，一個個人是他的社會關係的總和。以關係為元素，是一種社會學的角度；以個人為元素，是一種心理學的角度。孟子總結人倫的關係分為五種，即五倫：父子有親，君臣有義，夫婦有別，長幼（兄弟）有序，朋友有信。（《孟子·滕文公下》）這五倫並不完備，

但頗具根本性，在任何人群中都必然存在，因此作為考察的起點，已經能夠勝任。如有必要，其餘關係可以類比地添加進去，或者由這些根本倫理混合化合而成。

從關係上來看，禮是一種社會結構，社會中的人就如幾何點，這些點由無數線段——關係——聯絡在一起。這些線段長短的標準，即是關係的遠近，是由禮規定的。在現實中，關係的親疏不同，線段長短就與禮的標準相差異而有彈性。禮的規定性越強，就表現為線段的彈性越弱——在中國傳統的社會裡，即是這種情形。在不同的社會裡，不僅有彈性的區別，五倫之間的親疏也大不相同，這就給比較文化學造成了困難，以至於有不同文化間是否有可公度性的困惑。但從這裡的分析來看，不同文化是拓撲不變的，可以在同一模型中進行分析。這樣的關係模型，實際上並不新奇，當人們描述一個陌生人，往往自然而然地從他是誰的兒子，誰的兄弟，誰的朋友開始，而這種方法能達到社會上的每個人。

從社會關係看去的社會結構，幾乎可以製成一個直觀的圖像，用計量社會學的方法進行分析。但困難在於，每一線段所代表的關係，並非像線段那麼簡單。社會關係不可避免地帶有從道而來的匡廓圖中各個層次的成分，是個複合體。分解開來看，在社會關係中，道所對應的是可能與否，德的層次所對應的成分是真與偽，仁對應同與否，義對應宜與否，最後才是禮的節制。

可以用夫婦或說愛情為例，來剖析禮的內在層次。在夫婦之間，禮即表現為夫唱婦隨相敬如賓。恪守這樣的一種關係，就將夫婦生活變成一種應酬，不必有夫婦的意義在裡面，所以是最末的成分，止於名分而已。更進一層的關係，不必嚴守禮，如張敞所說：「閨房之樂，有甚於畫眉者」，夫婦相得更勝於守禮。卓文君與司馬相如私奔，是夫婦情投意合，其力量可以超出禮法的約束。因為此類行徑近於義，所以向來對此的風評褒過於貶。但義不常，私奔往往有始亂終棄的情形，所以不足為法。再進一層，則有東漢孟光與梁鴻舉案齊眉事（《後漢書‧逸民列傳》）。卓文君司馬相如的愛情始於才貌，偏重外，愛多敬少，此後又有周折。與此不同，孟光梁鴻互相愛敬，出於內在的同心，所以雖備極貧困，也得以終老相守。更進一層，則有樂昌公主徐德言破鏡重圓事。孟光梁鴻雖相濡以沫，但仍互相砥礪，若有相疑之處。而樂昌公主徐德言分而復合，不能相守仍能不忘，此情之真毫無疑義。真已定，則內在同心，外在相宜，自不待言。而在所有這些之上，「道有情（精）有信」（21或《莊子‧大宗師》），「精神生於道，形本生於

精」（《莊子・知北遊》），道使得真愛成為可能，其實現處必有人的意志在其中，而不僅僅是一種生化的反應。樂昌公主或徐德言兩人，只要有一人不能有「信」，即不會有破鏡重圓——道即以此種方式潛存於其中，於無中，遍索無跡，卻或然閃現。

愛中必有人的意志的作用，但人的意志對愛又無法絕對控制。「調而應之，德也；偶而應之，道也。」（《莊子・知北遊》）窈窕淑女，君子好逑，是調而應之的德；而最終實現天作之合，只能是偶而應之，其決定在於道。謀事在人，成事在天；由道決定的，人對之只能無以為。人們將這一類的事情歸於命運，命運莫測，而似乎有更高的決定權。命運與人的關係，在中國學術中，大體上與道與人的關係相應：命運與道一樣，只在人之極處，或然有所感知；平時不可離卻漠然無應。《紅樓夢》中所述寶黛情緣，顯示出曹雪芹對這一問題有所存思。此書中賈寶玉之情有三個層次，濫情（社會性，身之性欲），為濫情所掩蓋的性情（生來的真性情，心之情之所鍾），和為性情所掩蓋的木石前盟——註定之命運（道）。這三個層次極具本質性，在這三個層次的糾葛中的寶黛情緣遂成為經典。值得一提的是，曹雪芹筆下的賈寶玉與先秦的衛靈公頗為神似。《莊子・則陽》篇對衛靈公如何能夠得到靈的諡號的討論，也是循濫情，性情，和命運——三個層次而來：「仲尼問於大史大弢、伯常騫、狶韋曰：『夫衛靈公飲酒湛樂，不聽國家之政；田獵畢弋，不應諸侯之際。其所以為靈公者何邪？』大弢曰：『是因是也。』伯常騫曰：『夫靈公有妻三人，同濫而浴。史鰌奉禦而進所，搏幣而扶翼。其慢若彼之甚也，見賢人若此其肅也，是其所以為靈公也。』狶韋曰：『夫靈公也死，葡葬於故墓不吉，葡葬於沙丘而吉。掘之數仞，得石槨焉，洗而視之，有銘焉，曰：不馮其子，靈公奪而裡之。夫靈公之為靈也久矣，之二人何足以識之？』」曹雪芹之著作是否由此篇得到某種啟發，不得而知。

從匡廓圖每一層次的對象來看愛情，禮是社會所有人的認可，是名；宜是他人從旁看之，重外在的實；同心則是兩人之事，重內在的實，並不理會旁人；而真只在於一心，名實內外在此渾同；而道決定了了真的可能——從這個順序來講，越後來越難以動搖，也就越具基礎性決定性。社會中其他關係，可以類似地剝絲抽繭，得到其德仁義禮的組成。所以，禮並不能視為僅僅是一種表殼或形式，「禮雲禮雲，玉帛雲乎哉？」（《論語・陽貨》）——匡廓圖的諸層次實質上潛藏於其中。

四、義的範疇與孟子

在匡廓圖中，孟子處於義這一環。孔子身後，世事變遷極大。人而不仁的亂象達到孔子所未見之烈。孟子出，因為仁和禮不足用，從仁的取裁出發，自然而然發展出了義的理論。孟子對仁義的解說，直接繼承了孔子，所以不僅不與道家違背，而且幾乎可以說是老子所講仁義的擴充。如，孟子說的「君正莫不正。一正君而國定矣」（《孟子‧離婁上》），與老子「我無為，民自化」（57）和孔子「政者，正也。子帥以正，孰敢不正」（《論語‧顏淵》）是一脈相承的。

立足於義，則脫離仁，所以說仁流而為義。但從儒家的理論系統而言，這卻可以稱為一種進步，儒學所及從此出於仁的局限。對社會而言，這卻是民風已失淳厚，亟待解決解釋的新問題繁多，而帶來的亂象。孟子認為，有仁義禮在，只需照著這個原則經營即可，仁義禮即是社會的基本維度。

義的提出

「上仁為之而無以為」（38），因為無以為的緣故，任何一個行動都不足以作為仁的標準，這是因為在具體背景不同的情形裡，同一行動有時可稱為仁，有時則不能。孟子將孔子的仁應用於當時的社會，他所提出的辦法，就是「上義為之而有以為」（38）。孟子說：「徒善不足以為政，徒法不能以自行」（《孟子‧離婁上》），在具體情形下，不能只有仁；仁需要轉為義，義不脫離人，而在「有以為」的行動中存在。這種「有以為」必須是在考慮到具體背景的情形之後的義行——適宜的行動。因此一個行動是否適合，宜還是不宜，就成為一個重要的問題。「義者，宜也」（《中庸》），「宜者，分別事理，各有所宜也」（朱熹《四書集注‧中庸》），義的意義由此而來。

仁源自於內，在於吾與人；義則形於外，在於我與人，正如孟子說的：「仁，人心也；義，人路也。」（《孟子‧告子上》）仁因其內在，無行蹟的拘束；義則有行跡，必須有據可依，孟子講義是有以為，所以說：「大匠誨人，必以規矩；學者亦必以規矩。」（《孟子‧告子上》）仁是義之上

的範疇，有仁則可以將義置之度外，如「今人乍見孺子將入於井，皆有怵惕惻隱之心」（《孟子・公孫醜上》），此心之仁一動，則貴賤親仇譽毀之義都不在考慮之中。孟子說：「人皆有所不忍，達之於其所忍，仁也；人皆有所不為，達之於其所為，義也。人能充無欲害人之心，而仁不可勝用也；人能充無穿逾之心，而義不可勝用也。」（《孟子・盡心下》）孟子這裡是在說，內心不忍的擴充是仁，不為惡行的擴充是義，仁在義先，仁內義外。而有了這兩個原則，不管處境千變萬化，都可達到仁義。

這裡值得注意的是，孟子是用否定句的形式提出的這兩個範疇。前文提到過《老子》中道和德也都是以否定句的形式提出，老子和孟子這樣的提法，並非巧合。否定句具有開放性，除了其否定的東西，其他皆可。前文提到，人類的思維和想像力不是絕對的無約束的，但可以是無限的。對於此類有約束，卻無限的對象，即任何開放性的問題，因為其多是而一非，只能以否定的形式提出。這一表述方法，具有極其重要的應用。例如，人有追求幸福的自由。每個人的幸福定義不同。一些人，甚至大多數人所認為的幸福，並不能適用於每個人。為保證這一點的政治設計，因此只能從清除人追求幸福的障礙入手，如羅斯福的「免於匱乏的自由，免於恐懼的自由」。又如，公平的社會，只能從清除不公平入手，而不是設計一套所謂的公平體系能夠實現的。社會道德的建立，道德教育等也是如此。此類的事例很多，毋庸一一列舉。

義在禮之上，孟子說：「大人者，言不必信，行不必果，惟義所在。」（《孟子・離婁下》）如果禮所要求的信和果，與義不符，就必須選擇義——義之所在，孟子不惜出爾反爾，再作馮婦。（《孟子・盡心下》）此句可與孔子的「言必信，行必果，硜硜然小人哉！抑亦可以為次矣」互參。（《論語・子路》）

孟子的義，與仁和禮相比都要困難一些。仁重在吾，禮重在關係，而義是用仁來權衡，作用於關係——內在的仁是義的基礎，而禮則是義要調節的對象。沒有仁的基礎，就沒有義的存在，所以孟子的義必先正己，這與孔子的「學者為己」（《論語・憲問》），「君子求諸己」（《論語・衛靈公》），「修己以安人」（《論語・憲問》），「不患人之不己知，患其（自己）不能也」（《論語・憲問》），都是一致的。義是三人及以上人群的，三人以二人為地基，所以不能回過頭來解釋二人或一人的情形。而三人形成了一個最簡單的循環，這是二人情形所無的。仁和兵的二人情形，只是

人道的開始，在這兩個範疇中，人道與天道平分秋色，而三人情形則可以說是人道為主。人道與天道顯著的不同在於，在天道的因果邏輯添加了人為的取捨，例如邏輯上愛屋及烏，但在人道中甲愛乙，乙愛丙，甲愛丙還是不愛丙是不定的；將愛換成畏懼，信任，等等諸如此類的人際作用，無不如此。在人道中，符合邏輯的未必能符合事實。

仁是渾然的，如一塊布料；義是一種剪裁；禮則如製成的衣裳。與仁的恆常相比，義取世運之宜，宜就有比較權宜的動態。仁有定數，義可以權變，「仁有數，義有長短小大。」（《禮記‧表記》）義總是受到時代的限制，一個時代或一個地區有其宜，而隨著時空而變遷。義的意義因此在於其變，而不具有強制性，有強制性的「義」，就失去宜的內涵。這就為義流為製式的禮留下了空間。

宏觀與微觀的義

義是否合宜，需要斟酌衡量比較才知道，經過這一過程，所得到的結論未必唯一。即人類社會中，與自然不同，同一情況可以有不同的結果。不同結果之間的變數是權變，一個人能夠對其變有所影響，即是實際地掌有權力。也就是說主導歷史變化的人，甚至一個無名的個體只要有主導或參與歷史變化的作用，就是實際的有權力的人；而名義上擁有權力的人，未必有權。義是使權變得宜，要從變的角度來看，才能知道實質的權在哪裡，而變化起於青萍之末──個人權力對歷史變化的意義，就存在於此。

合宜的權，只能從對匡廓圖整體的分析得到。在匡廓圖中，義可以從微觀和宏觀兩個方面考察。宏觀是指從集合體的角度，考察義在社會中的角色。宋代「國是」的討論，其本質是宏觀的義，這個義要以仁和兵同為基礎來考慮。僅僅以仁為基礎的考慮是超越國的，只以仁為基礎考慮的才是「是」，所以說「國是」的本質是宏觀的義。微觀的，則是義對於一個具體的人意味著什麼。宏觀的義可以說屬於社會變革，屬於政治；微觀的義則是具體社會問題和個人修養的問題。當從歷史的縱深角度看去，只能以人的層次的「是」作宏觀的義的判斷依據。宋代人沒有弄清楚這個差別。

從中國歷史來看，義是三人及三人以上事，由一眾大臣而非君王一己私意來決定宜，顯然更加容易得其宜，中國歷史上從諫如流的國家或朝代往往更加政治清明，政權穩固，即是此類的例子。韓非亦提出法。韓非認為治國

的關鍵在於，建立公開而有常的法例，依法而行。依法而行，則難以輕易變動，無可變則權無所施。韓非這個主張的一個直接的推論即是法應該勝於王權，以此約束君王不能亂為，可惜這一點並不為後世所重視。人類社會因法而產生的反之動，使得法不得不時時改動以應付，又必須回到義。所以法不能徒行，經常性的立法和得人成為關鍵因素，這些處於義範疇的變數就非韓非所及了，韓非為此求之於術，這就將法的作用完全抵消掉了。

中國古代的宰相制度，是一種君權相權二權分治，如諸葛亮《出師表》中「宮中府中，俱為一體」，其實質是君相兩者分權。而諫議制度則接近於三權分治：君責相，相責諫官，諫官責君。中國歷史上，大體上三權分治之世，勝於二權分治之世；二權分治之世，勝於君王專制之世；而治亂與「寡人有疾」並無太大關係。三權分治中，雖則三者地位尊卑有別，但已經形成循環往復，能夠容納權變和協調：如甲滿意乙之所為，乙滿意丙之所為，但甲未必滿意丙之所為；甲乙相爭不下，可以通過丙來調和。三權分治中，意見不同可以歸於宜與不宜，以所慮重心不同而開解；相較之下，君相二權分治中，如果不是一方總是壓倒性地強勢，則意見不同往往成為是非之爭，無可調和權變——這是義為三人事所決定的。西方現代的三權分立制度，因其三權並行，與中國古代三權分治類似而更佳。三權的份量雖然不同，但已具備調和權宜之能力，而這一點才是此中關鍵——不是任何形式的兩權分立所能及。西方三權分立中，立法近於義，行政近於禮，司法則近於刑。

有權者承其責。一人決定天下的權變，決定社會當如何變，變為何，有功眾善歸之，那麼有過眾惡歸之，並不過分。人生來就有權變的能力，《莊子・盜跖》篇有，「且夫聲色、滋味、權勢之於人，心不待學而樂之，體不待象而安之。」只有「計其患，慮其反」（同上）的人，如莊子，才能對權有戒於心，慎於有過。而對於一般人來說，功與過相仿，貪功同時又要諉過：即使給之以權，也往往輕易放棄。在民主國家裡，有政治權卻不去參與，是普遍現象。而專制的統治者的德行往往不及中人，只知道收眾人之權歸於己，貪功卻不知道功無可貪，只能承其過。

人在社會的存在，多種多樣，權變不可缺少，即使最專制的統治，也難以收回每個人的權。而權變的缺乏使得社會中幾乎每個人都被權所強烈吸引，反之動由此而生：弄權市權，爭權奪勢，必不可免。而平素受到壓制的平民很難將自己被動的無需負責的行為，與需負責的行為區分開來：爭功而委罪於製度。因此，在專制的社會中，人們往往沒有思想的自由，但缺乏自

律的動力，行為輕率而有更大的行動自由；而在民主社會裡，人們有思想的自由，卻因為對自己的行為需負更大的責任，而更為謹慎而有較小的行動自由。在專制社會裡，普遍的壓制對每個人的作用不同。而對於普通人來說，微小的壓制，往往已經足以使他們作出微小的妥協。由此形成的動勢，在質地上普遍而微弱，近乎整個社會的無意識行為，很難通過局部和少數人的抵製而改變；但整體上簸蕩的力量卻不可小覷。「君正莫不正」（《孟子·離婁上》），而「上有好者，下必有甚焉者矣」（《孟子·滕文公上》），「楚王好細腰，宮中多餓死」，其勢如此——由此而衍生出的治道只能是無為。社會無意識的動勢與無責任意識的行為結合在一起，所造成的動盪，即使始作俑者的專制者也難以善其後，由此而生的善是無意識理所應當的，但由此而生的惡只能歸於專制者名下。民畏威而不懷德，離心離德，在專制社會中這樣的離心力只能以專制的力量來平衡和維持。而任何專制都難以與無意識的，幾乎是自然力的社會力量永遠抗衡。社會力量總是自發地尋覓專制力量的空隙。因此，專制是人為維持的一種不穩的社會狀態。

以上所講的專製或民主，是專指靜態過程。在動態過程中，如社會運動中，不論何種運動，一個普通人的個人心理已經不再發生作用，而是被裹挾在群體心理中。這就意味著，在越激烈的社會運動中，一個人越傾向於完全不為自己的行為負責。對個人責任的放棄，同時意味著對所有傳統，秩序和規則的否定。在這種情形下，災難性的結果不可避免——最普通的人也難以避免地被捲入瘋狂的踩踏中，只是這裡面被踩踏的不僅僅是一個個的人的身體，而達於深刻的人性和社會秩序，由此而來的傷害是普遍的。社會運動中，普通人對責任和秩序的放棄是無意識的，重拾責任和秩序卻需有意識，使普通人重拾責任和秩序是極端困難的一個任務，因此社會運動所造成的人性損害歷時長久才可能得以痊癒。而痊癒的可能只存在於文化傳統有深沉積澱的文明中。在中國這個特例裡，人們總能夠回歸孔子所立傳統之下。對於沒有太多傳統積澱的文明，即使社會運動的初衷是善的，結果卻往往是此類文明的滅頂之災。

從道德的角度看，道德是個人之事，不能掌控自己的行為，是無道德；放棄自己對社會的責任，是無社會道德。在社會運動中，能夠保持個性的獨立，是真正的道德。而人性之最善的社會道德往往在最壞的時刻顯現出來：或者與時勢相反，或者成一不動的中流砥柱，這與隨波逐流的普通人正相反。這即是錢穆所講的中國最受崇敬的人物往往出現於最黑暗的時代的深層

原因。這些人物對歷史的影響，對一個文明之流脈的連續性所起的作用，超出了社會運動的本身。人們在這些人身上所學到的，比從歷史中，教育中學到的要多得多。孔子說：「仁者，必有勇。勇者，不必有仁」（《論語・憲問》），孟子說：「雖千萬人，吾往矣」（《孟子・公孫醜上》），都是在內在的道德不可奪的基礎上，而生出的特立獨行的勇氣。從歷史縱深來看，才能看出他們才是真正的權力擁有者。

值得注意的是，孔孟這兩人的行為，並不與「君子無入而不自得」（《中庸》）相矛盾。在中國傳統文化中，聖人代表了最善的社會道德，而君子則代表了個性獨立的道德；這兩者有截然不同處：君子可以潔身自好，聖人則必須承擔社會責任。所以孔孟被視為聖人，而老子和莊子只被視為君子流。如司馬遷在《史記》中所稱的聖人，包括孔子在內，多是入世的，而稱「老子，隱君子也」。莊子也認為，就像不畏風浪是做漁人的本分，不懼猛獸是獵人的本分，而不避社會職責是聖人的本分：「知窮之有命，知通之有時，臨大難而不懼者，聖人之勇也。」（《莊子・秋水》）

仁與道德

內在的仁是儒家的靈魂，也是中國古代社會的社會道德的基本原則。不能理解這一點，就不可能真正地理解孔孟之學。孟子說：「仁者如射，射者正己而後發。發而不中，不怨勝己者，反求諸己而已矣。」（《孟子・公孫醜上》）又說：「賢者以其昭昭，使人昭昭；今以其昏昏，使人昭昭。」（《孟子・盡心下》）《大學》亦有，「是故君子有諸己而後求諸人，無諸己而後非諸人。」又，「誠於中，形於外，故君子必慎其獨也。」（《大學》）

仁在於自心，這個自心只能從道和德來，從與化為人來，而不能從與別人比較攀比而來，不能從「五十步笑百步」而來。從「志於道，據於德」（《論語・述而》）而來的仁，就可以用「道德」來指代，社會道德和倫理道德這兩詞，從這裡得到了其意義。道德從天道，延伸到人道中，即將道理，天理，和真理折射到人類社會中。追求道德的士，即是君子，沒有這樣的追求則是小人。君子求己能達道德不求人知，小人則熱衷於攀比，必然好炫耀，唯恐人不知之，孔子據此說：「君子周而不比，小人比而不周」。（《論語・為政》）這裡的周，是「週者不出於口，不見於色」（《管子・

樞言》）的意思。而「君子而不仁者有矣夫，未有小人而仁者也」（《論語・憲問》），即追求道德的人，未必能得到；得到又未必不會失去；但沒有這樣追求的，一定不會有道德。

追求道德而不能得到的障礙，不是外在的，而在於一個人內在的誠意。誠意或者是後來宋儒所講的自誠明，只有不失赤子之心的人才能自然而然的擁有，其餘的人則必須藉助於不斷的修養才能達到。自誠明的人即如「用心若鏡」（《莊子・應帝王》），照物不失其形，才能真。心有翳障而不自知，則無法達到道德，這種情形與明知故犯的虛偽難以區別。不能誠意固然不能得仁，但誠意只是一個必要的基礎，是仁的第一步，而不是一個最高的目標。儒家的禮「相於技」（《莊子・在宥》），是外化的，很容易使人重外在表現，而忽略誠意這個根本。

誠意是儒家人的一個困難試煉。但在道家看，「反身而誠」（《孟子・盡心上》）並不難，反身及於我就不能誠意，反身於吾就是自誠明。有了道德，但缺乏內在的意志力，或者說勇氣，則不能守。孟子重視勇，「雖千萬人，吾往矣」（《孟子・公孫醜上》），是因為只有這樣的勇氣才能在逆境中不至於違心而行。社會道德和倫理道德雖然屬於社會範疇，但因為仁，誠，和勇都是個人的，因而仍是一個人內在之事。與此相仿，鄭玄說：「德行，內外之稱，在心為德，施之為行。」那是社會意義的德行，也是立足於內的，德行就是道德之行。

韓愈《原道》中將道德置於仁義之下，則他所說的道德就專指善的意義上的道德，他認為這樣的道德「足乎己，無待於外之謂德」，這個見解是正確的。《韓詩外傳》有「魏文侯問狐卷子曰：『父賢足恃乎？』對曰：『不足。』『子賢足恃乎？』對曰：『不足。』『兄賢足恃乎？』曰：『不足。』『弟賢足恃乎？』對曰：『不足。』『臣賢足恃乎？』對曰：『不足。』文侯勃然作色而怒曰：『寡人問此五者於子，一一皆以為不足者，何也？』對曰：『父賢不過堯，而丹朱放；子賢不過舜，而瞽瞍頑；兄賢不過舜，而象傲；弟賢不過周公，而管叔誅；臣賢不過湯武，而桀紂伐。望人者不至，恃人者不久。君欲治，從身始，人何可恃乎？』」詩曰：「自求伊祜。」而「無待於外」是莊子的「無待」衍生而來的。

五、義與兵，刑，和禮

在匡廓圖中，義上承於仁，下傳至禮，而與兵和刑相接。墨子的學術內在地看，是一有機整體。但外在地看，墨家學術因為與相鄰範疇的互動和互競而顯得支離。孟子的學術也是如此。孟子說，「予豈好辯哉？予不得已也。」（《孟子・滕文公下》）孟子的以義為重心的學術因此需要按照匡廓圖，在於相鄰範疇的聯繫中展開，才能看出其內部邏輯的一致性。

義與兵

孟子很清楚地知道義與兵的範疇相接而相反。孟子非兵，對兵的排斥是他繼承仁的思想的必然結果。孟子說：「有人曰：『我善為陳，我善為戰。』大罪也。國君好仁，天下無敵焉。」（《孟子・盡心下》）這裡孟子是從智者利仁的角度出發的，但論兵與老子極其類似，幾乎可以看成是《老子》關於兵的章節的註解。對於一般性的兵，老子和孟子都持反對態度。老子說：「夫樂殺人者，則不可以得志於天下矣。」（31）而孟子說：「（天下）不嗜殺人者能一之。」（《孟子・梁惠王上》）與好兵求得求利相比，老子和孟子都看到了更遠一個層次，看到了這樣的得必然導致失：老子說兵，「其事好還」（30）；孟子則說得更具體：「殺人之父，人亦殺其父；殺人之兄，人亦殺其兄。然則非自殺之也，一閒耳。」（《孟子・盡心下》）起戰釁者，往往為保其所寶，但也往往轉而失之。對此，老子說：「大軍之後，必有凶年。」（30）孟子說：「梁惠王以土地之故，糜爛其民而戰之，大敗，將復之，恐不能勝，故驅其所愛子弟以殉之，是之謂以其所不愛及其所愛也。」（《孟子・盡心下》）

從匡廓圖看，儒墨的學術思想具有很大的一致性。兩家的爭鬥因此不是原則截然相反，而是從中選擇不同，實施手段的側重不同。兩者的思想不僅是相通的，而且很多是相像的，這裡聊舉幾例。兩者在如何達到義的問題上，幾乎相同地提出：不因難以實行而否定原則。孟子說：「大匠不為拙工改廢繩墨，羿不為拙射變其彀率。君子引而不發，躍如也。中道而立，能者從之。」（《孟子・盡心上》）而「子墨子謂二三子曰：『為義而不能，

必無排其道。譬若匠人之斫而不能，無排其繩。』」（《墨子·貴義》）
孟子說「能者從之」，即是認為任重道遠，需有材之士才能弘道。這種材
士，從淺近處說可以餓其體膚，從艱難處說可以威武不屈捨身取義。相應
地，墨子說：「商人之四方，市賈信徙，雖有關梁之難，盜賊之危，必為
之。今士坐而言義，無關梁之難，盜賊之危，此為信徙，不可勝計，然而
不為。則士之計利不若商人之察也。」墨子之徒「墨子服役者百八十人，皆
可使赴火蹈刃，死不旋踵」（《淮南子·泰族訓》），實際地做到了孟子的
要求，而墨子本人更是不世出的材士。兩人的其他觀點，如非攻兼愛重民好
學等，也有很多相似之處，茲不贅述。但墨子積極地備兵備戰，顯然是孟子
所無的。

　　儒墨顯學，其競和爭是在義和刑的層次進行的。禮崩樂壞之後，社會
變動頻仍，普通人的行動要因之而從權，義就變成最切近普通人的維度。儒
墨之爭，仍是在當時的政治框架之內的考慮。至於禮，大廈將傾發生在孔子
時代之前，所以孔子才會有「知其不可而為之」的態度，試圖挽救之。到了
孟墨時代，禮已無約束力久矣。所以從匡廓圖上可見，墨子從外得入手，繞
過孔子的仁，而達於義，《墨子·貴義》中有「子墨子曰：『萬事莫貴於
義。』」這與孟子的不言利，由仁義禮一貫而下的途徑是不同的，卻是殊途
同歸的。

　　義也是墨家一個重要的範疇。在墨家看來，孟子的學說，未免迂腐，
乞靈於當政的覺醒和自律，是緣木求魚。墨子認為，只憑空洞的學術沒有用
處，要身體力行，並從外加以約束，所以墨家亦重刑重兵。墨子認為，一個
人的修養，內在有見素抱樸，有正，有「養氣」固然重要，但仍有外在有點
染之憂，墨子說：「染於蒼則蒼，染於黃則黃。所入者變，其色亦變。五入
必而已，則為五色矣。故染不可不慎也。」（《墨子·所染》）「染」的對
象，從個人轉移到國家，則國家亦可有染，就必須積極地行動，防禦和製
止。（有趣的是，孟母三遷，正是懼其所「染」而為之的。）

　　這裡墨子與孟子的分歧，解開的關鍵，正是老子所講的，「故以身觀
身，以家觀家，以鄉觀鄉，以國觀國，以天下觀天下。」（54）墨子以天下
觀身，孟子以身觀天下，所以兩者都越過自己學說的有效範圍。使墨子回歸
天下，孟子回歸身則兩人所講都可以成立。但墨子宏觀的義，必須以孟子微
觀的義為基礎和依據。以墨子本人為例，墨子的修養和「所行」即是按照孟
子的「雖千萬人，吾往矣」。（《孟子·公孫醜上》）孟子並不迂腐，孟子

所講的「中道而行」，看似簡單易行，卻只有「能者」才能真正實行和一貫堅持。前面講過，一個社會可能整體為善，也可能整體為惡。這種宏觀義的善惡，宏觀義的宜與不宜，只能根據其是否違反仁的「是」或微觀的義來作出判斷，當仁的「是」不可得（世無孔子），就只有用微觀的義來作出判斷。只有「雖千萬人，吾往矣」的「能者」才能在社會集體為惡的時候，有能力並有勇氣去「守死善道」（《論語・泰伯》）。孟子即是如此。

義與刑

韓非在匡廓圖中處於刑這一環。刑出於兵，兵流而為刑。兵以不戰而屈人之兵為善之善者，刑則以「以刑去刑」為善。但與以奇用兵不同，刑必須有其正，「有賞罰，而無喜怒」（《韓非子・用人》），將賞罰的依據只歸屬於有常的法，而不是任何人，人是易變的。賞功罰罪，明令而必行才能以刑去刑：「明令」，人人得以知之，才能避免更多的人以事試法；「必行」，盡法無貸，避免更多的人以身試法。法只有明令而必行才有其意義，其寬猛或荒唐，適用與否還在其次。

儒家的學術建立在仁的基礎上，對刑殺鞭長莫及。從仁的角度看，沒有刑殺是善的。只有脫離了仁，仁不可得的時候，才有義，義刑義殺。因為理論上這一困難，儒家只能從刑的來源和非禮的角度論刑，在刑的範疇缺乏具體內容，需讓位於法家。

韓非因為目光只局限在社會治理，所以只注意宏觀的義，公義，這一點與墨子相近。韓非論宏觀的義的來源與孟子所論相近。如，韓非說：「義者，君臣上下之事，父子貴賤之差也，知交朋友之接也，親疏內外之分也。臣事君宜，下懷上宜，子事父宜，賤敬貴宜，知交友朋之相助也宜，親者內而疏者外宜。」（《韓非子・解老》）而孟子說：「君之視臣如手足，則臣視君如腹心；君之視臣如犬馬，則臣視君如國人；君之視臣如土芥，則臣視君如寇讎。」（《孟子・離婁下》）

墨家以義自律，但對不義重刑殺，不重禮。墨家鉅子腹䵍在已有秦王赦免的情形下，仍依據墨家刑殺掉自己的獨子，給人以深刻印象。俠客刺客，近則親，遠則疏，皆本於義，但近兵，不能稱為仁。以此而論，墨者雖然被視為後世俠客的老祖宗，卻以其心繫天下的兼愛非攻思想而遠強於此輩，俠客流只能算作墨家的末流，刺客同樣如此。

義與禮

　　孟子重禮，認為應該以義製禮，以禮驅除不義。三生萬物，將三推及到
所有社會中的人，就必須以禮來規劃。在複雜的情形裡，三人的關係是一個
單元，多人的關係是無數個三人關係的耦合。這些無數的三人關係，包含了
三人關係的所有可能。每一個三人關係同時也是時變的動態的。這種千變萬
化的關係所組成的系統──人類社會，需要一整套的規則來調整處理，否則
人就無所適從。一個人不可能在每一行動之前都要權衡再三，有即成的規則
可循，就能不假思索地行動。這種照顧到所有關係的公認規則，就是禮。在
匡廓圖中，荀子處於禮這最後一環。荀子一來繼承了孟子為君主制這一特別
存在所裁制的儒家思想，又因弟子韓非與法家相聯繫和區別。

　　人類社會的禮從來就不是完善的，因此必須經常有重新權衡和調節。一
個社會的義和刑，只有適宜與不適宜，應該如此和不應如此的差別，而不是
善和惡的差別：一個社會或國家的義和刑可以整體為善，也可以整體為惡。
只有在仁的原則下的義和刑，才有善惡寓於其中，這時的義是上義。具有善
惡性質的上義和刑才能通行於同樣認同仁的原則的社會，因而有普遍意義。
否則，任何一個社會的義和刑都沒有普遍的意義，不能普遍適用，不能夠相
互比較，是下義。老子有「上義為之而有以為」（38），而沒有說下義如
何，大概是因為下義不能一概而論的原因。

　　義對禮的權衡和調節是以道德仁三個根本層次為參考的調節。義是人
群中，即三人及以上的人群中的人與人的關係，是此群人中人與人關係的集
合。因為人與人的聯繫有親疏，人之間的關係以仁來測度，就有距離的差
別。但不管如何，這種關係仍然是一種人與人的關係。

　　以道為源頭來看人與人關係，道法自然，無論怎樣，都是宜也。以道
為源頭的義，如相忘於江湖，莊子喪妻托死者於天鼓盆而歌。相忘於江湖，
距離可謂極遠，而人心與他人之心得以超越這樣的距離，其義在於有信：人
在人海之中茫然而生歸屬感，又罔然若失，即由此而來；超越而融入合一，
自我在此消解了，只有冥冥中之天意存在；朝露浮萍之無常，並非偶然，其
中自有真意，拈花微笑即屬此類。從德的層次看義，義只是一人的事情，即
關係在我，在於我這一端是如何經營的，另一端是外物。此時義概括了我與
我之外的一切的關係。以德為尺度，義即是同於德者則相親，誠於中而寄情

於外物，其義貴在真，如伯牙子期，孔子夢周公，有朋自遠方來，他鄉遇故知，同類相求同聲相和而惺惺相惜。其人與人之距離反而愈見其遠而愈彌為珍貴，其義在於真。以仁為尺度的義，越近仁──人與人之間的對等，越是上義，其義貴在正。道德仁因此提供了人群的存在，凝聚，和聯繫的基本結構，即人道的舞臺。

人道出現，自然與人就此分開，對待自然不同於對人。仁者，二人也，己所不欲，勿施於人，這就要求「仁人」對每個人都平等對待，任何人都與自己對等。這樣的仁只是一種理想，在現實中的普通人無法做到，所以有必要將人群按照遠近親疏進一步區分，這種區分就產生了義。仁人的人際關係網絡是沒有疏密區別的，與此相對，義反映的是人際關係網絡中的靜態疏密不同和動態。從靜態看，親近則密，疏遠則疏，孔子的「能近取譬」和孟子的「推己及人」顯然都是有見於這種社會現實而提出的。

現實中，對禮來說，義的動態引起關係的相對不定和轉化。兩人相對關係，要待身分以定之後，然後有固定的禮的模式可用，如賓主禮，師生禮，子侄禮一類。雖然總有人試圖用禮來衡量義，但禮不能涵蓋或貫通義的範圍，只能為義所涵蓋，貫通和製約。對禮的任何背離，即是無禮，但此無禮未必不義。有宜就有不宜，有義自然就有不義。禮從宜，當無禮卻合乎宜的時候，義優先於禮。

「允執厥中」，禮是義與不義之中間點固化而成的。禮不能不義，否則只能一時譁眾取寵，難以確立。如賓主禮，有人開朗好客，有人清淡厭客；有人慷慨為待客而傾盡所有，有人慳吝守財卻不至虧空；有善客，有惡客，有暴客，有不速之客，在一社會裡這些種種都是主客關係要處理的，在禮的形成中起作用。但在實際情形中，多數的主客情況必須取一折中，因此在統計上和實際上都可以用一種平均的方式方法來製定一套待客禮節。這套禮節就會不偏不倚，而執中用正，得一個社會之宜和義。不離俗情，才有「禮失而求諸野」。從範圍上而言，義是局域的，禮所能通行的更有局限中，只能表徵文化中特定情形的特點。

義與德的類比

在孟子的學說裡，志是首要的，然後才有浩然之氣；氣的外在的節制取裁產生親疏遠近，才能形成合於義的禮。孟子講的志是人的志，是人道

的，「依於仁」（《論語・述而》）是不可省略的重要部分；墨子講天志，不重視人這一因素，在他講的天理正義公義中就缺乏人情味，這是將天道直通通地代入人道，而沒有註意到其中的枉則直的轉折。孟子批評墨家「是禽獸也」（《孟子・滕文公下》），不是謾罵，而是指出：將天道無條件地應用到人道，就將社會文明等同於生物種群。因為人的特別的存在，人類社會要複雜得多，墨家這種等同不是簡化，而是粗疏到了錯誤的地步。在人道裡，天理之中，又寓人情：「父為子隱，子為父隱，直在其中矣」（《論語・子路》）也是天性使然。兼愛無局域性，具體性的限制，難以照顧到此類天性。

墨子重外得，所以有此類的錯誤。莊子則深通人情，說：「故夫三皇、五帝之禮義法度，不矜於同而矜於治。」（《莊子・天運》）天理天道對每個人是同的，莊子認為義「不矜於同」，是同中仍可有異。「矜於治」則是按照合宜來調整，所以莊子接上又說：「故譬三皇、五帝之禮義法度，其猶柤梨橘柚邪！其味相反，而皆可於口。」《中庸》亦有類似的說法：「或安而行之，或利而行之，或勉強而行之，及其成功，一也。」

天道與人道對照來看，道與仁略相對應，德與義略相對應，所以與德類似，有大義，上義，公義，有義，仁義，高義的分別；大德勝於小德，大義勝於小義；有德勝於無德，有義勝於無義；德義兩者都有時間和空間的局域性，只有全德和大義的超越，才具有全域性；因此可以說，德在義所轄的小範圍中的重演，就是義。

六、個人，社會，傳統，和歷史

從個人來看，由所有社會關係所決定的人，就像從一點放射狀發出的長短不齊的線段。將這些線段的末端連起來所形成的包絡，即是一個人獨特的特性。這樣的人就是社會的基本元素。從這樣的元素內部考察，就是心理學。現代心理學發現，一個人所能維持的社會關係，大概在一百個人左右；而任何一個人通過不認識的人的介紹，達到世界上的每一個人，只需要大約六個中間人。人類社會就以此種方式聯繫在一起。

禮的慣性即是傳統

　　一個人所能維持的社會關係，就形成了一個人的生活圈。在圈外，只要有外在的公共的儀，就可通行。在圈外發生的事件，對普通人來說，是間接而遙遠的，人們在生活中並不經常用到遠見，這就大大地簡化了生存的複雜程度，使其變得可以處理。而在圈內，處理各種關係就必須有內在的禮，這就與一個人的個人處境有關，有具體的特別性，而沒有單純外在的儀可遵循。對大多數人來說，生活就是對自己特別的人際關係的日常調整，禮是其生活的全部內容。這樣的人，即是社會的人。禮的節制作用能夠使人類社會的一個個元素多多少少有某種共性，有規律可循，而不是隨時要重新審視規則。因此一個社會的禮制就塑造了大多數人，決定了大多數社會元素的性質。

　　對於不同的社會來說，人的元素遵循不同的禮的規則，因此有不同的表現。但從關係的分類，節制辦法，和具有衡量判斷的原則來看，任何一種社會都具有這些特性。天然的人性和人倫的種類是普遍的——「彼人也，我人也」（《孔叢子・居衛》），所以這些特性也是普遍的。對社會的考察可以從這些特性組成的框架開始。從這個角度去看，拋開具體的如何去做那部分，中國傳統禮制即是中國古人對人類社會這一結構應有內容的探索和總結：「修六禮以節民性，明七教以興民德，齊八政以防淫」（《禮記・王制》。《王制》對此解釋為，「六禮：冠、昏、喪、祭、鄉、相見。七教：父子、兄弟、夫婦、君臣、長幼、朋友、賓客。八政：飲食、衣服、事為、異別、度、量、數、制。」）這一分類對現代社會也有重要的參考作用：社會關係對一個人內心的影響，歸於心理學；人如何得知，掌握，和運用禮，歸於教育學；人與人之間存在著何種和多少種社會關係，歸於社會學；一個人應該如何處理這些關係，歸於倫理學，等等。這些學終究需要綜合回去，才能學以致用。所以禮制是這些學科的對象，同時也是目標。

　　一種具體的禮制總是限於某一時代和某一社會，不具有普遍性。禮制一旦形成，就有相對穩定的常態。因此，禮制與禮制對人類社會變遷的影響更多是慣性的惰性的。這種慣性或慣勢，只有在人們試圖改變社會的軌跡時，才顯露出來，而容易察知；在此之前，人們對之往往是不知不覺的，「忘足，履之適也；忘要（腰），帶之適也」。（《莊子・達生》）

　　這種維持不變的慣性即是傳統的力量和傳統在歷史中的作用。社會不變時，沒有傳統，只有生活方式。社會越深刻的改變，所遭遇的慣性越大，傳統越發顯現出來，也就構成了歷史書的內容。社會看似靜態的結構，是從變中來，而變才是歷史的關鍵。

　　一個社會的變遷，就像一個物體運動軌蹟的改變，是由新的影響和舊的慣性的共同作用決定的。而社會的變遷，有固定的範圍，這個範圍就是人性所能達的範圍，一種社會理想可以挑戰這種規定性，卻不可能逃脫，只會被社會的反之動所製伏。這就是司馬遷所講的，「究天人之際，通古今之變，成一家之言」。天人之際決定了歷史能達的變化範圍。而達到天人之際的人，決定了歷史窮通之變的宏大程度。人性與歷史即以這樣的方式緊密地聯繫在一起。這就要求，真正理解歷史的人，必須能究天人之際。

慣性和歷史

　　新的影響和舊的慣性兩者在絕大多數的時候並不是針鋒相對的，而是角力而相從的。認為傳統一定阻礙社會變化，是一種常見的誤解。這種誤解就導致忽視，拋棄，或反對傳統的錯誤──不能正視傳統，就不可能知道新舊傳統角力之後的最終方向。同樣地，錯誤地對待過去的歷史，也不可能對未來有正確的預見。因此說，過去的歷史不能決定未來，但過去的歷史以其慣性左右未來。

　　在歷史的轉折中，過去的歷史潛在的慣性才轉變為實質，我們才能真正地認識歷史。任何歷史都是當代的歷史，是從認識而言的，也是從慣性顯現而言的，歷史需要不斷的重寫的原因就在於此。如果歷史只是史實的堆砌，那麼歷史書只需要一部就夠了。在人們沒有充分意識到人類社會所夾帶的沉重的歷史慣性時，或者試圖忽略，扭曲，和抹殺過去的歷史時，也不可能對未來有個哪怕基本正確的估計。人類社會如果能夠像機器人一樣，在抹去舊的，安轉新的軟體之後，一按開關就可以更新，當然更容易，但可惜的是，人類社會並沒有這樣的一個開關。因此正視歷史史實，是認識未來的必要條件。

　　道的運行，包括道之下的自然和人事的運行，並不遵從最短最直截的路徑，而是慣性的。也就是說，道的運行總是充分顧及到物或人的慣性，因此總是曲折的，這是老子「枉則直，曲則全」的真正含義。「曲則全」與人們

的思維慣性不一致，這也是一種「曲則全」，一個人如果最終能夠體會此句話的含義，其過程無可避免地要按照自己的思維慣性來轉圜。人們平常所見的直，是未加深究的，是局域的而非廣大的，正如只有大方，才能無隅。在這個思維的轉圜裡，似乎人們的常識被否定掉了，但並非如此。從局域看到的，和從至為廣大看到的，是一致的，因為曲，所以能夠貫通聯繫在一起。不知道這一點，就會兩者互相否定，而陷於迷惑，只執兩者之一，自以為直，不管所執為廣大還是局域，其狹隘是一樣的。

　　對於一個人來說，潛在的慣性也是在人的生活發生轉變時才能意識到。生活習慣固然是一種慣性，但是習慣只是最表面的東西，就像歷史事件的史實一樣。人的思維習慣，比生活習慣更為基本，但也是同類的。在思維的背後，被稱為潛意識，無意識，或者佛心道心那個，才是一個人最根深蒂固的慣性，這就是人性的最深處。大多數人對其存在沒有任何意識，只有在一個人的內省和外界強行對其改變中，才能發現其力量。掌握了這樣力量的人，如莊子孔子，就有了意志的自由。對於有自由意志的人來說，人性的慣性是無法撼動的。孔子說：「剛毅木訥，近仁」（《論語‧子路》），不啻說真正的仁者難以撼動。社會的歷史是由一個個人的歷史組成，那些無法撼動的人性，最終決定了歷史的發展。一個民族最深層的意識，不可撼動的意識，不被世界改變，水滴石穿，就最終改變世界。這是歷史的慣性的力量源泉。在這意義上，「知其不可而為之」（《論語‧憲問》）的仁人的螳臂當車，其意義在漫長的歷史時期之後才會顯露出來，而常成為歷史的先聲，先驅，和嚮導。

　　「不與化為人，安能化人！」（《莊子‧外物》），不能認識自我人性的人，無法理解歷史，也不能引領歷史的潮流。一個人能夠影響歷史的進程，這種情形在人類歷史上不乏其例。從歷史上看，這樣的人即是引領人類的人，是先知先覺者，先知先覺者在行動上又可為先驅和先行者，在實際影響上又可稱為領導者。深刻地理解到這一作用，才能真正理解人類歷史即是人的思想史這一斷言。孔子即是此類領導者的一個例子，儒家將孔子奉為素王，因為這個意義而成立──從孔子所掌的影響歷史變化的權力，社會影響力來說，這個封號並不突兀過分。

個人對歷史的影響

一個人對歷史的影響，以從內到外的順序來講，可以分成三個部分：自我人性的認識，學術，和實現機制。對自我不可動搖的人性的考察，可以得到的人類普遍人性的認識。這樣的認識寫下來，即是一種理論。這樣的理論有其常，人們反復遇到同樣的問題，反復需要，認識，和發展這樣的理論，而使之更根深蒂固。在沒有顯示的實現機制時，這樣的理論不會消失，只是潛藏在人心中，「文武之道，未墜於地，在人」（《論語・子張》）；一旦有現實的機制使得這種理論有可能執行，就影響了歷史的進程。正如清魏源所說：「天生蒸民，有物有則。格致者，格此矩。自一人之心以至於億萬人之心，即今日之心以印於上下千古之心，無不合符節焉。故從心所慾不踰矩者，聖心也；從民所慾不踰矩者，王道也。誠一己之好惡以同眾人之好惡，斯之謂矩，斯之謂知本。」（《孟子・告子上》有，「《詩》曰：『天生蒸民，有物有則。民之秉夷，好是懿德。』孔子曰：『為此詩者，其知道乎！故有物必有則，民之秉夷也，故好是懿德。』」）

中國人古來有人的三不朽的說法，即「立德，立言，和立功」，正與這個由內到外的順序相對應：一個人的立德是內在的認識和心得，旁人無從一窺；立言即是他所說的，被後世銘記於心的話，或是一種學問，或是一種斷言，或者概括地說是一本書；立功是他對社會的實際影響。

從重要性來講，立德勝於立言，立言勝於立功。孔子欲無言，因為其德已經建立，是言談所無法描述概括的。所以立言，定下一種學問，對孔子來說並不重要──《論語》第一篇「學而」的第一章即有「人不知而不慍，不亦君子乎？」這是孔子極深的自信。錢穆說：「聖人深造之已極，自知彌深，自信彌篤，乃曰：『知我者其天乎』。」（錢穆《論語新解》學而篇註）錢穆此言可與孔子「五十而知天命」一併來看。沒有效驗的自信只是無知的狂妄，他人或許以自信自許，但卻沒有人能夠像孔子那樣對後世影響深廣──孔子之道極精而有信，盡在其歷史效驗中顯示出來了。以儒家為名的各種理論，與孔子所講往往頗為不同，不能因為他們名義上尊孔而認為即是孔子的意見。孔子無君王的名位，不擁有實現自己理想的機制機器，所以沒有什麼了不起的政績。孔子的影響是以師統的機制實現的，師統勝於學統，更勝於君統，比起有時期限制的學統軍統，師統的影響更長久不衰。從孔子

的政績，言行（《論語》）來認識孔子，失之遠矣。孔子在遠古時代，如何能夠聚攏數目眾多的濟濟英才，而使弟子們終身感念；孔子如何在千古之下，儒家歷經周折之後，仍然使有所得的人拳拳服膺。對這兩個問題的回答，才是認識孔子的關鍵。

歷史總是存在著循環，不能正確地認識歷史的循環，也不能瞭解歷史的演進。在歷史循環的一個週期中的大部分時間，很少有超越循環改變循環的契機，只在某些關鍵的節點上，如中國歷史上的朝代興替的窗口中，才有這樣的機會。而機會往往存在於一個人或少數幾個人所處的天時地利和人事中──這一個人或少數幾個人的立功，對後世有莫大的影響。人的意志輕如鴻毛，但卻能深刻地改變歷史的方向，即在於這種情況的存在。而歷史循環不斷的反復，使得這種改變不在這一循環就在另一循環的窗口中得以實現，這是循環的作用。在那個關鍵的歷史節點，在那個時間和地點，得其人，而其人不失其道，即成歷史向人道演進的成敗的關鍵。在歷史的節點上，已經有所準備的人，因此是至關重要的因素。而沒有儲才養望的文化，歷史就會循環無已。

在中國歷史的節點上，亂世人才有時多於治世，即是學術之功。這樣的學術所關注的不是具有知識和外得之士，而是不以此為重的道德之士。使這樣的人，據於關鍵的位置，因為人事難料，往往存在可遇而不可求的情形，克服這種困難只能依賴政治的或者政治家的智慧。道德之士不可得，退而求其次，也需要講求仁義廉恥的人，對人倫有深刻理解的人，即所謂「求忠臣於孝子之門」；而沉溺於外物的人，即使學富五車，在朝代更替的動盪中也會很輕易地被外物誘惑，不能立足，也無能為。世無英雄，豎子成名所造成的問題，要回歸到老莊孔孟等人的學術才能得到解決。

第十二章　匡廓圖說（下）

一、刑的範疇與韓非

　　從匡廓圖來看，從外德至刑，是個得─兵─刑的線索。以韓非為代表的法家處於刑這一環。法家之所以稱為法家，不是因為他們所設立的法，而是他們主張用法來定刑──這一認識的重要意義至為明顯。刑不同於法。刑普遍存在於任何社會──刑即是懲罰。廣義的刑可以來自於天，莊子裡即有「天刑」的說法。法一般認為是國家出現之後才有的，是人為的，法有特定的地理空間和時間上的局域性。要回答一個社會有沒有法，必須先有個法的定義範式。合乎某種定義範式的法，才稱之為法。一個社會中這樣的法是否得到有效施行，施行方法是什麼，不去施行的一紙空文算不算是法，又是關於法的一系列的問題。刑則不需要考慮這些繁瑣的問題。不論有沒有合乎定義或範式的法，刑都是存在的。不論法的製定依憑什麼原則，其最初的目的和最終要達的效果始終是刑。法與刑的關係就同一個公司的管理結構和其實際經營情況的關係，刑是其中的更為實際的有效驗的，因此更為根本。對刑的需求或限制驅動了法的出現或廢除。

禮不下庶人，刑不上大夫

　　韓非因為學術得到秦始皇的推重，《韓非子》文本保留地較為完整，韓非的思想也比較成系統，所以韓非歷來被視為法家的代表人物。司馬遷在《史記》中將他歸於道德一派，認為法家的根源在於道家，這個意見歷來為人所重視並使人困惑。但從匡廓圖的框架來看，司馬遷所見顯然是正確的。中國文化中，對韓非的評價，至司馬遷已算是論定，此後的翻案文章少有影響，後來幾乎所有對韓非的批評都不出乎司馬遷的「韓子引繩墨，切事情，明是非，其極慘礉少恩」（《史記・老莊申韓列傳》），而「嚴刑峻法，刻薄寡恩」（同上）歷來是對法家刻板印象。

在韓非所處的時代，「禮不下庶人，刑不上大夫」（《禮記‧曲禮上》）更像是社會實際情況的一種總結性的描述，而不是強制性的規定。《孔子家語‧五刑》對此類的規則加以歸納，說：「是故大夫之罪，其在五刑之域者，聞而譴發，則白冠氂纓，盤水加劍，造乎闕而自請罪，君不使有司執縛牽掣而加之也。其有大罪者，聞命則北面再拜，跪而自裁，君不使人捽引而刑殺之也，曰：子大夫自取之耳。吾遇子有禮矣。以刑不上大夫，而大夫亦不失其罪者，教使然也。凡所謂禮不下庶人者，以庶人遽其事而不能充禮，故不責之以備禮也。」

法令的執行，對於庶人，可以擒而刑之，大夫卻不會束手就擒。對大夫施刑有實際操作上的困難。先秦有勢力的卿相大夫家中蓄甲兵及門客的情形頗為普遍，所蓄甲兵往往有勝於公室的情形。不僅如此，即使卿相大夫的家臣，意見不合，互相攻伐的時候大概比擒而刑之的情形還要多些。三家分晉，即是一個例子。所謂刑不上大夫，是在需用刑的時候，或者以兵代刑，或者以禮代刑，或者含混過去，刑則此路不通。夫差賜劍，使伍子胥自殺，即是以大夫禮代刑，使其全自尊遠恥辱。名將李廣自殺即是不堪其恥辱，是與此相關而相反的例子。後世對此的仿效，不使罪臣下獄吏受辱，也是取古禮之遺意，其中寓有仍有相敵相抗而互尊之意在內。這裡需要注意的是，這種殺人以禮，與莊子所講的後世將有「人相食」（《莊子‧庚桑楚》）的禮，人與人之間互相以禮相責，有所不同。在執行上，夫差的禮是以兵為後盾，而後世的禮以恥為動力。

禮只限於大夫和更高階層的人。即使對於這些人，禮在沒有相互間共同的認可的時候，沒有約束力，不行其禮也不能責之以恥。更甚者，這些人中視禮為無物的人往往有之。禮的效用的窘迫因此可以想見。刑依賴外在的懲罰，與恥無關，可以解決禮無能為力的問題；但刑與禮是不同類的，試圖通過刑建立恥，則南轅北轍。所以孔子說：「道之以政，齊之以刑，民免而無恥；道之以德，齊之以禮，有恥且格。」（《論語‧為政》。《史記‧酷吏列傳》有，「孔子曰：『導之以政，……。』太史公曰：信哉是言也！法令者治之具，而非制治清濁之源也。昔天下之網嘗密矣，然姦偽萌起，……！言道德者，溺其職矣。故曰：『聽訟，吾猶人也，必也使無訟乎』。『下士聞道大笑之』。非虛言也。漢興，破觚而為圜，斲雕而為樸，網漏於吞舟之魚，而吏治烝烝，不至於姦，黎民艾安。由是觀之，在彼不在此。」）而對於莊子來說，道德人性為本，禮為末；禮只是人為的一套名的東西，以此來

約束人，只是徒亂人心人行。（《潛夫論・德化》說：「務厚其情而明則務義，民親愛則無相害傷之意，動思義則無奸邪之心。夫若此者，非律之所使也，非威刑之所強也，此乃教化之所致。」）不尊禮法，就有兩種，一種是禮的層次上的無禮無恥，一種是超越禮的層次，如魏晉名士之所為──禮既為末，只能隨人性之而變，而不是反之；反之就與「楚王好細腰，宮中多餓死」沒有本質的差別。

韓非是荀子的弟子，本受教於儒家。韓非認為這類的情形必須以「正名」治之。（子路曰：「衛君待子而為政，子將奚先？」子曰：「必也正名乎！」（《論語・子路》））但他看出禮不足以解決這個問題，認為只有建立某種公認的強制性的規則，「奉公法，廢私術」（《韓非子・有度》），才能抑制混亂，使之歸於秩序。這種強制性秩序必須憑藉一個威權來維持。作為韓國的諸公子，他自然認為公室的力量應是這個威權，公室應強大到能夠壓制住士大夫們，而不是僅從禮的名義上佔優──這樣得來的君君臣臣，與周公所製不同，與孟子所講也不同，這就開了中國秦漢以下君臣倫理的另一先河：「臣罪當誅兮天王聖明」（韓愈《琴操》）。這樣的君臣，國君即成為刑的最高權威，在一國之內使刑得到一致。如此一來內鬥私鬥可以避免，方便適宜君主（公室）的政策也可以得到雷厲風行的施行，當國與公室利益一致時，國家的富強就可實現──此後這些都在秦國實現了。他的見解，降低了士大夫的地位，對當時的士大夫來說，當然不很受歡迎，在韓國國君處也碰了壁。但對野心勃勃的嬴政來說，大權獨攬，削抑傳統貴族的勢力，正是他所亟需的，韓非的學術正是一拍即合，所以他說：「寡人得見此人與之遊，死不恨矣！」（《史記・老莊申韓列傳》）

嬴政雖然對韓非在學術史上的地位的確立有舉足輕重的作用，但嬴政實際上只是葉公好龍之輩。韓非之學的勢法術三個層次中，君王的權術只是最後一個層次，權術不依賴於法，而帶有兵的遺跡，兵行詭道（《孫子・始計》：「兵者，詭道也。」），而模仿兵的權術則是「刑不可知，則威不可測」（《左傳》昭公六年孔穎達疏語）。嬴政對韓非之學，淺嚐輒止，只學到了其中慘礉少恩，「枉法為治」（《韓非子・孤憤》）的權術，所以只知道可以無所不為，知威而不知勢。「刑本懲暴，今以脅賢；昔為天下，今為一身」（嵇康《太師箴》），正是秦暴政的寫照。一旦得其所需，嬴政便視韓非為一威脅。韓非被迫訪秦，最終為秦所囚殺。雖有人將韓非之死歸罪於李斯進讒，但嬴政疑忌韓非對權術的洞察，應是嬴政欲入韓非於罪的根本原

因。韓非雖然認為君王的威權是法令得以實施的保障，但他認為法的內容有
其自然的根源，法自道出，只能順應而不能任意妄為，這就不是君王所能專
斷的了。秦始皇不能接受韓非這一部分的學術，自以為極盡威權的殘酷暴
虐，就可以凌駕於法則之上，傳之萬世，這是極為愚蠢的，秦國二代而亡，
未及嬴政之身，已經可說是僥倖了。

刑始於兵而終於禮也

　　「刑也者，始於兵而終於禮也。」（《遼史・刑法志》）兵在刑先。刑
這一維是在兵的一維已經伸張之後，才有立足之地。這兩者雖然都是一個社
會或國家生存的基本柱石，但在一般的情形下，兵主外，是國家間的；而刑
是非軍事的，是一個社會或國家內部的。兵是國家存在的根本，間接對刑有
支持，但不能越俎代庖。兵主外，不可加於國人，以兵加於國人，是一種失
刑。在用兵的時候，兵決定刑，在兵與刑對立的時候兵有決定性。兵無所用
的時候，才有刑的權威。
　　兵是暴力性的，而刑是強制性的，由國家政權來實現。這就決定了，
刑只能在國家肇建之後才能起作用，但新國之生，鮮有不是由兵開始的，所
以兵在刑先。從中國歷史上看，刑成於兵之後這一規律，不僅存在於一個朝
代興衰的循環裡，更貫穿於漫長的歷史時期，刑通過若干朝代的張弛才得以
成形和確立。每一張弛，都圍繞著兵和禮之間的一個有獨立性的「中」點，
即刑，進行。兵的目的是獲得，而刑的目的則是獲得之後的保守；兵不能保
守，也就不常，而刑則必須有常。因此，在兵和禮交替的社會震盪中過程
中，刑的「中」漸漸成形有質，與兵和禮的界限漸漸清晰，最終有所立而成
為定局。兵主殺，人死不能複生，就割斷了人道意義的關係，是刑的極致。
死刑因其處於兵與刑邊界處，所以存在爭議的空間。是否要廢除死刑這個議
題從不存在到有爭議，起因雖可說是人道主義的進步，但也是由於兵與刑的
範疇之間的進退爭奪。
　　在刑的另一端是禮。禮是人與人之間關係的維持，當這種關係導致衝
突或傷害，這類的情形就由刑來統轄。刑可以用以控制這類情形，而禮貴
和，這種和以某一種人倫秩序為基礎，不存在為人倫混亂和被破壞的情形所
設立的禮。（如《世說新語・言語》中，「孔文舉有二子，大者六歲，小者
五歲。晝日父眠，小者床頭盜酒飲之。大兒謂曰：「何以不拜？」答曰：

「偷，那得行禮！」）所以刑與禮存在著一個天然的邊界。

　　刑對於禮的製度，是一種限制和保護，是懲罰某些對禮的破壞，這就隱含著對人道人倫維持的意味。任由禮的關係的打破，會導緻禮制的崩潰。刑這一維度因此對禮來說是不可或缺的。刑往往能使傷害的一方得到懲罰，但未必能使被傷害的一端得到補償，所以不貴和，不能彌縫或發展人倫，而貴是非曲直的決斷──而非和；尤其當人倫紊亂不可理之時，需要快刀斬亂麻。

　　「禮者，禁於將然之前；而法者，禁於已然之後」（《大戴禮記・禮察》），刑對禮的維護是保守性的和被動的，相比之下禮則是主動的，總是有擴展的傾向；因此刑不能對禮取而代之，也不能輕易侵入禮的範圍──法不責眾，對於社會的普遍行為，因為刑難以真正執行，法就會有所避讓。

　　刑不能取代禮。荀子說：「禮者，人之所履也，失所履，必顛蹶陷溺。」（《荀子・大略》）社會人生活在社會中，必須以禮立足，以禮與人往來，而不能即使打招呼也要有刑律來規定。在刑之外，存在著一個「為惡無近刑」（《莊子・養生主》）的禮的空間。孔子說的「君子懷刑，小人懷惠」（《論語・裡仁》）也是同樣的意思。這裡的「惡」，是從具體社會的刑和義來講的，即從當時當地的人的觀念而講的。與這種惡相對的善，可以參見老子所講的「天下……皆知善之為善，斯不善已」（2）和孔子所講的「善者好之，其不善者惡之」（《論語・子路》）中的善。莊子和孔子所講，不是懷著規避刑的想法去做惡，而是在試圖超越眼前的時代時，不能視其為無物；視其為無物就會自遭其咎，於事無補。

　　用個比喻來說，如果人是魚，那麼禮就是水，刑就是網。魚無水不行，但能無網而行。一種社會的刑，就如同一種人為構造的網。網的存在與網格大小沒有關係，網格太大，吞舟是漏，或者網格疏密不一，不能將同樣的魚打盡，都不能否定網的存在。只要有一例沒有亡羊補牢，網即是一張破網，刑即等於無存，這與千里之堤，潰於蟻穴是一樣的道理。從邏輯上講，從一個錯誤的推論，就可以推出所有的錯誤結論，名學如此，法理也是如此。

　　刑作為懲罰，必須有依據或者說權威。這個依據或權威可以是人格化的神或神化的人，如巫祝宗教，可以是威權暴力，如君主權貴族長政府等。而法家認為只有根據公開公認的法，才能作為刑的依據，這樣的見解超乎於時代。與刑相應的法，也界定了「法」的範疇的有效空間，法的內容被這個有效空間所節制。從匡廓圖來看刑流於德仁兵之下，與義相對，而在禮之上。刑侵入德仁兵義禮的範圍，則稱為濫刑。刑主內，不可用之於外，鞭長莫

及；刑不能製非禮，這兩者可稱為失刑。刑是人與人之間的關係，所以刑的依據不管來源如何，必須被轉變成人與人的關係。例如，以神的諭令而決定的刑，不是神的意旨，而純粹是人的領會和行為。刑是人與人的關係，還表現為，被施以刑的，最終一定是人，而不能施之於非人無知之物。將刑施行於非人或人格化的物，不屬於刑的範圍，秦始皇赭山封松之類的舉動，只是一種昏亂乖戾。

二、刑與仁義禮的關係

天道不仁，草木遂長不為善，不能居其功；肅殺萬物不為惡，不可任其責。天道的規則直接用於刑，就只見肅殺，因為缺乏人性而刻薄嚴酷。但刑不是人與物的關係，而是人與人的關係，因此，刑必須受到人道的約束，刑必須有人道的因素，以仁考量刑的每一方方面面，而不能用人與物的關係來比擬，像水火無情一樣。

仁是任何刑不可或缺的一個支點和約束，沒有仁，刑只是未開化的非人世界的野蠻暴力的延伸。韓非雖然是法家集大成者，但他的理論因為不能兼顧仁，而重視威權，所以既不完整，有內在的衝突，又流於殘忍。這樣的刑，對人性的傷害，比仁義更甚。仁義固然是對人性的束縛，但「忘足，履之適也；忘要，帶之適也」（《莊子‧達生》），上仁上義仍可使人不覺其約束。但即便如此，因其束縛的本質，仁義也不能歷久，而有後患。而治世只用刑，用刑來取代仁義禮，法制崩潰就指日可待。

刑的性質

刑和法必須以仁為前提性的原則，不能允許任何脫逸出仁的軌道的部分。脫離了仁的刑和法，不僅不會起到治理的作用，而且必然從人道的層面深刻地破壞社會秩序和使社會分崩離析喪失整體凝聚性。刑的強制性一旦有疏漏，只能回到暴力的兵來解決。對刑的強制性的任何挑戰，都關係到權的歸屬問題，在韓非時代，這種挑戰就是分權，因而是直接挑戰君主，所以韓非特意強調權出於君的重要性。脫離了仁的刑和法的秩序，權分則亂，如一僕二主的情形。孟子說：「君之視臣如手足；則臣視君如腹心；君之視臣如

犬馬,則臣視君如國人;君之視臣如土芥,則臣視君如寇讎。」(《孟子・離婁下》)。孔子時代,法沒有成形,只有禮的約束,因此有,「孔子謂季氏:『八佾舞於庭,是可忍也,孰不可忍也?』」即,季氏這樣的蔑視禮,那麼就沒有什麼可以約束了。沒有約束的,就是兵。季氏後來驅逐魯昭公,證實了孔子從禮的作用做出的預言。)讎通仇,所謂寇仇,已遊離於法外,不能用和平的法和刑來懲治,必須以兵來解決。中國歷史上的改朝換代,雖然大多時候由底層農民反抗為其先聲,但君臣兵戎相見往往更具決定性。

刑懲於後。刑不預設,更不能預施;先有一種罪,才有刑罰隨之,而非相反。這種特點,使得刑只能是社會秩序被動的維護者。即是說,刑只是一種不治之道,而非治道,猶如藥而非糧食,只能常備而慎用。刑不足用。選擇性的處罰,有罪而僥倖逃脫,無罪而蒙冤等等,是刑不可避免的。其次,刑總是落在有差異的個人的身上,而法則是為一個社會中所有人所設。適用同樣的刑,施行同樣的刑,懲罰的痛楚卻因人而異——刑雖然平直,但人事總是曲折的。再次,在不同的社會環境和時代,同樣的罪對應的刑也不同,如,荀子說:「故治則刑重,亂則刑輕,犯治之罪固重,犯亂之罪固輕也。《書》曰:『刑罰世輕世重。』此之謂也。」(《荀子・正論》)

刑能懲惡,卻無法使人向善。化刑的被動為主動,作為治道來使用,是人為地將肅殺引入人類社會,由此而生的權柄是純粹的惡,因此而產生的反之動,使得這樣的社會不可持續。刑能嚇阻一部分人,卻不能使人不在刑邊界徘徊。僅以刑為治道的社會,人們就不得不像走鋼絲一樣,擁擠在刑的邊界。在這種情形下,人們的行為與執行刑的能力相進退,不留餘地,而是緊繃的剛性的。而這種剛性是不足恃的,老子說:「民不畏死,奈何以死懼之?若使民常畏死,而為奇者,吾得執而殺之,孰敢?」(74)此句正是對以刑為治道所發。中國傳統文化因此特別重視息訟省刑,使人安而非如履薄冰。

老子說:「大製不割」(28)。王弼注此句說:「大製者以天下心為心,故無割也」。(王弼《老子注》)河上公註說:「無所割傷」。這兩種注都得到了刑如斤斧的意象。能製則不必割,不常割的刃,可以常鋒利;這個比喻應用於刑,就是省刑,這是老子的儉在刑上的反映——刑陳之而不用,是治世之最善,這樣的刑才能夠歷久。又如,賈誼說:「屠牛坦一朝解十二牛,而芒刃不頓者,所排擊所剝割皆象理也。然至髖髀之所,非斤則斧矣。仁義恩厚,此人主之芒刃也;權勢法制,此人主之斤斧也。」(《新書・制不定》)以比喻來說,刑如刀斧,而「龍泉以不割常利,斤斧以日用

速弊。」（《抱樸子‧至理》）而刑人唯恐不勝，使每個人無時無刻都處在對刑的畏懼之中，就會驅使一部分人去尋找法律的罅隙，行險以圖僥倖，陽奉陰違以至於公然反抗；相應地由此滋生了官吏，玩法弄權，貪贓舞弊，懈怠瀆職也不可避免；刑法之速弊，就不出意料了。

刑需仁義禮的配合

治亂世用重典，而沒有仁義禮的輔佐，只會加快刑法的速弊。荀子說：「刑稱罪，則治；不稱罪，則亂。」（《荀子‧正論》）沒有仁義禮的輔佐，刑與罪往往不相稱，這種情形如同抱薪救火，引起反之動，刑罪相長而愈演愈烈。而在歷史上，刑往往是在仁義禮無存時，才匆忙推出，這樣的刑只能加速禍亂。

上有所好，下必甚焉，中國歷史上，幾乎所有好法的帝王，其執法之吏都極其殘酷。這些君王所好都是此類脫離了仁的刑和法，因而為害甚劇，但殘酷的名聲都歸於法家。先秦時，商的刑法即開殘酷的先河。此後秦法以嚴酷著名，「刑人如恐不勝」。秦法始作俑者商鞅「作法自斃」，傷人的刑也容易反噬。後世儒家認為講仁義無大過，大概也是據此而興之感慨。先秦時代東方諸國雖不以製度性的殘酷著名，但實際情形也未遑多讓：《莊子‧在宥》有「刑戮相望」，《左傳‧昭公三年》則有「屨賤踊貴」，踊是假足，是刖足之人所需。即使這兩者有文辭虛誇在內，也足以令人心驚。此後，漢唐酷吏名載史傳，無需悉數。明清酷吏更為普遍尋常，以至於名聲不顯，如明馮夢龍筆記《古今譚概‧口碑部》即有名氣不大的酷吏「指落君子」條，此人「拷掠之慘，至於手足指墮」；同部又有「海公」條載譏刺海瑞濫刑事；又如，清劉鶚的小說《老殘遊記》中的酷吏剛弼和玉賢實有所本。值得一提的是，從有關刑的公案小說的內容來看，以晚近時代為背景的遠多於古遠時代。這表現了刑的發展和被認可，早期以經義斷事漸漸讓位於刑律。

孔子的「使無訟乎」（《論語‧顏淵》），並不是對刑的排斥，而有與老子類似的省刑的意思。儒家禮的教誨，其根本就在於使人遠離於刑，與抱薪救火的重典相反，是一種釜底抽薪的策略，如「有子曰：『其為人也孝弟，而好犯上者，鮮矣；不好犯上，而好作亂者，未之有也。』」（《論語‧學而》從匡廓圖來看，儒家學術所開闢的禮義仁的空間，不是僅僅對刑的規避，一方面這些空間容納了人的多樣性，另一方面，禮對刑是規避，

義與刑的關係卻是一種對等的角力，而仁超脫於刑之上，對刑有規定性，而不受刑的規定。如，「子謂公冶長，『可妻也。雖在縲絏之中，非其罪也。』」（《論語・公冶長》）刑不能規定何為仁何為不仁，也不是決定善惡的權威。

仁是渾然的，在仁的層次和意義上沒有刑，仁不能取代刑，而只能是刑的基礎之一。仁對刑的具體影響是通過義和禮達到的。仁對刑有所限制時，刑因為與義和禮的相互作用，與兵不同而形成一個獨立的範疇。孔子所講的「使無訟」是對刑的範疇的壓制和隔離，這種作用只能由義和禮達到。「水行者表（立標尺標識）深，使人無陷；治民者表亂，使人無失，禮者，其表也。先王以禮義表天下之亂；今廢禮者，是棄表也，故民迷惑而陷禍患，此刑罰之所以繁也。」（《荀子・大略》）此外刑還要禮在人被刑之後來補充和彌縫，以處理刑的後果。戰勝以喪禮處之，刑人也不能成其為慶典，而必須有相應的禮來處理。懲罰不能消減罪行的後果或者使罪人向善，只能通過義，禮，和時間。

刑的公平性是從仁而來的，但與義相仿，刑比仁更為複雜而有自身的特點。刑以治為上，圍繞於公平，而有差異。首先，刑為三，是三個人之事，所以不能簡化為二人。而在三人間，做評判的人與其他兩人相比，總是處於更有利的地位。這個地位在能夠使刑訟向不同結果發展的時候，即稱為權，是能使之變動的能力。此類的權，即使在法制發達的社會中，也難以杜絕，因為法網總有疏漏，而新過犯層出不窮而且難以認定。孟子說：「徒善不足以為政，徒法不能以自行」（《孟子・離婁上》），前一句是仁不能代替刑，後一句即是在刑中做評判的人，即權，必然存在，不可去。孟子的權與韓非的權，因此最重要的差別在於前者有仁的基礎，後者付之闕如。

刑的製定不可能完善，就存在有罪而無罰。當這種罪不挑戰權，當權者也沒有意願去改變即成的法令去懲處之，而傾向於忽略，容忍，甚至藉助助長這種力量來剷除異己，其勢使然。這樣做法顯然也會腐蝕即成的法令，即，使其腐不堪用而不對其破壞或改變，所以說「絕對權力導致絕對的腐敗」──這句話適用於一切專制的政體。腐敗的法令，似乎仍然存在，卻不堪用，失去強制性；而可以被朝三暮四隨意侮弄，這是「刑本懲暴，今以脅賢」（嵇康《太師箴》）發生的原因──法的名仍在，但刑之實全非。法令的強制性的名存實亡，就將社會推向暴力的兵的邊緣。

在禮相對發達的社會裡，刑作為懲罰的手段，重心從兵轉移到禮，從肉刑轉變為禮的關係的割斷──即從懲罰一個人的自然部分，轉變為懲罰社

會部分。從物與人的自然關係轉變為人與人的社會關係之後，一切都可以被名化，在這種名化中的懲罰可以概括為對名，即關係，的懲罰。作為社會關係的總和的人，隔離或切斷人的關係，即形成懲罰。從這個意義上說，監獄的作用不僅僅是對囚犯行動自由的限制，而且還是對其關係的隔絕，使之不完整。先秦時代，此類名的懲罰已經興起，如褫爵，罰金，流放等，分別是對社會地位和特權，個人名義擁有物，和親友關係的剝奪。此類的懲罰是一個文明發展到足以與原始的自然人社會分離的程度時，人與人的關係的重要性足以與人與物關係相抗衡時，才得以出現的。這類懲罰可以普遍地概括為對一個人完整的社會關係的任何限制。與肉刑中的死刑相對，這類懲罰的極限是永久地將一個人與社會隔絕。此類的刑罰，只能從禮出發來研究。錢穆從這個意義上說：「中國非無法，但言禮法，不言法禮，則法必統於禮。」（錢穆《現代中國學術論衡》，北京：生活・讀書・新知三聯書店，2001年，第18頁）中國傳統社會不區分禮的節制和法的禁止之間的區別，尤其儒家使倫理禮儀侵入刑的範圍，形成「禮法」，這是中國古代法律與西方法律不同的地方——前者從個人的人倫出，後者由國家層次的社會契約出——即便同樣的律條，也有不同的內涵和應用。如中國人認為法不悖人情，而西方人沒有此類的思維的支持，即使有悖人之常情，也少異議。一種禮法不能通行於不同社會，但就如在任何社會中都普遍地存在禮一樣，禮法普遍地存在於任何社會，只是形態各異而已。

　　在仁基礎上，刑和法還要與義相制衡而權變，缺乏義的刑和法，即缺乏適宜性，容易流於也常流於不公平。「舉枉錯諸直，則民不服」（《論語・為政》），就引起社會對刑和法的輕侮，懷疑，敵視和挑戰。這種挑戰在和平形勢下，是刑可以擒而罰之的。「儒以文亂法，俠以武犯禁」，儒和俠多不處於社會底層，儒行動的根據和準繩是仁義禮，而俠主要遵從義，兩者所推崇的原則都獨立於法和刑範疇之外，所以都不憚於觸犯法網。儒得刑而非其罪，即成文字獄。而俠，大義自不必說，即使為的是小恩小義也敢於犯法，如司馬遷《刺客列傳》中諸人。文字獄與政治昏亂專制總是如影隨形，而名俠與酷吏往往並代駢出，如秦，漢武，唐武則天時期。中國歷史上政刑不分，地方官長可以同時又是法官，刑的執行因人不同，有很大的彈性。但在一個朝代中，刑律常有增無減，刑罰日趨嚴峻，只有在極少數政治清明的緩和時期，才有省刑削律的德政。中國歷史書中，法網嚴密從來不是一種褒詞，而意味著濫刑。

三、完整的人

　　刑字在甲骨文中，是個井刀之形。對一個人，任何阻逆其意願，限制其自由，即是懲罰。這樣的懲罰即是廣義的刑。廣義的刑包括了天刑，天道對人的製約，如人的原罪；也包括人的刑，兵與禮之間的刑對社會行為的約束。對於廣義的刑，先要定義完整人性為何，然後才能認識到其限制的意義。完整的人的自由空間，是匡廓圖所展示的整個空間。在中國傳統學術中，何為完整人性這個問題即是「性命」的問題。廣義的刑，即是對完整的人的任何處罰，對完整的性命的任何限制和剝奪。仁義禮是人性的生和伸展，與兵和刑，有著本質的不同。

　　在人類的蒙昧階段，人神相混。這種相混，並不是人不能區分人和神，而是人不能區分出人與神之間存在物理世界這一層次。在中國，老子的學說，開始引入了自然。所謂自然是指自身對自身的規定，自身按照自身的性質變動，而不是被操縱，被驅使。這就將神和人的意誌從自然界驅除出去，從此神人兩分，就轉變為神，自然，人三分。人的認識這一發展，在古希臘也可以看到類似的情況。從神追溯，在盡頭就得到一神論；從自然追溯，在盡頭就得到不可致詰；從人追溯，在盡頭就得到古聖王。顯然這三種認識的空間逐層減小。在中國學術中，釋道儒是這三個層次的代表。完整的人性空間包括這三個層次的空間。

　　柏拉圖的《泰阿泰德篇》載普羅太戈拉斯的名言，「人是萬物的尺度，是存在的事物存在的尺度，也是不存在的事物不存在的尺度。」這句話觸發的問題，遠多於這句話能夠回答的問題。如，是否有人不可度量的事物？人是哪個人，是哲學家還是隨便的一個人，是最睿智的人還是作為人類平均之後的典型人？不存在，又如何去度量？尺度必須有一定的恆定性，否則無法成為尺度；度量的結果也必須有一定的恆定性，否則常變的結果，甚至不如沒有。那麼這種恆定性是否存在？又以何為基礎？

　　以匡廓圖為基礎，對這些問題的回應，可以勾畫出人的範疇的大致輪廓。中國傳統學術中天人關係，性與命的關係，意心身家國天下（《大學》）的相互關係都是從匡廓圖中一個層次或幾個層次著眼，對人的分析，在前文中已經有所提及，現在可以為之做一總結。這裡的總結，實際上

是一種展開，人的形像只有在匡廓圖整個範圍的展開，才能避免盲人摸象的
錯覺。

人的存在對應於道和德的部分

在匡廓圖中，神與道是不可度量的。神佔據了匡廓圖上的所有空間，
遠比道所涵納的空間為大。神是莫測的，這是從神的定義而來的，如孟子說
「聖而不可知之之謂神。」（《孟子・盡心下》）從字形來看，神字可分解
為示申，是申的垂示顯現。申表現為曠古已存，而又延伸到未來，「神以知
來」（《繫辭上》）。神的申，伸展不受時空的限制，而人總是受到時空的
限制。中國人認為有神亦有鬼，神者，申也；鬼者，歸也。鬼也是神的一
種，只是鬼有申亦有屈，而以屈為特點，所以是漸漸歸去消散的。

道作為門，將神與人相隔離。道之外的神，就像否定神學所講，不可
知，不可限定，也不能以存在不存在論之。而在道之內的神，則有善惡，有
神鬼，和存在不存在之分。而在道之內，認為神是不存在的人，難以否認神
的概念所造成的現實的後果——見其申，不見其本，這與神為「申的垂示」
完全自洽。抹殺神的概念沒有任何意義，而保留神的概念可以使之成為認識
的有意義的一部分。這一部分的意義即是使人認識到，人的思考所能達有一
個極致。沒有這一限制，人也可無所不知。這就隱含了某個人可能無所不
知，給造神的人留下了縫隙：人也如神，不再可知。

神不可測，有無限的可能性，其「申」示，有可驗證有不可驗證。從
不測不可能得到任何實質，這是因為實與非實，存與非存處於不可分之混沌
中。神所申示的可能性，包括了實或存。這一種可能性通過道之門伸展到人
的世界。道與神相仿，不可致詰，但道的「申」示，可以校驗。可道非道的
另一層意義就是，道不是分明的，即使在展示道術時，如庖丁解牛時，道也
不分明，只有在電光石火的倏息恍惚中，若有道存。老子說：「道之為物，
唯恍唯惚。忽兮恍兮，其中有象；恍兮忽兮，其中有物。窈兮冥兮，其中有
精；其精甚真，其中有信。」（21）莊子說：「夫道，有情有信。」（《莊
子・大宗師》）錢穆從字義考證，說「精」和「情」實為一。從匡廓圖看
來，也是如此：老子無我，老子的吾從道照觀，不見人，所以只稱其精，不
稱其情；莊子則有我，莊子的吾能通萬物之精，合起來即是吾之情。《莊
子・秋水》中有，「世之議者皆曰：『至精無形，至大不可圍。』」是信情

乎？」這句中精與情的意義很分明，可惜《莊子》中只有這一句孤例。精與情的意義通用的例子又如《大戴禮記・易本命》：「夫易之生，人、禽、獸、萬物昆蟲各有以生。或奇或偶，或飛或行，而莫知其情；惟達道德者，能原本之矣。」

　　道在物為精，在人為情。道為德本，德為道末。道和德在物分別相當於精與粗，或者裡和表。不同物之間，粗不同，精相通，所以「舉莛（小草莖）與楹（大庭柱），厲（醜女）與西施，恢（廣大）恑（奇變）憰（詭詐）怪（怪異），道通為一」（《莊子・齊物論》）。如，莊子說：「以指喻指之非指，不若以非指喻指之非指也；……。天地，一指也；萬物，一馬也。」（《莊子・齊物論》）這一句中，「以指喻指」中的兩個「指」都是粗，是一個具體的手去指與另一個具體的手去指，這兩者是不同的，但從兩者任一個得出另一個是「非指」都毫無意義。就像莊子接這一句所講的寓言「朝三暮四」一樣，這樣的「非指」的辯論，無實質，只是詞鋒的顛來倒去而已。而「以非指喻指之非指」，則是用到了精，一個具體的手指與另一個具體的手指必有共通，這個共通是指的精，不具有這個精的即不是指。根據指的精定下的「非指」，即可作為一物是指還是不是的根據。「天地一指也」，以天地為粗，其精即是道。這一意思又見於《莊子・在宥》篇中，黃帝求教於廣成子一段。

　　道和德在人分別相當於情與欲。中國傳統學術中，從老子莊子到孔子孟子，都以無欲寡欲為上。無欲寡慾不意味著無情寡情，而是恰恰相反。只有汰其蕪雜，才能存其菁英。「道不欲雜」（《莊子・人間世》），情與精也都如此，去掉慾和粗，到了無可再去的地步，才見真正的情與精。與此相反，則是物於物，完全地或部分地被物所役使，就不能有真情，真精。道有情有信，道流而為德，是道的情和信的部分流化而生萬物；不能反過來說道即是精和信，精和信只是從德的層次可以窺到的道。人所得到的由道而來，以道為本的情和信，是為真正的德，是唯一而不可易不可改，任何人為的增減不能成為真，反而損其真。情和精在其真時，必然有信，即效驗。情在其真時，不可動搖，矢志不渝，這與精也是完全一致的。

　　因其唯一，真容易混於眾多的偽中難以辨識，難得而易失，只能靠歷經時間的信尋回。老子說：「不尚賢，使民不爭；不貴難得之貨，使民不為盜；不見可欲，使心不亂。是以聖人之治，虛其心，實其腹，弱其志，強其骨。常使民無知無欲。」（3）就是讓人不被物所役使而保持其真的意思。老子這段話不是愚民，此種誤解起因於將老子所說的聖人等同於歷史上實際

的君主。君王即聖人，是晚出而鄙陋的見解。這種觀點的出現遠遠晚於老莊孔孟時代，為《孟子》書中所無。在老莊孔孟看來，聖人是根據內在的道德而定，而不是由外在對國家土地財富權柄的佔有——外得所定。

莊子說：「悲樂者，德之邪；喜怒者，道之過；好惡者，德之失。故心不憂樂，德之至也；一而不變，靜之至也；無所於忤，虛之至也；不與物交，惔之至也；無所於逆，粹之至也。」（《莊子·刻意》）莊子這句話，實際上是老子的話在另一角度的重複，懂得莊子這句話，才能真正懂得老子「無知無欲」的意味——人心被外物所牽動，困擾，或驅使，會使人陷入偽而難以收拾。

精和信在德的層次，能夠被人心所積蓄。此心有來由，有伸展去往，「執古之道，以禦今之有」（14），以至於未來。有了精信，此心不自稱我，而自稱吾。對於吾來說，作為身的我，也是外物。也就是說，在德的層次，只有心的顯現，而未始有人的自我意識，正如嬰兒未孩之時。「中無主而不止」，不能容留積蓄精和信，就不成其為心。借用禪宗事來說，「鏡台亦非台」即是中無主，心就不成其為心。古往今來的人類，因為有這個心而稱為人，從這個心的出現始可以有人。這個心是人最深層次的存在，為古往今來的所有人類所共有，因此可以說是人道內在的最終的起點和源頭。這個心是內在的內德，只能從道中來，從純粹中，無外物的幹擾中來，不能從任何外物中來，否則就如「擊鼓而求亡子」（《莊子·天道》），打著鼓追捕逃亡的奴隸——越努力越不能得之。對於一個人自己而言，此心即是精；對於所有人類而言，此心即是同情。孟子說：「惻隱之心，仁之端也」（《孟子·公孫醜上》），從同情中窺到了仁的起源。又如錢穆講：「仁只是一種同情心，人與人有同情，即是仁」。（錢穆《現代中國學術論衡》，北京：生活·讀書·新知三聯書店，2001年，第18頁）知道此義，即可開解「人心惟危，道心惟微；惟精惟一，允（信而不欺）執厥中」（《尚書·大禹謨》）的含義。所以本段所講的心，又可稱為道心。

人之所以為人，不在於形體，而在於道心，即那個驅使一個人的形體的主體。人得以靈於萬物，也在於道心。這裡的人，指的是作為整體人類的人。與道心的內涵對應的外延是人類，即在德的層次上意義上所講的人，指人類的全體。人類從道而來的全部所得，只有能得精信，是人類特有的，使人與萬物相區別；其餘所得都與萬物共用，可由萬物組合而成。萬物有靈論，可以認為是萬物能得其精論：萬物的精與人不同，萬物不能得其信。

　　人類有道心，不意味著每個人能察覺道心或能以道心驅使形體。正如人們說冰山浮在海上。人類在萬物之上，在現象上，是由那些以道心驅使形體的少數人表現出來的。「道化賢良釋化愚」，老莊的所論，都是對海面以上的人而言，不能籠統地視為對每個人而言，是人人皆可為堯舜，但不是人人皆是堯舜的意思，也不是每個人經過努力都可成堯舜的意思。

人的存在對應於仁的部分

　　德流而為仁。在德流的的過程中，人逐漸認識自我，將我與物分離出來，從外得中分離出來。這個過程是連續的化，正如錢穆所講，化如生米做成熟飯，沒有一個確定的時刻，在此之前米是生的，在此之後就是熟的。而最終的結果是熟飯，這個是可以確定的。德的流化，里程碑性質的結果是「我」的出現。「我」出現之後，就有仁。上仁是我已經達而達人，是已經有廁身於眾的「我」的存在之後之事。在一般的仁的層次上，人或者指的是與我相對而言的人類中的其他人，或者指「我」而言。與「我」的內涵對應的外延是心智已開的天下人。心智已開的人，天與人已相分別，所以有「天人合一」的爭論和追求，而前面所講已得精信的人，本來即是如此。如程顥所言：「天人本無二，不必言合」。（《程氏遺書》卷六）

　　在仁的層次上的人，是個人主義的基礎。個人主義是就「我」而言，而不能就「吾」而言。外物不從屬於吾，但外物從屬於「我」，「我」能擁有外物，如人的身體，感官和思想。「我」能夠擁有，外物才有價值可言，在「我」出現之前，外物藏之於天，此後藏之於「我」。老子的「多藏必厚亡」（44）是就此而言。類似地，莊子有，「藏大小有宜，猶有所遯。若夫藏天下於天下，而不得所遯，是恆物之大情也。」（《莊子·大宗師》）。

　　仁的層次因此又是私有的起源點。所謂價值，是對「我」而言的，天然的外物與貨物不同，沒有附加的價格標籤。價值即是「我」所決定的標籤性質的，與外物相分離，而不是外物的根本屬性，不是物德的一部分。「我」的感官也是如此，對外物處理是基於添加標籤，如五色，五味。飯疏食飲水與羊羔美酒對吾沒有不同，對「我」卻大不一樣，所以有「聖人為腹不為目，故去彼取此」（12）。「我」的思想也是如此，如格物辯名，語言分析，也是添加標籤，只是更為精細罷了。莊子批評惠施說：「道與之貌，天與之形，無以好惡內傷其身。今子外乎子之神，勞乎子之精，倚樹而吟，

據槁梧而瞑。天選子之形，子以堅白鳴！」（《莊子·德充符》）老莊所主張的絕聖去智即是去掉此類的標籤，而達物德之真的意思。以上種種，即是物的名化，人與外物從「外物——吾」轉為「名——我」的模式。「名——我」脫離了實，就引起名實之爭。

在外物名化的同時，「我」也不可避免地被名化。老子將名譽聲名與貨物相提並論，「名與身孰親？身與貨孰多？」（44）即是認為這兩者同屬於名，名是「我」的名化，貨是「非我」的名化。由此而來，追求名譽與追求物質擁有沒有本質的不同。

在莊子的萬物中，兩人天生是齊的，這一點不言而喻。道生萬物，道的施予是均的，由此產生的物就是齊的。道無往不在，無貴無賤，無大無小決定了這種均。「不齊」是在「我」產生之後才有的，是人所特有的；之後才有貴賤，小大之辨。《莊子·秋水》有，「以道觀之，物無貴賤；以物觀之，自貴而相賤；以俗觀之，貴賤不在己。」此句所講就是上述三個層次，物的精無貴無賤，物的真自貴而能葆德，物的名由世俗定貴賤，不由自主。

莊子說：「天地雖大，其化均也。」（《莊子·天地》）莊子這裡說的是天地之道，對萬物來說，天地的施化是平均的。天道的平均是齊，與人們所認為的平均主義是不同的。如，宋王曾說：「不使一物失所，唯是均平。若奪一與一，此一物不失所，則彼一物必失所。」（《夢溪筆談補·筆談卷二》失所，失去其所以成為自身的由來或處境。此處引申為物或人失去本應有的地位，處境。）天道的平均給予是使人自取，就像雲行雨施，草木自己各有所取，草木因為自身的特性或者喜歡陽光多一些，多取得一些陽光；或者喜歡陰雨，多取得雨水，但「雲行雨施，天下平也」（《周易·乾》），天地不會因為這一個或那一個的喜好而有所改變或者偏私，所以能夠「萬物並育而不相害」（《中庸》）。而「奪一與一」所講的正如人類社會通常所實施的平均主義，不僅不公平，作為「有以為」，必然是「相害」的。類似地，老子說：「天之道，其猶張弓與？高者抑之，下者舉之；有餘者損之，不足者補之。天之道，損有餘而補不足。人之道，則不然，損不足以奉有餘。」（77）此句的關鍵是「以」，老子這句話的意思是：「天道的平均就像拉開弓，上面的弓稍就被拉向下，下面的弓稍就向上，多餘就傾向於失去，不足就傾向於有所得。天的平均使有餘者損失和不足者得到補償；人卻搶奪不足的，來給予有餘的。」天道隨時間的演進而實現，不論抑或舉，損或補，都不是針對哪一個人或物，而像水準地拉開弓，卻引起向上或向下的

趨勢和效果。周文王和周武王仿效天道，就有「一張一弛」（《禮記‧雜記下》）的政治，這樣的政治與拆東牆補西牆，頭疼醫頭一類的有針對性，「有以為」的治理是不同的，這種不同就在於後者不能順乎天道。

　　我為人，有了人之德，他人就成萬物中特別的一類，物以類聚，德同則相親近。所以人與我同為人類，天然上使得我與人更為親近。由此產生的原則是仁。孔子對仁的論述，是緊接著莊子的德的下一環。孔子的仁，牽涉到兩人。仁的對像是我與人，但立足在我，「我欲仁，斯仁至矣」（《論語‧述而》）。這裡的我，是人類意義上的我，外延是人類中的每一個人。仁人不以別的人為貨，而認為「我」的概念適用於任何人，顯然是接近於真實情形的。沒有對德的層次的認識，人就被囚禁在名的牢籠，以人為非人，即為貨，不可避免。囚禁在名中的情形，在人類歷史上，奴隸，封建社會如此，而現行的資本主義和社會主義也如此，沒有本質的不同──都是為生產而設的貨物。一個人只有得到自我的吾，才能從名的牢籠中得到解放──成為一個真正的人，而不是貨或者物。

　　從名中得到解脫，並非遙不可及。老莊和孟子都指出，赤子實際上不為名貨所困。因此他們都以此為例，指導被名貨所困的「大丈夫」，如何能夠脫離這一牢籠。人之將死，有時也終能放棄「以俗觀之」的名利。曾子說：「人之將死，其言也善。」（《論語‧泰伯》）生死之際，德返歸於道，真德乃現，所以其言也善，與赤子的情形相彷彿。錢穆雲：「人將死，其圍方解，其德或露，故有善言。」（《晚學盲言》錢穆，349頁）其理甚明。

　　莊子說：「禹之治天下，使民心變，人有心而兵有順，殺盜非殺人，自為種而天下耳，是以天下大駭，儒、墨皆起。」（《莊子‧天運》）這句話將名的起源，作用，和局限一總而言之。聖人因名而起，兵也因此而起，所以「聖人不死，大盜不止」（《莊子‧胠篋》）。大盜並非因聖人之生而生，但兩者同源。推崇聖與智，即是強化名：在創造了「可欲」的同時，也引發大盜兵戈愈演愈烈。現代工業文明的昌明，固然是聖與智的演進，但因此而造成的人道災難和殺戮，也是前所未有的。對於這一問題，老莊提出的去聖去智，是一種釜底抽薪的辦法。這一方法，雖然看起來被動，卻是唯一的辦法。而謀事在人，成事在天，就非老莊之所能決定了。道德必然流為仁，而仁必然與兵並生，兵與仁正相反。兵以人為貨，或劫奪他人，或挾自己人為質以求得，所以是治之最下者，數勝者亡，「強梁者不得其死」（42）。

人的存在與名

在仁的層次上，人始成為一種尺度。人用名來構建的體系，帶有人為的特徵，即成人文。《易》賁卦的彖辭有：「剛柔交錯，天文也。文明以止，人文也。觀乎天文以察時變；觀乎人文以化成天下。」北宋程頤說：「止於文明者，人之文也。止謂處於文明也。質必有文，自然之理⋯⋯天文，天之理也；人文，人之道也。」（《伊川易傳》卷二）這兩句，都是以天文與人文的對比，來闡釋人文的意義。

在德的層次，仍然是法自然，即真，為尺度。自然和真的尺度可以用來度量天文。天文即天紋，天的紋理圖像，劉勰對此的描述極為精彩，他說「玄黃色雜，方圓體分，日月疊璧，以垂麗天之象；山川煥綺，以鋪理地之形：此蓋道之文也。」（劉勰《文心雕龍・原道》）以及「傍及萬品，動植皆文：龍鳳以藻繪呈瑞，虎豹以炳蔚凝姿；雲霞雕色，有逾畫工之妙；草木賁華，無待錦匠之奇。」（同上）此句已經有摻入人文之得的意思。

劉勰認為文章是一種德，這是一點兒也不錯的。人文是從與天文比附而生的。劉勰說：「文之為德也大矣，⋯⋯。（人）與天地並生者，為五行之秀，實天地之心，心生而言立，言立而文明，自然之道也。」（同上）人文與天文不存在著鴻溝天塹一樣的界限，可以得而分之，而只能從人文的極致處，如經書典籍之精華，回溯，才能發現人文與天文有不同的演進方向。人類其他的發明，如工具和器物，沒有任何一種可以比文章更純粹地屬於人所專有，更能表現出人的特性。工具和器物不能作為人從天文，從動物分離出來的標誌。工具，器物，文章，音樂，和服飾等等，構成了人文，人類社會所特有的，非天然的紋理圖像。

人文需要以人為尺度來度量。如果將自然看作是一條一維的河流，人文則是另一維。只有確定自然和人文兩個尺度，才能確定方位，這兩者因此缺一不可。人文的尺度，只能來自於仁的層次的「我」。程頤說：「仁者，天下之公，善之本也。」（《近思錄・道體》）而王弼說：「止物不以威武而以文明，人之文也。」（王弼《周易注》）這就將兵剔除在外。

人類因為天然地理險阻，語言，文化等原因，分化成一個個的人的群落。當一群落得以生息繁衍，所形成的即是一個民族或社會。任一個人群固然由獨特的人所組成，但這種不同是外在的條件造成的。在仁的原理下，所

有人都屬於人類之人──說這社會的人不同於另一社會的人，其真實所指，與一個人穿不同衣裳的情形並無二致。在談及人類之人的時候，人類之人具有所有人的特徵。在談及一個社會之人，如中國人，的時候，在人類之人身上加重了某些特徵，這裡的加重不同於增添，更類似於著色濃淡和分佈。這裡用的「社會之人」是特有所指，與「人類之人」相應而言，但兩者都是抽象的人。「社會之人」以人類的一面為基礎，然後有所特立。這就將社會之人置於仁義之間：仁為本；取其宜則成義，即仁流而為義。

在義的層次上的人，是被困在地理和人群牢籠裡的人。這樣的牢籠比之於名貨的牢籠，顯然更為褊狹。以義為人性的全部範圍，所得到的只能是殘缺的閹割之後的人性。以義的層次的人為尺度，就產生了大國沙文主義，愛國主義，地域歧視，種族主義，宗族幫會，和形形色色的江湖義氣，黨派主義。此類的尺度，只有在仁這一公有尺度的嚴謹限制之下，才有有限的意義。將這樣的尺度視為根本性的尺度，將其無限制地運用，是人類嚴重社會問題的根本起因。「人是萬物的尺度」因此絕不是對義的層次的人而言的。

「人自為種而天下耳」（《莊子·天運》），即「自為黨類而成天下」（王先謙《莊子集解》），即是一群人以我為天下的尺度，以我的價值觀為天下的價值觀，以我所認為的適宜為宜。遊牧部落對定居的農業部落的劫掠是一個典型的例證，在襲擾的同時，遊牧部落或許會驚訝於農業部落為什麼不肯採用這樣「理所當然」少勞多獲的「生產」手段。這樣的尺度顯然不可作為公共的尺度，而是狹隘的偏私的尺度。而「止物不以威武而以文明」，才是可以持續發展的人文。遊牧部落所構成的人文圖景，在匡廓圖上是一種返歸性質的，是破壞性質的；不是生生不息，而是死亡枯槁；蒙元帝國，以及法西斯主義，即是顯例。

先秦兩漢時期的法家認為可以將人置於刑的牢籠之下。這樣的觀點，顯然出於對人性殘缺的認識。當法家澈底地貫徹他們的學說時，削足適履，就無可避免地傷害到人性的完整。法家如韓非子，可能本性並不刻薄寡恩，但刑的性質使法家實踐必然如此，無可避免。所以刑必須也被置於仁之下，作為有限的一種尺度，才能有有限的意義。無限制的刑，與兵類似，是人道的消亡，而非生之道。

義流而為禮。禮是人道之極點。這個極點是相對於道而言的。從道流化到禮，人的本性才得以澈底展開。也就是說，完整的人性貫穿了從道到禮的所有層次。只處在禮層次的人，是完全名化了的，因此是被規定的。因為每

個人的特殊性，這樣的人作為尺度，只對於自己有意義。禮從道德仁義的源流得到滋養，因為源頭活水，可以有多種多樣的豐富形式，可以說有無限地可能發展。而悖逆這一源流，以禮來規定道德仁義就對人性壓迫抑制，這種壓迫抑制性質與刑兵對人性的削斫性質沒有本質的不同，而在殘酷性上，甚至有時可以達到同樣的程度。禮在於對自己的節制，將禮作為絕對尺度去約束別人，就誤入歧途，這正是儒家末流在明清時代所犯的錯誤。

仁的尺度，解決了不同文化間是否有可公度性的問題。仁的尺度是公有的，比任何一個社會的文化尺度更為基本和廣大。也就是說，對仁的尺度的判斷，是以相容性為依據的，而不能以任何一種文化作為依據。仁的尺度的相容性，可以允許不同尺度有層次結構，由低到高，或者說由狹隘到廣大，有普通個人的尺度，群體的尺度，和哲人的尺度。這個名單中，越往後，越得到更多人的讚同，就更成其為公共尺度。

仁的尺度在現實中的實現是通過文化的融合逐步達到的。文化的融合在歷史上無時無刻不在進行著，貫穿了整個人類的歷史。一種文化中所包含的義禮刑因素，很可能與另一種文化的對應部分，有著根本性的衝突，可以說兩個文化融合前有兩種不同的尺度。在文化融合的過程中，人們必須對此有所反應。很明顯，融合過後的文化，這個尺度又回歸為一。不論這種歸一是二者擇一，還是各自讓步，這個後來的尺度，顯然不是以前的樣子了。歷史經驗說明，即使在仁這一理論付之闕如的情形下，人們也能夠在不知不覺中處理這樣的問題。有了仁這一理論，或許可以使人類在處理的過程中付出較小的人道代價。但老莊顯然對此持保留的態度。這就提出了歷史的目的性的問題，即人類社會的發展是否有一確定的終極，可以避免一部分曲折；還是這一發展必須曲折前行，而有若干可能的結局。這一問題顯然仍然是懸而不能決的。

人的性命

人在匡廓圖中每個層次的不同存在，疊合起來即成一個完整的人性空間。古往今來的人類同享這一空間，而每個人在這個空間中有不同的表現。人性在這個空間展開，意味著每個人的人性都有待於這個空間，而不是孤立存在的。人生於道，而死後還返歸於道。人在人生之前和之後，不能自作主張。而在這兩端之間，人對人生道路的選取，有自己的決定。一個人的人生

軌跡，有人性的特點，又同時被外部環境所塑造。一個人的人性不是內稟的，而是通過一個人的不斷選擇而實踐而成的。一個偉大的人的人性，在於他所做出的偉大的選擇，對外在驅動的順從從來不是偉大的。關於人性的認識，因此不是一種客觀的學，而總是帶有人的創造性和藝術性。不同的人生軌跡，可以以不同的尺度來衡量。關於人性的學問，只是一種尺度上的參考。

中國傳統文化將外部境況歸納為道理和氣運，而人自我的驅使為性命和德行（錢穆《中國思想通俗講話》，北京，三聯書店，2002年）。道理和性命屬於天文，氣運和德行屬於人文。此四者組成了人生的時間和空間背景和材料。人的人生軌蹟的運行特點和際遇，可以由此四者決定和概括。可以用車與路對人生做一譬喻：道理有如路的平直險仄，氣運有如車流的狀況和規則，性命有如車輛的類型和可操縱性，而德行有如車是如何駕駛的。這四者中，唯有德行是完全操之在我的。人與機器的區別，就在於德行。操之在我的德行又可以反過來可以作用於氣運，使之改變；作用於道理，有所發明。

對一個人來說，匡廓圖所展開的道理是人所能行的所有道路。人性與匡廓圖每一層次的對應和能夠做出的作為，即是人的性命。道理和性命不可逃，人的德行所能做的，即是明道和全性命，實現完整的人性。前面對明道，道的紋理討論已多。這裡需要對性命和全性命做一說明。

道家並非完全出世。老子論天道，治理天下，同時也論氣運中的大國之道和小國之道。老子給人以出世的印象，是因為他所論的，是理想的最佳的，而不是實際的狀態。在老子以道蒞天下的理想狀態下，道理與氣運合一，因此出世與入世是合一的，道家與儒家的性命也可以合一。但在德流而為仁之後，氣運未必合乎道理，道家和儒家的性命觀就出現分歧。在出世的情形下，全性命與全生命完全相同；而在入世的情形下，全性命有時意味著捐生。道家與儒家在這一問題上的不同，實際上是道家和儒家不同的選擇。道家以天文尺度為根本，儒家以人文尺度為依據，兩者存在枉則直的聯繫，但不可並列比較。

老子說：「蓋聞善攝生者，陸行不遇兕虎，入軍不被甲兵；兕無所投其角，虎無所措其爪，兵無所容其刃。夫何故？以其無死地。」（50）這裡的「善攝生」即是全性命，但這種攝生與養形衛生是不同的，而考慮到了外在的因素，內外兼顧。在道家看來，人必脫離仁義禮的層次，回歸到天然這一分枝，才具足性命；而如果認為人的性命只存在於人間世這一枝，無論性善還是性惡，無論顏淵還是盜蹠，都是性命被削斫了，有如被刑。這是《莊

子‧大宗師》中「黥汝以仁義，而劓汝以是非」的所指。而孔子說：「志士仁人，無求生以害仁，有殺身以成仁」，（《論語‧衛靈公》）「柴也其來乎？由（子路）也其死矣」（《史記‧衛康叔世家第七》），子路之死於衛難，在儒家看來，也是一種全性命。

　　道家與儒家這兩種全性命在諸葛亮的身上都得以體現。諸葛亮出山之前是一道家人，「躬耕南陽，苟全性命於亂世，不求聞達於諸侯」（諸葛亮《前出師表》），而出山後「鞠躬盡瘁，死而後已」（諸葛亮《後出師表》）則是儒家人。諸葛亮出山之前的狀態，即是莊子「為善無近名，為惡不近刑」（《莊子‧養生主》）所言的狀態。「不求聞達」，即是不以君臣禮義失其天然人性，是「全性命」的一個方面，陶淵明「不為五斗米折腰」與此類似；另一方面諸葛亮也有雖處於亂世而不得罪的意思，所以自謂苟全。在出山之後，諸葛亮為氣運所驅使，欲求退步不能，則選擇儒家的全性命，於人文中完成藝術人生。「諸葛大名垂宇宙，宗臣遺像肅清高」（杜甫《詠懷古蹟》），後人對諸葛亮的一生只有感慨嘆惋，很難得到這兩種全性命的孰是孰非。但諸葛亮是一有德之人，是任何人所不能否認的。諸葛亮所擇取的路，和他的所行，任何人都未見得可以比他更高明。因此可以說，諸葛亮也是聖之時者，他的人生所表現的是道的或然和人的無可無不可，是道儒合一的。漢初張良與諸葛亮的入世出世順序正相反，但屬於一類的人生。

四、天下：國存在的背景

　　將人性分為天文部分和人文部分，就產生了自然的天性和社會的人性。人類對前者無可選擇，而後者所包括的氣運和德行則是人為的，是由天下人來決定的。氣運所指的是天下人類社會的時間上的政治運勢，如「天下大勢，合久必分，分久必合」之意。在某一歷史時刻的時勢，即是那時的氣運。氣運的作用歷經天下，群體，和家，才能及於人的身。天下，群體，和家也各有氣運，只是群體和家的氣運在規模上要小得多，而且與天下氣運和互相間有所隔離，各自具有相對獨立性。國是群體中最重要的一種形式。在中國唐代以前和西方封建時代，門第家族作為一種群體仍然舉足輕重，但此後家的重要性逐漸讓位於國。中國素來有以國為一大家的說法，這是一種錯誤的混用，但經過五胡和蒙元之後，可以說國與家完全分離；家幾乎沒有任

何政治意義了，只有現代常用的家庭的意思。德行則是個人在層層氣運中的自我把持和行為，只在於「我」。

天下觀

　　政治本是人類天下之道。先秦諸子大多都是抱有治理天下的志向，以天下氣運為重，並就此提出他們的理論。但荀子韓非已經漸次將重心轉向國。此後秦朝的大一統，使得人們往往只知有國，不知有天下，政治便轉變為一國人群之道。治理天下，即老子所講的「取（為）天下」（48），顯然與治理後世大一統的國有本質的不同。後世從一統之國這一具體而狹的框架向前推溯，很難得到對先秦諸子真正的理解和有意義的推論。中國傳統文化是一種天下主義，而非國之「際」主義，與國的層次有本質的不同而在其上，或者說更具有根本性和普遍性。現代西方政治學，歷史學，和社會學也偏重國勝於天下，立足於國，而以國與國之際來看待天下；但西方人類學的建立和逐漸發展，使得人類天下之道始得以重拾其重要性。（天下主義之上，更有超越天道的一個層次，即人能夠歸回到道，這是道家又更深一層的思考，為儒家所無。超越天道則有道法自然，而天只能法道，儒家只到天道而止，沒有進入道法自然的層次。）

　　老子說：「天下神器。」（29）天下是神聖的，但國顯然並不那麼神聖，從堯時的三苗到秦，「虎狼之國」多有之。國不是神器，而是名器，如孔子說：「唯器與名不可以假人」。（《孔子家語‧正論解》有：「孔子曰：『惜也！不如多與之邑，唯器與名不可以假人。君之所司也，名以出信，信以守器，器以藏禮，⋯⋯。若以假人，與人政也。政亡則國家從，不可止已。』」）這裡的器與名是君主所司的關鍵，國先是一種名義，而又是一個器具或機器。名器不僅可得而為之執之，竊之亦可，如「竊國大盜」；而「天下神器，不可為也，為者敗之，執者失之」（29），沒有人能夠竊天下。《莊子‧胠篋》中，也是將國與器和名相比擬，「所盜者豈獨其國（器）邪？並與其聖知之法（名）而盜之」。

　　與國相比，天下是一個開放的系統，其關鍵在於形而上。而國是一個封閉的系統，是形而下的刑名之器。從人類人性來說，國不是可以用來討論人性的一個根本的框架。天下所對應的是人的天性和社會性的總和，而國祇對應於人的社會性。從名實來看，天下是實，而國祇是一個名義的範疇，名必

須依附於實才能存在。因此，對國的討論，不能從有國開始，而要從天下開始，以此為背景，才能得知國的生老病死，前世今生。而從國開始，只能見其循環，不能得其演進。如中國秦朝大一統以下的歷史，士的天下觀讓位於「國」觀，因而循環的成分顯然多於演進。

天下與國的區別，因此可以從實與名的區別，天性與人性的區別這兩個方面考察。名是實的反映，但名所映射出的，不是與實真實的對應，而是按照名特有規則變形和扭曲的。人性也是如此，人性出於天性，但有異於生物天性，而有自身額外的特點和維度。天下與國的區別，承襲了同樣的模式，對這一點的理解是解讀老莊孔孟有關政治論述的根本。

老子和莊子書中論政治，多從「天下」俯視國，是因為他們的理論框架，是從這樣大的一個整個人類的視野展開的。儒家和墨家的最初的學術，也著眼於整個人類的視野：孔子的仁是對人類而言，這個意思可見於楚王失弓事，又如孔子對管仲九合諸侯，不以兵車評價甚高；墨子的兼愛非攻顯然同樣是和合諸侯的學術。從道德仁的框架來看，儼然這三種學術是分工合作，但各有側重：道家心懷山野之民，而儒墨的重心是在已經文明化的人群，而儒家重視精神，墨子重視物質。道儒墨兵法家覆蓋了整個匡廓圖，也就形成了整個治理天下的線索。

老莊的理想天下，是小國寡民，這符合他們吾與物並存，不擁有物，也不去以名化物的學術。莊子認為，這種天下是：「子獨不知至德之世乎？……當是時也，民結繩而用之，甘其食，美其服，樂其俗，安其居，鄰國相望，雞狗之音相聞，民至老死而不相往來。若此之時，則至治已。」（《莊子・胠篋》。此段與老子80章，幾乎完全一致：「小國寡民。使有什伯之器而不用；使民重死而不遠徙。雖有舟輿，無所乘之，雖有甲兵，無所陳之。使民複結繩而用之，甘其食，美其服，安其居，樂其俗。鄰國相望，雞犬之聲相聞，民至老死，不相往來。」）緊接著這一段，莊子批評說：「今遂至使民延頸舉踵曰『某所有賢者』，贏糧而趣之，則內棄其親而外去其主之事，足跡接乎諸侯之境，車軌結乎千里之外，則是上好知之過也。」（同上）又如莊子說：「舜有膻行，百姓悅之，故三徙成都，至鄧之虛而十有萬家。」（《莊子・徐無鬼》）這樣的批評顯然是針對其他諸子，尤其儒墨，而言的，如孔子說：「遠人不服，則修文德以來之。既來之，則安之。」（《論語・季氏》）

老子論政說：「太上，不知有之；其次，親而譽之；其次，畏之；其

次，侮之。信不足焉，有不信焉。悠兮，其貴言。功成事遂，百姓皆謂我自然。」（17）老子認為，民的信不足恃，百姓與王相忘，說我自然就如此，比百姓對王親近讚譽形成的凝聚力還好。使民「不知有之」是持天下之道，不以任何作為或智持之，而以無為，使天道本身持之。等而下之，才有「親而譽之」之類，像用腥羶的羊肉吸引螞蟻一樣，用名招攬人——這類的有為，為天下時不足，而成為為國的原則。《莊子》中有「非汝能使人保汝，而汝不能使人無保汝也」（《莊子·列禦寇》），說的是列禦寇不能使人相忘，反而使人愛重他。這個觀點與老子所講的「親而譽之」是一個意思。信不足，是因為「知」用天下為不足——越是所謂英武有為的君王越其實難副，所以親近讚譽只能維持一時，而不能永遠如此。歷史證明老莊這一觀點的正確性：世界歷史上任何一個王朝，無不是起於親而譽之，然後畏之，而最終被侮之拋棄之。但老莊的理論雖然正確，卻只是一種理想，歷史也證明，從未有一天下能夠使百姓感到我自然，人們總是在這一或那一牢籠中生存。

儒家的政治思想：正名

儒家治理天下的總綱是孔子提出的，「子貢問政。子曰：『足食。足兵。民信之矣。』子貢曰：『必不得已而去，於斯三者何先？』曰：『去兵。』子貢曰：『必不得已而去，於斯二者何先？』曰：『去食。自古皆有死，民無信不立。』」（《論語·顏淵》）孔子與子貢這段對話，看似迂腐，實際上孔子所言正是從道，德，以及外得層次而發的，是綱領性的。信對應於民心內德，但只有知而不澈底——「知徹為德」；足食，是外得層次的；足兵，是兵的層次的；孔子認為其基礎性是信，食（外得），和兵的順序，與匡廓圖相符。

孔子所說的信，在沒有食和兵的情形下，能夠維持人群的凝聚力，是人們相信總歸會有辦法，留在此地此人群眾仍是最有把握最有希望的選擇。信則安，孔子所說的「不患貧而患不安」即是指此而言。不信則不安欲動。信這種凝聚力，顯然是精神性的，或者依靠宗教，或者依靠領袖的魅力，或者靠畏懼（如過度強化的他者認知與自我認知：他者是異教徒，野蠻人等。）來維持。「天下名山僧佔盡」，中國的道士和尚在深山高山開闢道場，遠離食和兵，這些寺觀有的能夠維持數百上千年，即是信的申——恆久作用。

民精神上的信，必須有物質的保障，才能夠持久。維持生命所需的最基本的物質就是食。道士和尚自耕自食足以解決這個問題。但這必須在「天之道，損有餘而補不足」（77）的情形下，才能夠成立。「損不足以奉有餘」就不能成立。所以孔子又有「不患寡而患不均」（《論語・季氏》）的名言。這一名言被後世曲解為平均主義，正如伊壁鳩魯主義被曲解為享樂主義一樣。（「寡」是一個問題，「不均」是另一個問題。「寡」可以靠生產解決，但「不均」到了今天仍然懸而未決，兩個問題的孰重孰輕，可見一斑。實際上，任何文明都必須在水準經濟以上，才可能出現，因此，「寡」本身作為「患」不能成立（除非在巨大天災和戰亂之後惡短暫時期）。以「不安」和「不均」為病根的「寡」，才是「寡」這一問題的實質。在超水準經濟裡，物質的不豐富周及，不是「寡」，而是純粹的「不安」和「不均」。水準經濟和超水準經濟將在本章稍後介紹。）

孔子的「不患寡而患不均」，大概只有道家才能理解其中的三昧，因為這本是道家的思想。孔子所指的均，是實的均，而不是名的均，這一點與道家近，而非後世儒家名教所能理解。老子說的「不尚賢」，「不貴難得之貨」，「不見可欲」，並非否定賢人，金玉，和各種可欲如聲色犬馬的價值，而是認為這些物都是名化了的，價值化的，不是實。「民以食為天」，這裡的食不僅僅指食物，而是指人生存的必需品，這些是實。老子重實不重名，說「為腹不為目」（12），即是此意。老莊皆認為人為定下的名，如相位，和難得之貨，高價值的物品，只是餘贅——多餘的累贅。從實來看，人並不能真正擁有這些餘贅，擁有這些餘贅也不能使之成為自己之德，反而會因為擁有這些東西對自己的德，甚至身和生命有損。

名正言順，「正名治物」。（《司馬法・仁本》。又，宋李覯《上宋舍人書》：「文者豈徒筆箚章句而已，誠治物之器焉。」）名治物是通過理將諸物聯繫起來，名與理要求具有邏輯性。「理者，治眾如治寡」。（《吳子・論將》）名通過邏輯性的理，就能夠提綱攜領，以一統萬，以歸納演繹的方式系統地整理治理萬物。名當然是極具功用的利器，但名總是有限的，用天下為不足；名不能獨行，仍然有待於實。只知道有名理，通過僵化的名理，就會得出與實不符的結論——符合邏輯的，未必符合事實。名理最終必須由實來統帥。

前面講到吾和我的區別，實與名即對應於吾與我。有吾，吾之外的外物都是實；只有我沒有吾，則我之外的外物皆是名。我是名，物的價值是名，

而落入言詮的知也是名。莊子的「語之所貴者，意也，意有所隨。意之所隨者，不可以言傳也」（《莊子・天道》）是實與名所存之對照；而對名家的批評，「能勝人之口，不能服人之心」（《莊子・天下》），是名勝而非實勝。實決定名，而不能反之，所以「子絕四：*毋意，毋必，毋固，毋我*」（《論語・子罕》），其一就是毋我。追求嗜欲名利富貴固然淺薄鄙陋，而盡信書，被學問所困，也屬頑劣不通。

　　透徹地認識吾與實的關係，即得到自在；而對我與名的透徹認識，則得自由。前者是內在的，只有吾能得而知之；後者則是名，顯露在外。自在立足於個人生存，有生存基礎，即可得自在；而自由則是以成功的社會生活為基礎，在此基礎上得自由。在只知道有我，不知有吾的情形下，人被名所囚系，不知其實何在，因而有得自由的人，卻未必能夠得自在，反而不能自安。而吾能得自在，我即能得自由，所以有「君子無入而不自得」。（《中庸》）自由是外在的，名的，因此又可以被剝奪；而自在是內在的，實的，對自在的剝奪必然對人性剝奪，對人性的剝奪則難而又難。人性是人類在漫長歷史中錘鍊而成的，在人性中因此潛藏著歷史和自然的力量，或者說足以與歷史和自然相對抗的力量。人性對改變的抗拒，老子稱之為反之動。對人性的侵犯或者試圖改變人性，必然會遇到強大的阻力，這種阻力既有預料之中的也有意料之外的。從人類歷史的重大轉折中，有時或可使人一窺意料之外的潛藏著的人性力量。

　　只有認識到吾和自在，才能真正理會老子「不知有之」的內涵，才能通於治天下之道。理國之道不能與治天下之道相衝突，否則就失去基礎──無天下，即國無存身立足之地。上述老莊孔三人的治天下之道，先於國，也先於社會文明，是關於人類生存基礎之道，他們的論述是從人的自然天性演繹而來的。在這基礎之上，或者說天下之道之下，有「我」和名的產生，即生成社會文明，產生出名化的經濟和兵，這就轉入到國的範圍。在國出現之後，天下即成為國的背景，成為國得以演進的基礎和空間。

五、經濟的兩重性

　　人類的經濟活動跨越名實，既有外德的實，也有德層次以下的名的部分。錢穆注意到了經濟的實名兩重性，他說：「經濟對於人生自屬必需，但

此項必需亦有一限度……並不是無限的。……經濟之必需既有一限度，我姑稱此限度，謂之是經濟之水準。倘經濟水準超出了此必需限度，對人生可謂不必需……我姑稱之謂是一種超水準之經濟，……這便是無限度，亦即是無水準可言了。」（錢穆《中國歷史研究法》，北京：生活讀書新知三聯書店，2001.6，第49頁）借用錢穆所起的名字，可以稱實的經濟為水準經濟，名的經濟為超水準經濟。簡而言之，水準經濟是人生存所需的，超水準則是生活所需的以及不必要的。

以水為例，每個人日常都需用一定量的水。當水少於這個定量時，人就會感到窘乏而珍惜。水更少時，水價就會湧貴，以至於可以與鑽石比較，這就是有名的鑽石與水悖論。而當水超過必須的定量時，人就不那麼珍惜水，水越多，價格就越低，以至於無價格。這個水的定量，就是水準經濟；超出這個定量，就是超水準經濟。但水準經濟的必需不同於生理必需，文明越發達的社會，因為其複雜性，生存所需也水漲船高。如現代社會有人均鋼鐵用量的水準。鋼鐵在原始社會屬於超水準，而鑽石金玉在任何社會都屬於超水準經濟。

人生存所需，大體上即是基本的衣食住行，超出基本的部分，就是人類名化了的社會生活所需的，對生存必需來說，這些都是過度的餘贅。老子的儉，孔子的「飯蔬食飲水」（《論語・述而》）之樂，都是就達到水準經濟而言。即，老子和孔子所言是貴實，而不是生存必需也不要了。有了水準經濟的保障，有了實，也就有了生存，此下才涉及如何生活的問題。「飯蔬食」即可追求道，所以有樂，而不是無「蔬食」之樂。安而且能夠樂於水準經濟的生活，是生活狀態的一種：「飯蔬食飲水」即可以自由地追求自己所樂，不是每個人都必須去追求社會價值或名義上的「成功」。而忽視實的此類追求，「名與貨孰親」（44）？

水準經濟

水準經濟保證了社會的人的世代傳續，所以是一個社會之本；超水準經濟則是文明演進所需，是末，兩者必須有所區分。捨本逐末，或者將兩者合為一體對待，就會有失本的風險，而這種風險一旦發生，即會釀成生存危機。

經濟的實名雙重性即便在現代也仍然存在，衣食住行佔據一個現代人經濟生活的絕大部分。現代人忽視了水準經濟，認為超水準經濟即是經濟的全

部，所以認為經濟是無限發展的，消費主義因此反而是正確的，而對於基本生存尚且不能得到保證的情形──經濟的根本意義──缺乏應有的重視。也就是說，消費主義適用於超水準經濟，在超水準經濟中消費發達，就會使得分工發達和生活必需品的再分配更加充分，以此種方式推進文明的發展。將超水準經濟當作經濟的全部，就會忽視了天道的均──生存經濟。現代社會因混淆這兩種經濟，對平均主義不能有一個清楚的認識。「天地雖大，其化均也」（《莊子・天地》）：每個人的生活在實的經濟，水準經濟，和生存經濟中必須得到保障。但一旦越過這個界限，就沒有限度，也就無平均可言。

本與末在實際表現上不是截然分開的，就像內容必然以一種形式存在一樣。水準經濟也必然以某種超水準經濟表現出來，即在文明社會中，水準經濟隱含在超水準經濟中，而作為其根本。在超水準經濟中，與水準經濟對應的部分，在不同的文明中有不同的表現，一個社會的文明程度和經濟發展程度只在這一部分中體現出來，而不是由超水準經濟最為窮奢極欲的部分表現的──這是一種非常普遍的誤解。

從天下的水準經濟考慮，莊子說：「若夫藏天下於天下，而不得所遯（逃脫，丟失），是恆物之大情也。」（《莊子・大宗師》）莊子所講，猶如在說，藏魚在淵，藏獸在林，就會不煩照料而又源源不斷的資源。與莊子類似，孟子也說：「不違農時，穀不可勝食也；數罟不入洿池，魚鱉不可勝食也；斧斤以時入山林，材木不可勝用也。」（《孟子・梁惠王上》）從這兩人的話，引申出來的意思，就是不去焚林而獵，涸澤而漁，破壞天然的儲藏室──人的生存環境。這種考慮顯然是顧及到所有人類存在的根本，人不可能逃脫天下──而人確實是在探索這種可能。環境保護是水準經濟的基礎，在環境保護阻礙消費主義的經濟增長時，環境應優先，即，不能捨本逐末。水準經濟應該以儉為原則。

對於一個國來說，藏的所在是在民間。《論語》中記孔子弟子有若言：「百姓足，君孰與不足？百姓不足，君孰與足？」（《論語・顏淵》）當一個社會的水準經濟發達而充分時，社會文明程度和經濟就相應提高，這就與藏木在林一樣，人憑藉自力即可得到衣食悠遊所需，人就可以不用常懷憂懼而或者慳吝或者聚斂無度，因而促進超水準經濟的繁榮。也就是說，惜民力而能得到民力。而當一個社會的水準經濟貧乏，即使貴宦富商一旦走出自己經營的小環境，也立刻落入貧困野蠻的境地，此類的超水準經濟，不可持續，因此不足法。一個社會的文化狀態也與此類似。一個社會的文化，不能

由脫離時代的傑出人物所代表，而在於普遍的水準，而這個水準藏在民中。管子有：「倉廩實，則知禮節；衣食足，則知榮辱。」（《管子‧牧民》）管子這裡所講的不是單指貴族富人，而是指社會普遍的倉廩實，衣食足。只有貴族富人的知禮節知榮辱，在社會上也無所用。其他文化也是如此，例如，只有當社會有普遍的音樂水準，音樂家才能有用武之地，否則只能曲高和寡。在水準經濟得到保證，人就從匱乏的約束中解脫出來，可以自由發展。超水準經濟裡的經濟發展，是脫離生存必需的文化內容的發展，文化的外化。

對經濟的實名雙重性的重視，在中國古代社會即表現為對生存經濟，如對耕織的重視，對商人的困辱，有時這種重視達到了矯枉過正的程度。通常認為，中國社會的現代化落後於西方的根源，就在於對農業這一產業的重視。這種觀點只知其一，不知其二。人類社會的進步，是循環而更新。在沒有人的觀念的變革和創作時，只有循環。如珠走盤，不離於盤內，人類社會的週期性的進展，也是如此，不能脫離水準經濟。人類社會在變革和創新時，不是螺旋式的上升，而是循環而新生。中國社會能夠歷千年仍然有其生機，一個重要的原因就是保障了循環的可能——水準經濟。曾經與中國鼎立的其他古文明，現在已經無存，特別突出地揭示了這一點。

對一個生物圈來說，循環的中斷，就意味著滅亡。這種滅亡，或者因為環境變化，或者因為外敵的侵入——兵。人類社會的滅亡，還有人對自然的幹預一種：人類能夠拒絕適應，而深刻地，本質地改變環境，是人類特有的能力。人類可以跨越自然的多樣性，散佈於全球，即是這種能力的表現。這種能力使人類文明可以存在於不毛之地，形成次生文明；也有時將環境完全破壞，喪失生息之地。後者正是消費主義的致命弱點，很多人已經意識到這一點。所謂的經濟發展的速度，主要指的是超水準的經濟的發展，沒有水準經濟的保證，這樣的發展只能是畸形的，多餘的，過度的，以至於走向難以維繫。

沈括《夢溪筆談‧譏謔》說：「祥符中，有人為詩，題所在驛舍間曰：『三班奉職實堪悲，卑賤孤寒即可知。七百料錢何日富，半斤羊肉幾時肥。』朝廷聞之曰：『如此何以責廉隅？』遂增今俸。」這大概是現代所講的高薪養廉制度的來源。「廉隅」的本意是棱角，物有棱角，能夠顯出形制；用來比喻人，則指人端方不苟的行為和品性。俸祿薄寒，人不能維持水準經濟的家庭生活，這樣的生活不可持續，就會有人「窮斯濫矣」（《論

語・衛靈公》），因此是取亂之道。但超出此外，使人趨之若鶩，又會引起人們的紛爭；超出越多，越會使人不擇手段，這種情形也是取亂之道。此中的關鍵就在於水準經濟。不僅為官的如此，普通家庭也是如此，在多數家庭浮動於水準經濟之上時，社會就會穩定繁榮，否則就使得人不得不為盜為不軌。對於一個家庭來說，水準經濟是生死存亡的關鍵。老子的「治大國若烹小鮮」（60）和孔子的「使民以時」（《論語・學而》）顯然都有此類的考慮在內。

超水準的經濟

超水準的經濟，是天道轉向人道的關鍵。愛德華・威爾遜說「文明湧現的關鍵是過度肥大症」（（美）愛德華・威爾遜，《論人性》，林和生等譯，貴州人民出版社，1987.8）愛德華・威爾遜這句話，實際上就是莊子所說的「駢拇枝指，出乎性哉！而侈於德」（《莊子・駢拇》）的翻版。但這兩個類似的觀點從不同根源，時代，和實踐中得來，意味深長。

道有精，從天道旁逸斜出的人道一支，有其精的保證，即人性包含了脫離天道另立人道的基因，但這種脫離，對天道來說是過度，有餘，無限度造成的，無論視其為枝指的變異還是肥大症的病態，其實指的都是一個意思，只是措辭的不同。類似地，仁義和知也同理被視為變異的，如老子說：「前識者，道之華，而愚之始。」（38）簡而言之，人道是天道的一個支流，在這個支流中實轉為名，人就異化而成文明人。老莊與墨家法家的區別就在於他們分別是異化之前和之後，即使使用同樣的範疇，也有不同的含義；而孔子則橫亙在這個轉折之上，同一範疇，既有異化前的意味，也有之後的意味——對於先秦諸子的經典，忽視這一點，即混亂不可解。

人類文明社會的出現，是以超水準經濟的出現為標誌。當社會不再需要每個人都要終日為生存所需奔忙的時候，某些人得以從中抽身，如祭司巫師，社會經濟就超過水準經濟。在水準經濟之下，因為目標明確，人的行動傾向於理性，這是因為只有實的緣故。但當社會達到超水準經濟之後，人的選擇就不必是理性的，可以是理性的，可以是名的，也可是反理性的，超理性的。著名的「囚徒困境」中的博弈，完全因為「困」而成立。一旦沒有這個「困境」，在自由中，囚徒可能還要博弈，但更可能會做鳥獸散。因此此類的理論只能用於前水準經濟中。世界文明古國留下的奇觀，如埃及的金字

塔，只能是在超水準經濟達到某種程度之後才有可能修建的。

　　金字塔這個例子不僅表明了超水準經濟的「非理性」特點，超水準經濟也在某種程度上支持了「（因其精美，）金字塔的建造者，絕不會是奴隸」的「超理性」的觀點。超水準經濟中「餘贅」的發展，依賴於人的自由。不自由的人，不能盡其用，不能完全施展其想像力和創造力。因此「餘贅」的發展達到極致和出現更上層樓的新發展，必然意味著其創造者是某種程度上的「自由」人。類似地，現代社會知識教育，很多屬於為超水準經濟的「餘食」而設的「贅行」。學生只有在這種教育中能夠自由地追求的時候，學生人性的贅餘能達到極致時，才能在超水準經濟上錦上添花，促進其發展。灌輸的教育，充其量只有對超水準經濟的維持之功。可以說，超水準經濟的「贅餘」性，決定了這種發展依賴於人的自由，即人性在自在之上的對自由的過度追求。自由市場經濟因此更能發掘出的超水準經濟中人的潛力。可以說，在水準經濟裡生產力決定生產關係，而超水準經濟則相反，生產關係決定生產力。即，這兩種經濟按不同規律運行，如前者可計劃，後者不可計劃；又如前者補不足，後者損不足。

　　中國歷史的循環性，是顯而易見的；但其循環中卻有演進，這一點很少人注意到。錢穆對中國歷史研究的很大一個貢獻即是打破了「中國社會一成不變」的觀念。中華文明是演進的，這一點毫無疑問，這種演進是緩慢的，但也是確定無疑的。這種演進以水準經濟為保障，然後才得以以一張一弛的形式進行。超水準經濟的張，是自由，即解脫了「必需」的行為之後的自由行動空間。但這樣的空間不是全無約束的，隨機的，任意的。張之後又有弛的收斂與回歸。就像水總是向下流動，雖然水可以被激揚起，這是水的自由；但終歸要落下，這是水的自在性質。超水準經濟的張，以水準經濟為基礎，也終歸要弛，落回到水準經濟，其中一部分成為水準經濟，進入了水準經濟的循環，推動了水準經濟達到更高水準。這一「成功」地轉變為水準經濟部分，是超水準經濟符合人的自在性質的部分，也就轉變為實。只有這一部分超水準經濟才在長時期看來，是有效的，有功的；其餘部分就都是損耗。人的自在性即以此種方式決定經濟的發展。沒有任何經濟發展可以完全地脫離人，而能夠長時間得到持續。人的需求是多方面，也就決定任何一個方向的過度發展會成為社會的這種或那種「過度肥大症」，因而必然是餘贅，消耗的。單純從超水準經濟不能得到這樣的結論，只有從水準經濟看去，才能診斷「過度肥大症」。

　　什麼是人的未來必需，這個問題難知答案，未來的必需往往只能由天才和隨機機率的試錯實現。沒有人能夠確切知道未來，那麼對經濟的正調節還是負調節，都只具有限意義的，即便有所謂大數據的分析為助。因而，計畫經濟目標不定，調節意義有限而存在「過度肥大」的風險，不適合一般性的文明社會，不能促進卻阻礙超水準經濟的發展，只有在極端的情況下，才能採用，如自然災害，戰爭等。

　　人類文化歷史的新發展，其決定性不是外物的改變，而是自身的慣性。所謂自身的慣性，即是人自身的自在性保持不變的趨勢。德畜之，任何一個物的物德，都傾向於積蓄和保留，因此傾向於不變。人的自在有整體性，而非單一方向性的。屬於人類的特有的新發展，以克服環境和外物為表現，而不是被動適應或被誘發的——前者是自由，後者是自在，後者是對自由取裁者，是決定者。

　　這裡的外物是相對人的心靈而言的，包括社會形態環境。一個民族所處的社會形態環境的變化，遠比不上人事和社會規則制度變遷來的快速，因此，社會的發展在突破水準經濟水準之後，是相對獨立的自我發展，是人道的而不是天道的。社會發展有其節律，這一節律可以說是波動的，但不是循環的。社會自身的類似於生長一樣的衝動，可以沖決阻礙，可以說，人道出現之後的歷史是以人為阻礙和衝破人為阻礙的方式進行的，發展在於衝破人為阻礙。在這個意義上說，專製作為社會發展的人為阻礙並不是人，人性，或者人道的特性，而突破專制卻是人獨一無二的特別之處。這一特性，決定了人的本質，也決定了為何偉大的人性能夠喚起人們的共鳴，景仰和仿效；而專制日消，隨時間推移，終將消失殆盡，所以並不本質。

六、兵處於經濟之下

　　匡廓圖中，外得在兵之上，因而足食的根本性在足兵之前。兵是純粹社會性的。人類的兵是超水準經濟所驅動的，因此也是無限度的。歷史上的戰爭中，不為衝突，而為可能衝突而進行的殺戮（前識），或者僅僅為殺戮而殺戮，此類令人難以索解的，為人類戰爭所獨有的現象，都是人類的外得過度無限度的反映。這正是錢穆所說的向外馳求，則永無終結。莊子屢次批評「外立其德」的危害，如：舉賢則民相軋，任知則民相盜。之數物者，不足

以厚民。民之於利甚勤，子有殺父，臣有殺君，正晝為盜，日中穴杯。吾語女：大亂之本，必生於堯、舜之間，其末存乎千世之後。千世之後，其必有人與人相食者也。」（《莊子·庚桑楚》）從人類歷史看來，莊子這一預見並非言過其實。

兵的名實兩重性

兵也具有名實兩重性。「師必有名」（《禮記》），「兵出無名，事故不成」（《漢書·高帝紀》），因此社會性的兵，也屬於名的範疇。人類的戰爭，至少在進攻的一方，都是在某種名義下進行的。「人有心而兵有順」，才有發動戰爭的可能——即此類的名義足以抵消「樂殺人」（31）或『嗜殺人』（《孟子·梁惠王上》）的指責。但兵，或者說戰爭的發生，形態和結局，是由實來決定的。老莊孔孟對兵的認識和論述，都是據實出發，而非名。《孫子兵法》也是如此，因此與其他兵書不同，而在其上。

兵在實和名兩個層次進行。以勝為例，有實際的勝，也有名義的勝。《孫子兵法·謀攻》中有，「百戰百勝，非善之善者也；不戰而屈人之兵，善之善者也。」通常此句被解為，用其他方式代替兵，避免了軍事衝突，是最好的勝利。這種解法將兵泛化，導致經濟戰爭一類似是而非的提法；而這種勝並非用兵取得的勝利，從邏輯上是說不通的，只能說是實的勝。老子說的「戰勝以喪禮處之」（31），『善勝敵者，不與（爭鋒）』（68），都是從實著眼。老子又說：「勝人者有力，自勝者強。」（33）不能有「自勝」的實，徒有勝利的名義，實質上有損無益。吳起說：「是以數勝得天下者稀，以亡者眾。」（《吳子·圖國》）吳起所講的，即是名勝實不勝的情形，春秋的吳國，秦末項羽即如此類。戰勝與一個國家的興衰沒有直接的因果聯繫。善於用兵可以防止一個國家在外敵入侵中敗亡，但亡國的因素不止一種。從匡廓圖來看，失國的現象可以與各個層次一一對應：德——環境惡化，天災，經濟崩潰；兵——窮兵黷武，外敵入侵；義和刑——農民起義，宮廷政變；禮——禪讓。失國對社會的影響，也以這個順序從重到輕。從中國歷史來看，義和刑層次的失國，並未能改變大格局，類似於所謂「換湯不換藥」。

兵法是戰爭求勝之法則。但「盡信書不如無書」這句話，在兵法上最能得以體現，真正的兵法不在於寫定的法則，而在於字句之外的實。在名理邏

輯上，寡不敵眾，訓練有素的士兵勝於市人，兵甲足備勝於手無寸鐵。趙括的紙上談兵，大概即是以此種邏輯來談兵，趙奢因此知道他並不真正懂得用兵。寡不敵眾在邏輯上是正確的，但歷史上，以弱勝強，以少勝眾的戰役並不罕見。訓練有素的士兵勝於市人符合邏輯，但韓信平趙「驅市人而戰之」（《史記‧淮陰侯列傳》）也能得勝。與秦始皇「收天下之兵，……以弱天下之民」（賈誼《過秦論》）相比，孟子的「威天下不以兵革之利」（《孟子‧公孫醜下》）顯得很迂腐，但是秦末歷史證明孟子卻是正確的。李宗吾說：「孟子，……說道：『可使製梃（木棍），以撻秦楚之堅甲利兵。』」（《孟子‧梁惠王上》）無奈這種理論太高深了，一般人都不瞭解，以為世間哪有這類的事！哪知孟子死後，未及百年，陳涉揭竿而起，立把強秦推倒，孟子的說法居然實現，豈非很奇的事嗎？」（李宗吾《厚黑叢話‧卷六》）

嶽飛論兵，說：「運用之妙，存乎一心」（《宋史‧嶽飛傳》），可以說是對兵法的最高明的理解。存乎一心，即是決斷於吾。吾與實對應，名有限，實無窮，「不能傳之於書，亦不能喻之於口」（《莊子‧天道》），只有深明言外之實，才能懂得用兵。明白了這一點，即使紙上談兵也無不可，墨子與公輸盤紙上談兵（見於《墨子‧公輸》）即不戰而屈人之兵，使楚國打消攻擊宋國的計畫。而僅用威名即可以不戰而勝，在歷史上也不乏其例。

兵書中所論的是將帥士兵，在這些名之下，潛藏的人性之實常是致勝的關鍵。老子說：「故抗兵相加，哀者勝矣。」（69）孟子說「天時不如地利，地利不如人和」（《孟子‧公孫醜下》），也是此類高明的兵法。哀兵的力量來自於人的生存力——求勝者不如求生者，這種力量就如同困獸猶鬥所表現出的勇力，根源於漫長的自然史，顯然不可忽略。哀者是孤注一擲以求生存者，可以從人性得到這一力量；用正義或神聖的名義，也可喚起這樣的力量；相對而言，按部就班循規蹈矩的軍隊中大多數人不具有這樣的力量；而窮兵黷武的國家的軍隊就更等而下之了。明白了這一點，以弱勝強如何能夠發生，就不難理解了。

兵與國

在匡廓圖中，國處於義和刑的層次。治天下從信，食，和兵過渡到治國，就進入到了義和刑的層次。有天下，不一定有國；國亡，天下猶存。顧

炎武說：「有亡國，有亡天下，……。保國者，其君其臣，肉食者謀之；保天下者，匹夫之賤與有責焉耳矣。」（《日知錄‧卷十七》）所以天下是國的基礎，比國更為基本；認為天下只是邊際的，以國為基本來討論天下，本末倒置，就不可能得到有意義的圖景。信，食，和兵三者是國之實，必不可少，就如支撐起一個樓台的三根柱子。在名義上統攝這三者，就成為國。

國一旦設立，兵就轉為次要，備而不用。國的運轉，主要依靠名義系統——政治體系。從人類的角度來看待政治，討論的是天下之道，必須以人的天性為基礎，匹夫也有發言權，所以匹夫與有責焉。國總是特殊的，國總是從一個特別的人群的角度來看政治。一國中的人性之實並非與人類不同，但其名義上的認識，則是特別的。根據這個名義，匹夫或者與有責，或者與無責。

季康子問政，孔子說：「政者，正也。」（《論語‧顏淵》）子路問政，孔子也說：「必也正名乎。」（《論語‧子路》）正名，即是對名義的匡正；政治即是「正」名之治。孔子的正名，固然包含君君臣臣父父子子的具體方法，但不能將其等同視之。孔子思想能夠在兩千年一直具有巨大的影響力，其中包含有不易的道理，正名的意義即是其中之一。

正的名，不一定是正義的名，往往只是一個國家得以成立的理由或籍口。中國人的大一統思想中，天下與國合一，使得這種理由在和平時期並不重要，但在改朝換代時，這仍然是必須加以解決的一個根本性的名義問題。中國漫長的人一統的歷史，使得中國人對這一問題的思考斷續而拘謹。中國學術在秦末之後大體上轉入一個狹隘的名的樊籬中進行。這個樊籬即是司馬遷所講的「（法家）若尊主卑臣，明分職不得相逾越，雖百家弗能改也。」（《史記‧太史公自序》）在君主制下，法家「尊主卑臣」是不容忽視和無可替代的，各家的學問都必須將君主制納入內容，甚至「曲學以阿世」（《史記‧儒林列傳》），以迎合某一帝王或某一時的時政為支柱來發展學說。如此一來，名不能責其實，在現實中就導致各種扭曲。因此，秦朝以後，百家遺子的注意力重心從天下轉為國家，從人類和民族之間轉向一國的國人。又因為各家都被迫在同一種社會秩序下，在同一個中心舞臺上，對同一群人應用自己的理論，學術只能趨於瑣碎細密以至於精緻。這一情形在君主制澈底崩潰之後，才有所改變。

正名是如何建立政權，決定政體形態的根本。一國立國所憑籍的「正」，解決的是目的的問題，即這一群人向何處去的問題；而政體，政府

的組織形式，是如何達到這一目的所採取的方式和手段。在同樣的目的下，方式可以不同，這就說明理論上政體只能是一種工具，處於工具，服務，和被支配的地位；而不能處於支配地位。工具也不是永恆的，時過境遷就必須拋棄，不能因為曾經有用而株守不放，使之成為徒勞心力的累贅——「天道不積」。

　　何種名可以稱為正，是人類社會的目的性問題，這仍然是一個開放的問題。這種不確定性，就引起名需要不斷地校正，以何為據來校正，匡正名的方法為何，政體如何隨之而變，等一系列問題，貫穿了人類的整個歷史。中國的宗教對政治的影響，遠比西方為小，所以神為人設立道路的思想在中國不入正統。對這一問題，道家認為自然史的發展方向和前途與人類史一致，人類只是暫時偏離了天道；而儒家認為人之道有異於自然之道，儒家既篤信古之道，又探討了人性如果是善應如何，如果是惡又如何的多種可能性，而大體上主張性善，認為人類將達一理想的大同社會。在先秦時代，這兩家的理論雖則簡略，但覆蓋範圍已經頗為全面。

　　名家的學問，從歷史上來看，先於道家。以作竹刑聞名的名家鄧析，與子產同時，如果孔子所遇的老子即是《老子》的作者，那麼名家就出現在道家之前。《老子》第一章即說，「道可道，非常道。」這句話如錢穆所講，顯然是針對名家而言。老莊道家認為實是名的基礎，實是名之本，因此實與名衝突時，要據實，名不可能澈底。所以道家的出世，有明顯的不受國的名分或名義約束的意思。莊子更細緻地提出名的地位很低，「古之語大道者，五變而形名可舉，九變而賞罰可言也。」（《莊子‧天道》）莊子對名的地位的分析，大體上與匡廓圖一致。墨子重外得，名是他的重要工具，所以認為循名仍然可得實，可以通過分析達到，所以墨子學說重視邏輯。孔子認為，名雖難以責實，但現實中，「依於仁」，仍可以「正名」而用。與「正」的名相對的是橫逆的名的時候，屬於是和非是的問題；與「正」的名相對的是偏邪的名的時候，屬於宜與不宜的問題。法家認為，刑必建立在名之上，所以對名直接肯定，藉助武力權威也在所不惜——這顯然是褊狹的。名家認為名可以是任意的，如果按照名家思想，即便國的名義也難以成立。兵家清楚認識到名與實的差別。名家和兵家兩者更接近道家的思想，是因為在名實這個至關重要問題上，有類似的取向，所以同類相從。

　　名學又涉及到名實時變的問題。道家提出的道和德，都包含時間和變化。孟子提出「聖之時者」，顯然也意識到了名的變遷。幾百年之後，僧肇

的《物不遷論》，也是討論此類問題，但僧肇的討論只是一種歷史迴響。這種迴響是對老莊道家的理解失落之後，對名實的變化這一問題的試解，而老莊早已解開這一問題。這一問題的道家解答較為複雜，與匡廓圖關係不大，茲不述及。

道家和儒家的理國之道

　　道家注目於問題的未萌，是儒家所缺少的。道家更關心在秩序未建立之前，人類社會的生存狀態如何。這是一種自然的，以基本生存為核心的思想。儒家復古，是認為古代社會更有秩序；儒家以這個大體上是想像中有秩序的社會作為標準，來衡量當前的社會，所以常感嘆人心不古，社會亟需秩序。道家回歸到更早，以在沒有任何秩序建立之前的原始社會，甚至可以說沒有社會的人類生存狀態作為標準，得到了類似儒家的結論：人離道愈來愈遠，愈加異常。但道家認為這是社會秩序對人性的戕害造成的，應該弱化秩序，去繁就簡。道家對沒有社會時代的反思，打開了對個人性質研究的思路；對原始社會的反思，則打開了理想社會研究的思路。這兩者又是一個整體，如果我們知道組成社會的每一分子的性質，我們就知道了社會所有可能的狀態，從而可能著手去建立一個理想社會。道家因此比儒家更深入社會問題的根源，能夠揭開更多的可能性，更加靈活有適應性。儒家為人所詬病，最大的問題就是儒家篤信而僵化，在名義不能成立的時候，缺乏匡正的傳統和意願。儒家的性善是一種社會倫理，這種倫理只是道家兩種反思中的其一，在未有社會之前，雖然存在，但是一種不同的概念，應該另外命名和處理。所以道家並不摒除儒家的思想，只是不認同儒家是唯一的正確的道路。儒家雖然尊崇孔子，但其理論存在時代變遷，與孔子不同甚至相悖的觀點時時有之，所以孔子的思想不能視為統攝儒家思想的主幹，只能說是儒家的一個根基。儒家理論之所以多變，是因為儒家以社會這個管道來窺視人性，這個管道不夠基本，流於膚淺；而社會又常常變遷，以社會性為管道的觀察者，立足點角度也不可能一致。最明顯的例子是，帝制終結這個巨變，使儒家大部社會理論流於歷史陳跡，甚至不如法家。

　　儒家堅信有一目的，就注重前導和引領。而道家無一確定的目的，治理的方法就是「鞭其後者」（《莊子·達生》），「去其害馬者而已矣」（《莊子·徐無鬼》）。莊子論治世時，有「（伯樂）善治馬，⋯⋯馬之死

者已過半矣」（《莊子・馬蹄》）。莊子認為，治只能懲其後，而不能扼其前或引領其前。莊子這裡包含了對仁義禮和刑的批評，也隱含了以人的無限性為根據的意思。根據莊子所講，治世有不可違的規則——天道，但不能有封閉的限制——封閉的人道。這是超出仁義禮和刑之上的根本原則，這一原則實際上是仁之變遷的規律。儒家只看到天道的層次，錯誤地以天道為人道最終的限制，儒家從天道的邏輯下行，因此註重仁和義，而所謂的義不能長久，因而啟發了法家的刑治，而刑治即是道家的鞭其後者的餘意。

　　歷史不具有確定性，一個國對此的反應應該是隨之而變，但真實情況並非如此。有國者寧願守成而亡國，而不願或者不能作出應有的改變。這在歷史上並不罕見——隋煬帝楊廣即是此類中最明顯的一個例子：他說：「好頭顱，誰當斫之」，但寧死不改其行。這就涉及到了國能夠存在的名的因素。《國語・周語上》有：「防民之口，甚於防川，川壅而潰，傷人必多，民亦如之。是故為川者，決之使導；為民者，宣之使言。」「宣之使言」，即是宣導對一國政治的目的和政府的議論，以資改變改革之用。國能夠得以成立在於名義，防民之口制止褒貶，就造成名實的分離，名義一旦分裂無存，政體刑律就有將焉附的問題。川壅而潰，只是個時間問題。顧炎武說：「天下風俗最壞之地，清議尚存，猶足以維持一二。至於清議亡，而乾戈至矣。」（顧炎武《日知錄・清議》）顧炎武這是在明言，防民之口，就迫使政治問題只有回歸到兵的層次，才能得以解決——這顯然是最壞的選擇。

　　國之所存，依賴信——希望和宿命；食——生存經濟；兵——防衛，和名——歸屬，這四者缺一不可。缺乏任何一種，都是崩潰的先兆和萌芽。但歷史存在著慣性，崩潰的先兆和崩潰的發生在時間上存在著滯後，在崩潰發生的形式上常不具有直接的因果關係，因而使人很難看清這一點。歷史上的大變局，常以偶然觸發和劇變的形式出現；只有在變局發生之後，才能確定其萌芽卻早已潛藏其中。以商周為例，周朝伐商並不是商朝第一次面臨挑戰。周能夠取代商，不僅是國力軍事超過商，還必須克服歷史的慣性。一個朝代在其末期可能國力朽敗至極，而仍然可以憑著慣性維持統治。商即是在衰弱不堪的情形下，才被周朝取代。越大的國，這種慣性就越大，在沒有支撐的情形下，就能維持越久，崩潰時所帶來災難也就越酷烈——中國歷史上的改朝換代很明顯地表明這一點。

　　大的社會的慣性也大，這一方面使得這樣的社會傾向於僵化不變，另一方面又在變化中容易分崩離析。「治大國若烹小鮮」（60），烹小鮮不能

勤翻動，以免糜爛；不能多作料，以免異化。大國的治理，既有不易控制的困難，又有統治者的智慧能否駕馭這一困難的問題。有國者即使知道應做改變，卻無能為力的情形，往往有之。而天下即是最大的一個社會，治理天下的理論，必須處理最大的慣性。這樣的天下在理論上，是無法控制的，「天下神器，不可為也」。（29）憑著一知半解，積極有為地去改造天下，就像「挾泰山以超北海」，其重不可擔負。老子說，「上善若水」（8），天下歷史的前進，也是如此。有為的設計，不論多麼堅固精巧，在時間流駛下，都會剝蝕殆盡，只有最簡樸有常的部分會留下。因此只能靠洞察至為微弱而廣泛的萌動，佔其先機，因勢利導。知道了這一點，對「無為」而治就會有深一層的理解。這種洞察，只有真正「無為」的道者才能做到。人為的力量必須減小到不足以傷及「小鮮」——社會的任何細微結構。「牽一髮而動全身」，對社會細微結構的傷害，其後果卻是普遍的。所以好的治理不在於宏觀的富國強兵，而在於「亦去其害馬者而已矣」（《莊子·徐無鬼》），去之而馬群不知，是為無為。無為則「吾不敢為主，而為客」（69），不是想方設法地去改變細微結構，而是基於自然的，這就回到了道家的理論。道家關於天下的理論是無可替代的。

七、國的歷史和未來

　　上古部落聚群而居，小國寡民，是天道與人道交融的中間狀態。而名的意義上的國的出現，是一個里程碑，標誌著人類社會在人道與天道分路揚鑣的過程中，完成了轉向，其中開始有純粹人道的部分。從經濟上講，國的出現是因為超水準經濟的出現。生產活動並不能創造人，也不能標誌人與其他動物的區別，有一部分人能夠脫離直接的生產活動而生存，才標誌了人與其他動物不同。

　　伴隨著超水準經濟的形成，人類社會逐漸嶄露頭角於天道的水平面以上，顯示出一系列的人道的特徵。物質積累超出了生存所需，行業因此產生分化，有人可以終年不從事直接生產，如專職的祭司，首腦，或軍事統帥。而普通人也時而可以得到休息，而不是終年勞碌。這種分化使得經濟活動不再只有天道的作用，而有人道的能動，即創造，更能使人盡其用。因而分工帶來的進步不是單純的技術進步所能產生的；技術進步雖然有其作用，但更

重要的，具有決定性的是人群的組織性的進步──複雜而高效的合作──以名統轄的合作。

　　人的經濟活動不能違背天道，但天道只是一個基礎，一個平臺，人盡其用，眾人合作盡得其妙的最上層，則不是任何人所能先見和規劃的──「雖有至知，（不如）萬人謀之。」（《莊子·外物》）水準經濟是國存在的基礎，有如文明的門檻。一旦跨過水準經濟的門檻，國的形式政體有一定程度的自由。古希臘的水準經濟是建立在奴隸生產上，但雅典是自由人的民主制度，而斯巴達則是軍事統治，大相徑庭的兩者可以在同一水準經濟上出現，說明政治上層建築具有自由度，而不是被生產決定的。在超水準經濟中，上層建築幾乎決定性地決定生產的發展。

從匡廓圖看國的形成

　　人類學對原始部落的考察發現，各地的原始部落都多少存在著節日或狂歡現象，這是超水準經濟使得普通人也能夠暫時脫離生產決定的。這樣的節日往往伴隨著大量消費，過度耗費財富的行為。（「節日也是閒暇的一種，是任一民族都有的現象。這固然是生產率超出最低生存要求的結果，但表現為有規律的，完全娛樂性的，甚至在一些民族裡浪費性的，的節日。」《穿褲子的猴子──人類新論》，栗本慎一郎著，晨華，公克譯，北京：工人出版社，1988.8）

　　分工使得不是每個人都必須進行類似的活動，交流和交換就變得必不可少，這就促進了語言的成形和穩定化。有了語言，知識積累就不限於一個人的個人經歷，人們可以通過別人，尤其是先人的眼睛獲得更廣大的視野。一個人的智慧，也不再因為死亡而失落，而能夠薪盡火傳。（「（語言的發明）人類一次偉大的從神經系統的脫離。」（《珍貴的心靈：人類意識的進化》（A Mind So Rare: The Evolution of Human Consciousness），梅林·唐納德著，紐約：諾頓出版社，2001，第150頁。轉引自《人類思想史──浪漫靈魂：從以賽亞到朱熹》（英）彼得·沃森（Peter Watson）著，薑倩等譯，中央編譯出版社，北京，2011，第51頁。）

　　分工使得選擇成為可能，人的自我意識就開始生成，強化，和過度發展。在天道的自然流駛中，順流而下和完全脫離，是兩個方向，後者是人道的方向。老莊處在這兩者的分歧點上，而不是主張兩者之一。老莊對自然的

強調是針對過度發展而言。此中最簡單的原因是人仍然不可能澈底脫離自然，不能自生。（人能自生的問題，愛德華・威爾遜有所提及（（美）愛德華・威爾遜，《論人性》，林和生等譯，貴州人民出版社，1987.8），但不在本書試圖討論的範圍，所以略過。但這個問題將是未來哲學家們必需討論的一個核心問題。）

上述這三者的發展可能錯綜複雜互為因果，但老莊皆以一言以蔽之：「餘食贅行」（24）和「出乎性哉！而侈於德」。（《莊子・駢拇》）

最初的國可以說是一種在上述「過度」之上形成的上層建築。最初的國，與其說是一機器，不如說是一儀器。國的本身不生產食，不生產知，也不生產兵，國祇是用以調節外得的儀器——名器。名建立在實之上，名器建立在外得之上，所以是上層建築。國可以調用這些外得，名義上假藉這些實，但國不決定食，不是知識的是非判斷權威，也不是軍隊。軍政府的存在，是亂象而非正宜，陸賈對劉邦說：「陛下居馬上得之。寧能馬上治之乎？」劉邦有慚色，即是他知道這個關節。

兵法《尉繚子・天官》有，「梁惠王問尉繚子曰：『黃帝刑德，可以百勝，有之乎？』尉繚子對曰：『刑以伐之，德以守之，非所謂天官時日陰陽向背也。黃帝者，人事而已矣。』」戰勝只是一個方面，勝而能「守之」才是贏。「贏，賈有餘利也。」（《說文》）在兵的問題上，勝而無餘不算是贏，是輸。這與賭博很相似。賭徒是否高明，不在於技巧和勝利的大小次數，輸贏要由賭完之後贏餘而定。善用兵也是如此，兵也有「好戰必亡」的規律。（《司馬法・仁本》。此意又見於《文子・道德》）項羽的常勝，是如賭徒一樣，勝而不贏，而不能使天下人有生息的餘裕，是項羽失敗的原因。人心厭戰，在項羽和劉邦粗定天下時沒有差別，項羽時人心厭戰而不可逃，所以劉邦反而得到幫助；漢初也有諸侯叛亂，但這種叛亂不能像劉邦叛亂一樣攪擾全國，原因在於天下人看到了生息的餘裕，也就是看到了並嚮往兵之外的東西。春秋吳國，雖然有孫子（孫武）輔佐，戰勝強楚而稱霸，但不能免於亡國的命運，也是不能守的一例。（《天官》中這句話還有幾個值得注意的地方。首先，尉繚子說的刑指的是兵，明顯地表明瞭原始的兵與刑，兩者之間的區分並不明顯。兩者的差異是在後來形成的，而兵在歷史現實和概念上顯然先於刑，所以尉繚子這個用法與「刑出於兵」是一致的。刑兵這種模糊的原始狀態又見於《司馬法・仁本》，「賢王制禮樂法度，乃作五刑，興甲兵，以討不義」，刑和兵的對象同是「不義」，只是名稱手段不

同，兩者重疊模糊的情形顯然必不可免。其次，尉繚子認為戰爭與鬼神無
關，是「人」之事，更確切地說是「人與人」，是人群之間或者國家之間之
事。這就將兵的範疇局限在人的範疇之下。在德的範疇，人只是作為萬物之
一，而不加細分。（莊子的「天地一指也」（《齊物論》）隱含的前提即是
「人亦一物也」。（《文史通義》章學誠）此義又見於，《論衡‧雷虛》，
「人在天地之間，物也；物、亦物也。」《淮南子‧精神訓》，「我亦物
也，物亦物也。」）所以兵的範疇不能上達德的範疇，只能以其為前提，居
於其下。）

　　國存，除了實之外，有賴於名正言順，所以孔子要正名。但實變，名必
然變，所以莊子說：「名，公器也，不可多取。仁義，先王之蘧廬也，止可
以一宿而不可以久處，覯（停留）而多責。」（《莊子‧天運》）老莊並非
要取消國，只是認為名不是可以傳之萬世的，國也不可。老莊注重本，當然
就強調末的不是處。不明就裡的儒家人，認為名也可傳之萬世，只是嬴政一
類的短視。

　　孟子說：「諸侯之寶三：土地，人民，政事。寶珠玉者，殃必及身。」
（《孟子‧盡心下》）這也是重視實，與老子「不貴難得之貨」（3，12，
64）是一致的。但孔孟所講的仁義，總是依賴一定的社會現實，時過境遷，
就如刻舟求劍，不能得其實。老莊講本，是因為其有常；外立其德，無論是
以仁義，知識，科學，超水準經濟，都是不可靠的，以此類外得為依據的有
為，必然招致反之動，有時有悔之不及的後果。在這個意義上講，即使從社
會道德上講，仁義也不能長久成立，因為可變的道德準則，即無道德可言。
如，主尊臣卑只是義一層次的，「君臣有義」（出自《孟子‧滕文公下》。
又《孟子‧盡心下》有，「義之於君臣也」。）而已，不是「定位不移」的
規律，也不成其為判斷是非的標準。所謂義，只是對一時的時勢適應的權益
之計，考慮的是眼前的形勢，就近取譬而已。這樣的義，君君臣臣和君不君
臣不臣只是一種遇合，而非規律性的道理。如文子所言，仁義也有時斷絕：
「夫無道而無禍害者，仁未絕，義未滅也，仁雖未絕，義雖未滅，諸侯以輕
其上矣，諸侯輕上，則朝廷不恭，縱令不順，仁絕義滅，諸侯背叛，眾人力
政，強者陵弱，大者侵小，民人以攻擊為業，災害生，禍亂作，其亡無日，
何期無禍也。」（《文子‧九守‧道德》）

　　孔子立名，孟子貴政。這就有政體應如何設立的問題。此類的問題，
處於義，刑，和禮的層次。國作為儀器，國之下就有具官分職（《晏子春

秋·文上三·第六》），選賢與能的問題。前者需保障功能足備；前者不能徒行，有後者才能使之運行起來。國所需的具體功能，如何設官分工，是行政史的範圍，不在本書討論之內。國作為儀器，大體上處理兩種情形，一是已有的情形，一是前所未有的情形。對於已有的處理，可以因循舊例，即成法；對於改變舊例和應付前所未有的問題，則必須取宜從權。

刑懲於後，不能用於新問題，但刑的本身卻可能造成新問題。荀子說：「刑稱罪，則治；不稱罪，則亂」（《荀子·正論》），即刑亦可致亂。又，「制刑而無刑，故功可成」（《兵略訓》），即有刑而沒有刑的反之動才能得到刑之功用。「好」的刑首要的特性因此是使人無犯，輕重緩急反而是次要的；取其實，而不取其名。禮製成法式，也可以處理已有的情形。由刑與禮形成的秩序，可以守成，所以貴在不變。一個社會的秩序不論是禮制還是法制，只要能夠守成，其實質並沒有差別。儒家試圖達到無訟，推行禮制，使刑無所用，也是出於「無刑」的考慮，但未免忽視了和輕視了「制刑」的重要性。

名載於實，實變的時候，權就至關重要。權之所出，根源在於實變。無可變，即無權。如自然科學，一種原理一經發現證實，就不可改變，沒人再有權威。有可變，然後才有權變，有衡量選擇取捨，這個過程是權的作用。顯然，實的意義上的權不是無限的，名的意義上的權也不是無限的。權依託於一國的名義，權變的範圍是刑和禮，不能上及於道德仁兵。權對成法慣例的改變，不能以真偽，是非，而只能以合宜與不合宜來衡量。在一國之下，也沒有無限的權，忽視法式秩序的常，將過去抹去，也就無從有一未來，無可建立。

中道而行

歷史愈久，一國能夠權宜取裁的材料就愈完備，但其權變也愈被製約。歷史對現實社會的規定性經常是潛藏著的。當人們因循時，不能感覺到歷史的力量。但當社會變遷變革之時，歷史的規定性就以傳統的形式表現出來，而歷史力量的宏大往往出人意料。在沒有變革之前，歷史的力量無從得知。因此在社會變革中，歷史書需要不斷的改寫，這種改寫，不是對史實的偽飾，而是將對歷史力量新的發現和認識包括進去。人類的歷史，不同於物體的慣性，而是人為的，是有生命的，也必須從其生命活動中認識。認為歷史

虛無或史實可以隨意改寫的觀點，完全不知歷史為何物。

　　任何現實社會都離不開一個傳統，而這個傳統的特點，力量，和趨向，只能從它的歷史軌跡中揣摩。歷史的記載是傳統的軌跡，傳統是歷史的現實地呈現。所以說不知歷史即無以知未來。而歷史之於人性，正如圓珠與盤，雖然千變萬化，但圓珠不能出於盤中。歷史的終結，在這個意義上來說，不是大事件的終結，而是對人性之盤的遍歷，這種遍歷表現為所有民族的傳統的完全融合。

　　歷史的具體形態是人群史，一代代的人都是整體人類的一部分，歷史即是探索所有可行之路的記錄。人的改變最終決定了歷史形態的改變。但人很難被改變。老子說：「上士聞道，勤而行之；中士聞道，若存若亡；下士聞道，大笑之。不笑不足以為道。」（41）與此相仿，孔子說：「中人以上，可以語上也；中人以下，不可以語上也。」（《論語・雍也》）這兩人的話，猶如說，天道與人道只有中人以上才值得去對他講，中人以下則不必去自討苦吃。這與其說是老子孔子的不仁，不如說是這兩人的無奈。老子孔子有言而欲無言，莊子非得其質不辯。孟子的「予豈好辯哉」也是如此，他從宜與不宜的角度說：「士未可以言而言，是以言餂之也；可以言而不言，是以不言餂之也，是皆穿逾之類也。」（《孟子・盡心下》）。孟子又說：「教亦多術矣，予不屑之教誨也者，是亦教誨之而已矣。」（《孟子・告子下》）

　　在古往今來的任何一個社會，民族，以至於小群體裡，都不可能找到完全一樣的人，所以中人以上中人以下是永恆存在的，但中的所在卻可以不同，一個社會的中就成為那個社會的文明程度的衡量。中庸之道，即是中用之道，中用是明於中道，而發出的作為。在自然中的無為，與物無傷。中庸的範疇與無為有對應的地位，也同樣不是無所作為的意思。在人類社會中的中用，與人無傷──從現實中仁的實現所能達的程度而言，「中庸其至矣乎！」（《中庸》）此句又見於《論語・衛靈公》，「子曰：『中庸之為德也，其至矣乎！民鮮久矣。』」此處，鮮是缺乏的意思。孔子有見於世道的大趨勢，與中道相差甚遠，所以說「民鮮久矣」。如果認為中道即是任何一個社會的中，就不可能有這樣的議論──其理甚明。

　　平均觀念是中國人對中的一種理解。但這一觀念庸俗化之後就形成取一與一的庸俗平均主義，這不是平均應有之義。平均主義的抑強扶弱，與「天之道，損有餘而補不足」是對應的，所以有替天行道的說法。但上仁的

中庸之道，是無以為的，這本身就拒絕平均主義。平均主義，只是中，而無以為。平均主義的模式化教條化就抹殺了中之用，因此在這樣的平均主義下只會存在死氣沉沉的社會。較為勻質的社會因此沉悶，而異質豐富複雜的社會就顯得有生機，這兩者之間的區別在於用的不同，而不能由此得出前者更符合中的結論。反而是這兩者中的後者，「不同同之之謂大，行不崖異之謂寬，有萬不同之謂富」（《莊子‧天地》），在兩者都不符合中道時，更具完整性，包涵著更多中道的因素。

平均主義可以是一個社會中某一時段大多數人的所欲，但這種平均主義只是一種時宜（義）；真正的「平均主義」只能在道德仁義禮各個維度所構成的總體空間中考量才能取得，這樣真正的中道才能容納無窮無盡的用，這一點因為人道的不斷發展，所以尤為重要。從匡廓圖來看，一個人首先屬於自然，其次屬於人類，然後屬於人群（一國或一社會），最後屬於家人和朋友。一個人的人格或者說他所得到的教誨，至少要包括這幾個層次，對任何一個層次的偏廢，都會導致畸形的人格。沒有無窮無盡的用，無法達到馬斯洛所講的「好的社會在於每個人充分發展」，人也無法享有充分的自由。中道不以道德仁義禮中任一維的中為中，而在於整體的考量。循禮守法的人或許是好的公民，但未必是有道德的人。一時一地的刑，未必符合中道，不是行為善惡評判的絕對標準，而有時正好相反，正如馬丁‧路德‧金所說：「當年希特勒在德國幹的每一勾當都是『合法的』。」蘇格拉底在弟子們為他準備好越獄時，不去逃，而是討論了遵守法律的義務的問題，算是思想家求仁得仁了。但如果他明白刑僅僅是若干維度中的一維，他或許有別樣的選擇。

與刑相似，名也有同樣的問題，眾口交讚的鄉願，也不是善惡的標準，所以有，「子貢問曰：『鄉人皆好之，何如？』子曰：『未可也。』『鄉人皆惡之，何如？』子曰：『未可也。不如鄉人之善者好之，其不善者惡之。』」（《論語‧子路》）莊子孔子這樣的見解，並不是經過玄妙的思辨或精細的考察，他們只是深知，道之德只能是一個人自己得到的，所以道德的立足點只能在於一個人內在的自己，名和刑是外在的，自然就被摒棄在外了。而善惡的判斷標準本來是無以為，孔子只是順著子貢的思路，指出一個只具相對來說的更好的善惡辨別辦法，不是絕對的。

天地不仁，「大道泛兮，其可左右」（34），天道不仁，無所禁忌，人道卻不能遠離中，否則就意味著有禍患而傷人。在人道中，執著「其可左

右」的念頭，就會看輕這種禍害，韓非的刻薄即是由此所致。韓非的學術可以說源自老子之流脈，但不能視為老子的學術。韓非沒有意識到人與物本質上的不同，而以為老子思想可以直接應用於人道，這是他的學術的致命缺陷。蘇轍說：「故後世執老子之言以亂天下者有之，而學孔子者無大過。」（蘇轍《道德真經註》）學孔子之所以無大過，是因為孔子注意到了仁這一轉折，而「曲則全」的緣故。

在世道之中無傷於仁，離中道不遠的時候，中就無所用；否則，得用之時，就必須執中而行之，「舉直錯諸枉」（《論語·為政》）而力矯之，使之歸於中道，而非一味地鄉愿，所以說，「君子和而不流，強哉矯！中立而不倚，強哉矯！國有道，不變塞焉，強哉矯！國無道，至死不變，強哉矯！」（《中庸》）；在用亦不可得，天道循環未達變之機時，無名無位的時候，只能恪守中道，「捲而懷之」（《論語·衛靈公》）又如，《莊子·繕性》有：「隱，故不自隱。古之所謂隱士者，非伏其身而弗見也，非閉其言而不出也，非藏其知而不發也，時命大謬也。當時命而大行乎天下，則反一無跡；不當時命而大窮乎天下，則深根寧極而待。此存身之道也。」

在人世間的芸芸眾生，大多生活在禮的層次；明白義，但不去深究；界於刑，而不至於罹於刑。求仁得仁，止兵非兵，知道的人多，化為行動的人少。而真正的道德的人和智慧的人難以尋覓。也就是說，義禮刑的層次已足以能夠讓大多數人度過一生——中人及以下，循義禮刑的軌轍，即可以無大過——中庸的意義已經蘊含其中了。道德仁兵因此難以苛求於每個人，而只是中人以上的志向。可以預見，這種情形在老子孔子所處的的久遠年代如此，在未來長的時期亦會如此。而歷史的慣性，就存在於這些人中，這種慣性在歷史的形成上如此重要，以至於「民為貴」（《孟子·盡心下》），是任何思想家的四兩之力，難以隨時既可撥動的千鈞萬鈞。俗語說「識時務者為俊傑」，但從長的歷史時期看，此類的俊傑如政治家，只是適應於當時的多數人之所欲，但都不是能夠撥動歷史慣性的人，而不能走在歷史的前面，引領歷史。政治的權威出於學術權威之下，而後者更永恆。真正能夠撥動歷史慣性的人，首先必須不被時務所迷惑或牽動，才能看到古往今來人類中大多數人的人性之趨趨，才能成為歷史的中流砥柱——老莊孔孟對歷史的影響大致如此。

第二部分

第十三章　解德（上）：名實，體用

　　中國學術傳統，雖然以道為最上層，但實際的內容和表現，是以德展開的。德是道之用最根本的一層。因此對道的認識，以及對從道而下的學術流變的認識，德是不可或缺的一環，有必要對德做一完整的解說。

　　道包含了無限的可能性，德的世界只是其中實現了「有」的那一小部分。可以被人窺到的道的某些可能性，稱為象，如天象，幻象，意象，跡象，現象之類。人類對象的模仿，是美學的範疇。人們可以通過各種形式來表示所窺到的象，如藝術的諸形式，匠人的技巧，詩歌，和語言說明等。這些形式都如同指月的一指，其本身並不是道或者象。語言只是探索道的工具的一種，但迄今為止是最重要的一種。

　　人類講過的話語，是無窮盡的，只有其中的精華，才被文字記錄下來，經時間的過濾，流傳至今，形成了現代人的語言和認識的基礎。語言和文字是人設計和實現的，在道生萬物時，人類與萬物分離，這就有語言和文字與物也存在分離的問題，這一隔膜即是名和實的關係的問題，是人對萬物的認識中的根本問題。名是從人看去的，實是從物確立的，兩者不可能等同，即「名無實，實無名」。從動態來看，名與實也不存在著恆常的關係，實總是在不斷變化，名不能總是與之同步，總有因人而異，而且名對實總有的超前和滯後。完全靜止不變的一對名實，是死亡的名實，因為實不再變化，名也不再有人去用，才能不變──沒有人去用的名，和不變的實，本質上是回歸於道之無，是死亡的東西。

　　對於一對名實，必須將其變化的動態考慮進去，才能構成更為完整的途徑。將一對名實看作體，其變化動態就是其用。這種用，不僅僅包括實的變化──道之用，還包括名的變化──人去用。這就將語言的內核，人的本質和作用包含其中了。這個模型即是體：實──人──名，和這個體的往用。

　　每一個字，每一個詞都具有名實體用。字和詞是語言的組成材料，如同房屋的磚瓦，而名只是自然的材料。對字詞的研究，即是字學。字學不是識字之學，而是對名的人為的加工，提煉，化合，和發明，是名和語言之間

的必要的一個層次。在字學的層次，每一個字都是一個體，而不是抽象的符號。而人對字和詞的用，又使得字和詞有歷史的變遷，因而有語源學。這樣的體和用，不是名學，即名實之學所能包含的。字學的體系總是在不斷地變化中，也就是說，字學是活的，總有新陳代謝，不是像失落的文明或語言那樣僵死的。否則，一本詳盡的字典，一本完善的百科全書就會成為人類文明的終點。字學的生命，決定了現存的字學體系，現存的語言都是開放性的，而非隔絕的，處於匣中的。

字學使語言能夠脫離物，而不是僅僅是指代物的符號的集合和組合。這樣的對物的超越，是人的因素帶來的特性。用以指道的工具有很多種，但指並非目的，指而能歸——歸於人之後才有薪盡火傳。沒有任何一種其它工具能夠像語言這樣深刻地帶著人的烙印，指和歸合一，這是語言成為最重要的指的工具的原因。其他的指，如藝術，有其介質，因此總是零碎的；可以達到深遠高曠，卻很難平庸近人。指而能歸，即使有百指千指都無妨，莊子知其歸，所以說：「萬物一指也」（《莊子·齊物論》），這是因為歸之後，只有一歸，所有萬指的效果都如一指，沒有差別。

對德的澈底解析，名實體用這個模型是必不可少的。而其中的用的舞臺，是匡廓圖所描述的整個空間。

一、中國人獨有的德

中國文化和民族性格的形成，是以德為基礎的，「據於德」，這與任何以宗教為基礎的文化都非常不同。道將宗教與人世分開，是中國文化獨有的。但中國傳統文化並不因此排斥宗教意識，這種分開只是使之各安其位，如西方「上帝的歸上帝，愷撒的歸愷撒」之意。神歸神界，而人間自有人間的道理：「神不害自然也。物守自然，則神無所加。」（王弼《老子注》）

人世發軔於道，形跡為德。自德而言，道家重自然，有「不與化為人，安能化人！」（《莊子·天運》）而儒家認為「天道遠，人道邇」，「未能事人，焉能事鬼」（《論語·先進》）。雖然有人試圖給中國傳統文化找出一個宗教的內核，但是徒勞無功，只好將中國傳統文化歸於自然宗教。所謂自然，其實是大德，其大無所不至，在人的思維中幾乎與道混淆。中國人認為自然的起始，極致和歸宿，都是道。道惚兮恍兮，是洪荒大塊，無可分辨

無可論說，所以凡可得見的必然以德為根本。

　　中國文化裡，德的概念由來已久，《尚書‧堯典》已經有「（堯）克明俊德，以親九族」。成語如「同心同德」，「離心離德」也都從《尚書》而來。德在《尚書》中可以說是最重要的一個概念：德之於天道，有「天既孚命正厥德」，「天命有德」，「皇天無親，惟德是輔」；之於帝王，有「（堯）克明俊德」，「（舜）讓於德」，等等；德之於朝代更替，有「夏德若茲，今朕必往」；德之於道德修養，有「（舜）玄德昇聞」，「行有九德，亦言其人有德」。這些「德」字，沒有一個簡單的通釋，但是都隱約有一個主體擁有具有的意思。這就隱含著人對德可以有所選擇，不僅僅是命運所決定的。這就是為什麼《尚書》中的「德」，不是只有美好而善的意思，也有貶義的德。德有真偽之辨，真的德，只有內容的差異，沒有是非善惡吉凶褒貶的差別。

　　德專指褒義的德，是後起的。在《尚書》中德字的古樸用法中，除了明德（《尚書‧多方》），馨香德（《尚書‧呂刑》），顯德（《尚書‧文侯之命》），耆德（《尚書‧伊訓》），敏德（《尚書‧康誥》），等褒義的用法；也有穢德（《尚書‧泰誓中》），昏德（《尚書‧仲虺之誥》），慚德（同上），酒德（《尚書‧無逸》）等貶義。

　　《尚書》反覆用德來說明，有美好而善的「德」，可以成就帝王，得到上天的護佑；而具有敗壞的德或者喪失美善的德，就失去天寵，可能會失掉天下。這使德成為人王地位的保證，不可謂不重。德的重要性還在於，商周對前代的討伐，也需要這樣的理論來做號召。

　　《尚書》中的德的概念，對後世有莫大影響。後世的史家在解釋歷史時，實際上久久沒有脫離《尚書》中的德的理論和概念。另一方面，由於德這一概念的重要性，德的內涵又經歷了豐富和流變，形成了我們現在對德的看法和文化。德的這種內涵的變化經歷了整個中國歷史，使得德的意思變得紛繁而細緻。大體上說，道家和儒家是現代中國文化中德的概念和文化的兩大來源。德是道家的一個基本思想，《道德經》這個書名就是明證。老子至今不確知是何時人，但他的德的概念顯然要晚於《尚書》。老子講的德，可能也是由《尚書》而來。孔子繼承商周文化，《尚書》極為儒家所重視。

　　道儒兩家都對德的概念作了他們那部分的解釋和發展的工作。這兩家思想雖然分歧很多，但在德如何而來這個問題上，底蘊相通，都認同同一源流。這個源流就是道生德，這種關於萬物如何發生的意象，這種思維的框

架。而這個框架是從何而來的，是一懸而未決的問題。如果這個問題能有答案，老子的道的理論是否是有所繼承，是如何而來的疑問，大概也可以解開了。道生德這一思維的框架，實際上完全涵蓋了《尚書》中德的意思，而且向形而上的終極理論，或者說基本假設，邁出了一步。道生德，德是人世間一切的基礎，而人又可以有德。人的大德可以通「道」，這就打開了天人合一的法門。天人合一要求人必須有德。而在人的德從何而來，有德之後，人又往何處去這些問題上，道儒兩家各有自己的見解。

不僅道家和儒家受這個道德意象的影響，先秦至漢代的很多其他思想也或多或少出入於道德，只是這些學說不及道儒兩家的影響那麼廣泛。道先德後，這兩個概念以這個次序的出現，在先秦至漢代的著作中屢見不鮮。這些著作包括道家儒家的經典《論語》，《老子》，和《莊子》。這使得在那個時代學人的眼中，這種框架即使不是公認的原理，也是不能忽視的一個有力的假設。學者的學說不得不以這個框架鋪開，或者與這個框架做一較量，儒墨之爭就是這樣一個例子。

值得一提的是，墨子慧眼獨具，用宗教觀來與道德框架抗衡，這是唯一與道德框架具有同樣高度和深度的一種基本前提；這是墨家與儒家在當時並稱顯學的原因。墨家後來雖然式微，但不能歸因為輸掉了思想深度較量，而只能歸因為墨家將人的天性僅僅作為天志附庸和工具而產生的認識偏差，正如《莊子・天下》所講：「（墨子之道）反天下之心，天下不堪。墨子雖能獨任，奈天下何！」宗教與道德的較量，墨子之後，還有很多次。既有道家儒家試圖向形而上發展的一家內的爭執，也有與外來宗教的對抗。像墨家這樣大的挑戰，只有在佛教傳入時，才又發生。但最終得以在中土大行的禪宗，已經極大地被道儒影響，三教漸趨於合一，所以中國佛教在人間的道理上實際上是雜糅了道儒對人性的見解。道儒框架並未因為這些較量而失去意義，經受住了這些考驗，一直流傳至今。

德是一個相對獨立的概念，但德的獨立性很少得到重視。馬王堆出土的西漢初年的《道德經》，《德經》在《道經》之前，說明至少在這個時代，德不作為道的附屬，獨立而講，自成一章，也被當時人所接受認可。但除此以外，德總是處在從屬的位置。對道家來說，是道為主，德只是在道的陰影裡，讀《老子》的人，眼中只有道，對《道經》《德經》的分別不甚看重；對孔子之後的儒家來說，道德只是合起來用，是個社會倫理的意思。這後一種說法一直延續至今，是現在德的最通俗的講法。但老子的德與這種倫理的

意思，很難從《老子》直接看出其聯繫。德的本意是得，但與得有區別，而更重於內在的和抽象的含義。通俗講的德是美德，善的意思，由此而來的詞語有道德，品德，功德，德性，德行等等。德字的這種通俗的與倫理相關的意思，是「得」的意向的引申和具體化。倫理上的德，是得到，而兼有所得到的又是善的的意思，用這個意思，完全無法讀通《老子》，也難讀通諸子。

《老子》中的德，最接近道這個源頭，所以整理德的概念，從老子的德那裡開始，最容易下手。老子的德是這些意義匯通的節點，這些意義都可以從這一點出發探尋。所以有必要從新整理德的含義，探其本源，辨析分歧，取得一個融通的理解。有了這樣一個理解，才能回過頭來探討道家德的含義，與儒家相通相異的地方。而最重要的是能夠整理《莊子》的思想，來融合這兩者。《莊子》的思想，正可填補《老子》和儒家之間的空白，這個空白就是道與社會的人，倫理的人的牽繫。

二、象和言

德從道來，最切近於道的德，就是對道的心得——象和言。德從這裡向形而下展開。

道只是其本身，所以我們知道什麼不是道，卻不能說明什麼是道。歷來得到了這層意思的釋道的書，對這個問題的處理大致可以分為兩種：一種是以象描摹，一種是以言解說。《老子》和《莊子》並用這兩種方法。

象，兼具想像和效摹兩種含義。韓非說：「人希見生象也，而得死象之骨，按其圖以想其生也。故諸人之所以意想者，皆謂之象也。」（《解老》）韓非這個「象」，大致與《老子》中的「象」，是一個意思。老子說，用象乃是不得已：「夫唯不可識，故強為之容。」（15）莊子認為：「道……可得而不可見。」（《莊子‧大宗師》）這是解釋用象的原因。簡單說，「象」就是打比方，以抽象代替實物來形容，是意象，是神似，是取義。蘇轍說：「達者因似以識真，而昧者執似以陷於偽。」（蘇轍《老子解》）這樣的象能否傳達，在於讀書的人能不能接收。

錢穆說：「有形為物，無形為象。」這是很明白的說法，但有點過於明白，缺乏精微的流動意味。老子說：「故常無，欲以觀其妙；常有，欲以

觀其徼（校驗）。」（1）象可以說對應的是妙，而形對應的是徼。老子用水來講道，是一種象，水無常形，但可取水趨下歸根之象。莊子用氣來形容道，也是象，但有了升騰變化和虛而不屈的意思，講的是道的運化之象。氣可稱有形，亦可稱無形，以意在先，就不必拘泥於有形或者無形，就像俯視有形或者無形，而不是陷於其中「雲深不知處」。

《老子》中直接用這個象字和義的地方很多，有：「無狀之狀，無象之象」（14），「大象無形」（41），「執大象，天下往」（35）等等。《老子》中的：「淵兮，似……」（4），「上善若水」（8），「荒兮……，澹兮……」（20）等，都是以象喻道。值得注意的是，《老子》中雖有以人事為象來釋道的，也有對人事變化軌蹟的直接描述。《莊子》書中，以比喻來取象喻意的例子更多，莊子的寓言，多是此類。例如，「（黃帝）遺其玄珠……，乃使象罔（或作罔象），象罔得之。」（《莊子·天地》）這裡的「玄珠」是道的意思，「象罔」則是無形無心的意思，也是以象喻道。

象雖無形，但不是道，即使是近於道的象，仍然是象，屬於德，而非道。貼近道的大象，就像《大霧垂江賦》裡描述的霧一樣，塵埃也，野馬也，這些霧或雲氣，只是像個什麼，卻不是個什麼。這樣的象，顯然不可數，勉強去數，二，三不合適，其他數目也不合適，只好混沌地定其為一。所以說，雖然說「道生一」裡，一是個數，但這個一仍然是不可數，無法可分的。這與二是極為不同的。有了二，就有可分的界限或對比，這就離道的本源要遠一些，有隔膜了。道不是一陰一陽，道與陰陽相比，在時間上，在其之前；在空間上，不可分。象比陰陽更接近道，是那個可感，不可分數的。

象的描述，文字並非唯一之選，還可以用多種形式。儒家對樂尤其重視，將樂的教育功能與禮並稱。與音樂類似，藝術門類如雕塑繪畫等，都可看作是人類思維的工具，道的載體。這些載體可以說是用藝術的語言：線條，聲音，和顏色等來表達和傳遞，但它們並不一定成其為文字。道無所不在，德的形器也無所不在，此類的載體也是如此，並不限於各種藝術門類。六祖指月，月非手指，而可以指月之物除手指外所在皆是，在六祖那裡，語言，《涅槃經》，與六祖指月的手指都是一樣的工具而非道本身。這樣看來，學術門派的是非爭論，依據於不同的經典，已經是工具層次之爭，流於無謂。

《莊子·天運》以樂象道：「帝張咸池之樂於洞庭之野，吾始聞之懼，復聞之怠，卒聞之而惑，蕩蕩默默，乃不自得。」而逍遙遊，庖丁解牛，

伯昏無人射（《莊子・田子方》），輪扁斫輪，甚至賦斂以為鍾（《莊子・山木》）等，都可使人一窺道之象。「道也者，不可須臾離者也，可離非道也。」（《中庸》）所有這些都是一指，只是工具，其本身並不是道；一指之後，道也不復在這一指中，正是「偶而應之，道也。」（《莊子・知北遊》）一指所指出的是象，不是道；看破象，才接近於道。陶淵明詩雲：「欲辨已忘言」（陶淵明《飲酒・其五》），即如此類。又如《莊子》中：「知謂黃帝曰：『吾問無為謂，無為謂不應我，非不我應，不知應我也。吾問狂屈，狂屈中欲告我而不我告，非不我告，中欲告而忘之也。今予問乎若，若知之，奚故不近？』黃帝曰：『彼其真是也，以其不知也；此其似之也，以其忘之也；予與若終不近也，以其知之也。』」（《莊子・知北遊》）黃帝所講的，按照次序即是，道，無形的象，和可道的知。

　　在古代中國，探索道的並非只有學者或士，莊子筆下的庖丁，各種工匠，樂師等人都有自己的探索。在西方學術的源頭，古希臘時代，探索世界的奧秘的人們，也並非只有哲學家們，也包括藝術家，詩人等。通過劇作，詩，美術，音樂，舞蹈，以至於像射箭，工匠，畜牧這樣的各種技藝，對道的探索，都可以算作是美學。美學即可以說與象是同一層次的。中國學術中，莊子已經可以稱為美學宗師，對後世美學影響至深。莊子之所以能達到極高的美學境界，不僅僅因為他對於語言工具運用嫻熟，而且當他用語言去描摹道之象時，不得不如此。莊子「獨與天地精神往來」（《莊子・天下》），對象能夠曲盡其妙，因此能夠自如地在匠人，理性的學者，非理性的詩人，以至於像巫祝一樣的狂迷人（化蝶，倏忽混沌事等）間遊移變幻。他人對此或有變化莫測的感覺，但這些身分對莊子來說並無畛界，始終是一體的；這與六祖解經隨聽隨解，孔子多藝而發出「吾何執」（《論語・子罕》）的感嘆，有異曲同工之處。明白這一點，「萬物一指也」也就不難理解了。

　　道的薪盡火傳，需通過象，以「一指」的方式傳承。語言是這所有一指中最重要的一個，與其他工具不同的是，語言可以是澈底的人為的工具，即存在與實完全隔絕的純粹的名。有了語言，不需切近的接觸，就可以傳之於他時異域。有了文字就有了記錄的可能，口口相傳的脆弱的文化，就可以相對可靠地積澱起來。語言在諸工具中所佔的分量也是最大，以至於其他形式的「一指」，更被藝術家所重視，而不被重視經典的學者所重視。而且語言作為如此普遍而發達的工具，對其他工具幾乎都可以取而代之，這也使語言

牢固地佔據最重要的地位。可以認為語言文字是屬於人類思想的一個空間，可稱之為名空間；而外部世界是實空間。名空間與實空間有極大的疊合，但名空間有完全脫離實的部分，因而有獨立性。

在道傳的過程中，有三個環節：象要轉為言，言籍以跨過時空，學生又需將言轉為象。言不盡意，將象轉為言，必有遺漏和隔膜，必須由接收的人來補足遺漏之處，看透隔膜，才能真正識道。這一過程中，言的作用正如信使，通信的兩人知道信上講的是什麼，信使雖然有信在手，卻未必知道或理解信的內容，而得到信之後，空留住信使毫無用處。由象可以偶然一窺道，而語言必須完全被拋棄，才能窺道。即，指之後，又必須棄之，否則就將指當為道了。

被指者，必有其所歸，才不是空指，這個所歸的歸宿在於接收的人。這就需要有吾的獨立作用。在道與吾之間，象可以說是道蔓延而生的，以道為依託；而言則是從吾蔓延出來的，以吾為依託。有可能從道中生出的「有」，即可入言，不必一定要先有物，「維其有之，是以似之」（《詩經・小雅・裳裳者華》）。這樣的「有」存在於語言所表現的意境，這樣的意境只能生自於吾。吾開闢的這種境界即是人的內德的世界。內德的世界是象的一種，是以人的吾出發確定的象，與道之象相區別而同源相通。從內德世界的認知出發去探討道，即是以言解說道。以比喻來說，語言就如同弓，用的時候可以射象或者射物，不用的時候捲而藏之，藏之在吾；內德世界充盈的人，一切象，意，物，都在可射的範圍之內；內德偏私的人，射意有可及不可及的差別。善射的人，言必有中，言談微中——無微不至，而曲盡其妙；不善射的，則散亂不中。然而最上乘的箭術，是萬物一指，引而不發，而無象，無意，無物可逃；以射未萌，「動則得矣」（《莊子・天道》）；所以老子說：「多言數窮」（5）。

盡信書，不如無書，對語言文字機械地理解，反而不如不識字而能讀無字天書，所謂無字天書即是象。如儒家人解《大學》的致知，誠意，心正，身修，齊家，治國，平天下，往往機械化，以至於求全責備。而孟子認為齊宣王「寡人有疾」，好色好貨，無妨治國，才是明達之言。（《孟子・梁惠王下》）又如《列子》中楊朱言，「大者不治細，成大功者不成小。」錢穆《論語新解》中解，「大德不逾閒，小德出入可也」（《論語・子張》），認為是小德出入，以成大德，也是得到此中「枉則直」的真意了。

象與道一樣，充滿了無限可能性，所以可以說言不能盡象。人對象的理

解只能以無以為的方法方式得到。但象的可能性發生殊化之後就不再混沌，而可以有跡可尋。殊化的象落在物上，即為真實，不僅有錢穆所講的物形，而且物一切變化可能都在其中。殊化的象落在人，即為人的意境。這兩者都可言，但難以盡言。言有其局限，即在物這一個方向上，言隨物轉，而不能妄言悖理。言的這個限制，是個下限，不意味著言只限定於物的範圍和層次。

言受物制約而有邊界，但這不意味著言即是有限的。言的人為性，實際上隱含著人的開始的意味。人的言，雖然貴在能夠反映真實和天成，但更可貴的是可以超越真實和天成。也就是說，人可以用言打造出屬於人的意識世界，這個世界是人使之成的世界，可以超脫於物外，不必被物或實所限定。例如神話，幻想，詩歌等，都是物所不能限制的，一種語言如果缺乏這一組成部分，就失去了靈魂。舉例來說，畫作與景物酷肖，雖然難能可貴，但仍然遜於實景實物，這是物的限制性；而頰上三毛（《世說新語‧巧藝》），雪中芭蕉（《夢溪筆談‧書畫》）都迥出塵表，人造的境界尤勝天然。這兩者的區別即是中心無主而隨順的匠人和中心有主而驅遣外物的大師之間的區別。

三、語言與文字

語言先於文字的出現。對任何一個文明來說，文字的出現都是一個重要的里程碑。語言凝結而成文字，文字出現之後語言的精華就得以跨過口口相傳的局限，流傳久遠；在時間上能常存，在空間上，無遠弗屆。這就是老子所講的「其德乃普」（54）的大德的功用，文字使得德能夠「普」。

「文」的本意即是「紋」，是花紋，紋理的意思。《說文解字》說：「文，錯畫也，象交文。」段玉裁說：「象交文。像兩紋交互也。紋者，文之俗字」。交錯之劃，即成文。《〈說文〉序》說文字的起源，「倉頡之初作書也，蓋依類象形，故謂之文。其後形聲相益，即謂之字。文者，物象之本；字者，言孳乳（滋生繁衍）而浸（漸漸）多也。」也就是說，最初的文，象形而成，是對大自然的紋理觀察和模仿。文與字的區別在於，紋類似於二維的整幅圖畫，可以綿延不間斷地表示出一篇文章的意思，其中物和象都較為直觀；而字因為聲是一維的，因此斷文為字，成段的字描述出的一個

整幅圖畫即成文章，文章中的字必須有一定的先後次序和排列。

　　最早的語言是人與人的交流產生的。而最早的文字記錄很有可能是這些交流中重要到值得永久保存的部分。在文字出現之前的部落，最重要而鄭重相傳的東西，很難想像是事件的記錄，更不要說瑣碎的交易記錄，這些活動只能在較晚的時代才有可能。動植物礦物知識，交易記錄這類的東西，從任何角度都難說是最重要的。最重要的只可能是原始崇拜，圖騰，和從蒙昧中開始覺醒的人類對其本身的探討。這些不是先民日常生活可以沾染到的知識，卻是人類將自身從環境區分出來，部落互相間區分，瞭解過去，探索未來的重要工具。所以最初的文字應該更像一種對語言的補充而非重複。舉例來說，以獵鹿為生的部落，發明一個鹿字，毫無意義，每天可見的活生生的生物遠比一個文字給人的印象更為深刻，有可指就不需文字。正如莊子所說：「以馬喻馬之非馬，不若以非馬喻馬之非馬也。天地，一指也；萬物，一馬也。」（《莊子・齊物論》）這句話的意思是，用馬的名來講馬的實與馬的名不是一回事，不如取消馬的名，直接用馬的實，來展示真實的馬與馬的名的不同，因此取消掉名，天地或者萬物都是一體的實。不同人對名的理解不能為一，因而互相爭論，這時只要將馬牽來，爭論就冰釋了。而因為要以獵鹿為生發展出的鹿或猛獸的圖騰崇拜，更可能是導致文字的產生的直接原因。但由此產生的文字代表的完全不是鹿的意義，而是當時人類的想像和知識的總結。可以想像，最初的文字必須能夠傳達語言難以表達的意思，才能獲得獨立存在的意義。這些文字只有在被極端重視的情況下，才能得到公認，被學習轉抄而得以流傳。這是循內德而非外得衍進的一個過程。這個內德的過程，因為內德是人對道的認識的積累，使文字既不可能脫離道，也不可能脫離人的本質。這些最早的文字，又經過長期的積累和豐富，使文字最終成型。因為脫胎於內德，早期文字和思考方式對現代文字的影響無處不在，痕跡往往可尋。中國古代的測字或多或少是因為註意到這些痕蹟之後發展而來的。

　　現代對語言的研究，注重於從說明這一功能著手，就容易忽略內德這一潛在的脈絡。語言不可能脫離文化又能得到完整的研究。內德與外得的區別在於常與無常。內德逐漸豐富發展是長期穩定的，薪盡火傳，難以磨滅，這是文字的主幹。而出於對外得的反應的那些部分則是常變的。以中國古文為例，早期關於馬的名詞，有雄，雌，幼，毛，色等種種區分，如今這些詞都成為冷僻的字眼。秦時的挾書令，只禁歷史政論諸子，不禁法令農書，而今

這些法令農書又安在？反之，關於人，神，道，德，仁等名詞，詮釋日豐；經過時間的研磨而得到積累豐富。因此，語言的流傳繼承就如藝術傑作的流傳，語言不僅僅是對物的精確工巧的對應，人的超脫於物之外的創造性，才是語言中不可忽視的精髓。《中庸》說：「可以贊天地之化育，則可以與天地參矣。」即，人並不完全附屬於天地，天地人三才，人與天地並立為三。人為的語言也是如此，不是被動地由物所限定，而能夠反映出超出物外的人的本質性。

　　語言文字與其所指的對象有聯繫也有分別，聯繫是通過名聯繫實，分別是名與實並不等同。關於名實的爭論，先秦時代已然很常見，是墨，名，法家著述的重要部分，即使儒家也參與其中。但莊子並不以此種學術為然。莊子惋惜名家惠施之才，說：「道與之貌，天與之形，……天選子之形，子以堅白鳴！」（《莊子·德充符》）《莊子·天下》更說：「惜乎！惠施之才，駘蕩而不得，逐萬物而不反，是窮響以聲，形與影競走也。悲夫！」這是很強烈的批評。「窮響以聲」，即是用大的聲音去壓制迴響，「形與影競走」，即用快走甩掉影子；以名的不同定義相互辯論來試圖弄清楚實，與這兩者相類似，只會招來更多的辯論。正如批評的哲學，批評複批評，永無窮盡。莊子認為，這種情況只有「休乎天鈞」（《莊子·齊物論》）才能結束。鈞即均，天均即天的規定性，或者說真的規定性。《列子·湯問》中兩小兒辯日即是這類的寓言，兩小兒說的都有道理，但如果我們知道地球繞太陽的原理，天之真，天的規定，則問題自解，兩人的說法「是之謂兩行」（《莊子·齊物論》），兩者皆有對的地方，兩者對的地方都能得到保全；偏廢任何一方也是錯誤的。《列子》這個寓言結尾說：「孔子不能決也。兩小兒笑曰：『孰為汝多知乎？』」名的相互辯論中的多智只是徒增煩惱而已。

　　語言能夠超出物外，有不受實約束的部分，其中包括名之用，名的變化。從名實關係上來講，實勝於名，而不是名凌駕實之上。即語言必須建立在實之上，但又超越實。在語言與名學之間，至少還有一個字學的層次。名實關係，在任何一種語言中都是一樣的，而文字則隨語言不同而不同，這是因為文字是純乎人為構造的。就像很多民族都用網捕魚，但網的構造和網格不盡相同一樣；語言用於捕捉實，文字就像網的構造和網格，在不同語言中也不盡相同，但不同語言都應該能夠捕捉住實。越發達，精密，和成熟的語言，所能捕捉的實越完備，這可以作為語言成熟或者設計完美程度的一個

衡量。

　　工欲善其事，必先利其器。在對名實的理解之上，只有對語言的字學有極為深刻的理解，才能真正地表達思想。只有以名學和字學磨礪而成的語言的修養，才是利器，才能善其事，能夠真正地表達出語意。在不能理解實，或者無法無誤地把握文字的時候，自己就糊塗，這時試圖使別人明白，只能越說越糊塗。正如孟子說的：「賢者以其昭昭，使人昭昭；今以其昏昏，使人昭昭。」（《孟子・盡心下》）而能夠無誤地把握名學和字學的人所講的話，對於昏昏的人來說，是出人意表的，情理之中，意料之外的，使人振聾發聵的。以比喻來說，書法的工具是毛筆，善用毛筆的人，當軟的豪尖與紙的接觸時，能精確察覺到其中的微小的相抵之力和紙張的滑澀，因此落筆時，可以形容為力貫紙背，如同筆意觸達紙之外。而對語言的字學有高度掌握的人，運用語言時也是如此，能夠穿透語言，達到言外之意和超脫於言所附的物。人的思想，不被語言限制，而能駕馭語言，應用時才有只屬於個人思想的獨立性，才能清晰而鋒利，這就是所謂的思想力。思想力只有在「用」中，才能表現出來，而新的或未知的「用」，唯有具思想力的人才能實現。

四、實無名，名無實

　　從名實關係上講，名有所待，實能自行，實更為基本；而名與實總是成對出現的。但楊朱說：「實無名，名無實。」（《列子・楊朱》）名與實的對應不是絕對一致的，也不是不變的，而是類似於聲和響，形和影的關係。那麼有沒有絕對契合的名和實的例子呢？答案是可能有。但是這樣的名實是機械的有限的，是死的，不是活生生的，沒有變化或發展。以這樣的名和實建立起來的學術，也必然是僵死的，令人窒息的，而毫無用處的。這是因為沒有任何一種僵化的學術能夠充塞整個道的空間，更不用說涵納道的無窮變化。一個學術的往用，必然會帶來新的經驗，或者內涵先變化，外延隨之而變；或者外延先變化，內涵緊隨其後。只有沒有任何「用」的死的學術，才能保證內涵和外延絲毫不發生變化。明白了這一點，就可以知道一個活生生的概念，難以用名實或內涵外延來認識，要認識這個概念還必須將它的「往用」考慮進來，這就是中國學術中的體和用的概念。一門學問，是「學」還

是「術」的差別就在於「用」，只有學，不能用，只是僵死的教條。

對名或概念的嚴格定義，只能應用在完全封閉的範疇上。當範疇是半開半閉的，即一端有嚴格邊界，另一端無限發展時，嚴格的定義並不存在，任何試圖使其嚴格的努力，都是閹割。先秦諸子已經認識到，半開半閉的範疇，才是活生生的，有用的，因而是他們要處理的。這與西方的理型的僵死，性質完全不同。

「實無名，名無實」還表現為，在名上，邏輯上，或語言上的相對稱的一對範疇；在實上是對而不相稱的。名與實的關係，不是一種以是非為分界的邏輯上的判斷，而是以真偽為界限的分別。以負重為例，在名上，擔負的重量可以有加減，但在實上，可以使一個雙手空空的人負重，卻不能使他減重。又如，母愛可以變得不愛，但無法更愛；不愛有多種，有程度和表現的差別，愛卻只有一種，無法說一個母親比另一個母親更愛自己的孩子。在哲學上，有關於幸福和痛苦的哲學，但在實際中，後者流傳的更為久遠，因為幸福遠比痛苦簡單，幸福不需要學習，而痛苦卻需消解。「實無名，名無實」也可以適用於一簇相互作用的範疇，即一種學術或多種學術組成的體系。這其中根本的原因在於實的維度的無窮性，總是多於任何靠依附實而生的名所能達到的維度。

陷於名的知識，只是實的影子。正如柏拉圖所說，人之尋求事物真理，有如拘於暗室，所見者，壁上之影像罷了。相類似的，莊子有「罔兩（影子旁的微陰，半影）問景（影子）的寓言。（《莊子·齊物論》，又《列子·說符》中「子列子學於壺丘子林」節。）用比喻來說，名即是人的認知所得，將一根直木插入水中，人看到的卻是有彎折的，這就是枉則直。在名範疇，即不同認知的交界處，如學科的交界處，實仍然是直的，名卻變化了。對實的認識，是對名的認識的極致，「知徹為德」，到達德言的澈底時，才成其為的德，這個過程必然存在枉則直的一個飛躍。這就像人在認識一個東西時，越近看得越清楚，但終於辨認出這是什麼，有清楚到極處卻恍然，而恍然之後才能悟。

形式邏輯是處理名實問題的一個有力工具，但這個工具有其局限。形式邏輯規定一個概念有其內涵和外延。內涵即概念的含義，屬性；而外延則是含義和屬性所概括的所有事物。如一把椅子，是有座位有靠背有腿的物體，這是內涵；而所有有這個形狀的物件，就是外延，包括所有椅子，不論是坐的，畫的，還是玩具。用中國學術的名稱來說，內涵和外延是一個概念

的名與實的兩個方面。內涵和外延之間又有反比的關係，內涵增多，外延就縮小；反之亦然。如白馬與馬，顯然白馬多了一個白色皮毛的含義，馬的毛色不止是白的，所以白馬比所有的馬，數量要少。馮友蘭將內涵的外延用到「道」的概念，就得到了道無內容，外延無窮的結論。這個結論不能說是錯的，但只是道的一種現象性的解釋，可以說「之謂道」，但不能說「謂之道」。

　　馮友蘭所得到的道的無內涵的結論，顯然與道有情有信是相悖的，這是的機械地套用形式邏輯所導致的錯誤。機械的形式邏輯只能應用於一個「死」了的概念，只有當一個概念的外延絕對再無變化的時候，才能成立。毫無變動的概念，是僵死的，無從從中得到任何新的東西，只能得到虛無和死寂的道。當一個概念仍是生機勃勃的時候，只要有人使用，它的外延就是不斷變動的。只有將這種變動考慮進去，才能將形式邏輯應用於人們仍在使用的名實之上。馮友蘭用「道可道，非恆道」推知的道，即是可道卻非道的一種。這個錯誤產生原因就是馮友蘭沒有認識到名的「用」，道生生不息的特徵只能在「用」中表現，「用之或不盈」（4）。「用」是西方哲學對之缺乏認識的一個重要範疇，從西方哲學出發研究中國思想，這一缺乏是致命的。

五、體用

　　語言是一種人與人交流的工具。這就將語言限定為人與人之間的關係，而非人與物之間的關係，因此語言，字詞，名等都必然存在人的因素。《論語·陽貨》中有「子曰：『予欲無言。』子貢曰：『子如不言，則小子何述焉？』子曰：『天何言哉？四時行焉，百物生焉，天何言哉？』」孔子說的「不言」是物與吾之間事，子貢則是在說人與人之間必須有言。人與人之間用語言，在偶然的情形，可以契合於心。但通常，語只能努力去貼近物。語言是物的一種皮相，只有完全拋開語言的束縛，才能達到物，即言外之意。與物相比，語言有名無實，有形無質。實和質存在於語言之外。

　　「古之真人……，不以人入天」（《莊子·徐無鬼》），名不能直接侵入實和質，之間必然有個人或人心始能將兩者對應地聯繫起來。人或人心是變動的，因此這種對應又不必是固定的，即名有可變性，這種可變性看起來

是名的模糊性，但其實正是一個名的生命力之所在。語言的可變性就允許了創造性的「用」，因此語言又有「用」，有生命力。而人的因素的存在就使得理解成為可能，不同人對同樣的話往往有不同的理解。沒有人的因素存在於其間的名實，是完全固定的僵死的，就不需理解，只是一種化石。

一個概念或範疇的名實或內涵外延是其體，應用是其用，這個用是在體之外的，但又會使體變化而非僵死。邵雍說：「體無定用，惟變是用；用無定體，惟化是體。」（《邵雍・觀物篇》）一物的用與生總是相攜出現的。只有清楚了用和生對於一個體的意義，才能真正理解老子說的「有之以為利，無之以為用」（11）和莊子屢次提及的「無用為用」的涵義。

「體用」是中國哲學中頗有爭議的兩個範疇，這兩者同是在說一物，卻又將其割裂開來。通常認為「體」是內在的本質，「用」是外在的。「用」在一物的「體」之外，那「用」就可以說不屬於此物，或至少有不屬於此物的部分，而「用」偏偏又指此物的用，就形成了一個悖論。例如「中學為體，西學為用」，中西之學顯然是兩而非一，將兩者牽來置於一處，只能是牽強的和存在斷裂的。這種悖論，使體用的問題一向以來就夾纏不清。這個困難可望用「往」的意思來開解，即將「用」定為是體之「往」用——這裡隱含著有個主持者的意思。這樣一來，「用」就成為是體的自然有機的延伸，「用」不是外，而是影響力所及的可能方式和範圍的總稱。這又是一個有邊界，但無限的情形。

體用合一，是為德：有此德，有此體；有此德，有此用。舉例來說，孔子雲「天生德於予」中的「德」，即有此體用兩層含義。又如，段玉裁注「聽」：「耳悳（德）者，耳有所得也」。段玉裁此處「德」字用的甚精，德兼具得的意思，得指外得；耳有耳之體，而耳之用是往聽，有聽之得；耳的體用皆可稱為耳之德的一部分。再如，「一陰一陽之謂道」（《易・繫辭》），而不說「陰陽謂之道」，是因為參詳道，可通過陰陽往動的用，而不是陰陽的體或其嚴格定義。

語言中的任何一個詞（或字）都有體（名（內涵）——人——實（外延））——用的結構。從一個詞到物，之間必然有一個「人」的層次，這個層次決定了詞與物的聯繫。因為「人」所造成的創造性變化，詞與物，名與實，內涵和外延都隨之而變動，語言就由此獲得了無窮無盡的生命，這個生命就表現為用，所以邵雍說：「用也者，心也。體也者，跡也。心跡之間有權存焉者，聖人之事也」。（邵雍《觀物篇》）西方哲學家，如薩特在某種

程度上，得到了此種認識。薩特說：「普魯斯特的天才，既不是孤立地被考察的作品，也不是產生作品的主觀能力，而是作為人的各種顯露之總和的作品。」（《存在與虛無》，（法）薩特著，陳宣良等譯，第三版，北京：生活・讀書・新知三聯書店，2007.11，第2頁。）這裡的天才，不在於過去，也不存在於體，而藏於用，在於一個天才未曾寫出的作品中；而這一僅僅是可能的「用」卻對於天才來說有著絕對性的重要作用。這樣的一種用，只有讀過這個人作品的而有所會心的人才能達到。（薩特在小說《噁心》裡，說：「樹與有關樹的描述之間的距離沒有希望、也不可能僅僅靠詞語加以克服。沒有任何辦法可以將樹（或別的什麼）轉化為詞語。樹必然外在於作為語詞的語詞。它不會讓自身為詞語所吞沒。詞語會在企圖消化栗樹的過程中窒息而死。」實際上，作為樹來說，如果它為詞語所「吞沒」，所完全描述，它也會因此而死。薩特認為樹外在於詞語，或者說，有詞語之外的部分，聽起來與莊子的得意忘言相仿，莊子的意與樹在外在於詞語這一方面並無差別——意一落言詮，便成「古人之糟魄」（《莊子・天道》）。但基於類似認識，莊子得到「魚之樂」與薩特因現實感溶化而感到的「噁心」有天壤之別。「噁心」的根源在於主體意識的不健全，陷入了「物於物」。這種不健全，一方面是因為薩特的理論中缺乏道這樣一個層次來消解意識的枷鎖，另一方面，薩特似乎是明知故犯，用這樣一種絕境來引發讀者的思考。）

　　從這個體用的名實結構來看，名物都係在人之上，一名所對的多個物，有親疏遠近的區別，因此一個詞就有其形。在不同的上下文中的用，就顯示出形在多層次多角度的細節，即多義，及其變化的生命力。在中文中，一字一意。每一常見字，都有體之形和用之生命，始終在變化中。字與字之間存在著形意相連，也有形意相對或類從——屬事比物，遂成文章。字義相連，是一種語法，而形意相對排比，則成紋理，有喻於義或喻於利的文采的不同。名之用就如同將不同形狀的字像積木一樣，搭在一起而形成一篇文章。文章在整體上是一個大的形，籠罩在它所對應的對象上。文章的意義因傳達對象而存在：文章與對象抵牾不合，就表現為人為的斧鑿；與對象疏離，就表現為堆砌藻飾；而與對象的完全契合，就渾然天成，就如同形與形之間每個細節和意義層面上都相配合。不能達到這一程度的文章，只能顧及一層，文字可以明白，但意蘊有其斷裂，就難以優美。

　　在經典文獻中，每一篇的文字已經定下，如果對其理解只停留在機械

的內涵和外延上，心不能及於言辭所掩蓋的對象，即不能用之，這樣的文獻即是「古人之糟魄已夫」（《莊子‧天道》），只對好古者有意義。一種語言，也是如此。因此必須透過言辭的層次，讀破文字，才能達到真正的理解。這就需要像庖丁解牛一樣，遊刃於字與字之間的縫隙，將背後的對象釋放出來。只有經過這樣的理解，文字文章才不成為思想的束縛，而能為我所用。這一種學問屬於字源學字形學。字源學字形學教育，即古時所謂小學，字學，在文言被白話取代之後，成為了一種專業知識，使得普通人難以理解古代文獻。文言中，一個字在一篇文章中，即如一個小小的窗格，從中可以窺到無數前人在此的洞見。這種欣賞水準在現代漢語和學校教育中基本上失落了。這不僅僅是一種雅緻趣味的流失，更是一種對文字世界整體上的感覺官能的缺失，就如色盲看世界，不可能得到精妙的知覺和感動。字學失落造成的影響，遠勝於焚書坑儒，使普通人不能盡知自己所雲，造成交流和教育上的困難，以至於社會失去了思想力。

文言中漢字是一字一意，注意到這一點，趣味就會大大不同。讀破文字大體上有三種方法。一是破句。如解《齊物論》篇名，有兩種解法，一種是讀為齊物──論，即論齊物（的方法）；一種是齊──物論，即論（別人）關於物的觀點。這兩種斷句，不論哪一種，都是將字與字之間的縫隙打開，以窺其不同之處。經過這兩種讀法的比較，就容易辨別出齊物論是論齊物。顯然建立齊物這一論點之後，其他物論謬誤之處就容易鑑別出來。齊物這一篇名就有線索之用。兩個字的名詞，如「道德」，往往只有斷開時才能讀出隱藏於其中的多層次的意味。二是換字去字。以「君子無入而不自得」為例，可以將此句中「不自得」換為「自失」，或者去掉「自」字，再與原文加以比較，原文中「審自得者失之而不懼，行修於內者無位而不怍」（《莊子‧讓王》）的意蘊就顯露出來了。三是拆字。以「論」字為例。錢穆說，輪，倫，綸，淪等皆含有「侖」，都有圓轉之意。論因此有首尾相應，流轉不息，自圓其說的意味，而不同於宣稱，判斷，或斷言。只有明白這層含義才能真正懂得諸如《論語》的論，人倫的倫的真正含義。又如偶，耦，藕，遇，寓，都有禺在其中，都有寓於其內的意味。《莊子‧知北遊》有，「調而應之，德也；偶而應之，道也。」這裡調是有以為，偶是偶然，所以無以為，進於道。但另一方面，所謂偶然，實際上需要有道的可能性在先，將此句解為偶為道也可。「偶」字這種多義而並行不悖的用法又如陸游詩「文章本天成，妙手偶得之。粹然無疵瑕，豈復須人為。」又如，鄭玄解仁為

「相人偶」，將寓於其內之意代入其中，則別有深意。字有其形，概念也是如此，不是方方正正的，合規中矩的，而各有其形，才能通達萬物的曲折精微。

對這種體用的結構的認識，是理解《老子》《莊子》等經典必不可少的前提。有了這個前提，才能理解多個概念是如何耦合在一起的，實現其功用，最後行之而成。西方哲學重視單個概念的嚴整，缺乏體用的認識。這樣的哲學隱含著，概念之間是隔絕的或者應該被隔絕。因此西方哲學得到的概念間相互關係，概念隨時間的流變，概念的實際應用都存在著嚴重問題。這三個問題是糾結在一起的，不能單獨得到解決，而是一解皆解。

西方哲學最初的形式邏輯是一種概念間耦合方式。在這種概念連接中，大小前提和結論有順序性，有時間上的順序，這是一種有方向的射線式的思維。這種思維是一維的，不容轉向，不容任何偏離。例如，在認識過程中，結論不符合驗證，要修改大前提的情況下，形式邏輯沒有覆蓋這一特殊但卻普遍的情形，因而處於一種「無定義」的狀態。這種一維思維在細節和片段上是成立的，即莊子形像地命名為一曲之學的思維。但形式邏輯試圖反映的現實，即「用」，並不是一維的，存在著轉折，甚至循環，由此導致的悖論，是形式邏輯的精華，同時也是缺陷。這就是兩難推理，相對主義，相反相成的辯證思維產生的原因。辯證邏輯出現所帶來的問題，遠比其解決的問題多。辨證邏輯引入了「人」和「用」，卻有意或無意地忽略這一點，就成為了詭辯。詭辯不帶來任何知識。

近現代認為老莊思想屬於辨證思維的觀點，是井底之蛙一類的錯誤認識，是因為不能理解老莊思想廣大性和澈底性而產生的。老莊思想中與辨證哲學相應的部分是二維的，因此可以描述物極必反，窮則變生這類的現象。在人類社會中，因為非理性的存在，符合邏輯的推理，未必符合現實。也就是說，同一前提，可能導致至少兩種結果，這種節外生枝，也是在二維平面中才能描述。轉折的思維，取消了方向性，但仍有順序性。順序性也可以被取消，這樣的思維就是一種環形的思維：方生方死，因是因非。但環形的思維是整體性的，只適用於道，而不適用於任何有限制的片段。這種思維「彼是莫得其偶，謂之道樞。樞始得其環中，以應無窮。」（《莊子・齊物論》）又《莊子・則陽》有：「冉相氏得其環中以隨成，與物無終無始，無幾無時日。……。」

不能達到環形的二維思維，即永遠在具體片段中沉浮，總有兩難爭論

不休。但這種環形的思維雖然是片段性邏輯的基礎，卻不能直接應用於一個有窮的片段，而需要片段思維的輔翼；只在兩難的片段思維窮極無計時，其重要性才顯露出來，例如從現有蛋還是先有雞，先有陰還是先有陽，直至先有精神還是先有物質這樣的問題。老莊的是非與辨證的「是不是非，是也是非」不同：老莊的是非在每一具體片段都唯一，重點講是非如何轉化；而辨證認為任何一個具體片段都有是非兩種，避開轉化時額外引入的「人」和「用」。

　　莊子與惠施的辯論，將環形思維與片段性思維的區別和聯繫，以及如何處理這兩種思維之間的關係，很清楚地展現出來了。如「惠子謂莊子曰：『子言無用。』莊子曰：『知無用而始可與言用矣。夫地非不廣且大也，人之所用容足耳。然則廁足而墊之，致黃泉，人尚有用乎？』惠子曰：『無用。』莊子曰：『然則無用之為用也亦明矣。』」（《莊子‧外物》）這裡「知無用而始可與言用矣」，即是對形式邏輯的肯定，這裡所謂的「無用」是片斷，存在著轉折。莊子不否定「無用」，而是講無用「之為用」，即如何轉化。惠施所謂的「有用」，至少有「以道觀之」，「以物觀之」，和「以俗觀之」（《莊子‧秋水》）等三個層次，惠施的「有用」是需要前提的一個非本質的判斷，惠施只看到了片段，而無見於轉化。惠施可以說只得到了知，並據此去行；而莊子要講的，也是老子要講的，是知，行，和成。成則完成了德。所以莊子講，「知徹為德」。惠施知和行做到了，卻沒有「知徹」，缺乏關於成的思考，這就猶如知道手指的妙用，就要越多越好，反而長出第六指（枝指），不成其德，反而失之。莊子雖然批評名家，但能夠理解，掌握，並在辯論中超越名學的也只有莊子。而沒有惠施這樣的達到名學極致之處的大名家，莊子思維的深刻程度，就無法顯露出來，所以莊子過惠施之墓時，說：「自夫子之死也，吾無以為質矣，吾無與言之矣。」（《莊子‧徐無鬼》）

　　從邏輯思維上看，可以說莊子的「辯無勝」，至少有兩層的意義：一是，莊子認為片段性的辯論沒有勝；二是，環形思維在辯論中的「勝」，不是勝，而是一種超越；不在於勝於口，而在於「勝」於心；不在於人與人較量的勝，而在於人的自知自勝──「自知者明」，「自勝者強」（33）──思維方法的掌握。

　　莊子對論辯的超越，實際上是將辯論從人與人的關係中解脫出來，而使得論辯雙方各自去看這世界，論辯即轉成了人與物的關係，而這種關係出

離於言詮——天道無言。所以莊子說：「言無言，終身言，未嘗言；終身不言，未嘗不言。」（《莊子・寓言》）對這一點的理解，應用於中西方文化，就可以立刻看出中國傳統學術的特性：老莊的全部思想，和孔子大部分思想，都不是以建立一種學科為目的，不是「授人以魚」，而是「授人以漁」，使人循著他們的方法——學之「術」——去自行與道交流，而不是陷於某種學而固步自封。一方面天道無言，另一方面此種交流無絕對固定的方法可循，「無以為」，所以「道可道，非常道」。而因為同樣的原因，中國傳統學術，不是一種可以弘揚的客觀的學，而只能憑籍個人的悟性，在「用」中得以延續。對一個個人來說，在用中有所「得」的情形下，不可避免地會與老莊孔子共鳴，有「應於心，口不能言」（《莊子・天道》）之感。有如邁克爾・波蘭尼的「個人知識」。

莊子對辯論以人與物的關係開解，「和之以是非，而休乎天鈞（均），是之謂兩行」（《莊子・齊物論》），使之各得其所。又《莊子・寓言》篇有，「始卒若環，莫得其倫，是謂天均」。莊子以環形思維開解辯論殆無疑義。天鈞即是真，真與偽相對，不依賴人，因此對任何人來說都是一樣的，所以是均。而學術平等的意義也隱含在天鈞之中。有人認為剔除人的因素的「客觀科學」是平等的，但那種平等是人與機器平等的，因而不是人的平等。從人與物關係上看，學術上的平等，平等的主體是學人，而不是學。學人與學人之間具有平等性和自由性：一個人學什麼，用什麼方法來學，發現了什麼，以及對學科的批評都是自由的，與這個人的身分地位無關，也與他人無關。但一個人的所學，轉變為一個學科去影響別人，這種學就變成一種人與人之間的有價值的東西，這樣的學與學之間不具有平等性或自由性。一種學的高下評判，按照匡廓圖來說有以下幾個層次：首先學總是要有內容，像屠龍之技一樣不能實行，就難以稱為學；而在這之上，一種學能夠比另一種更適用，就更有用；在這之上，適用的學，可能是錯誤的，前後不一致，自相矛盾的，而不足為法，這就有正確和錯誤的分別；在這之上，又有在自然的考驗下，這種學能否被事實支持，這就有自然與人為造作的高下；而最後，人們對一種學接受採用與否，則超過其他層次的重要性，具有高下評判的絕對性。學從屬於學人，而更次要；在反之的情形下，就似乎學具有了一種自我意識，這是荒唐的——學不具有任何主體的性質，同理，學派也是如此——這樣的學和學派背離了學的目的，表面上看一種學科因此得以發展，但從整體和長期來看，人類認識的發展受到了實質性的壓制和阻礙。人類的

認識總是在突破此類的困難中發展，天鈞所決定的以學人為主體的自由平等，是認識發展的保障。相對而言，辯論的意義就不是決定性的，不具有前進的性質，而至多是一種循環，「辯也者，有不見也」。（《莊子・齊物論》）類似的分析，可應用於言論自由。

六、體用的特例：道

　　道的概念，是體用結構的一個特別的情形。道不同於無：無與有相對，仍有其內涵，道則無內涵。但凡論及有無，就總有存在不存在，可感知不可感知，可思議不可思議的兩分法。道是唯一一個不可兩分的概念，獨立而無對，無法從正反對照得到，無法執有以得之。馮友蘭用內涵和外延解的道，只能算作道的體，所以只能得到「道沖」（4），「寂兮寥兮，獨立不改」（25），這一空寂沉悶的部分；而不能表現出道之用，「而用之或不盈」（4），「周行而不殆，可以為天下母」（25）的勃勃生機。

　　更進一步說，馮友蘭所說的道體，可道非道，也不是道。道不能附於某一物，某一體而仍能夠成其為道。「道者，一人用之，不聞有餘；天下行之，不聞不足，此謂道矣。」（《管子・白心》）「物物而不物於物」，道無體有用——道體是非概念的，道只有用，只能在無窮無限的用中呈現出來。這就是道無所積，故萬物成的道理（《莊子・天運》）。德才是蓄積的，「德畜之」。在這個意義上說，人永遠不可能得到道的全部。

　　老子說：「為道日損。損之又損，以至於無為。」（48）這裡的損即是去除積，積則不虛，產生妨害；「聖人不積」（81），去之方能得最大程度的生生。因此道的體必須日損，損之又損之後，以至於無所待無以為，才能得到無不為的自由。道體本無，追尋道體則如同問道於盲。「無」又有一個循環無窮的問題，例如「無」的下一層次為「無無」，具體如佛家的「非想非非想」，「空非空」都屬此類。這樣的循環無窮盡，可說極盡精巧，雖然是些無，空，非，卻意蘊無窮。但這些對於道卻仍然是累贅。老子一言而蔽之，追尋到「玄而又玄」（1）的重玄，就應已經勘破道體本無了。

　　從道無體，立刻可以得到一個直接的推論，即道不可重複重現，所謂重複只是察之不精的似是而非。老子說：「蓋聞善攝生者，陸行不遇兕虎，入軍不被甲兵；……。夫何故？以其無死地。」（50）這一句講道在攝生上的

用。「入軍不被甲兵」，即是在激烈的戰爭中，仍可毫髮無傷。解讀這一句的關鍵在於道不可重複重現。即使最激烈的戰爭，也存在倖存者，有時甚至存在毫髮無傷者，這樣的人在戰爭中的軌跡，即是一「不被甲兵」的道路。這一道路，是時變的，轉瞬即逝的，恰到好處的，而無法掌握的。這樣的倖存者，可以在或然的瞬間，發現在激烈戰鬥中，雖然無意，卻實現了「以無厚入有間，恢恢乎其於遊刃必有餘地矣」。（《莊子‧養生主》）但道不可重複重現，也就「無以為」，沒有固定可循，可重複的辦法。遵循某一「不被甲兵」的辦法，在下一次的戰役中，固執於以前的經驗，只會踏空。但是，儘管「無以為」，不可積，並不意味著不可行。這樣的道路只有聖人，無為者，才能堅信並實現這一道之用——這是老子此句話的真正意蘊。《莊子‧達生》篇說：「孔子觀於呂梁，縣水三十仞，流沫四十裡，黿鼉魚鱉之所不能遊也。見一丈夫遊之。」在如此危險的水流中，能夠蹈水有道，遊之無恙，即是老子所謂善攝生者。《莊子‧人間世》亦有類似的寓言。

對於人來說，道行之而成，在於用。道不是知識性的，而在行，即在用中展現；有了知識，未必能用，也就未必能行；而用之而行，能夠成，卻不知其所為而成之。前識和成心所造成的僵化，即使極為輕微和高明，最終也成為障礙。在精神所不能及的極其微妙之處，不得不放棄精神，瞑然而行。這樣的行合乎「窈兮冥兮」的道。老子說：「窈兮冥兮，其中有精；其精甚真，其中有信。」（21）雖然窈兮冥兮，但道並不是隨機展開的，其中有精的作用，這個作用是絕對的。從物理上講，任何兩個粒子都存在著或者吸引或者排斥的相互作用，這個作用的使得絕對隨機不再可能，因而不可能有最終的熱寂，熱寂論因此是錯誤的。對時空分割而得來之精和信，只能是特殊的情形，而不是普遍的。

換言之，事物的發生沒有絕對隨機的情形，事物的形態必然是精的表達。這個精是真的，而非人為的。精也不能歸於某一物，某一識或學，而是通過行之而後的「成」所表現。在精之底層仍有信：行之有成的效驗，即是信。這裡的信有兩層的意思，解為兩者皆可，而兩者合一：道必有其效驗，和人對此的無條件的信。這種信不是也不能歸於某一物，某一識或學，而是「應驗」和「可驗」性，兩者合一：應驗即可驗，不可驗即不應驗。

老子說：「魚不可脫於淵，國之利器不可以示人。」（36）這裡的淵，即是道的比喻；魚可以解為用。用不可以脫離淵的無限可能。因為淵代表了無限可能，所以對未來只能以「無以為」的方式處理，「前識者，道之華，

而愚之始」（38），前識限制了無為，即使最微漠的前識，在邏輯上，都可能成為畫地為牢。但前識未必一定是愚昧的，因此只能說是「始」，一種將會有後果的開始：有用但不足用。「國之利器不可以示人」也是同類的道理。

　　道之用，在於生生不息。這裡包括了「道生一，一生二，二生三，三生萬物」（42），也包括了一物的「長之育之；亭（成）之毒（熟）之；養之覆之」（51）的生命過程。道之用，是日日新，又日新。道殊化為德，即是道失道流，道流之後而為德。德才是可以分物，分階段討論的起點。莊子屢言，古之道為陳跡糟粕，可以一宿而不可常守。所以談論古之道沒有意義，而這種討論確有其意義，這是因為這種討論實際上在討論德，正如《管子·心術上》所言：「德者道之舍，物得以生生，知得以職（知）道之精。故德者，得也；得也者，其謂所得以然也。以無為之謂道，舍（旅舍，宿處）之之謂德。故道之與德無間，故言之者不別也。間之理者，謂其所以舍也。」《管子》中這一句也說出了「舍之之謂德」這一關鍵。

七、體有積：道無體不積，德積聚而成

　　從萬物來看，任何一物的德都從道中來。王弼解《老子》第三十八章說：「德者，得也。常得而無喪，利而無害，故以德為名焉。何以得德？由乎道也。」他又在《老子》第五十一章之中再作解釋說：「道者，物之所由也；德者，物之所得也，由之（經由道）乃得。」

　　德由道而來，但德不是道。老子說：「昔之得一者：天得一以清，地得一以寧，神得一以靈，穀得一以盈，萬物得一以生，侯王得一以為天下正。」（39）這是說天地神谷萬物侯王，無一不是有得於道而來的。這裡的「一」不是道，而是道的一種殊化的積蓄，可能性的實現。這些天地之屬，只是得到了道的某一或某些性質。莊子說：「道無乎往而不存。」（《莊子·齊物論》）道是無處不在的，不僅天地，生物和萬物都是道的化生。這些萬物偏得於道的某些性質，所以各不相同。這種偏得，就是德，所以萬物可以用一個字來描述，就是德。天地之類，不是道，而是德，只不過較其他萬物，其德要大一點罷了，所以老子特別將其列舉出來，用天地人王這些大德的性質，來講道。以天地為例，兩者都是有形可察的，天地生養萬物這個

道理容易理解，不需要什麼洞察力或抽象思維；用這個道理講道的化育就容易得多。

　　道對於萬物來說，可以稱為母，所以說（道）生養化育萬物；萬物於道，可以稱為子，得其造化之功，任何一物都是積蓄道的某一或某些衍化而存在，其消失也是散歸於道。從道那裡有所得，就有德；德是對道的積蓄而成的。從道那裡所得到的不同，所以萬物有不同性質，形態，和變化規律。萬物及其特性和抽象（象），都是德（得）。道是至大的，包攬一切，涵蓋古今；與道相近的德，也須大，須無盡，稱為大德；大德就不偏得，方才近於道。意象是一種德，是人有得於心而生的。所以用象來臆想道，象也必須大且久。然而，大德並不是道，大象也不是道；大德或大象之窮盡和超越，才是道。大德至大，反而不再是德；大象之極也不再是象，而成為道：不德之（大）德，無象之（大）象。

　　道不積，萬變以出，無窮無盡；德則必有積，得而積之，變中有不變，積蓄不去而後成其德。德有大小，有時限，寂滅之後又回歸於道。德是道之分，物分得了個體的存在，特性和用，有過去未來，有生老病死。因此德可以討論。德有名實，有內涵外延，有吾之動，和用。

　　道是中國學術特有的，德與道關係至為緊密，因此也是中國人獨有的。錢穆說：「德則為中國人獨有之觀念，而為其他民族所少見。」（錢穆《現代中國學術論衡》，北京：生活・讀書・新知三聯書店，2001年，第3頁）他接著又說：「神可有德，而鬼則無德。」（同上）錢穆所舉這一例，即觸及了神這一重要問題，又頗得「德則必有積」的意蘊。「神者，申也」（東漢應劭《風俗通義・怪神》），神延伸到未來，所以有「神以知來」（《繫辭上》），因此有可積。而「鬼者，歸也」（應劭《風俗通義・怪神》），不可積，因此也無德。

　　中國人通俗所講的神，與西方的上帝頗有不同處。在中國人心目中，上古人神相混，其後人與神也非常接近，因此人們常將人的人格投射在神之上，形成偶像化，人格化，而後富人情味的神的意象。在巫祝文化式微之後，聖人即取代神，將神完全人格化了。如孟子說：「聖人，人倫之至也。」（《孟子・離婁上》又邵雍有言：「聖也者，人之至者也。」《觀物篇》）孟子又說：「聖而不可知之之謂神。」（《孟子・盡心下》）這如同在講：聖人是人類中的真正的能踐其形的人，其極致即達到神，人可以達於神。但聖人不可知，即不能以完美來描述聖人，人皆知其善其美，則不善不

美（2），唯有不可知的聖人可以稱為神。但這並不意味著神一定必須從人而來，所以中國人也不排斥非人格化的神，只要這樣的神有其德，即使不知其體何在為何，也可以得到中國人的信仰。錢穆亦雲：「中國人又常神聖連言。聖言其德，神言其能。」（錢穆《現代中國學術論衡》，北京：生活・讀書・新知三聯書店，2001年，第3頁。漢鄭玄雲：「德行，內外之稱。在心為德，施之為行。」（杜佑《通典・禮十三》為鄭玄師馬融語））這裡，錢穆將體用分為兩部分來說，從體用的結構來看，聖人即是神之體，而神是聖之用。這裡的能，即是有能為有效用的意思。儒家的「內聖外王」，最早出於《莊子・天下》，道儒兩家對何為聖人有分歧，但在這一觀點上一致，「聖有所生，王有所成，皆原於一」。（《莊子・天下》）《繫辭上》有，「陰陽不測之謂神」，神的能不可思議，難以測度。鬼也是如此，但鬼無遠德，逐漸消散，因此不受重視。而不可思議，難以測度的事情，都可以歸於神，如「神乎其技」，「隨機應變信如神」等。神之用只展現在聖人行跡上。賢人希聖，只能自己修養，而不能希神之用。類似於孔子的「人能弘道，非道弘人」（《論語・衛靈公》），人不能踐其形，神也不越俎代庖。

在中國歷代的統治術中，帝王被神化，因此也被期望具有不可思議，難以測度的權術。對此類統治術的描述始見於《韓非子・王道》：「君無見其所欲，君見其所欲，臣自將雕琢；君無見其意，……。掩其跡，匿其端，下不能原；去其智，絕其能，下不能意。……大不可量，深不可測」。對不可測的權術的推重是中國歷史上統治術的顯著特點，也是聖體神用的一個明顯的證據。（如《史記・季布欒布列傳》中有，「季布因進曰：『……夫陛下以一人之譽而召臣，一人之毀而去臣，臣恐天下有識聞之有以闚陛下也。』上默然慚。」）值得注意的是，韓非所講的這種統治術，屬於詭計一類，不可常而且不可積而成德，因此不是道家術，而是為道家所忌。漢陳平事與此類似，陳平極明智：「我多陰謀，是道家之所禁。」（《史記・陳宰相世家》）認為韓非所講的術是道家術，是對德缺乏認識而形成的誤解。原始儒家的內聖外王，不主張任何神化。如孔子說：「二三子以我為隱乎？吾無隱乎爾。吾無行而不與二三子者，是丘也。」（《論語・述而》）孔子不言怪力亂神，君主也只是君君而已。

八、道在社會中之用：禮

　　人類社會也有其道，這個道也是生生不息，日新的。禮存在的意義，就在於禮是在人類社會中的道之用。就如莊子寓言中的蹈水有道，人循著禮這樣的道，可以在社會中自如而行，無處不及，也無所滯礙。在中國古代，禮的規定達到極為繁複的地步，但即便如此，這樣的禮也不能包括人世間的所有方方面面，使人可以處處生搬硬套即可。對不能用其禮的人來說，禮就如在社會中處處人為地設下荊棘，這是禮制的一個嚴重的問題。

　　儒家的禮直接的源頭是仁，禮首先是仁之用，也不能脫於仁，脫於仁即失去其用。《禮記・樂記》有：「禮義立，則貴賤等矣；樂文同，則上下和矣」。錢穆亦說：「禮者，於分別中見和合，與上下間見平等。」（錢穆《現代中國學術論衡》，北京：生活・讀書・新知三聯書店，2001年，第10頁）和合和平等是禮之用的目的。禮之用，在於大通達到人類的每一份子，而不在於斤斤計較細節或嚴謹。知禮在於能用，用得其所，用得其宜，用而不失其時；不分場合或手足無措是失禮。

　　禮尚往來，不回應則需攘臂而仍之，強行實行或機械套用也是失禮，邵伯溫《邵氏聞見錄・卷一》有：「太祖（趙匡胤）初即位，朝太廟，見其所陳籩豆簋簠，則曰：『此何等物也？』侍臣以禮器為對。帝曰：『我之祖宗寧曾識此！』命徹去。亟令進常膳，親享畢，顧近臣曰：『卻令設向來禮器，俾儒士輩行事。』至今太廟先進牙盤，後行禮。康節先生（邵雍）常曰：『太祖皇帝其於禮也，可謂達古今之宜矣。』」因為拘泥或者繁複錯過時機，也是失禮。禮的這種隨機應變，只能從仁得到。而仁在於我，縱向通於人性，橫向通於人情，沒有我之人性，亦不能通於他人的人情。我之人性只能從道和德而來，才能得其真，而不矯揉造作，這是道通過仁這一樞紐，在社會範圍內的用。在這種道之用中，仁是道必經的一環，而不是可以繞過仁，抽象地從道直接達到禮。這是孔子說：「人而不仁，如禮何？」（《論語・八佾》）的原因。抽離仁，就會只注意禮的條文，即只見不平等，只見其拘泥僵死。禮之用，其用在我，沒有我的領悟，我的自尊自重，也不能和合不同人等。

　　孔子和孟子對禮之用的講解，內容極具啟發。可以從孔子的「志於道，

據於德，依於仁，遊於藝」（《論語・述而》）一窺禮之用。「志於道」，則生信，即使知其不可，也能夠始終不渝。得一善則「拳拳服膺」（《中庸》），不拳拳於心，則未真正地得其善。宋人，得一兔，即有守株待兔的頑固。而以道為志，得一善，其善的力量可想而知。真正的一善之德，存在於吾，不可奪，以此為據守的根本，即是「據於德」。孟子說：「人皆有所不忍，達之於其所忍，仁也；人皆有所不為，達之於其所為，義也。人能充無欲害人之心，而仁不可勝用也；人能充無穿逾之心，而義不可勝用也。」（《孟子・盡心下》）孟子此言其實是在說，從一善之德放出的，用之不盡。

禮通行於社會而無滯礙，與眾無違於心，必須「依於仁」。仁不遙不可及，而只是在於吾能不能以其為憑依的原則。依於仁並不容易，即使德行如顏淵，「三月不違仁」（《論語・雍也》）也數難能可貴。而當軸心在吾，「我欲仁，斯仁至矣」（《論語・述而》），禮自然而然地從我發出。子貢請教禮，說：「貧而無諂，富而無驕，何如？」孔子說：「可也。未若貧而樂，富而好禮者也。」（《論語・學而》）孔子的回答即是，禮之用其實質在於我。達到這一境界的禮，與人無尤，即是禮之德。

依於仁，又有以同情——通其情——為依託的意味。以仁為依託，才能「己所不欲，勿施於人」。（《論語・顏淵》，《論語・衛靈公》）孔子說：「君子和而不同，小人同而不和。」（《論語・子路》）即是講通情達理，而非一味地要求雷同的情。能夠通其心，通其情，然後才能夠觸類旁通，舉一反三：在不同的時候和情況下，也能達其和合。如孔子說：「四海之內，皆兄弟也。君子何患乎無兄弟也？」（《論語・顏淵》）孟子也說：「老吾老，以及人之老；幼吾幼，以及人之幼。天下可運於掌。……古之人所以大過人者無他焉，善推其所為而已矣。」（《孟子・梁惠王上》）孟子的「善推其所為」是「和而不同」的關鍵，其基礎在於能通，能通方能善推。禮的親疏遠近的差別，是儒家的禮的一個核心，所以他們這裡所講的兄弟老幼，並不是真正地將別人的兄弟老幼當成自己的那樣對待，而是推自己的情和禮，變通而用之，使其充塞以及於社會中每一個人，兄弟老幼只是舉出其中幾例。

禮的變通和擴充是通過義實現的。孔子說：「君子之於天下也，無適也，無莫也，義之與比。」（《論語・裡仁》）通過這樣的推及充塞，乃及於社會中每個人，這樣的禮的關係是最充實的，社會人達到此地步才能

完整。這樣的人與社會每個人都有禮的聯絡，而這樣的社會就不再是冷漠社會，而富人情味。現代社會的冷漠通病是不能得到禮之用，人們不知應如何做，望而卻步而導致的問題。這個問題不僅是個社會問題也是個個人的問題；在這樣的社會中，人總有過客，異鄉為異客之感，因而不能自在，自安。

　　禮的變通和擴充即是將實際切近的禮的關係，以名義的形式，類比地廣泛用於社會。對社會人來說，禮的關係有多種，如孟子所總結的五倫：父子、君臣、夫婦、兄弟、朋友（《孟子・滕文公上》）。以朋友一倫為例，與我年齡相若的，有朋友，鄉人，國人，外國人。朝夕相處的朋友最近，而外國人最遠，這是禮的差等。但從聯繫來看，鄉人即是朋友之友，國人即是鄉人之友，外國人是國人之友，這些人與我的聯繫即是廣義的友；對朋友講信義，將信義推及到廣義的朋友而無違，疏遠的人也可以作為偶識的友人，這就是禮的和合。這些友又都有其禮的關係，以此類推，及於人類，就不再有不可捉摸，異類，或洪水猛獸一樣的陌生人。

　　能夠變通和擴充禮及於所有人類社會的義，與吾俱在俱行，則成義之德。這樣的德使人能夠不照搬，而是在禮的基礎上左右周旋，不生澀拘泥，不隨波逐流，也不放曠無度，能夠把握而不失去自心自性。有這樣的義之德的人，在人類社會中，內心能達自在充實而自得，而在外在的社會也能無處不達——這是「德潤身」（《大學》）的具體含義。

　　「夫道、德、仁、義、禮，五者一體也。」（《素書》）禮是人類社會之道，孔子孟子蹈人類社會如蹈水，即是有五者一體的吾心，以此驅動體而達的人類社會之道的道之用。明白了這一點，才能體味荀子所說的「禮者，人之所履也」（《荀子・大略》）所蘊含的行道之意。

第十四章　解德（中）：吾與用

一、德的體：命，形，性

德在道之下，德從道來，德所得的是道。老子「德畜之」中德即是此意。又如《管子·心術上》中「德者道之舍，物得以生」的德，也是此意。德是得之在我，從道分來而成德之體。這個我可以指人，也可指物。人在德的層次，是與萬物等量齊觀的。大鵬得到大鵬之道，燕雀得到燕雀之道，沙蟲矢溺，所得的體不同，並不是道有分別。

一物有其德，德有所立之後，就具有自己的特性，與其他萬物相區別。一物與他物可能略有不同，也可能不同之處甚多，將所有這些差別，一併而言之，就是一物與他物的德的不同。德含有物的所有特性，既有時間上的生命過程軌跡，也包括空間佔有和存在。所以在講一物之德的時候，含有整體的意思。如玉德，中國人很早即發現玉的美學價值，《禮記·聘義》有「昔者君子比德於玉焉。溫潤而澤，仁也。縝密以栗，知也。廉而不劌，義也。垂之如墜，禮也。叩之其聲，清越以長，其終詘然，樂也。瑕不掩瑜，瑜不掩瑕，忠也。」玉之德，是仁智義禮樂忠的總稱，而且包括除此之外的所有玉的其他特性。這裡需要注意的是，整體性不同於完整性，也就是說，不同的玉，都可有一整體，但未必具有所有玉德。

性不同於德，從德到性，中間還有命和形兩個階段。《莊子·天地》篇講了從道到性的細緻次序：「物得以生，謂之德；未形者有分，且然無間，謂之命；留動而生物，物成生理，謂之形；形體保神，各有儀則，謂之性。」命是「有分」──不同而可辨，卻「無間」──無間隙可分別開的萬物慾萌未萌時的狀態。命決定了物之形和性：物生為自己的物形，有自己的物性，而不是生為別的物；而人生而為人形，得到人性，而非其他物性──「天命之謂性」（《中庸》。又，朱熹呂祖謙《近思錄·卷一道體》說：「天所賦為命，物所受為性。」）又如邵雍說：「萬物受性於天，而各為其性也。在人則為人之性，在禽獸則為禽獸之性，在草木則為草木之性。」

（《觀物外篇》）這裡的「受」，即是被動的得其命。對命的得，實際上是被賦予，是先天的，自然的。在人類社會的層次，命又多了一層意義，即命也使得「我生而是我，而不是他人」。命不是一個人自己所能操縱的，「來世莫生帝王家」只是一種無用的祈禱。

「天命之謂性」中的天，是由萬物構成的德的世界的總稱。這裡的天與道相對而言，而不是與地相對而言。道流所形成的這一人類所居的世界統稱為天，天是此世界最大的大德，但此天不一定是道流形成的唯一的天。所以命在德之下，而不是直接從道而來。先天命定的德，生而有之，有與生俱來的意思。因此有「同姓則同德」，「異姓則異德」（《國語‧晉語》）的說法，由天定的血緣關係來界定德的不同。此句中的德的意味與物德沒有區別。命近於德，所以道家對命也連帶著有所重視。《莊子‧人間世》有：「知其不可奈何而安之若命，德之至也」。又如漢賈誼所說：「德人無累兮，知命不憂。」（《鵬鳥賦》）

「留動而生物，物成生理，謂之形」，對流動的天道的某種保留，這種保留又乘趁著（符合）生成物的理，就成為形，然後德有所立而分明。對人來說，形即是「圓首方足」的身體，形不再與其他「無間」：在外與物分離開來，在內器官肌理分明，呈一有規律可循的結構——結，結點；構，構架。這一形，根據一定的理來結和構而成，有此理，有此形；有此形，有此理——形出天然，理出於人的抽象。這一形對於物或人來說，是有某種穩定性不變性的。因此形可以作為分別萬物的依據，但不全面。進一步說，形實際上是命和理所決定的某種模式，不僅僅是幾何形狀的意思。對於無生命的物來說，命和理完全決定了其模式和形狀，進而決定了其性。

對於生物來說，這個形能夠變和動，卻「保神」（保有神不測的開放和神的延伸）而有感官和功能。不同生物的身體，「各有儀則，謂之性」。《莊子‧齊物論》中所問，「民濕寢則腰疾偏死，鰍然乎哉？木處則惴栗恂懼，猨猴然乎哉？三者孰知正處？……孰知正味？……孰知天下之正色哉？」即是就性而言。

一物的德，不僅包括命，形，性，這三者組成物的體；一物的德還包括了它的用，即它的生成衰毀的生命軌跡。這一生命軌跡，不僅由內在秉性也由外在環境所決定。邵雍說：「天下之物，莫不有理焉，莫不有性焉，莫不有命焉。所以謂之理者，窮之而後可知也；所以謂之性者，盡之而後可知也；所似謂之命者，至之而後可知也。此三知也，天下之真知也，雖聖人無

以過之也。」（《漁樵問對》）性是就一類物而言，是自道之德；但每一物個體的又各各不同，這是自得之德的差別。

　　物的用，即其生命歷程軌跡，首先由其命決定其性的起點，而後被內裏的性和外在的「理」──天道的規律──所規範。同樣的性，在不同的理中，有不同的境遇。莊子說命：「遊於羿之彀中，中央者，中地也，然而不中者，命也。」（《莊子‧德充符》）彀，通「夠」，射箭所及的範圍。這裡說的是羿善射，射誰不射誰對羿沒有差別，但倖免的與沒有倖免的有所區別，這個區別不在於性的不同，可以稱為命的不同。唐李世民見新進士，說：「天下英雄入吾彀中矣！」性和才皆相若，登進士者與不遇者，傳統上認為是命不同。但這裡的命，實際上是理。莊子所講是寓言，以羿喻天。後一例中，則是以李世民為天子，能夠代表天。但李世民的天子之稱只是個名義，以他為天是僭天，所以遇合仍然是一種理，而非命。以帝王遇合為命，是很鄙陋的觀點；莊子曳尾於泥中，顯然不以之為然，而安於真正的天命。物不能自主，外在的理即是其命；真正的人不存在外在的命，只有外在的理；「物於物」的人，與物相同，外在的理即是其命。

　　從體用來看，一個人的內涵，即是一個人的個性，外延即是他的形，這兩者合一即是一個人之體。在這兩者之間有心的主持。世界上沒有兩個一樣的人，也就沒有兩個同樣的我之體，也就沒有同樣的我之用。在沒有心的主持時，或者心通於命，人就回歸於物，成為一個自然人，其命，形和性已定。在有文明教化的心主持時，人就成為社會人。人的自然人部分，不能自生。（在生物學的發展中，人或可以自生已是初見端倪。事實上，人類早已嘗試用工廠取代農場，來隔離農業生產對自然的依賴，這實際上是對人道與自然之道去耦合的嘗試。由此而生的一系列問題和爭論，目前一般認為是源於一般人的科學素養不足。但事實並非如此，這些問題是一種新型的倫理問題，必須以隔離自然背景的自生為基礎，在一個新的倫理框架中，才能得到有意義的討論。此部分內容牽涉甚深甚廣，需專書詳解，本書暫不涉及。）所以任何社會人先天的命和性都是被動取得的。秉性難移，性不可遷，所謂「性乃遷」實際上是有心主動的參與之後的用的遷移變化──從外在看，似乎性發生變化；從內在看，其實質是心之變通而用。

　　一個人的德，包括自然人和社會人部分，即先天的體和用，與後天的用合在一起的一個整體。後天與先天不相衝突，性就「不遷」，否則就是對性的扭曲，進而導致對人的「性」的扭曲，即異化。道家認為德貴真，人性

也貴真。真是從道而來最為質樸的狀態，因為得其道而能夠有常，後天人為對性的扭曲不常，不足為訓。與真相對，偽的德，不能常，也就沒有精信，容易失去。不常的德會有後患，所以說「不恒其德，或承之羞」（《易・恆卦》），又如「德惟一，動罔不吉；德二三，動罔不兇。」（《尚書・鹹有一德》）

　　儒家認為，人性本善，人的不善，是後天造成的。從這一觀點可以得出與道家相似的結論，即，人的真的德是具足的，不需要改造人性使之更「好」，這是道儒本質上的相同點。道儒不同的是，儒家從已經社會化的人出發，認為要通過教育使人返歸；而道家從未曾社會化的自然人出發，認為人不受點染最好，即不需教育；儒家是道家的整個視野的一部分，道家並不拒絕學，只是認為學是有限的，存在悖論。性善和性惡的爭論，因此根源在於人的德是否是生來具足的。如果人是生來具足的，那麼任何異化，都是削足適履，都是對人性的閹割。如果人不是生來具足的，那麼異化就有善有惡，需要宣揚教化善的，懲處消滅惡的。從這一角度，道家批評儒家和法家所講的教育或刑罰實際上是一個層次上的東西，都是對人性的額外添加，即將人為的偽蒙在真的德之上。當儒家與法家互相爭論性善性惡時，儒家就墮入法家的層次。性善和性惡相對立，但不對等，性善可以通向釋道的人性論，性惡止於自身，而存在悖論。

　　人生來具足，有兩種可能性：一是，人如神，是無限的，無所不知的，萬能的；另一是，人是有限的，但人可以超越自己的局限，這裡局限主要是指命，形，和性。前一種追求無窮的用，是向外馳求自由，西方學術的大體是這一種，自由需要不斷地證明，而總存在人能否有具足的疑問，並進一步引出人是否應當自由，能否得自由的問題。後一種則在於足用而有餘，即是釋道儒三家的人性觀。例如，莊子所講的無待的逍遙遊即是超越自身的狀態，無待於自己的命，形，和性的意思很明白。這裡值得注意的是，《中庸》的格物致知實際上屬於上述第一類。莊子顯然對此不以為然，他說：「吾生也有涯，而知也無涯。以有涯隨無涯，殆已」（《莊子・養生主》），他主張「自知」。孔子和孟子更接近莊子的觀點，孔子的「古之學者為己，今之學者為人」（《論語憲問》），「未能事人，焉能事鬼」（《論語・先進》）都是近取諸身，由近及遠的意思。而孔子的「能近取譬」（《論語・雍也》）和孟子的「善推其所為」（《孟子・梁惠王上》），則是向外的用的具體辦法。

外在的用是無窮的，無法遍歷，這是西方對人是否有自由意志，或者說絕對的意志自由，仍然有爭論的一個根源。自由意志的問題在中國傳統學術中並不成其為問題。中國傳統學術將這個抽象的絕對化的問題轉化為具體的問題，從而給出了答案：即某一意志能否得到自由，這個答案顯然是肯定的；進一步，人能否主宰在這個意志上得到自由的機制，這個答案也是肯定的；由此可以歸納出人可能得到意志自由。中國傳統學術的這個推斷，實質上指出了人道能夠脫離自然之道的根本原因。人因此能夠「參贊天地之化育」（《中庸》），而不是像其他生物那樣幾乎完全被命，形和性控制。人與動物的根本不同在於人的自由意志。命不易，從天；理不變，有擇；其選擇因人而異，沒有任何兩個人的所有選擇是完全相同的──人的自由意志，只有在這種時候才得以表現出來，像「金石有聲，不考不鳴」（《莊子·天地》），小扣小鳴，大扣大鳴。

二、德的用

《說文》有：「德，升也。」這大概是德的本意。「升」就如《爾雅》裡，「一達謂之道路」的「達」的意思，又如「道者，蹈也，人所蹈也」（徐鍇《說文解字系傳·通論》）。德的升，從局部細節來看，是蹈，逐漸積累所得；從整體來看，是有所達到，成其得。而得的意思是「行而有所取」（段玉裁《說文解字注》）。很容易發現「道行之而成」（《莊子·齊物論》）和德「行而有所取」的內在聯繫。從字形上看，德從彳（音同赤），從悳（音同德）。《說文》解「彳」為小步，解「悳」為「外得於人，內得於己也。從直從心。」以上說法，合而言之，就是德的根本在於直於心，而小步漸進漸升的形象。德字的形意並不直接說明什麼是德，只是一種象的描畫。這個簡單的形意，在不同的背景之下的應用，就衍生出德的種種含義。

德者，得也。德和得兩者都既可用作動詞又可用作名詞。德或得，可以用作名詞表「從哪裡取」，「誰來取」。作為動詞的有所取的時候，德或得，即是「如何取」。德用作動詞時，即是得，但德的主語是人，如「善者吾善之。不善者吾亦善之，德善。信者吾信之。不信者吾亦信之，德信」（49）。又如「德威惟畏，德明惟明。」（《尚書·呂刑》）失去，則可以

稱為「滅德」（《尚書・湯誥》），「不德」（《尚書・伊訓》），「非德」（《尚書・盤庚上》），或「逸德」（《尚書・立政》）。對於物來說，德即是得。物得包括了物的內涵外延，名實，和體用，一切都已經由天所前定。將德用於物，只是一種擬人。可以說，德總是帶有業已社會化的人的意味，是指人之所得，和人發出的動作。所以對人來說，德有德也兼有得的意味，可以分為內外，如《韓非子》所說的：「德者，內也。得者，外也。」外得即是與物相同意義的得，是先天的。內德則是後天的，人為的。人之所以與物不同，在於內德。

　　背景不同，決定了德字的不同含義和用法。匡廓圖提供了德的一個最大的背景。由此出發，得到德完整的圖景，才能條分縷析出德的具體含義和其中的聯繫，如圖14-1所示。

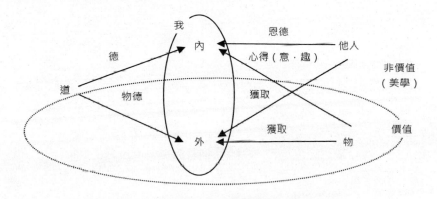

圖14-1：德字字義圖

　　德是活生生的，所以是必須從體用來看的一個範疇。德的體可以簡單地歸納為蓄積，就是老子所說的「德畜之」，合時間和生命的於一語而言之。德的用是在道所容納的空間中展開的，不能須臾離開道。而用所達的範圍越廣大，就越是大德。老子說：「修之於身，其德乃真；修之於家，其德乃餘；修之於鄉，其德乃長；修之於國，其德乃豐；修之於天下，其德乃普。」（54）莊子說：「故夫知效一官，行比一鄉，德合一君而徵一國者，其自視也亦若此矣。而宋榮子猶然笑之。」（《莊子・逍遙遊》）這兩句都是按照小德至大德的順序而講，即是德風所及的小至大的順序。風是德之用，而反作用於德之體。

　　道包含德的體用的全部內容。從道的角度看，一物的生前和死毀之後，它的體和用都已經都包括在內而只成一體，即一德，所以一物「方生方死，方死方生」；萬物也都如此。德之廣大到了通達道的地步，就成玄德。玄德是大德到達極致之後的一個飛躍，玄德沒有大小之分。「玄也者，取乎幽冥之所出也。」（王弼《老子指略》）玄就是深大微遠，不可名狀的意思。《老子》中兩次提到玄德：「生而不有，為而不恃，長而不宰，是謂玄德。」（10，51）但是老子並不是將「玄」的「德」凝固成一個概念，他只是這樣來形容道。即，假如道可以作為一物來看，道的德「謂之為玄」，「玄而又玄」，即是玄德。老莊用「德」字的時候，時而指小大之德，時而指玄德，明白了這兩種德的含義，有助於在不同語境中取其真意。在《管子》中，德字也有此兩種含義。如，「道也者，動不見其形，施不見其德，萬物皆以得，然莫知其極。故曰：可以安而不可說也。」（《管子‧心術上》）這一德即是玄德；而「德者道之舍」（《管子‧心術上》）則是指小大之德。

　　除了以上兩種，「德」的恩德的含義，也見於老莊管子等人之書。賈誼《新書‧道術》中有：「施行得理謂之德，反德為怨。」分財與人的施予，稱為施德，恩德；而被施予的人，感恩懷德。此類用法，又如《戰國策‧魏策》中唐雎說信陵君：「吾有德於人也，不可不忘也。今君……存趙國，此大德也。……臣願君之忘之也。」德的字義的這一支，是從得推衍而來的，沒有什麼深意。

　　脫離德之往用而講德，就離道甚遠。德的每一用，都是道的生機的表現。捨去用不談，就無所謂德。《莊子》中寓言：「……學屠龍於支離益，單（殫）千金之家，三年技成，而無所用其巧」（《列禦寇》），這種「得」因為「無所用」，顯然離道甚遠。

　　明白了德之往用的重要，就可以清楚地看出郭象《莊子注‧逍遙遊》中的誤解。郭象將德錯以為道；又將德錯以為性。他說：「苟足於其性，……小大雖殊，逍遙一也。」這裡郭象的「性」用的很精準，但結論是錯的。性只是體的一部分，從性來看，「小大雖殊」但都「足於其性」，這種「足」顯然是一樣的，但萬物的用不一樣，還存在有用和不用的差別，不能直接得出萬物有一樣的德，即「逍遙一也」的結論，否則矢溺亦足以逍遙了。郭象用性代替德，強調了性的不同，就將每一物都孤立起來，陷入人預先設定的「性」規定性的牢籠之中。他據此提出了「獨化」，即「物各自造而無所待

焉」（《莊子注·齊物論》），即萬物各自在自己的規定性裡生長，盡性即是充分充滿這樣的籠子。這樣的萬物，因為差別，不能有一個共同的母，所以只能「自生」。這樣的理論顯然就與老莊的根本思想相悖了，只能說是郭象自己的理論。這樣的理論也為人為地扭曲人性反而認為理所當然，留下了空隙。

《莊子·天地》明白地說，盡性即是失性：「且夫失性有五：一曰五色亂目（目盡其性），使目不明；……五曰趣舍滑心（人盡其性），使性飛揚。此五者，皆生之害也。……夫得者困，可以為得乎？則鳩鴞之在於籠也，亦可以為得矣。……則是罪人交臂、歷指，而虎豹在於囊檻，亦可以為得矣」。老子亦說：「五色令人目盲；五音令人耳聾；五味令人口爽；馳騁田獵，令人心發狂；難得之貨，令人行妨。」（12）孟子也說：「口之於味也，目之於色也，耳之於聲也，鼻之於臭也，四肢之於安佚也，性也，有命焉，君子不謂性也。」（《孟子·盡心下》）他們所講，正是魏晉名士的弊病。

魏晉名士越名教而任自然，是脫離用而講性，缺乏生機。在名士風流的表面之下，實際潛藏的是無可奈何的悲觀。正如莊子所說：「夫地非不廣且大也，人之所用容足耳。然則廁足而墊之，致黃泉，人尚有用乎？」（《莊子·外物》）足於性，是腳踏實地，但除了容兩足的方寸之地，無處可去往用，這樣的腳踏實地就孤立，隔絕，而絕望。這樣的足自性之德，流傳不遠，只能止於其身。魏晉之後，正始玄風再無繁盛之時，其原因即在於此。

三、德連接自然和社會

孟子歸納中國遠古歷史，說：「堯舜，性之也；湯武，反之也；五霸，假之也。」（《孟子·盡心上》）這個觀點符合人類史的規律。與孟子相近，韓非也說：「上古競於道德，中世逐於智謀，當今爭於氣力。」（《韓非子·五蠹》）堯舜之治處於自然與文明之間，堯舜只是共主，無力控制，只能因人之自然之性而治，其治疏散。湯武之治，國初具雛形，天命天子的理論初步形成，處於人道開始有意識地掙脫自然的階段，重得與德，所以是「反之」。「反之」也可解為，湯武仍試圖借用自然之性解決此階段所出現的問題，但顯然徒勞。到了五霸階段，國，天命，天子的理論不再是金規玉律，只是時而假借的一種名義，其實質是兵的輔助工具。這是一個從道流為

德，德流為兵的過程。這個過程即是，人的社會性壓過自然性，之後又過度
發展到侵犯和試圖消滅自然性。

　　對一個人來說，孟子所描述的這個背景即是運命，生在不同時代，即
有運命的不同；而「運命惟所使，循環不可尋」（張九齡《感遇》），在大
的運命中，又有複雜，循環，或局域的小的運命背景。一個人的德的極致在
於，在這幾種大運命裡，能逐漸從運命中分離出來，從完全由運命而定，發
展到完全獨立。這個過程即是從完全自然的「生之謂性」（《孟子·告子
上》），到命定的「同姓則同德」，到已經受到社會異化的「性相近，習相
遠」，到「動心忍性」（《孟子·告子下》）的高度文明，到「反其性情而
復其初」（《莊子·繕性》），「性修反德」（《莊子·天地》）的回歸。
這是一個從道流為德，德流為內德，內德反歸於道的循環。在這一過程中，
一個人的始仍然有命，但其生命軌跡和終點，則有操之於自己的可能。

　　孟子和荀子分別截取這個循環的一段，所以講性善和性惡；而老莊有見
於整個循環，認為自然天性與社會人性不可分不必分，所以不能用善惡，而
只能以其自身的德來討論之。李宗吾言，儒家所見不全，直至王陽明才解決
這個問題。儒家開始有孟子的性善說，荀子的性惡說。其後《禮記·樂記》
說：「夫物之感人無窮，而人之好惡無節，則是物至而人化物也。人化物也
者，滅天理而窮人欲者也。」再其後有朱熹的「存天理，滅人欲」。到了王
陽明，客人問他說，人欲如火，但消滅淨盡，也無火燒飯了怎麼辦。李宗
吾說，王陽明自己是明知「去人欲」之法有大病，卻不得不如此教人──此
問擊中要害，所以修養深厚如王陽明此時也不免動怒。直到晚年，王陽明的
天泉橋四句教才為儒家徹底解決了這個問題：「無善無惡心之體，有善有惡
意之動，知善知惡是良知，為善去惡是格物。」李宗吾這一剖析之透徹，真
是前無古人。體無善惡，體的用「動」起來卻有善惡；善惡之衡量在於「良
知」，良知則是根據仁，人同此心而來；「格物」重心不在物，而在於格，
得到自心的誠明，然後能去惡。

　　儒家在先秦時代與道家漸行漸遠，直至王陽明的天泉橋四句教才完成了
一個大的循環，裏挾了更多的歷史經驗而回歸。道家與儒家分途之後，就如
兩個棋盤錯開而疊合在一起，因此導致衝突和各說各話的異趣。我們可以想
像將一個透明的棋盤覆蓋在另一棋盤上，當兩個棋盤稍微錯開，就會產生衝
突，即兩個棋盤上有的位置重合，一個棋子在一個盤上可以放在這個位置，
另一棋子根據另一盤也可放在此位置，這就產生了衝突。因為錯開，就又有

罅隙，根據兩個棋盤任何一個，都不能遍歷兩個棋盤定義的全盤，走不到的位置，就是罅隙。有罅隙則不可以遍歷。但儒家回歸之後，只需將兩個棋盤一角對齊——人的自然的德與社會的德合一，則儒家所發展出的所有內容，就與道家的基本框架完全疊合了。

在王陽明之前，北宋理學諸子，已經試圖聚儒釋道於一爐，用體和用的研究貫通儒釋道。朱熹對體和用相互作用的研究，尤其周詳。陳榮捷將朱子所講總結為六：體用有別，體用不離，體用一源，自有體用（體中雖有用，用中雖有體，但體仍自為體，用仍自為用。），體用無定，和同體異用。（陳榮捷《新儒學論集》中央研究院中國文哲研究所，臺北，1995，5-8頁）這六個原則，概括了具體一物的體用在本體意義上的所有方面，可以作為極佳的參考。（值得在註意的是，不同物的體用相互交織，由此形成了一個世界整體，這個整體的本體是另外一個問題，不是朱熹的體用原則的對象。也就是說，朱熹的體用只可以應用於被隔離開來的具體個體的體用。不可隔離或有限而無界的對象，如道和作為萬物總名的天等，則另有規則。可隔離的個體可以通過有限實證的方法來考察，如科學方法。但這種方法不可推及於不可隔離的對象。在這個意義上，朱熹與實證主義犯了同樣的的錯誤：將他們的理論外推到了不可格和不可實證的對象上。）

但朱熹的體用，是心在主持，而不是道家從道而來的吾。朱熹的格物致知，是朱熹得到心的方法；而此心最終能夠感通，脫離格物，又是從先天的理得來。先天的理先於心，顯然與心不同。換言之，先天的理，仍是一種外物，是由格物按照邏輯推演出來的，不管如何矯飾，仍然是外立其德，與惠施等人並無二致。德不在我，則道只有精，沒有信。王陽明發現了朱熹格物的錯誤，反過來提出「心外無物」，「理也者，心之條理也」，才又重拾孔孟的自由意志的可能性。但王陽明又走向另一極端，導致道有信，而無精。

經過朱熹王陽明這一反復，心作為體用的驅動，就已經動搖了。朱熹王陽明不能解決的兩難，必須引入一新的維度才能明白，這就是道家的吾。這就必須超越儒家之囿，這個過程是一個飛躍，而不能由漸進達到。儒家雖然有豐富的經驗，但始終是在道德框架的包覆之下的。這一點在秦漢魏晉時代已經得到澄清，其後卻轉而失落。如《淮南子・說山訓》所說：「夜不能修其歲也，夜在歲之中；仁義之不能大於道德也，仁義在道德之包。」王弼亦是如此認為，晁說之說：「王弼老子道德經二卷，真得老子之學歟，蓋嚴君平指歸之流也。其言仁義與禮，不能自用，必待道以用之，天地萬物各得於

一，豈特有功於老子哉。」（《老子道德經王弼注·晁說之序》）實際上，
道家與儒家的大多數爭論，可以概括說，儒家試圖在沙子上蓋房子，房子是
人所需，而儒家所設計的房子很結實，但道家的爭論卻不在是否需要房子或
房子的堅固性，而是指出儒家的設計忘記了沙子終究會流動這一事實。

　　理學的核心，因為缺乏吾，也是一種「物化」，講求通過教育對天生
人性進行「人文化成」，使每個人達到「存天理，滅人欲」的理想的堯舜之
性。這種化成是一種替換和改良，而非積蓄，因此與道家的物化是不同的。
與孔子的師道，也不相同。這種教育或者可致人堯舜，但不能致人孔子。道
家認為天生人性是不可替代，不可人為改變，尤其不可以也不應該由外在的
任何事物，包括教育來改變，「慎無攖人心」（《莊子·在宥》）。道不能
給予人，人只能自求，所以道家人性的「物化」必須是自發的，在人的天性
基礎上生發。孔子的德性教育實現了「慎無攖人心」的具體方法。

　　老莊認為，人的天性不可違，違之則兇，必須正視並善加護持，使之
與物交接的時候，不成其為累贅，達到無厚入於有間，遊刃有餘。以墨子為
例，墨子兼愛非攻，「備世之急」，是大公無私了，但缺乏人性的基礎而難
以流傳，「墨子雖能獨任，奈天下何！」（《莊子·天下》）又如儒家的仁
義，仁義不是簡單外在的力行仁義，嚴守準則就可以達到的，也不可能通過
這種途徑達到，還必須兼顧人性的自私，從每個人的人性出發才有真正的仁
義。沒有考慮到「我」的仁義，只能是一種虛有其表，不可能是真正的仁
義。而楊朱「不拔一毛」的自私，和「悉天下奉一身，不取也」（《列子·
楊朱》）的公私分明，反而比徒有其表的仁義更合乎人性和適合社會。這就
是老子說的「曲則全，枉則直」（22）的道理：在涉及不同範疇的複雜體系
中，各個邊界上，直道反而迂曲，甚至不可達。「枉則直」與人們的思維慣
性不一致，這也是一種「曲則全」，一個人如果最終能夠體會此句話的含
義，其過程無可避免地要按照自己的思維慣性來轉圜。人們平常所見的直，
方等，是未加深究的，是局域的而非廣大的，而大直若曲，大方無隅。在這
個思維的轉圜裡，似乎人們的常識被否定掉了，但並非如此。從局域看到
的，和從至為廣大看到的，是一致的，因為曲，所以能夠貫通聯繫在一起。
不知道這一點，就會兩者互相否定，而陷於迷惑，只執兩者之一，自以為
直，不管所執為廣大還是局域，其狹隘是一樣的。

　　老子說：「吾言甚易知，甚易行，天下莫能知，莫能行。」（70）從
心來看，人心不同，看到的就不同，「仁者見仁，智者見智」，這些所見都

是殘缺不全的。達到了吾，心如鏡，過濾掉人自身的幹擾，一切就變得簡單
了。這個簡單不是複雜性的降低：真只有一個，而偽則有無窮個，有吾則能
得其真，所以簡單。比喻來說，工欲善其事，必先利其器，吾就是心能夠打
磨出的最鋒利的工具，能以無厚入於有間，使可行變得容易，使不可行變為
可行。一個宗教家在表現上可能與神學家沒有不同，但不同於一個神學家，
就在於這種內在的不同。「必先利其器」通俗化，就出現了「求人不如求己」
的思考方式。道不能從外而得。不先體悟吾，只憑智識的人，將老子講的道
看到眼裡，就不知道變成何物了，所以解老子的書有幾百家。至於能夠實行
老子的話，就更加少了。老子預見到這種情況，所以又講：「知我者希，則
我者貴。」（70）這裡的貴，並不是榮華富貴的貴，而是「物以稀為貴」。

　　像使兩張棋盤完全疊合一樣，王陽明的天泉橋四句教，實際終於將儒家
外用的部分重又與道家接合。這使得對儒家的超越，不至於踏空，而得到一
個堅實的立足點。從道家來看，儒家此段歷史，即是完成一個循環。這使得
儒家的實踐探索，可以用道家的道德框架加以重新歸納，儒家的所有滯礙，
即可因此得到解決。而道家因此也大大地擴充了本身的內容。將儒道體系疊
合，就會發現吾其實是心背後更基本的一層。在從小德到大德到玄德的遠則
返的過程中，僅僅用吾，很難將此中層次清楚地說出來，心因此仍是一個重
要的概念，只是這時的心，不再是終極的，自定義的，或者外在決定的，而
有新的內涵。

四、用的主持者：吾

　　錢穆說：「中國人所謂心，非指胸口之心房，亦非指頭上之腦部，而
所指乃人之整體全生命之活動。」（錢穆《現代中國學術論衡》，北京：生
活・讀書・新知三聯書店，2001年，第39頁）錢穆這裡所講的「全生命之活
動」，即是莊子所講的「德充符」，指的是人的整體的德，包括人的體用：
一切活動，和生老病死。這一德被心所驅動，有心的主持，這個心即是內德
的寓所。但錢穆所講的心，已經將重心落在「全生命之活動」上，心之名的
背後，其實是吾之實。

　　道家的吾，存在於體用之間，於用中才能顯示。就如薪盡火傳，只有燃
之際才能一窺吾之作用。宋陳顯微有，「其人存，則其道存，其人亡，則其

道息」（《文始真經言外旨卷之一》），即是指吾之用的存亡。與小大之德對應，吾之存在與我漸遠，與道漸近。與小大之德對應的吾，可以稱為心。具體的一用的吾，也可稱為心。邵雍說：「凡言知者謂其心得而知之也。」（《觀物內篇》）具體的知識和學，是心之事。因此心不為一，人可以有很多心，如「仁者見仁，智者見智」，即兩心。吾在內，以吾為根本是一心；而外立其德就有眾多的心，得在外，一得即對應於一心，如「彼曾、史、楊、墨、師曠、工倕、離朱，皆外立其德，而以爐亂天下者也。」（《莊子·胠篋》）這樣的人的為數眾多的心如一群盲人，以這些盲人去摸象，其不可得可想而知。一個人的眾心不互相同意，此起彼伏，則心亂而不能安。《莊子·庚桑楚》有，南榮趎問道於老子，「老子曰：『子何與人偕來之眾也？』南榮趎懼然顧其後。老子曰：『子不知吾所謂乎？』」老子的所謂，就是吾為一，而南榮趎的眾多的心從不同來源得來，食而不化，互相爭競不息，就如爭鬧的人群——「多方乎仁義而用之者，列於五藏哉！而非道德之正也。」（《莊子·駢拇》）此節又有「能抱一乎？」即是達到吾，眾心去其隔膜，能夠泯然為一，「渾其心」（49）的意思，又如「壹其性，養其氣，合其德，以通乎物之所造」（《莊子·達生》）。這樣的吾，不僅使一個人自己的眾心通而為一，也能通往其他人之心，通往一切之心，這就達到了良知的基礎。

　　大德極致的飛躍，使得吾只存在於道之用中，所以吾可以喪我猶存，如莊子所講的「吾喪我」。這時的吾是超越心的，與心不同，而俯瞰眾心。吾為一，吾對外物的見，也為一。心如明鏡台，只要明鏡台全無塵埃，所反映的外部世界也是一個，而不是仁者見仁，智者見智。薪盡火傳，因此才有可能；教外別傳，因此才能得到驗證。因此明鏡有一塵，則「如日月之食焉：過也，人皆見之」（《論語·子張》），必然被發現。這是因為真無足自行，而偽則為時間所磨滅，因而傳之不遠。

　　德的體，因為用的關係，人性良知可以失——被蒙蔽，可以得——回復光潔，可以廓而大之，而人性之善惡本可以轉圜，因此才有洗心革面，浪子回頭，屠兒立地成佛的事情，而不是一失足即永不可改。這種轉圜也必須有吾的存在才有可能。人性本是無所謂善無所謂惡的，人性的善惡，即使從無心之事也無法察覺，只能在性動用處才能知道。一定要將人性訂死為善或惡，就會使人失去了吾，因而失去活生生的性，而了無生機，這就是刑名和宋明道學的致命弱點，而兩者皆可窒息生之氣息，有殺人之名。

　　德既從道而來，又必須寓於人。小大之德存於心，心在人內；而極至的德（玄德）藏於人性的極內之處的吾；吾反而在人與道之間。從人看吾，德在我內，而從道看吾，我在德外，這就是《莊子・秋水》篇所講的：「天在內，人在外，德在乎天。」此篇又有：「道人不聞，至德不得，大人無己，約分之至也。」這是將老子的「為道日損」，「上德不德」合而言之。老莊這樣的議論，只有吾存於人與道之間，才可能成立。吾處於體的核心，而良知存在於人我之際，是體之用。

　　不管是射箭還是其他技藝，智慧，品行，在它們的極精極深極致之處，吾的作用就必然表現出來。否則，就無法曲盡其用，無法「用之不足既」（35），既，「盡也」（《河上公注》）。如「列禦寇為伯昏無人射」一例。（《莊子・田子方》）列禦寇射箭時「猶象人也」，就像木頭或石頭人像一樣巍然不動，其精可以想見。但伯昏無人「臨百仞之淵，背逡巡，足二分垂在外」，即在幾百米的懸崖上，背對著懸崖後退，直到腳跟懸空，這時問列禦寇，能否在這樣的情況下射，列禦寇就只能「伏地，汗流至踵」。無法自持，就無所謂箭法。吾的存在，吾對用的決定性在這個例子中顯露無遺。相反地，「彼曾、史、楊、墨、師曠、工倕、離朱，皆外立其德」（《莊子・胠篋》），「昭文之鼓琴也，師曠之枝策也，惠子之據梧也」（《莊子・齊物論》），這些人皆有其德或大德，但他們的德憑籍外在所立，而非內在，與列禦寇的箭術在德的本質上沒有不同，也就有同樣的缺憾。「惜乎惠施」（《莊子・天下》），可以看作是《莊子》總體上對此類人的的態度。

　　莊子說：「工倕（古巧匠）旋而蓋規矩，指與物化，而不以心稽，故其靈臺一而不桎。」（《莊子・達生》）心之所處，莊子稱為靈臺，心在靈臺旋馳不定，即是心的作用。而「靈臺者有持，而不知其所持，而不可持者也。」（《莊子・庚桑楚》）靈臺有持，即是吾的作用，而吾所賴者是道，道「不知其所持，而不可持者也」。（同上）貴德不尊道，即靈臺無持，孟子之問：「然則犬之性，猶牛之性；牛之性，猶人之性與？」（《孟子・告子上》）即是由此而發。靈臺無持，我則如土木偶人，沒有任何存在的意義，與蟻群之一蟻，蜂落之一蜂沒有差別。魏晉名士適性，流於狂放，即是此類。外立其德者也是如此，如學術權威，門戶之見，「豕蝨是也……一旦鼓臂、布草、操煙火，而已與豕俱焦也。」（《莊子・徐無鬼》）而莊子的德，雖忘乎形骸，化蝶和知魚之樂，也沒有脫離吾之一線。因為吾之所存，

一切皆有意義起來。

靈臺極虛，有如無盡的空間，眾心或外物的積累不足以使之外溢。《老子》中「虛」字凡五見，其四是描述一體的某種狀態，如「虛其心（3）」，「（橐籥）虛而不屈（5）」，「（吾）致虛極（16）」，「倉甚虛（53）」。虛不同於空，虛是不足的意思。虛則實之，虛的往動趨於充實。虛則有馳遊的空間，使心不至於滯澀，遲鈍，乃至僵化。

靈臺極靜，莊子說：「聖人之靜也，非曰靜也善，故靜也，萬物無足以鐃心者，故靜也。水靜則明燭鬚眉，平中準，大匠取法焉。水靜猶明，而況精神！聖人之心靜乎，天地之鑑也，萬物之鏡也。夫虛靜恬淡，寂漠無為者，天地之平而道德之至，故帝王聖人休焉。休則虛，虛則實，實者倫矣。虛則靜，靜則動，動則得矣。靜則無為，無為也，則任事者責矣。」（《莊子・天道》）「動則失位，靜乃自得」（《管子・心術上》），只有靜，才能不偏執，不扭曲地應接物。反之物與心糾纏，仁者心動，動輒不得其真。仁者之心動，與「以鉤注者憚，以黃金注者殙」（《莊子・達生》）沒有本質差別。

從外得的立場看，一物的體，即是器；用，即是才。吾之用無窮，也就不器不材——「形器，匠之所成，非所以為匠也。」（王弼《老子注》）莊子「周將處乎材與不材之間，……，一龍一蛇，與時俱化，而無肯專為」（《莊子・山木》），與孔子「博學而無所成名」（《論語・子罕》），「君子不器」（《論語・為政》），是從體用兩方面講的同一事。但兩人又有各有選擇，和而不同。莊子以反歸於道為志。所以莊子將不器推衍到了極致。他將惠施的相位，大器比作腐肉。莊子可以心齋，可以坐忘，可以吾喪我，將自己的軀殼和作為人的我，都視為器。因此莊子的不器才使他能神遊於大鵬蝴蝶的自在之中。而孔子重下學，「吾豈匏瓜也哉？焉能係而不食」（《論語・陽貨》），所以仍有為器而施展才華的念頭。但孔子最終也不得大用，遂成聖人。邵雍關於聖人和體用的一段話，幾乎可以視為就孔子而言的：「體無定用，惟變是用。用無定體，惟化是體。體用交而人物之道於是乎備矣。然則天亦物也，聖亦人也。有一物之物，有十物之物，有百物之物，有千物之物，有萬物之物，有億物之物，有兆物之物。為兆物之物，豈非人乎！有一人之人，有十人之人，有百人之人，有千人之人，有萬人之人，有億人之人，有兆人之人。為兆人之人，豈非聖乎！是知人也者，物之至者也。聖也者，人之至者也。」（《漁樵問對》）老子說：「萬物歸焉，

而不為主，可名為大。以其終不自為大，故能成其大。」（34）孔子不得大用，因而得以成為聖人，正如老子此言。邵雍深味此意，說：「人謂仲尼惜乎無土，吾獨以為不然：匹夫以百畝為土，大夫以百里為土，諸侯以四境為土，天子以四海為土，仲尼以萬世為土。若然，則孟子言，自生民以來，未有如夫子。斯亦未謂之過矣。」（《觀物篇》）

　　之所以說孔子與莊子和而不同，是因為他們都並不反對為器或不為器，不專為或不為只是他們個人的選擇，孔子下達，而莊子上達。孔子並不以「捲而懷之」為非。《論語·微子》中，孔子與隱士之間的互動，不能以「道不同」來概括，反而只能用道同來概括：隱士與孔子不是相爭相譏，而是相諷相勸。不明白這一層意思，不僅不能讀懂《論語》，也不能讀懂《莊子》。莊子說：「道之真以治身，其緒餘（殘渣）以為國家，其土苴（糟粕）以治天下。」（《莊子·讓王》）莊子認為，德於道只如毛而已：皮之不存，毛將安附？整個人世之於道或者之於宇宙（大德），就如殘渣糟粕，只佔無足輕重的一隅。失去道德的根本，人世的一切假作真時真亦假，就如浮萍沒有根基，無從理喻。洞察於此的真人，即使成為一器，因為其大和不肖，普通人也不知如何用，如，子路說孔子，「子之迂也」（《論語·子路》），惠施說莊子：「子言無用」。（《莊子·外物》。又如《莊子·天地》中，堯與封人對話中，堯也不知其用一節。）子路有幸得孔子開解，而像惠施那樣終生「惑之不解」的人則難以計數。以莊子為一器，人世只是其一部分，這一器還包括了人世之外之先，物理，天，即天外之天。因此莊子自知不得用，也不肯輕用。

　　莊子不肯為一器，更深層的原因是人不能被任何器所容納。舉一個淺顯的例子，古語說「忠孝不能兩全」，即忠臣和孝子兩個器，不能共存，常常需要毀棄其一，這樣的人即不完整。孔子談到子為父隱，父為子隱和君君，臣臣，父父，子子的問題。這裡的父子君臣，都是器，人身處其中而不能察覺。社會有分工以來，人人不得不扶持依賴他人而生存，所以每個人都必須有職業，這些職業也是器。在這樣的社會中如何能夠不器，保持真我是相當困難的。人固然不能由職業所定義或容納，完整的人有在職業之外的部分；人之為子，不能由子所定義或容納，應該還有我之為人更深一層。子為父隱當然是勝於由子來揭發乃父，子子因此勝於子不子。但是沒有子作為人的層次，問題只能暫時壓住，無補於事，仍然是子為子，父為盜。我之為人，也可由此推衍到君君臣臣的問題，孟子的臣視君為寇仇就是由這個思路而來

的。完整的人,由器所描述的不同角色,匯集在一起看,充滿了匡廓圖的空間。這樣的人是人之實,任何名都不足以容納。而解決人作為不同器而產生的衝突,必須從這個實的源頭,才能得以解決,沒有任何其他途徑。從這個意義上說,莊子是從更深層次探討人的問題,而非出世而棄人。

五、性修返德

人之初,靈臺是虛靜的,心因此也是活潑潑的。人事漸深,則經歷不同,所取不同,趨向不同,不能保赤子之心,心所反映的世界就是零碎,斑駁,扭曲,和一曲(偏而發達)的。這是心不能體悟靈臺的後果。這樣的心之用,也是有限的,不適用的,或不足用的。雖然心不能悟,靈臺仍然那裡,只是被掩蓋了;靈臺仍然有持,只是不能自知。只有返歸,回憶,或徹悟之後,才能真正地得道之用。六祖慧能徹悟之後,說:「何期自性,本自清淨。何期自性,本不生滅。何期自性,本自具足。何期自性,本無動搖。何期自性,能生萬法。」(《六祖壇經・自序品第一》)六祖這段話,前面四句,是靈臺的體;後面一句,即是用;而靈臺有持,則是驅動此體以達其用者——沒有這個持者,一切就都落空了。

人不能保持赤子之心,但可以通過徹悟返歸赤子。可以說《莊子》通書所講即是這個返歸的過程和所見。而孔子則試圖以教育的方法使人返歸。人生有命,這個始點是確定的,這包括一個人出生的時代,地域,社會,家庭,和身體。人在能夠認識到自我的吾之前,仍然是在命的範圍內,因此此前的際遇也包括在始點的範圍內。這個始點的整個範圍不在一個人的掌握之中。在人能夠認識到自我的吾之前,人也不能真正覺察到命。僅僅存在於命中的人,被外物所驅動,即使他的夢和想像,也還是被動的。人認識自我的吾之後,即可從吾做出選擇,人仍然不能改變作為始點的命,但能開始掌握人生的運行和所趨向的終點。而試圖從吾做出選擇,掌握人生,是主動地。

返歸則能自生。無論禪宗的頓悟,靈修的靈魂昇華,還是人本心理學的峰值體驗,都是自生。人的體不能自生,而吾所驅動的用則可以。人通過自化,達到了吾,即發生自生;自生之後,則得自由;自由即可獨化;獨化能完全人的生命。這種過程是發起於精神領域,而終結於非精神。因為精神的重新全盤的整合,而導致德之用的本質不同。

　　老子的「能嬰兒乎」，講嬰兒階段是在道我相分之前，沒有自化的問題。嬰兒之用處於極小的一個範圍，但在這個範圍內嬰兒的行動類似於吾的作用，不是我的被驅使。在嬰兒階段之後，要自化而返歸吾，與此相應的階段就是人脫離嬰兒至去世的大部分生存時間。嬰兒充滿可能性，是不器的；返歸之後的吾也是如此。人之將死，即使不能達到吾，命的全體也已經呈現，人就可能有命之外的認識，於是其言也善——往往含有深刻的體悟。

　　人的自化過程，即是吾對外物，包括身體和思維，的脫離的過程，這個過程終點是內德，即是德的積蓄之處。莊子說：「心徹為知，知徹為德」（《莊子・外物》）。這裡的心大體上與思維相當，澈底地思維能力，才能保證知的可靠和知的可能；混亂的心，有知覺，但不可能真正地知。「知徹」即能夠「知不知」，得到澈底地全面的認識，顯然心徹和知與德相比都是不全面的，不可靠，而必須放棄對其的依賴。又如《管子》中有：「無以物亂官，毋以官亂心，此之謂內德。」（《管子・心術下》）澈底的理性，知的盡頭，那個使人知的靈臺所持者，所得到的是內德，不再是知，而是對知見的突破。所以，莊子說：「故知止其所不知，至矣。」（《莊子・齊物論》）知在這一超越之後，即成德。

　　德是先天的，指的是自性的本自清淨，無生滅，具足，不動搖。德又可是後天的，向外馳求，是外得；而向內返歸自性，使心回歸到無塵埃遮蔽的鏡台，並進一步領悟本性，是內德。得是外在的，與外部世界相關，可以見到，可以衡量；而內德是內在的，是與個人有關的，不可見，不可以衡量。「君子以多識前言往行，以畜其德」（《易・大畜・象》），向外馳求，遠曰返，不以遠為重心或目的，而以解內心之蔽為目的。只有這樣的心，才能更靈動，對新的情形更有準備（具足），心之行因此能夠行得更遠而不迷惑或失去自己，所以「所知彌遠」。（47）

　　老子說：「為學日益，為道日損。」（48）學是向外馳求，修道德與此相反，心能夠達到更遠不是所求，學並不是目的，也無太多的意義。在這個去而能返的過程中，而不是無我的過程，只有心的修養是重要的，只要此心發出，此學即無所遁蹤，盡在彀中，就不必唯恐其失而汲汲護持，正如孔子所說的「何足以臧」。（《論語・子罕》）

　　老子說：「大曰逝，逝曰遠，遠曰反。」（25）德的積蓄，即是如此的一個環形的過程，這個環唯一不變的是心。德環中守常，中和常即在於人心。德之進，人必從心開始下一個循環，行於更大，更歷久，更遼遠，然後

返歸於心。前一循環中的學在這一更大逝遠的過程中，已成陳跡，消失殆
盡。這樣的擴展過程，不是進步，而是進境；不是沿著一線更進一步達於高
遠深邃，而是打開新的境界。人的內德以此過程的蛻變，不是漸進的，而是
破繭而出的跳躍，頓悟式的；不是局域的，具體的，而是整體性的，整個世
界為之改觀。遠曰反，回歸此心，此心與以前不同；遠而不能反，不能引起
心的變化，即是莊子所講「駘蕩而不得」。（《莊子‧天下》）駘蕩就如
「馳騁田獵，令人心發狂」（12），反而失去其心和本性。

　　從德的分立性和整體性來看，內德只能是頓悟。道可以看成是連續的。
而德則是離散的，台階式的，階段性的。人不可須臾離開道，而德的突然頓
悟，是階段性的成果，在短暫時間裡的突然獲得。錢穆以鋸木為例，木最終
斷開來的那一瞬間，才是個了斷，是頓悟。道對人的影響，如繩鋸水滴，而
木斷石穿那一刻即是德。德的這一過程是飛躍性的，頓悟是廣域的，而不是
解決了一個局域性的個別的難題。這表現在頓悟之後，我們對所有事物的看
法都微妙地有所改變，但又不能達詁這種改變。微妙而廣大普遍，是道之德
的特徵。朱熹說：「至於用力之久，而一旦豁然貫通焉，則眾物之表裡精粗
無不到，而吾心之全體大用無不明矣。此謂物格，此謂知之至也。」（《四
書集注‧大學章句》）朱熹的感悟，即是一種頓悟。康得有先天綜合判斷的
說法，與此很類似，人的知識始於經驗，但與人的先天的理性相結合，人不
需經歷所有經驗，在積累部分經驗後，就可在某一點某一事件上，突然領
悟，從而將這部分的零散的經驗，擴展到所有可經驗而尚未經驗的事物上。
這兩人所描述的即是頓悟後，新境界的打開。

　　老子說：「既以為人己愈有，既以與人己愈多。」（81）這句話可以看
作內德與外得評判的一個標準。只有在所得是一個境界，才能拿來給人，而
己愈多。莊子的「卮言日出，和以天倪」（《莊子‧寓言》）即如此類：惠
施之辯無窮，而莊子之應也無盡，而總在惠施能達的境界之上，這是莊子之
境涵納惠施之境界。因為境界高下，莊子與惠施之辯，並非莊子克制惠施，
而是自然而然得知於先，是明與不明辯，因此莊子能夠立斧飛白，去其蔽
翳；而惠施無一處不覺束手束腳。顏淵對孔子之境界認識也是如此，「顏淵
喟然歎曰：『仰之彌高，鑽之彌堅；瞻之在前，忽焉在後。……雖欲從之，
末由也已。』」（《論語‧子罕》）「瞻之在前，忽焉在後」恰是境界，而
非先後的差別。「末由也已」，學是知識性的，可以拿來與人，境界則無法
盡言，無法持與人，只在於一人之自求，然後能自化：脫離昨日之窠臼，從

繭中解脫出來。

雖然境界不能給予人，雖然人在繭中只能自己破繭，但使人一窺外在境界，仍然有幫助。這是師道之用。孔子「循循善誘」，「引而不發」，「有教無類」，皆是基於境界才有可能。孔子的師道是無以為的，在子貢子路的觸發下，自然而然發出，這正是老子「既以與人己愈多」的最佳註解。而孔子的「回也非助我者也，於吾言無所不說」也正是莊子立斧飛白的先聲。（《論語·先進》）顏回，子貢，子路皆有破繭而悟，所以他們的德行受孔子之教之後，各有千秋，愈發鮮明，而不是像從模具中出來那樣面目模糊或千人一面。他們這種悟，是內德，與孔子的心吾相通，為外人所不能理解。《論語·子張》有，「叔孫武叔語大夫於朝，曰：『子貢賢於仲尼。』子服景伯以告子貢。子貢曰：『譬之宮牆，賜之牆也及肩，窺見室家之好。夫子之牆數仞，不得其門而入，不見宗廟之美，百官之富。得其門者或寡矣。夫子之雲，不亦宜乎！』」「德有所長，而形有所忘」（《莊子·德充符》），子貢或許名位表現，比孔子更為顯榮，但這些尊榮之類的東西，子貢在有見於孔子之德之後，對其視若無睹。

德的飛躍也可由另一途徑實現，即外來的特別體驗。例如馬斯洛所講的峰值體驗。這種體驗，幾乎可以說是強加於人的，它們導致人的思維的全盤變化，有如物理上的相變。晶體從一種晶體結構到另一種晶體結構的相變，相變後每一細小晶格都不同以前，但晶體似乎沒有宏觀的變化，只是性質卻變得很不同；當這個相變的主體是人的思維時，就是峰值體驗。峰值體驗的一個典型例子是分娩的過程，這個過程中的極度痛苦，其後的幸福寧靜，體驗的獨一無二性，是所有母親所經歷的，但這個經驗又是所有沒有經過的人永遠無法真正瞭解的。

馬斯洛能夠注意到這另一種頓悟，大概與他所處的西方文化背景有關。東西方文化的內發和外來的趨勢上的區別，早已為人所注意。在德的途徑上，這種區別表現為，東方人傾向於內在的自在發展，無入而不自得，從心所欲而不踰矩，逍遙遊；而西方人則側重於自由，能夠對外在的進行征服和控制，生存競爭，適者生存，成王敗寇。需要注意的是這種傾向和側重只是大體如此，並非絕對。對內外世界的關係，東方認為天人合一我自然如此，西方認為天既如此我不得不如此。由此帶來的缺陷是，東方如山，西方如水：東方自以為是，積古不化；西方則知其然不知其所以然，不斷地盲目試錯，文化多角度發展，輕易轉向和斷裂，這個動蕩的過程中的痛苦，比之東

方的緩慢變化的禁錮壓抑，不遑多讓。在德這個個性化的過程中，頓悟和峰值體驗的差別，正是這兩種文化傾向的縮影。但遠曰返，是西方文化也無可避免的，峰值體驗最終要返歸人。所以西方實證主義達到客觀的極致時，反而會發覺其背後有主觀的作用。主觀和客觀思維，一分為二之後，追求其一的極致，是錯誤的。一分為二，得到的只能是二分之一，追求二分之一，終究還要回到一，「遠曰反」。心理學的第三次思潮，人本心理學，敘述歷史學的復興等，都是這一趨勢所決定的。

六、吾之用

自化的盡頭，心在靈臺再無外物所引起的牽動或滯礙，則自反，能夠體悟心本身之運轉，即達於吾。朱熹解明德，即涉及到自反，他說：「明德者，人之所得乎天，而虛靈不昧，以具眾理而應萬事者也。但為氣稟所拘，人欲所蔽，則有時而昏；然其本體之明，則有未嘗息者。故學者當因其所發而遂明之，以復其初也。」（《四書集注・大學章句》）

莊子說：「萬物無足以鐃心者，故靜也。」（《莊子・天道》，）吾是心也不能牽動的，即是六祖所說的自性。已經悟自性，消除內外的界障，達到與道渾然一體，稱為合德，所以說吾存在於心與道之間。在這一境界，古今之人是相通的。而此時的外物經歷了「看山是山，看山不是山，看山還是山」，又回到「山還是山」境界。（宋青原行思禪師語）最初「看山是山」，是「神者先受之」（《莊子・知北遊》），其德真；而後面的「看山還是山」，則是精神靜明的吾得之，其德亦真。在這一過程中，山不曾變，自性也沒有變，只是有改觀。邵雍之見也是如此，他說：「聖人之所以我一萬物之情者，謂其聖人之能反觀也。所以謂之反觀者，不以我觀物也。不以我觀物者，以物觀物之謂也。又安有我於其間哉？」（《觀物內篇》）沒有我於其間，所得的外物即是真。

吾與道合德，卷藏於密，即是「吾喪我」。此時的吾極明，我卻「形若槁骸，心若死灰」（《莊子・知北遊》），或者「我愚人之心也哉！沌沌兮，俗人昭昭，我獨若昏。俗人察察，我獨悶悶。澹兮其若海，飂兮若無止，眾人皆有以，而我獨頑似鄙。」（20）老子說：「我無為，而民自化；我好靜，而民自正；我無事，而民自富；我無欲，而民自樸。」（57）吾發

出來時，我無為，吾有為，這種為與道一樣是生和用：如同道不能被感知一樣，吾之為之用，也是自然的，對於人來說是真。

返歸達於吾，即是「能嬰兒」。（10）不是身體返老還童，而是心得重生。這種生是與道合德的自我達到的，所以稱之為自生。人之初的路是完備的，充滿了生機，生機即是向各種可能性發展的活力和能力——自生之人也是如此。但人在生命中卻只能取道唯一的一條路。老子說「能嬰兒乎」，就是指能否像嬰兒那樣，在生命任何一刻都保持生機。但嬰兒得之於天，「道與之貌，天與之形」（《莊子‧德充符》），而自生之人，得之於自己之德，但由此得到的生機也源自於和等同於天機。嬰兒漸長有其欲得，就會失去淳樸的天機，「其耆欲深者，其天機淺」。（《莊子‧大宗師》）自生之人則無這種失落天機的危險。

吾之用，與物無尤：「去知與故，循天之理，故無天災，無物累，無人非，無鬼責。其生若浮，其死若休；不思慮，不豫謀；光矣而不耀，信矣而不期；其寢不夢，其覺無憂；其神純粹，其魂不罷。虛無恬惔，乃合天德。」（《莊子‧刻意》）又如莊子的比喻：「方舟而濟於河，有虛船（無人空船）來觸舟，雖有惼心之人不怒；有一人在其上，則呼張歙之；一呼而不聞，再呼而不聞，於是三呼邪，則必以惡聲隨之。向也不怒而今也怒，向也虛而今也實。人能虛己以遊世，其孰能害之！」（《莊子‧山木》）

吾之用，不受外物牽累，所以可以自由，無待而獨化。這樣的獨化，廣大普遍而精微，「道固不小行，德固不小識。小識傷德，小行傷道。」（《莊子‧繕性》）與道之物化類似，而合乎道：「天之道，利而不害；聖人之道，為而不爭。」（81）邵雍說：「夫爭也者，爭夫利者也，取以利，不以義，然後謂之爭。小爭交以言，大爭交以兵，爭夫強弱者也，猶借夫名焉者，謂之曲直。」（《觀物內篇》）《老子》中的聖人，莊子中的真人，神人，至人，其所為都大體如此。

欲得物真，必誠其心，誠則久遠。「誠者自成也，而道自道也。」（《中庸》）「至誠無息，不息則久，久則徵，徵則悠遠。」（同上）心的重生，能夠精純為一，無所點染，用於知即成德，即是莊子所謂「知之徹」。誠使人在萬物中，如牛渚燃犀，所行愈遠，愈顯出其心不迷失的作用。宋儒重視誠明，也是這個意思。吾與外物通，與他心通，與古往今來的眾人心通，其實是知之徹時，不得不如此；誠明者自成，無待，也必然發出。

　　「為道日損」，達到吾，還有被動的一途。吾是人最為根本的的存在。在一切都被剝奪殆盡時，吾不能被剝奪，而可能顯露出來。莊子說：「平者，水停之盛也。其可以為法也，內保之而外不盪也。德者，成和之修也。德不形者，物不能離也。」（《莊子・德充符》）在被剝奪的情形中，物不能離德，就如墨洗之愈黑；人也如此，在絕望中所存的即是吾。很多歷史人物，都將成功歸因於人生低谷艱辛的生活，認為自己從中獲益很多──即如此類。在他們人生的谷底，支撐的力量來自於原始的本能，他們與其他人不同，可以走出穀底，在於對吾的領悟。他們注意和談論這一點，彷彿在談峰值體驗，就像母親之於生產的痛苦過程，也如破繭的艱辛。他們在這樣的的過程中領悟，實際上使他們能夠連通到自然和原始存在的巨大力量。孟子知悉這一過程，說：「故天將降大任於是人也，必先苦其心志，勞其筋骨，餓其體膚，空乏其身，行拂亂其所為，所以動心忍性，曾益其所不能。」（《孟子・告子下》）文天祥即是此類中最為令人嘆惋的一人。文天祥詩雲：「誰知真患難，忽悟大光明」。文天祥選擇從容就死，那是做天下之木鐸之用，遺響未有絕時。

　　物必有理，唯吾自由。將吾與物分離，才能真正去掉人的桎梏。唯有達到吾的人，才能夠不受物累，超脫於其外。這種超脫必須得到保障，對此的侵犯即是對人性的冒犯，是反人道。理想的法律或政治上的平等的主體只是自由人，而不是形形色色的社會組織。從這個結論立刻可以得到，言論自由和信仰自由的主體，只能是個人，而不能是不應是任何社會組織或團體，以及其所驅動的人。正如孔子所講的忠恕之道，對象只是人，而不是人的所為一樣，言論自由的對象也只是人，不是他的所講。孔子這個教誨與基督是一致的，「神恨惡罪，卻愛罪人。」社會組織，團體，群體，包括宗教，都是凱撒化的，必然受到人間的理的約束而不自由，它們因此也必須受到約束。莊子講人不應「物於物」，即不應被物所驅使。對於被物驅使的人，物本沒有自由，「物於物」的人的言論理應受限。這種不自由，不是言論的不自由，而是言論所代表的物，言論背後的物不自由。但對於不能達到吾的個人，也應予以言論和信仰自由的權利：不德者，其歸不遠，不能得人，影響小而漸消散──沒有這樣的容忍，其代價即是對更好人性的探索的終結。言論自由這種權利的根源在於，人對人性的探索並未結束，遠未結束；人對人性所知並不完整，遠不完整。那些以為已經知道人性為何的人，只是一些自以為是，自鳴得意的無知之徒。個人自由是更為本質的，各種社會組織的自

由是非本質，受限制的：在與個人的自由相衝突時，個人權利應該優先於一個社會組織的權利，這與兩人間衝突應該運用仁的原則不同，這種情形屬於義的層次，取其宜應損有餘補不足。與此類似，經濟的發展，也必須以自由人為主體，自由的市場經濟，自由的主體是人，而不是企業；類似地，學派的壟斷與經濟上的壟斷是同類的有害的東西。

第十五章　解德（下）：何以得德

一、妙與徼：直覺與邏輯

　　王弼說：「何以得德，由乎道也。」（《老子注》）萬物本無，因道而生。道生萬物，有無限種可能，但不是每一種可能都被實現。老子說：「常無，欲以觀其妙；常有，欲以觀其徼。」（1）無中的「妙」是無窮的，但一旦有，就有一定的理，有效驗可知。老子和莊子將這個過程的特點，歸結為道有精，有信：有精是萬物的德的成因，而有信則是人的認識的可能性的保障。所以有信是一切認識的基礎，沒有信，就一切都是幻影，沒有任何可靠性可言──即使「一切都是幻影」的論斷，也不可靠。

　　物有其精，即規律性和必然性的規定，也有其粗，即偶然性和外來的幹擾。也就是說，一個物得以成為它自己，有本質的──精；與非本質的──粗，多種因素。拂去粗，即得到精，即如《說文》對精的解釋：「精，擇也」。物的實因此有精和粗的兩個部分，精是本，粗是末，「可以言論者，物之粗也；可以意致者，物之精也。」（《莊子·秋水》）盡信書，即是僅能得其粗；而得意忘言，即是得其精的開始。粗則擾──混亂而多變，精則簡──不見其多，不見其雜，不見其變；簡則樸──充分而沒有多餘的矯飾。人能得其樸，就有儉德，沒有餘食贅行；得其精，就有靜德，平易恬淡而前後一致。純粹的靜和樸，不能再減，所以說：「動則得。」（《莊子·天道》）以這兩者來駕馭粗，無往而不能得，就能有廣德，如老子說講：「其德乃普。」（54）

　　物有其精，乃成其真。精在同類的物中可以貫通，意義更為普遍和廣大；粗則相反，總是圓鑿方枘。人對於精的認識，尤其是經過思維和實踐的錘鍊之後的認識，稱為真理。真理與真不同，真理屬於名，真屬於實，真理只是真在人認識中的鏡像，可以有不同角度的多個，真卻唯一。從真可得真理，而具體一個真理，卻可能是摸象的盲人之一。

　　真理有兩個來源，一是從信而來，一是從不信而來。從信而來的真理，

錘鍊驗證不是必要的步驟。對於不信的人來說，這就是一種不可靠性。從不信而來的真理，錘鍊驗證是其可靠性的來源，這就將信轉到錘鍊驗證的方法上去了。在封閉的系統裡，方法可以自圓其說，保證真理的可靠性；但在開放的系統裡，這種對方法的信，實際上使此種真理與前一種從信而來的真理沒有本質上的差別。舉例來說，數學的完整公理體系，已經死亡的語言，網上的計算機語言等都是封閉的體系，而現實中的語言，是開放的，仍然有生命，就仍然有變化的可能。這是「真理總是在發展中」這個論斷，語言方面的原因。

從這不同的兩種來源而得到的真理，其內容範圍是不一樣的。道的所有可能性，都可能成為真理；而道的可能性只有微乎其微的部分流化為德如天德，地德，人德之類。從不信而來的真理，存在於後一部分。而從信而來的真理，存在於這兩部分中，包括更多的內容。從流化為德的後一部分來看，這不同的兩種來源而得到的真理都必然有精和信，可以通過錘鍊驗證的考驗。

人獲知真理因此有兩種途徑。一種是直覺的，從道之精出發，得到世界應該是什麼樣的。一種是從邏輯，從粗出發，擇取道路，跨過方法，感官，思維而達到其精，發現世界是什麼樣的。世界是一個，所以這兩者必然達到同一認識。在這種探索中，這兩種途徑有其此起彼伏，有這兩者的共同作用。這兩種途徑結成一個完整的循環的道路。不管是對哪一種真理的探索，不管是哪一條循環的路徑，這些不同的路徑，都必然有去往，有回歸，在回歸處相交於一點，而不是多點，多點就會產生紛爭。這一點，就在於人的吾，不在於我，不在於身，也不在於心。只有將與我，身和心相關的幹擾完全消除，才能產生真知，即排除名位，社會關係，情緒，慾望，和成心等幹擾。

人的德，存在於吾，不能認識自己的吾，所得總是有上述幹擾夾雜在裡面，而不能得到真知，也就不能用。教育能否成功，不是得到郢書燕說的結果，在於能否接觸到學生的吾。對求學者來說，學能否成功，在於吾的主動。教育的最終目的，不僅僅在於對已知的掌握，而更重要在於在未知的情形下，能夠隨機應變，及時而不失之。這種隨機應變的能力，只有吾作為驅動和主宰時，才能總是有所準備，在事到臨頭時，從善如流，無滯礙地執行。達到這種德，與吾平素的修養息息相關。

孔子說：「學而時習之，不亦說乎？」（《論語・學而》）這裡孔子所講，即是主動地對吾修養，吾發自直觀，檢驗所學，然後校正，反復這樣練習，就能得心應手。所以這句話的重點不在於學，而在於習，習使學成為

吾的一部分，不管在熟悉還是陌生的情形下，都可以不假思索地發出。熟能生巧，只有超出諳熟的程度，才能額外地從無到有地生出巧來，巧之生是吾的作用。熟練只在經驗的範圍內有效，不能「以應無窮」（《莊子・齊物論》）；以應無窮是吾的作用，巧在於吾，然後能夠超越經驗的範圍。這裡孔子所講的「悅」，不是喜悅愉快的意思，而是「服也」（《爾雅・釋詁》），此意如「悅耳」中的「悅」，耳並不能產生喜悅愉快的心理，所以這裡的悅是順服順暢的意思；又如孟子所講的「以德服人者，中心悅而誠服也」（《孟子・公孫醜上》），悅只是誠服，不是喜悅。學而時習的悅，是吾得其順暢服帖，不覺滯澀。如同射箭，從吾發出的用，吾根據射得的結果，對吾進行調節。這樣的調節由近及遠，始終返歸於吾，反復循環而深入，即得到德。這樣的德與人融為一體，在人不經意的舉手投足中，即包含在內，這是「德潤身」（《大學》）的意思。孔子「從心所欲，不踰矩」（《論語・為政》），即是此類深厚的修養。習，即是用。吾的用，越廣泛普遍，人的德性越深。

老子說：「不出戶知天下；不闚牖見天道。其出彌遠，其知彌少。」（47）老子之道，是使人直接認識到吾，直接在吾上下功夫，而不是像孔子那樣做層層深入的功夫。莊子的心齋坐忘，即是老子一類的功夫。而朱熹的格物致知，則接近孔子一路，朱熹也講回到吾，但與孔子相比，朱熹學術的重心明顯更偏向格物。格物而不能最終豁然開朗，即始終沒有得到吾。其次物從外來，而德只能自吾發出，這裡還有一個反的轉圜過程。最後，如老子所講：「天下神器，不可為也，為者敗之，執者失之。」（29）這裡包含著外物不可窮盡的意思，沒有吾做主持，格物沒有盡頭，積重難返，去而不返。這三者，即是莊子反對外立其德的原因。

人類社會，比自然界要複雜很多，吾在人類社會中的習和用，又有特別的問題。自然界的運行是一種天道，天道運而不積，順而不害，但人為的系統與此不同，存在著故意的倒行逆施。天道有常最終能夠推動人為的變化趨向，但人為系統有相當大程度的獨立性，甚至在某些方面可能超越天道，直接與道相往來。在人為的系統中，粗不能簡單地與精相對應，而隔著理這一層次。理即是人的認識和規定，理有精的根源，但不是精簡單的混合，不能還原為精；而在自然界，粗可以直接還原為精。所以老莊的道和德，不能直接用於人類社會，在應用時存在著枉則直的轉折。

在人類社會最簡單的情形下，就是兩個人。兩個人都有吾主持，則沒有

問題，因為吾歸於真，真是一致的，就自然達到仁，如莊子所講：「虎狼，仁也。」（《莊子·天運》）但兩人中一人失去吾或者兩人都失去吾，問題就複雜得多。兩人的問題，因此有可能是自然性的問題，也有可能是社會性的問題。老莊重視處理自然性的方面，而儒家則重視處理社會性的方面。社會是人為的，人為為偽，就與真相對。仁作為社會的最高準則，也是人為的規定，不是真，這就引出了是與非的對立。孟子以孺子入井來講仁，是頗有些取巧的，如果將其改為孺子遇狼，就顯出仁的人為性——對人的偏護。佛經中屍毘王割肉貿鴿，以飼餓虎的故事，即是對類似情形的思考。類似地，莊子欲薄葬，說：「在上為烏鳶食，在下為螻蟻食，奪彼與此，何其偏也！」（《莊子·列禦寇》）。因此社會的問題，不僅有與自然的問題一樣數量無限，還有人為規定的質的變化，這使得格物致知更加難以實現。

在現實社會中，是多人，以至於無窮人都喪失對吾的認識的情形。在這種情形中，就又有義，禮，刑和兵的引出。德對於這些範疇，並沒有直接的接觸，必須通過仁的層次來與之發生關係。德加入仁的規定性，就襲取了倫理道德的外殼。這樣的一種用，也有習，但是褊狹的，具體而特殊，不是普遍的。吾在這種情形下，處於人事之外，吾的最重要的用，即是一個參照，使人不至於迷失。而如何具體得到道德，就轉入孔子和孟子的學術範圍。例如，孔子的從心所慾不踰矩，換到現代就不再適用；複製孔子，以至於複製孔子時的理和秩序，都是荒謬的。但孔子如何達到他的時代的道德，不超前，也不滯後，而是成為「聖之時者」（《孟子·萬章下》）顯露出了他的吾之用，則至今仍有其重要意義。

二、德言

人道不如天道有常，人道能夠透過時間，得到積累，流傳和廣布，是語言的作用——人法天，在名空間創造與實空間對等的世界。老莊之道，可以呈現在幾乎每個現代人面前，這是任何其它工具所不能取代的。因此語言是用來指道最重要的一指，語言之用，也是道之用的重要部分。承載道的言，使人能夠循前人經驗，不必以有限生命去經歷無窮，稱為德言。

道不可道，即道無定言——道不可以以定言言之。道毋必毋固，有必之心者，只有封閉的智識，對於此外的世界，無所適從，視而不見，以至於違

心反對；固者不反對，也不能及時應變，也失道。道無定言無以為，以應無窮。（與孔子所說的「言必信，行必果」（《論語‧子路》）可以互參。）這與禪宗的不立文字和法無定法相通，佛法也無定言。莊子的「卮言日出，合以天倪」（《莊子‧寓言》）也是同樣的意思：道沖，卮言如道，日出而日新，盡極變幻而無窮盡。

莊子所用的重言，是定言，因為道雖變易而德有常：精，信和真都是有常的。「人而無以（憑籍於）先人，無人道也（不能盡人之道）；人而無人道，是之謂陳人。」（《莊子‧寓言》）陳人，郭象說：「直是陳久之人耳。」（王先謙《莊子集解‧寓言》）陳人即是現在的人，當沒有或不以以往為鑑時，如同人道之初的古人，這樣的人的言行如同試圖重新發明輪子。有常的道理，有人先我而言之，即是重言，重言的意義在於吾能用之。

重言是真在名的反映，承載了德，就成德言。有了德言，就使傳道成為了可能。在此之前，人亡道失；在此之後，薪盡火傳。高山仰止，能者從之，雖然不是人人可達，人們總知道有道在那裡。但德言仍然不是道，只是一種形器。德言提供的是傳道的一種可能性，而非必然性。德言可傳可受，道卻是可傳不可受。

《易‧象傳》有：「君子多識前言往行，以畜其德。」這裡的前言，即包括德言。但僅憑畜德不足以臻於道，這樣得來的德仍然只是小大之德，是有限的。德必然有「反」，才能環中無窮，這是由道決定的。道既是「反者道之動」（40），又是「周行而不殆」（25）的。道既是無盡流動的，又是「致虛極，守靜篤」（16）的極度靜止。《莊子‧齊物論》形像地說明了這兩者如何能夠合一：「彼是莫得其偶，謂之道樞。樞始得其環中，以應無窮。」莊子筆下的真人，「靜而與陰同德，動而與陽同波」（《莊子‧天道》），道之用即是這樣的「同波」，是動也還是靜。

《莊子‧齊物論》中有「朝三暮四」寓言：狙公給猴子七個茅，但將七分為朝三暮四或者朝四暮三，卻引出猴子怒和喜兩種不同的情緒。這種實際上相同──實同，而因言辭不同──名不同，引起的強烈反應，指的正是不離言詮，困於言詮的情形。這個寓言又可視為對德言與道的比喻。

天下為一，但道術卻為天下裂，也是這種「朝三暮四」的情形。只有意識到學術家派是一種名的藩籬，名所指的實中並無學派藩籬，超越藩籬，才能達到「唯達者知通為一」（同上）的境地。莊子的學說超越於眾家之上，得到了言外之意──實，相對立的學說在莊子學說中就可以互通無礙，莊子

稱這種情形為兩行。兩行認為相對立的學說可以各就其位各得其所，而不相互僭越傾軋。「聖人和之以是非」，（同上）並非試圖混淆是非，而是以真訂理，以實理名，將不同學說加以整理，定出它們間的畛畦。這樣做之所以可能是因為「是非」的問題在語言裡是判斷的終極，但在真的面前，算不上第一性的，仍然只能服從。兩個學說可以互指為非，但兩者卻可能皆為真，真在是非之上的權威地位，可以使兩者兩行。

兩行是處理名的方法，所謂處理不是將名拋掉，而是訂正我們的錯覺，還他一個本來面目。人們看到鏡花水月，能夠辨出幻影與真實的區別；名也如鏡和水，不應成為思維的障礙，而應成為可以憑籍的工具。辨認出何為名，透過名得到其實，才能進德。學術和知識是公器，是人類所共有的，這是無煩證明的。事實上，所有的術類識類，都屬公器。智慧是個人的，術和識並不直接給人以智慧，這之間仍有一個吾的接受的層次。《莊子・天道》借輪扁之口說：「斲輪，……得之於手而應於心，口不能言，有數存焉於其間。臣不能以喻臣之子，臣之子亦不能受之於臣」。具備識，但不等同於有智慧；具備術，但仍不得技巧；術和識可傳，智慧和技巧則不可受；食而不化的成語，伯樂之子相馬的故事即是此類的例子。智慧和技巧在於個人，個人的自心所得。邁克爾・波蘭尼（Michael Polanyi）注意到了這一點，將這種自心所得命名為「個人知識」。識是公器，就不是個人的；個人的獨特的所得，也不能稱為知識。在這裡波蘭尼也遇到了「言不可及」的困境，只能求助於言外之意，使之兩行。知識技術都是過去的，而智慧只能在未來之用中表現出來。過往的智慧，就化為知識技術。因此多識前言往行，通過吾，對新的情況發出的用，才是智慧之所存。

那麼將名嚴加分析規範，使其與實精確對應起來，各家在此基礎上，是否可能仍通為一？如果語言分析的方法是一種正確的方法，就不必有「和之以是非」這樣的悖論，或者只可意會不可言傳的混沌，得意就不必忘言。這一種可能性，就是語言分析哲學試圖探討的方法。但語言終究只是載體，而非道本身。塑造一個「精確的語言體系」，在理論上，因為名實的差異，而不可能。在具體實現上亦屬不可能，因為這等同於重新開天闢地化生萬物，只是這次以名代實。而萬物本來已經在那裡，重塑只是庸人自擾。這種方法又是建立在「語言是思維的唯一工具」這一假設之上的，將「是非」的判斷作為終極，用以代替真偽，這顯然容易流於虛妄。一般來說，即使語言分析是正確的方法，人類並未認識所有事物，名的體係就無法建立；人類也沒有

窮盡思維的奧秘，語法的澈底定型規範因此無從談起。如果這樣的語言體系最終得以建立，一切未知都只能是尚未言及，沒有給創造性和探索活動的存在留下任何餘地，這顯然是不現實反理性的。

三、德與社會

德在於我心，仁也在我心，兩者都是依據天地生物之道；所不同的是，德是對道對萬物而言的，其中包括了人，而仁僅僅是對人而言的。這就是說，仁是德的一部分，仁必定要建立在德的基礎之上，帶有德的性質和意味。

仁義禮是道和德向人道方向的推衍，仁義禮即是道和德的吾在人類社會中之用。這是中國文化所特有的，以儒家文化為代表。對人的教化，給人群添加人為的紋理，即成文化。只有人文（紋），不能教化人，只可以稱為文明，只有紋理這個軀殼。

老子據道而言德仁義禮，連貫而下，「失道而後德，失德而後仁，失仁而後義，失義而後禮。」（38）老子論此的目的是指出道之本有，應守；莊子則論的是道之非無，可得。兩人對道德的論述因此有所不同，這種不同是他們議論的角度不同。兩人對仁義禮的態度卻很近似，因為處於道的層次，仁義禮都屬人為的，是更狹隘的範疇。

莊子認為仁義禮，對於達到道，是可有可無的，漠無幹係的。因此採取的是排斥的態度，要人跳出人為的窠臼。而老子既然談到道的流失流變，就不得不將源流一體列出，一邊談自然規律，一面談我之應變。所以莊子雖然談可得，是有為，卻實際上是無為；而老子談無為，實際上卻將無不為的法門打開，使人容易得到其有為之術。打個比方來說，《老子》如同一張地圖，從源流開講，將種種歧路利弊分明地列出來，卻並非鼓勵人去亂走，後人因此得到種種旁門左道，其實已失老子本意。莊子則是指出萬流歸宗一途，其餘道路途徑則不再費心去談。

老子這張地圖，當然將莊子在內的諸子，一一註明，只是簡略不詳盡；將諸子學說放在老子的地圖上研究，其建樹流弊就一目了然，諸子可以補足老子只是概括提及的部分。所以李宗吾說：「老子的學說是總綱，諸子的是細目，……，卻不能出老子的範圍」。老子的這個總綱和這個範圍，就是道。莊子的學說在老子這張圖上處在核心。

　　老莊的道德框架從太初講起，茫然漫然，有無窮的可能性，正如條條大路通羅馬。而任何一種文化，必然只能選擇這些路中的一條。老莊只畫下了一幅地圖，而孔子則是踐道者，事實上的中國文化的引路人。孔子所取的路，不是宗教的，不是神啟示的路；也不是理論應然的——理想的路，只有真人才能走得通的路；而是實然的——從他所生所立足的地方，憑籍的參差不齊的人性之路。孔子對社會是引領，而不是統治。歷代的統治，「唐虞揖遜三杯酒，湯武徵誅一局棋」，皆可付於笑談中；而不能領人前行一步。而孔子的引領則如「高山仰止，景行行止。雖不能至，然心嚮往之」。中國文化在多次近乎中斷之後仍得以維繫，是以有孔子在的緣故。

　　從道家過渡到儒家的轉折點是仁。韓愈說：「博愛之謂仁，行而宜之之謂義，由是而之焉之謂道，足乎己而無待於外之謂德。仁與義為定名，道與德為虛位。……老子之所謂道德云者，去仁與義言之也，一人之私言也。」（《原道》）韓愈此言有一個基本的錯誤，就是將道德與仁義倒置了。但韓愈也說出了一個關鍵，即儒家是人群之學；道家是個人之學——實際上是適應於人類每個人之學。而人群之學也有個人之學在其中，並以其為基礎，韓愈沒有弄清這一點，他的仁義因此脫離人而成教條。道德不是到仁為止，在仁之下付之闕如，而是向下達於義和禮。所以將老莊的道德和韓愈所講的道德做一區分，就可知道，韓愈所講的是老莊道德在人的社會的映射，即「道與德為虛位」，韓愈這句話是成立的。

　　老莊的道德，是就個人而言的。而人群的基本元素是個人。所以老莊之道德更為基本，「道德不廢，安取仁義！性情不離，安用禮樂！」（《莊子·馬蹄》）但個人與人群是兩個不同的範疇。即使一個人群中，每一個人都如莊子筆下的至德之世的人（《莊子·馬蹄》，《胠篋》，《天地》），這個人群也有自己獨特的規律和範疇，不能用一個個的個人範疇累加而成，也不能簡化為道德。

　　老莊的道德延伸到人群中去，即至德之人隱於世，也需要做相應的變化。也就是說，在個人范疇與人群範疇的邊界，道德發生了枉則直，曲則全之後，才與人倫道德相接續。韓愈所講之道德，有老莊道德的一些意味，但又不能直接當作老莊道德來解。韓愈所講之道德，是孔孟的人倫道德。人倫道德和老莊道德可以看作是以我為鏡，將道和德的吾投射到他人，即人倫道德是老莊道德的倒影——「己達而達人」，「己所不欲，勿施於人」只有在這一情況下才能真正實現——不存在取消「一人」的仁義。而不是每個人都

可作為這一鏡子，只有內在有道和德的吾的建立的人，才能真正地達到仁，這個意味也包含在這個鏡子的比喻中了。人倫道德與老莊道德之所以相通，是一而非二，是因為老莊道德和孔孟道德都必然只能存在於一人之中，而不能外求，或者由外置入。仁是這兩種道德的分解和銜接處，即中。在仁這個轉折點，莊子的「休則虛，虛則實，實者倫矣。虛則靜，靜則動，動則得矣」（《莊子‧天道》）就轉變為子貢說的：「夫子溫、良、恭、儉、讓以得之。夫子之求之也，其諸異乎人之求之與？」（《論語‧學而》）

　　仁不是每個人都具有的，只有仁人的我可以為鏡（或尺度），其他人則不能。其他人，普通人可作為鏡，在人群之道的語境裡才能成立。《國語‧吳語》中有，伍子胥諫吳王，說：「王其盍（何）亦鑑於人，無鑑於水。」三國吳韋昭注此段說：「以人為鏡，見成敗。」（韋昭《國語注》）這裡的「成敗」，是在人群中的成敗之名，是社會名義的成敗；不是個人的成敗之實，不是道德的成敗。個人作為人的成敗，需要鑑於水，而不是鑑於人——如孟子的「雖千萬人，吾往矣」（《孟子‧公孫醜上》）和孔子的「不如鄉人之善者好之，其不善者惡之」（《論語‧子路》）。對於老莊來說，鑑於人並不難，所以他們能夠隱於世，就如披上衣服一樣簡單。而且老莊認為鑑於水更為基本而有常，成敗吉凶皆是緒餘土苴，並不在考慮之中，所以儒家認為人群成敗吉凶的關鍵「孝悌仁義，忠信貞廉，此皆自勉以役其德者也，不足多也」（《莊子‧天運》）。

　　孔子的仁，處於這樣的一個位置，就不談太初，而是取其正中。孔子說：「中庸之為德也，其至矣乎！民鮮久矣。」（《論語‧雍也》）《中庸章句》解此句頗為明白：「子程子曰：『不偏之謂中，不易之謂庸。中者，天下之正道，庸者，天下之定理。』」一些庸俗觀點認為，中庸等同於折衷主義，但並非如此，中庸與折衷的區別類似於不為與無能。孔子所謂中，是他思想所及的廣大領域的中，與目光局限於一隅的中立折中是兩回事。「君子尊德性而道問學，致廣大而盡精微，極高明而道中庸」（《中庸》），有道德，有廣大精微，有極高明，然後才有中庸。《中庸》第一節就講得很明白，「中也者，天下之大本也；和也者，天下之達道也。致中和，天地位焉，萬物育焉。」中是就天道和性命這樣的廣大背景而言的，而不是瑣事小德的「中」，鄉愿，或者騎牆。廣大領域的「中」與一隅的「中」，最大的區別就在於其常。也就是說，無限多的小「中」都是或多或少偏離了大道，其偏頗因為互相抵消而毫無意義。而廣大領域的「大中」，因為儘管所處的

時代或社會背景不同，但人們仍然反復意識到它的存在，因此有其常。孔子的學說，如果沒有其「常」，就會像很多學說一樣在歷史中湮滅掉，因為人們不再與其內容發生共鳴。這個常由孔子的德而來，《論語》彰顯孔子德行，是一種「立德」，而不是「立言」。「知其不可而為之」（《論語‧憲問》）與「鄉原，德之賊也」的區別就是「大中」與「小中」的區別。孔子根據的就是「大中」的有常，「君子和而不流，強哉矯！中立而不倚，強哉矯！」（《中庸》），雖然不能得意與當時，卻為後世立下了常德。

韓愈沒有得到中的意味，將仁義轉置於道德之上，就導致了此後儒家以至於整個中國文化對外物以及兵的地位的錯誤認識，和對外物的探索的輕視。近代西方工業文明對中國文化的最大啟示就是，吾的外物之用，並不是仁義禮的附屬物，而有更重要的地位。從吾看來，人道只是吾之用的一個領域，而其他所有外物也都各自成為吾之用的一個領域。在獨尊儒術之前，這些領域在中國文化中，與儒家地位相仿而略不重要。在匡廓圖中，這些領域都歸於外德部分。西方人在外德文化中，在富國強兵重商的功利主義下，能夠取得的成就，使中國人對外德的權衡發生了變化。

孔子以仁為宗旨，不上及於道德，可能原因有三。原因之一是他對老子的學說有不足之感。老子結構中雖有義和禮，道家卻沒有充實這兩個層次的具體內容，這是道家的欠缺。孔子的教育理想是改變整個社會，必然要下及於義和禮，所以不能滿意於道家的學術。而孔子這一理想是道家認為不可能實現的一個任務，隱者晨門即說孔子「是知其不可而為之者」。（《論語‧憲問》）值得注意的是，《論語》中的幾個隱者，多是學術觀點鮮明，甚至不容別人分說的形象，與孔子問禮中老子超脫的態度很不相同。既然與道家不能志同道合，不能得其助力，孔子只好自己去另闢蹊徑。仁是孔子與道家源流的分歧點，也就自然而然成了儒家的起點。對老子所說的仁的不足，孔子顯然秉著一種「和而不同」的態度，嘆惋而非反對，所以《論語‧微子》中有，「夫子憮然曰：『鳥獸不可與同群，吾非斯人之徒與而誰與？』」孔子這一態度，與後世儒家很不同。孔子「和而不同」，是由他的自信而來；後世儒家反對釋道，則為的是怯疑自安，遠不及孔子自信。

孔子以仁為基礎的另一稍微次要的原因是受教化對象所限制。孔子誨人不倦，有教無類，對弟子材質不加選擇，而又能因材施教，這只有精通教之道和學之道才能做到。孔子也知道，「中人以上，可以語上也；中人以下，不可以語上也。」（《論語‧雍也》）孔子教學取下學上達為途徑，始於禮

而選擇終於仁，大概也出於這種對教與學的現實考量。孔子對大眾弟子不講或少講的性與天道，利，怪力亂神，大多是道和德層次的東西。但對顏淵，大概限制並不那麼多，顏淵既「聞一知十」又「不違如愚」，應只有在這些根本性問題上與孔子默然相契才有可能，可惜《論語》中並沒有什麼實例來證明這一點。對於顏淵以下的弟子來說，仁已經是很難理解的一個層次，這從孔子與弟子關於仁的問答中很明白地表現出來了──明達如子貢，忠直如子路，實際的衣缽繼承人曾參都沒能明瞭如何才是仁。

　　最後，也許是最重要的一個原因是，在老子結構中，「仁」確實是比之其他層次更為重要的一個樞紐。對仁的態度，是出世入世的一個三叉路口，這已說明了一些問題。如果說神與人間存在的隔漠是一種天塹，那麼自然與人類社會之間的隔漠可以稱為鴻溝。在中國學術裡，這個鴻溝就是道儒之分。這個鴻溝在老子的層次結構中處在「仁」這一層次。老子所說的仁，就是孔子的仁，但道家下及到了仁，所見之處無一可取；而仁是儒家的源頭，對應於至善的修養；兩者可謂涇渭分明。孔子選擇仁作為源頭，必定有鑑於這個天然的鴻溝，注意到此中的斷裂與新生。自然人與社會人在「仁」處分開，或者說，自然人在「仁」開始異化為社會人。人類社會必須有「仁」，才能與生物區別。這種社會人的生成，有如人的新生──從這個意義上說，「天不生仲尼，萬古如長夜」，是頗有道理的。

四、德與身

　　在中國文化傳統中，道德最為重要。而對每個人來說，身是人生的根本，是人最大的價值。孟子說：「所欲有甚於生者。」（《孟子·盡心上》）那麼這個「所欲」是什麼呢？可以從身的角度討論中國文化中對外物重要性的權衡。

　　在傳統中國文化中，道德是唯一正當地可以以身殉之的，無論是道家的道德，還是道德在儒家的倒影。老莊道家，與重道相比，對身並不那麼重視。對老莊來說，在與道逍遙遊時，身即成為一種患和累贅。莊子體德，首重內德。在莊子時代，生有殘疾的人地位微賤，與因肉刑而肢體殘毀的罪徒相仿，而《莊子》中屢屢提及推崇此種得道者，這是莊子故意而為，以內德淩駕於身體之德之上。從人道主義的角度來說，莊子講究的此種人道，即使

在今日世界，也超脫流俗。儒家以人道為己任，孔子和孟子均有「殺身成仁」，「舍生取義」的言論。

除道德之外，任何以身相殉，都是道家和儒家反對的，這兩家的意見構成中國文化對此問題的主流觀點。墨子重外德，雖然他的所為為人景仰而難及，但在中國文化的塑造中，作用極微。而楊朱重身，或者只是出於對墨家的反對，也連帶著反對儒家的忠君。孔孟認為「始作俑者（以人偶陪葬），其無後乎」（《孟子‧梁惠王上》），與楊朱所講，實際上並無抵牾。而楊朱對墨家和儒家的反對，在兩千餘年之後看來，是頗有先見之明的。

人的吾或說自性，因其自生，所以有更大的自由。這個自由表現為對心之用，思維之用，感官之用，身之用的驅動，而不是被這些所驅動。能夠達到「吾喪我」的境界，即能夠自由地實現人之用，這樣的用，無為不輕用，而用則得到人生完整。如孔子所言：「如有用我者，吾其為東周乎？」（《論語‧陽貨》）孔子心中常存這樣的用，不能用則藏，明白這一點，就可以理解孔子周遊時言行。

道家的以身殉道，本乎自然，不認為是夭折，而是得其全生。道家認為人生如寄，「其生也天行，其死也物化」。（《莊子‧天道》）莊子喪妻，自我開解之後鼓盆而歌，即是：「察其始而本無生，非徒無生也，而本無形，非徒無形也，而本無氣。……，形變而有生，今又變而之死，是相與為春秋冬夏四時行也。」（《莊子‧至樂》）這與靈魂託付於神，或者僅憑生物本能的遺忘不同，是排遣死亡苦痛的理性方法。

道家的殉道是隱淪的，而儒家的殉道多是顯揚的。從中國歷史上看，道家殉道者少，隱士不知所終；儒家殉道者多，多是赴國難。從《史記》開始，隱士即是士林所公認的第一流人物，如泰伯，伯夷，叔齊，嚴光，陶淵明等；而不成功則成仁者，緊隨其後，受人敬仰，如諸葛亮，岳飛，文天祥等。這樣的排名，是按照他們所彰顯的道德的常，久，和廣相較而來的。這些人之所以能夠迴異尋常，是因為他們的人生是完整的，性命和用是藝術性的。

《莊子‧秋水》有，「以道觀之，物無貴賤；以物觀之，自貴而相賤；以俗觀之，貴賤不在己。」以俗觀之，價值就是權勢名利等，可以稱為「俗價值」。老莊孔孟都認為，身比「俗價值」更重要，即人的性命的完整勝於在社會的成功。孔孟學術所根據的人道，貫穿一切社會，自然就看輕在一時社會中的「俗價值」，而要為後世留下準則。這樣的準則能夠成立，必須是符合普遍人性和真正人道的，即人性的德。孔孟試圖並成功建立的正是這樣

的準則，仁和義。老莊認為以身殉仁義，不符合道的行之而「成」：自身殉仁義，會使仁義成為他人的畏途；鼓勵他人殉仁義，是以名利誘惑他人。所以老莊既反對仁義，也反對「俗價值」，而主張無為與相忘。上述中國人認為的第一流人物，是道家的；其次是儒家的，此下的成功者，才是「俗價值」者。道家和儒家價值觀即是以這一形式深刻影響著中國文化。

　　中國歷史留下的寶貴遺產，不在於事，而在於人，以道觀之和以身觀之的人價值。司馬遷是當之無愧的史學名家，他的《史記》採取紀傳體，即是認識到了，人生的藝術性才是能夠真正傳之後人的。而史實相較而言，只是次要的。司馬遷自雲：「明天人之際，通古今之變」。所謂天人之際，即是人類心能達的所有空間範圍。這一空間即包括心的所有可能性。「明」天人之際，意味著心之自由，即心在此所有空間範圍可以逍遙遊。心之自由，只有在「與物反矣」（65）的時候，才有顯現，其他的時候則是潛藏著的。心「與物反矣」的顯現是新的，無中生有的，藝術性的──人生的藝術即由此而來。不是所有的「與物反矣」，都是藝術的，有些是新穎的，無中生有的，但不是藝術性的。這其中的差別在於，心「與物反矣」，心在先，然後有對物的否定；而不是物在先，然後有對其否定──前者不是沿著物的是非而發出的，而是超越物的是非，在另一維度上的發展，否定只是其副產品，因此與為否定而否定相區別。「行成於思而毀於隨」（韓愈《進學解》），為否定而否定，也是一種隨，仍陷於先前的物，不能超越，魏晉名士的放曠，多如此類。

　　《繫辭上》說：「化而裁之謂之變。」化是連續的，有如道，其連續性有不可致詰之精微，因此不可分。而變則是分立的，有如德，是階段性的，是人對其的裁斷。古今之化的實是連續的，而人則以名斷代為史──變可傳，化只能意會。化在言之外，唯有達者能識其真。化之不可窮詰，其根本原因在於道是不可用隔離的方法研究的。正如本書前面所講，這樣的隔離只能得到圓轉的道的一段，而道是普遍聯繫，一環扣一環的，不能肢解地理解。知徹為德，德即得其全部，否則即失德，什麼都不會得到──「道固不小行，德固不小識。小識傷德，小行傷道。」（《莊子・繕性》）通變，即是得到環環相扣的整個圖景，而不是知變；只知一變，就完全誤解了歷史。自然過程也是如此，物理中有測不准原理，這個原理所描述的即是變，而不是化──測量總是隔斷的，而被測物本身應按照化運行的。

　　司馬遷將具藝術人生的人寫下來，目的是使人生藝術流傳。創造了歷

史的人物，他們對道德的探索，不是用任何其他藝術形式，而是用人生展示出來的；是身教而非言傳。不能理解欣賞人的藝術的史學家，寫下的歷史只是無聊的數據，應該拋棄的賬簿故紙。不能理解欣賞人生的藝術的讀者，也完全不能理解歷史。以《史記・刺客列傳》為例，這一列傳中人物的行為，多不可取，但這些人的心吾能夠自由用身的程度，才是貫穿這些人的故事的線索。這些人中，荊軻最為奪目。荊軻不肯輕用其身，而當用之時的決絕，此中表現出的吾之用的自由程度，不愧「其人雖已沒，千載有餘情」之稱。（陶淵明《詠荊軻》）陶淵明是道家隱士一流的人物，他做出這樣的詩，其中意蘊頗值得玩味。錢穆析《管晏列傳》，有類似的觀點：「《管晏列傳》有關齊國大事均略，而獨敘管晏二人遺聞秩事三數節，非以詳其事，乃以見其人。」（錢穆《現代中國學術論衡》，北京：生活・讀書・新知三聯書店，2001年，第101頁）

中國文化與西方文化最大的不同在於中國人對人生藝術的掌握。人能夠真正地用自性來驅動我，驅動身，才能用人生創造出藝術。偉大的歷史人物所展示的藝術，是他們對人道的前所未有的探索和理解，並因此生出來的用——他們在創造了自己，並塑造了人性。他們並非為了彰顯給後人看，但後人從不可盡數的歷史人物中，總是能夠發現他們，並傳頌他們的人生，這是因為他們為人性打開了眼界和境界。

五、德與外得

外得是無限的，人不可能從對外部世界，對外物的擁有，而達到完全。對外物的追求，永無止境，不可能達到盡頭。外立其德，是莊子批評惠施，並為之惋惜的原因。中國文化不認為因為追求財富，名聲，知識，和刺激而喪失生命是浪漫的。西方的海盜，歷險，和追求知識的故事，在中國文化中，與剖腹藏珠沒有本質的區別。這些人不能得到完整的人生，也對人性的未來毫無貢獻，只是為人類增添了更多的感官和思維上的刺激。但布魯諾（Giovanni Bruno）之死，不能歸於此類。布魯諾與其說是為科學和真理而獻身，不如說是為了信仰自由和意志自由的權利而獻身。布魯諾之死的原因在於反對「教會的凱撒化」。（錢穆語）這種身之用，與中國文化中的相應部分是一致的。

　　西方現代文化對於清末民國初的中國人來說是嶄新的，但嶄新與截然不同是兩回事。中國人震驚於外得所能達到的科學和社會文化成就，不明白中國文化之臻於此只是早遲的差異，就產生了西方文化與中國文化完全不同，不相容，只能非此即彼的誤解。中國人對西方文化難以會心，不是因為中國文化是一種負擔，而恰恰相反，對傳統文化的盲目反對和對道家思想不能理解是重要原因。道家雖不外立其德，但道家人物因為吾的自由，對外物之操縱能夠曲盡其妙，這正是工業文明發展的必要基礎。

　　與中國人能夠接受西方文化相比，西方文化很難理解中國文化。這即是在說，中國人能夠「觀察和歸納得到」西方文化的要素，而西方人難以「觀察和歸納得到」中國文化的要素。西方人對複雜的社會學的研究，尤其暴露了西方文化的缺陷。舉例來說，愛德華・威爾遜說：「社會生物學家研究人時，好像把望遠鏡倒過來看那樣，把距離放得比平時遠，有時也會暫時把形體大小的因素拋棄不顧，以便能同時將人和其他社會實驗一視同仁。他們企圖在地球上諸物種的目錄表中給人類安插一個適當的位置。他們同意盧梭（Rousseau）的看法，那就是：『一個人有必要看看近在手邊的東西以便籍此研究人，但是要研究人的話，卻需自遠處著眼。』」（《人性是什麼？——人類本性》，Edward O. Wilson（愛德華・魏爾生）著，宋文裡譯，心理出版社有限公司，臺北，1984）愛德華・威爾遜所說的，是「科學的」研究社會學的方法，是客觀的方法。但這種方法不是正確的方法。當人們研究一個機器所產生的數據時，必須清楚知道機器的完整的運行規則，才能知道數據的含義。以人為機器時，得到的是歷史記載和社會現象，在不能完全地理解那個時代的人的時候，不可能理解這些數據的真實含義。也就是說，研究者必須設身處地，像被研究者那樣去感受，去思維，去行動，才能理解歷史和社會的數據。用個比喻來說，「春江水暖鴨先知」，不管研究者如何睿智，鴨子如何沒有智慧，能夠真正理解何謂「水暖」的一定是鴨子。

　　將對這個例子的分析推衍到一般的科學研究，就可知道，科學雖然可以盡可能地達到客觀，但純粹的客觀是不存在的，科學永遠是人類的科學，是按照人這個機器運行規則整理之後的學，是受人這個機器限制的學。對科學的真正理解，必然從對人這一機器的理解達到，也就是說，不能忽略對科學家的理解這一層次。偉大的科學家，正如道家所講，追求的是「萬物無足以鐃心之靜」，只有這樣才能真正地客觀反映外部世界。沒有這樣的科學家，也就沒有科學的可靠性，科學史上的很多曲折正是由於這原因而發生

的。科學未來的發展依賴於科學家內心的修養的發展，而往往不是過去的發現所決定的。正如海森堡（Werner Heisenberg）所言：「……這個世界的外表圖像在不斷變化，……。在這樣的時代，人們不會想到精神世界所起的變化。……雖然如此，……人類思想和願望的緩慢變化，其重要性不亞於那些一次發生的重大事件。而如果在任何一個精神領域裡逐漸完成了一個永久而澈底的變化，那麼這個變化，對於將來在整個範圍內認識這個世界，也有它的重要意義。……所以我要講的，正是自然科學世界圖像的這種統一性。」（「自然科學世界圖像的統一性」演講，1941年11月26日，萊比錫大學。）海森堡並不是唯一這樣想的人，如巴特菲爾德回顧科學史，也得到了類似的結論：「我們會發現無論是在天體物理學還是地球物理學中，變化都不是首先由新的觀察或附加證據引起的，而是由科學家自己的頭腦中發生著的轉變帶來的。」《近代科學的起源：1300-1800年》[美]赫伯特・巴特菲爾德（Herbert Butterfield），張麗萍，郭貴春等譯，華夏出版社，1988）他們所指出的，正是人為的，主觀的，完全脫離證據的直覺的尋找──這是科學發展的必不可少的因素。而這也正是科學起源的內部原因。

　　人類的工業成就，也不是自然的，而是人為的。正如蓋莫夫（George Gamow）曾舉的一個例子。這個例子說，如果將能夠組裝成一家飛機的所有零件堆在一起，憑自然的颶風組裝，在概率學上講，是有可能造出一架飛機的，但這幾乎需要億萬年，才有可能發生。而在現實中，飛機組裝只需以月日計的時間。工業文明的飛速發展，如果沒有對人的理解，就不可能得到解釋。

　　科學對人的依賴性，其根本原因在於，純粹客觀或者「萬物無足以鐃心之靜」，都是靈臺之作用，而靈臺者有持，所持者即是不可言說的道，而道有精，有信。對「靈臺者有持」這一層次的認識，「如有所立」（《論語・子罕》），是中國文化所獨有的，為西方文化所無──「天下皆知有物，所以失己也。不知有己，所以失己也。而德人知之，於是內觀無是，外觀無彼。」（秦觀《俞紫芝字序》）

　　古代中國是否存在哲學，中國文化能否發展出現代科學，至今仍不時有爭議。這兩個問題是名層次的問題，這些問題在實的層次並不存在。從名的意義上講，哲學或科學的內涵和外延，仍在變動；從實的意義上講，不存在純粹的哲學或科學的範疇，其邊界無法澈底劃定──爭議往往因為這兩個方面的新認識而起。這種爭議的一個潛台詞是這兩種學科有其用，沒有這兩

者的文化是跛腳的，而中國在近代史上的步履蹣跚，給了這種爭議以機會，否則此類爭議無從發起。也就是說，這種爭議帶有時代性，是勢利和意氣之爭，不可能得到有恆的，有意義的結論。

　　有觀點認為，中國文化缺乏邏輯和實證，所以對這兩個問題的回答都應是否定的。這類觀點實屬無稽之談，任何略具規模的文明，沒有對邏輯和實證的熟練運用而得以建立，是不可想像的。而邏輯和實證在一個文化中是否成為獨立的學科，則是另一個問題，這個問題本身又有邏輯和實證能否和應否成為獨立學科的問題。邏輯是名義的，實證為名實的結合提供了橋樑。但實從何而來，實是否有不可名的部分，是否有不可實證之實，這些問題又超出邏輯和實證的範圍。但這些問題是現實的，無法迴避，所以有實用主義的興起。也就是說，在關於邏輯和實證的理論不清晰的情況下，人們仍能夠解決實際問題，前科學文明如此，後科學文明也會如此。事實上，邏輯和實證的重要性是科學發展之後的才得到的後見之明。

　　中國古代文化中，一切皆離不開人參與其中，這種情形使關於世界，自然，名實，本體論，以至於科學，在中國都不能專門地獨立出來，只能散見於關於人的思想和著作中。這不是說中國文化沒有哲學或科學，而是中國人一開始就看到了此類學科與其他學科，正如人的五臟六腑，只有在一個整體中才具生命力。而莊子問道：「百骸、九竅、六藏，賅而存焉，吾誰與為親？」（《莊子·齊物論》）人需要有氧氣和水才能生存，但這兩者不具有從屬關係，類似地，邏輯和實證也不能使人的生活的其他層面處於從屬地位，而只是其一而已。不清楚五臟如何運行的人，照樣可以生存，這樣的生存是實用的。從這個意義上說，中國人是實用主義的鼻祖。

　　中國文化中的道德，也是在理論上極為難明的。不能因不明道德，或不達道德，就停止生活──「道行之而成」。所以中國的古代實用主義與現代西方的實用主義有類似的背景。老子說：「絕聖棄智，民利百倍；絕仁棄義，民複孝慈；絕巧棄利，盜賊無有。此三者以為文不足。故令有所屬：見素抱樸，少私寡欲。」（19）此句中「為文」，即是為人文，使人類社會有個人類社會生活的樣子。絕對的「絕聖棄智」，在理論上固然可以解決問題，但在實用上卻「以為文不足」，所以只能儘量地「見素抱樸，少私寡欲」。這顯然是實用主義的。而儒家自孔子始，即重視「知行合一」，而孔子的「行有餘力，則以學文」（《論語·學而》），這意味著，行是學的目的，又是學的基礎之一。孔子說：「吾十有五而志於學，三十而立，四十而

不惑，五十而知天命，六十而耳順，七十而從心所欲，不踰矩。」（《論語・為政》）孔子如此自述，正是教人以知行漸次合一的道理和經驗。

六、德與術

中國文化自老子開始就注重整體性，所以不主張分科之學。中國文化中的學，在知的意義上，稱為學問；在行的意義上，稱為學術，如莊子所講的道術，孟子所講的仁術。所謂術（術），從行從術，本意是指道路。《說文》中說術是，「邑中道也」，就是城鎮中的道路的意思，帶有人為的意思在裡面。三國時期的袁術這個術字就是取其路的意思，袁術字公路，術就是路，另外大概有點兒天下為公的意思。術這種路是人的路，有人才有術，與人無關就不成為術，這層意思是從「邑中道也」引申出來的，術是人之路。道是兩達的，術也是有達才能稱為術，所以術即有人行於道的意思。不能兩達，即不能稱為術。

術是一種外得，與內德得到大道相比，術之得是小道。凡是與術有關的，諸如學術，藝術，醫術，方術，和武術等等都屬於術類，都是外得。術類的東西，都是從得而來的，不是從德而來，不是從人與道的關係而來。所以術可學習而得，內德和道卻不能師徒相授。就像德有大小，術有巧拙，全德的極致合於天，術的極致進於道。

引申之後的術與藝的意思相近，但是更側重於整體性，不是一種藝，而是一整套的藝的實行，這就是通俗講的術的意思。藝可獨立存在，在封閉的情形下存在，但術總是在開放的情形下，成功地實行才稱為術。一個人可以有術無藝，但有藝無術卻不能盡其用。《莊子・田子方》中有，「列禦寇為伯昏無人射，……，猶象（像，如石像）人也。伯昏無人曰：『是射之射，非不射之射也。嘗與汝登高山，履危石，臨百仞之淵，若能射乎？』……禦寇伏地，汗流至踵。」列禦寇的射，是一種藝，在實戰中，則未必能用，所以未成射之術——手熟而身心不能隨之，沒有達到吾的渾然為一。

藝又可分為技，藝與技的關係，與術與藝的關係相似，藝是一整套的技組合綜合而成的。藝在我，我有諸技，合之而成一藝。如，六藝，手藝，園藝，武藝，都是在身才能言藝。一人可多才多藝。同樣的一套技，在不同人掌握之後，藝是不同的，與人有關：在掌握同種藝的人中，有人可以有一

技之長。《論語・雍也》有：「季康子問：……『求也，可使從政也與？』曰：『求也藝，於從政乎何有（何難）？』」這裡的藝，即是多技。孔子又說：「吾不試，故藝」（《論語・子罕》），也是多技，不專於一技的意思。

技是人最直接與物接觸，並處理之的方法，是專門的，不可再分的。技既與人有關，又與物有關。一種技不適用在一物之上，則技無所施；但別的技卻可能適用。在處理技適用的物的時候，技的高下，因人而定：運用之妙，在於一心。《莊子》中庖丁，匠石等都屬此類，所描述的是人的極致。但技的極致，即是達到與物性一致，而不能超越之。也就是說物的德，是技的最終制約。《莊子・達生》中，在呂梁瀑布中蹈水者說：「從水之道而不為私（無我）焉。」即是此類，完全順物而無我。「公輸子削竹木以為鵲，成而飛之，三日不下，公輸子自以為至巧。子墨子謂公輸子曰：『子之為鵲也，不如匠之為車轄。須臾劉三寸之木，而任五十石之重。故所為功，利於人謂之巧，不利於人謂之拙。』」（《墨子・魯問》）公輸盤的技雖然高明，但不管幾日，木鵲必有落地之時，這是物性決定技的極致。而墨子對他的批評，則是從術的角度，說這種雕蟲小技雖無限，但無處可達。墨子這個批評與莊子批評「屠龍」（《莊子・列禦寇》）之技，意思相類。

可以用養生術為例，將術，藝，技，和物連貫起來說明。術必須達，有結果，才能稱為術。也就是說，養生術，只有高壽的人才真正通曉。養生是根據生物的理，但養生術不是生物之理所決定的，而是由人決定的，即如何無犯物而得長生。正如《莊子・達生》篇第一段所講，「養形必先之以物，物有餘而形不養者有之矣。」（《莊子・達生》）與物不相傷之後，仍有人自己造成的傷生，所以此篇在第二段接著說：「用志不分，乃凝於神」，和「善養生者，若牧羊然，視其後者而鞭之」。這兩者都是講衛生之藝，這兩種藝都是術的一部分，但是屬於對自我的把持，不與物直接相關，所以不是技。緊接著，在第三段又講了「痀僂丈人承蜩」的寓言，這是人與物相接之技。與《養生主》中庖丁不傷刀是養生，承蜩也是進於道的技，也與養生通。此篇第四段則講「津人操舟若神」，因為深通水性而無我的「善遊者數能（操舟）」，這段的意義與呂梁瀑布中蹈水者的寓言相同。這四段將術，藝，技，和物連貫而講，此篇後面都是發揮這四段話的個例。

完全順乎物性，則得到科學認識。錢穆從人與物的直接接觸處看，說：「科學偏向外，藝術偏向內。科學偏重物，藝術偏重心。科學僅為人生一

工具，而藝術則為人生之本體。」（錢穆《現代中國學術論衡》，北京：生活・讀書・新知三聯書店，2001年，第231頁）對科學的認識，可以使人的技達到精巧的極限。但這樣的認識是外立其德，並不能上升到藝或術，不會使人得到自己，知行有了，卻不成，反容易失去自己。致知，用格物的方法確乎可以實現。但反過來說格物就一定可以致知，就出問題了——知在我，不在物。格物是否是致知的唯一方法，知識的唯一來源，全部知識的來源，是格物致知方法致命的問題。「工欲善其事，必先利其器」，但有「利器」，不能保證就可以把事做好。知識不等同於智慧；知識在過去得到證明，在以前已有的情形下，表現出其用；而智慧只能在前所未有的情形下，才能表現出來。如果科學能夠直接導致藝和術，大學問家，百科全書派，機器人就自然成為聖人了。事實並非如此，這是顯而易見的。

哲學是愛智，而愛智的主體，只能是人。人愛智，而得到的思維的藝，即是哲學。哲學必然有人參與其中，比科學的範疇更為廣大，而不是被科學所包含。科學的客觀性，就已經意味著任何人的參與都在科學之外；而哲學的對象不僅包括科學，也包括科學家。物理本身存在在那裡，已經寫就了無字天書；將其轉變為科學，所寫成的是人書，是從人這個機器所能理解的角度，對天書的裁剪和拼合。所以科學不能脫離人，這是哲學包括科學的根本原因。物之理沒有錯誤，科學則可能有，這是因為人的參與。科學的唯物主義，因此實際上是主觀的唯物主義。物之理，需科學；物之真，卻需哲學家思想家，所以哲學的本質，不是知，而是得真之智慧。

要明瞭科學，必須注意相同與相通的區別。科學是關於相同的學問，要求完全相同；而哲學則是類從相通的學問。在一個很流行的牛頓的逸事裡，牛頓為自己的貓和狗在門上開了一大一小兩個洞。但這個故事的啟示並不像流行的說法那樣：聰明的科學家如牛頓也有愚蠢的時候。這個故事其實揭示了牛頓對相同和相通的敏感。這個故事是真與否，並不重要。但是這裏描寫的科學思維和意義是真實的：對貓來說，這種相同是有意義的，小洞可能能使它擺脫狗的追逐，因此牛頓的相同是順物之情的。

術不屬於科學。建築師，藝術家，作曲家，文學家，詩人的作品不屬於科學。髮型，時尚，菜式，以至於星象占卜或五行八卦易數也都毫無疑義不屬於科學。星象占卜或五行八卦易數與其討論的對象有聯繫，但這種聯繫是散漫微薄，無限複雜的，而絕不可能是相同的。這些對未來的預測是建立在規律相通的基礎上的。星象占卜或五行八卦易數的成功之處在於注意到規律

的普遍性，因此利用事物發展的相似性，有時可以提供相當準確的參考，但不可能是絕對準確的。這些方法有自身存在的基礎，它們不是迷信，也不是科學。這些方法不必用科學粉飾，也不是偽科學。只有打著科學招牌的不屬於科學範疇的，才能稱為偽科學。人與生物的生老病死，事物的盛極必衰，是常識，不是科學。將凡是行之有效的規律和經驗都稱為科學是愚蠢的行為，於科學無補。

人性的邊界是開放的，這就決定了哲學必須既能夠處理封閉性的問題，又能夠處理開放性的問題，而因為後者哲學才有存在的意義。百科全書包括了封閉性的，答案唯一的問題，所以百科全書都是類似的，甚至是一樣的。而哲學書則各不相同，而貴在不同，這是因為哲學即是一種藝術。將哲學轉置於科學之下，就會導致哲學的死亡；就像藝術一樣。科學所信奉的權威，是自然本身，不需要哲學；只有科學家才需要哲學。哲學家對何謂哲學問題的釐清和捍衛，是哲學家的職責。開放性的問題，不應以封閉性的方式回答或處理。違反了這一原則，意味著「人能遊」的，不允許人去遊，因此導致人道的損失。而違反了這一原則，哲學也隨之死亡，近代西方所謂的「上帝死了」，即是此類結果之一。之所以說是人道的損失，是因為，將開放性問題以封閉性的方式處理，就會使人失去問出問題，發出疑問的能力，而這正是人類社會的希望之所在。在這樣的情形下，科學也無處可去。哲學的歷史，人類的歷史，都是指向人能遊而得完整的人這一方向。宗教和科學對哲學的開放性問題的回答，都是答案的一種，而不是絕對的。值得注意的是，神並不給人回答，宗教才給人回答。科學與宗教存在著衝突，而完全不能觸及神。

在中國古代文化中，哲學和科學不是獨立的，而都只是術的一部分：科學思維屬於技，哲學思維屬於藝。中國學術不僅僅是學，而首先是術。中國學術因為有術，所以貼近於人們日常的生活，「道也者，不可須臾離也，可離非道也。」（《中庸》），「（道）不離乎日用之間也」（朱熹《論語集注》），本土化的禪宗也有「搬柴運水，無非是禪」（唐百丈禪師語），這與西方學術的趨向頗為不同。從匡廓圖出發，術就如同圓珠走盤，雖然豎直橫斜不可必，但不能出於盤中。哲學和科學的起源，發展，和運行的慣性，也盡在其中，可以尋根而執源。

第十六章　莊子逍遙遊

　　《莊子·天下》篇歷來受到道家研究者的重視，這一篇顯然出於道家後學之手，但這個後學是道家中的佼佼者，與老子一樣令人遺憾地隱於無名。《天下》篇說：「莊周，……以謬悠之說，荒唐之言，無端崖之辭，時恣縱而不儻，不以觭見之也。以天下為沈濁，不可與莊語，以卮言為曼衍，以重言為真，以寓言為廣。獨與天地精神往來，而不敖倪於萬物，不譴是非，以與世俗處。其書雖瑰瑋，而連犿無傷也。其辭雖參差而諔詭可觀。彼其充實不可以已，上與造物者遊，而下與外死生、無終始者為友。其於本也，弘大而辟，深閎而肆；其於宗也，可謂調適而上遂者矣。雖然，其應於化而解於物也，其理不竭，其來不蛻，芒乎昧乎，未之盡者」。歷來對《莊子》的評價，無出此段之右者。

　　現試譯如下：莊周，……用似乎有悖於人情常見的話語，誇大空洞的言談，蔓延不知其邊際的辭藻，每每縱放不羈無所偏私，不以斷言的方式顯示觀點。他認為天下人深陷蒙昧，無法與他們以莊正之論交談。（因此，莊周）用屬類比興，意散神凝的卮言連綿鋪陳；用引用（常人所信服的）聖哲的話語為證言，用假託的寓言（中蘊含之道理）統攝廣泛的萬物。他獨自跟天地的「精」和「神」來往，卻不鄙棄萬物（無棄物），不追責是非而與世俗貌合而混同。他的書偉異卻宛轉愜合於宏旨，他的言辭雖然變化不定卻圓轉奇妙（曲折迷路若無聯繫，實際卻靈犀相通）。他情辭充實因而行文不能自已（道之所驅，乘六氣之正，逍遙無待，也不由己），上與「造物者」神遊，下跟無死生無終始的得常道者相伴。他對於道的闡釋，宏大而透徹（沒有就局域而講的障礙，沒有不能入的無間之處），深明而能縱放（就整體講無限無涯）；他對於道的宗旨，可以說是自然地融入和上達了（這個融和達，也是無待的，自然而然，而不是來自於辛苦倦怠的求索）。雖然如此，在道之化和物之分解，他所闡述的道理源源不斷地有生意，不留渣滓（因為時世之變，而有名無實，過時），但（莊周所講的）窈冥深邃，未能言無不盡。

一、《莊子》的文字

　　莊子之學在先秦諸子中最為難治。解讀莊子之學最表面的困難是字義方面的。莊子對文字精彩的運用，往往出人意表。但莊子文字之所指，有多個層次，是更困難的部分。司馬遷說：「（莊子）故其著書十餘萬言，大抵率寓言也。」（《史記・老莊申韓列傳》）孔子說：「能近取譬」（《論語・雍也》），孟子說：「言近而指遠者，善言也」（《孟子・盡心下》），即是莊子寓言所達到的境界。李宗吾說：「莊子寓言，是他胸中有一種見解，特借鯤鵬野馬、漁父盜蹠以寫之，只求將胸中所見達出。至鯤鵬野馬，果否有此物，漁父盜蹠，是否有此人，皆非所問。胸中所見者，主人也。鯤鵬野馬，漁父盜蹠，皆寓舍也。孟子曰：『說詩者不以文害辭，不以辭害志。以意逆志，是為得之。』讀詩當如是，讀莊子當如是，讀厚黑學也當如是。」（李宗吾《厚黑叢話》成都《華西日報》1935年）李宗吾這段話，將寓言之為寓言，明明白白地說出來了，寓言的文字本身不是意之所在，而另有所指。

　　寓言所寓，即是言外之意。莊子說：「語之所貴者，意也，意有所隨。意之所隨者，不可以言傳也，……。故視而可見者，形與色也；聽而可聞者，名與聲也。悲夫！世人以形色名聲為足以得彼之情！……而世豈識之哉！」（《莊子・天道》）這裡莊子所講，即如同在說，不能憑一個人的言語和外貌認識一個人，也不可能通過書本和感官得來的那些東西得知真實世界為何。讀《莊子》，因此必須有個「主人」，通過文字，達到莊子的真意，而意有所指所隨，又必須得見莊子的境界，然後可以讀懂《莊子》，這顯然是困難的，正如「非但能言人不可得，正索解人亦不得」（劉義慶《世說新語・文學》）所講。

　　語言，尤其是仍在使用中的語言，因為體用的關係，與可以精確定義的符號或邏輯不同。語言作為一個系統，不是封閉的體系，而總是不斷發展變化的。在一種語言中，每一字，每一詞，都不是方方正正如同積木，而是如同多面鏡子粘合在一起的多面體，折射和指向不同的實。語帶雙關，詩詞對仗，乃至於文章的前後呼應，都表現出字或詞意義的多面性和由此而生的可相互結合性。以盲人摸象為例，一字就如同大象，盲人們對大象不同部位的感知就相當於不同解釋。要知道大象是怎麼回事，必須將每個人的感知綜合

在一起，使之成為一體。只有具備這樣的「一體性」的認識，才能真正理解牽涉到這個字最簡單的句子。

一篇文章也是如此，作者在文章裡，將字詞做一顯而易見的，或者高度抽象的組織；而將整篇文章的方方面面都能結合在一起，形成「一體性」卻是讀者之事。只有理解了象的整體，一個人在意識中才能描摹出這是怎樣的一種情形，不煩喋喋不休的細節描述，沒有提及的種種細節和可能（這是不可能被詳細描述的部分）就會自動地補入理解，而栩栩如生。機器人可以有完備的語法，但沒有真正意義上的理解能力，即是這個原因。而缺乏「一體性」的理解，就只能停留在字面的意思──沒有細節描述，只是得到一個靜止而沒有想像力的畫面。在這種情形下，讀者沒有參與到所閱內容中去，即使理性上可以跟上書中的邏輯，但談不上理解，事不關己，也很容易遺忘，「得意而忘言」也失去了可能性。有人認為，讀者的每次閱讀，都是對所讀書的創造性理解，這顯然是指讀者對所讀內容有自動填充細節和可能性的能力，這個能力即是讀書人對書中描述的對象已經既有了一個認識──這種認識未必真實，準確，或全面，但對於任何理解都必不可少，這是一個理解何以成為可能的問題。這一可能，之所以能夠存在，是因為一個概念的體用中，有人的主持。如果認為一個概念的體只由內涵和外延組成，沒有人從中聯系的話，就不可能有誤解，同時也絕無創造性的理解的可能。在這種假設下，一個人讀書就如背誦書，復印書，連理解也沒有必要。

每一字之背後，都有層層疊疊的含義，而好的文章，這些層疊的意思都是恰到好處地連貫一致。外國人學習中文後寫出的文章很難做到這一點。字義的多層次的連貫很難從語法和邏輯上兼顧，而必須出於一意，一心；而不是多意，多心。人為地構造，很難將所有層次都處理好。在讀者的創造性理解中，意思在某一層的斷層，就產生歧義，有多種可能的理解。「文章本天成，妙手偶得之」，作者有境界之後，文隨意轉，則不假思索。意的綿密程度遠勝於言，於意有所得，就開言之源流，就如莊子的卮言，流之不盡，變化萬方，不是原先的言所能比擬的。這種情形下，頰上添三毛反而更見精神。將渾然天成，剪裁為文，只能如《莊子‧養生主》中庖丁所講：「以神遇，而不以目視，官知止而神欲行」。「神遇」，不容言於其間，無厚入於有間。波蘭尼的默會知識論（Tacit Knowledge）已經觸及了這一問題，並得到了與莊子相似的觀察。讀這樣的文章，讀《莊子》，「以神遇」才能得到真正的理解。得魚忘筌，得意忘言，不是一件無可無不可的事情，而是必

要的，不德之後才能會心。忘言不僅必然，也是自然的：言之精微已明，念念不忘只是像空中寫字。見仁見智並不是真正的理解，只有渾其心的吾，只有一心而不是眾心雜亂的人，才能夠神遇，達到真正的理解──即達到「意之所隨者，不可以言傳也」。

莊子的「寓言十九，重言十七，卮言日出，和以天倪」（《莊子・寓言》），都是意所驅遣的言：道為本，意為主，文字為末──「放懷寥廓，氣實使文。」（《文心雕龍・雜文十四》）意所驅遣的，與形名堆砌而成的，是截然不同的兩類東西。堆砌只能有不同組合，而不能有創見。莊子的寓言近乎衝破人的意所能達的極致，《莊子》的文字近乎衝破語言所能表現的極致。所以莊子「其書雖瑰瑋而連犿無傷也，其辭雖參差而諔詭可觀」，即使是被形名的羅網所困的《莊子》的讀者，也難以忽視《莊子》的超越性和浪漫性，而從中得到啟發。莊子之意，難有文字上的達詁；而意之所隨者，更是無窮無盡。錢穆形容《莊子》如一厄古往今來飲不盡的水，是深得此意的。

莊子在中國被奉為浪漫主義的鼻祖，但莊子並沒有浪漫主義的傾向，反而極其質樸率真。正如莊子的寓言，《莊子》一書所呈現的浪漫，實質上是莊子不得已而為之的。莊子之意，不以寓言的形式講，就沒有辦法講出來。正如偉大的藝術作品和最高層次的科學追求，最終只能以一種「不得不」的無心無私的方式達到，莊子的思想也是如此。但莊子要處理的問題猶在藝術和科學之上，與這兩者又有本質上的不同。科學源於材料，建立在材料之上，材料為主和本，人為客和末，然後能夠撮其精華。藝術同樣依賴材料，但科學常是踵其後，而藝術必佔其先，對於材料，藝術家不能是客和末。這使得藝術家比科學家更接近莊子，更容易理解莊子的寓言。

莊子脫離材料，逍遙於有與無和或然與必然的空間。莊子在與人談論時，才用到現實的材料，而莊子用的方法是像真正的主人那樣，驅遣鞭笞現實材料，而不被其所遣。莊子能夠以吾為主，而材料為末：「末者（如：兵，刑，禮，樂，喪），須精神之運，心術之動，然後從之者也」（《莊子・天道》）──「外天地，遺萬物，而神未嘗有所困也」（《莊子・天道》）；也能夠真正地理解並使用所有的材料，既包括現實的材料──有，也包括非現實的材料──無。莊子以無寓於有中，以有寓於無中，才能表現人之所未能見未能思的境界；在這一境界與現實境界來去自如，就形成了寓言。這種寓言，似乎與荒誕不經的澹語妄言沒什麼不同。莊子洞悉枉則直，

曲則全的原理，並不以此為念，正如老子所說的：「天下皆謂我道大，似不肖。夫唯大，故似不肖。若肖久矣。其細也夫！」（67）這一原理，使得莊子對於寓言不得不為之，也使得不可能從藝術和科學回溯到莊子。莊子的寓言與澹語妄言相區別，其關鍵在於真，因此與物無違。而澹語妄言與德相違背，無法經受時間的考驗，而總是被時間所驅散無存。

想像力和創造性是「神未嘗有所困」的副產品，隨著精神之動，自然而然地先後產生。作者如此，讀者也如此。想像與幻想空想不同，幻想空想有悖於現實，與「真」相牴觸；想像力則是思維對可能性的探索，是「合理的」幻想空想。想像力是從本體論而來，這個世界是什麼樣的，它能夠給我們提供什麼樣的一個生存空間，我們在這個空間內可以有何發展？對這個空間領悟越深則越富想像力；超出此外，只是幻想空想。很明顯這個想像力受到人的思維的邊界的限制，人不能思維的，就無法想像，而無極限。這樣一來，我們所能想像的，實際上如果實物不在，其規律早已在那裡了，只待有想像力的頭腦發現而已。奇妙的可能性，納入腦海，即呈現想像力。道即是可能性的根本，而德使得想像有真的依據，與幻想空想相區分。

創造性的根源在於對事物底層，對不可致詰層次的理解，不是關於事物本身的知識，也不是關於事物間的聯繫，而是對萬事萬物如何被承載的理解。舉例來說，山與海是截然不同的，而「載華嶽而不重，振河海而不洩」的大地是這兩者的底層，只有山，海，山海之間關係的知識，不足以使人瞭解山海的來龍與去脈。對底層的理解，就是對整體的德。這個理解，這個德，付諸於行動，即是創造。創造因此是從人而言的，對可能性的利用。創造與想像力一起佔據人與世界兩端，即下（學）與上（達）的兩端。

明白了這一點，就明白了莊子，或說「大德」為什麼能夠自然而然地具有創造與想像之能力。亞布拉罕・馬斯洛觀察到的，自我實現的人天然具有的創造力與想像力，是個心理學上的例子。在一般人看來荊棘叢生的蒼莽，對有創造力的人來說，所見皆是通途，前無古人地開出一條路來，並非難事。這是因為，從大的角度，達者看這個世界如同從天空俯視，所有的道路通途及其演變都歷歷在目，溝通這些道路因此並不難。從小的角度來看，「無有入無間」（43），也並非難事。

二、莊子據於德

老子著重言道，莊子著重言德。然而道德一貫，德出乎道，舍道無所謂德，所以說莊子大要歸於老子是不錯的。讀《莊子》當然要尋其「要本」——道。但除此之外，《莊子》非「要本」部分又落足於何處，則乏人問津，而往往以「出世」的寓言待之。然而莊子並非一部解老之書，而有其側重和獨立性。這個側重和獨立性的立足點即是德。

德出於道，而只有人可得，莊子注目於人。道不可以拿來給人，說的實際上是「道之」德不能給人，至於道，任何一人早在其中了。莊子論「人」，是要與道相合，兩相保全，沒有天人對立的意思。莊子所講的德最為重要的是內德，無關乎外物，無關乎自己的身體和精神，只是道心所屬。道心所在，是人安身立命的最基本最質樸最微妙的根基。這個根基，來自於道，自然帶有無所不在，無為無不為的自在，這種自在不受任何約束。這是逍遙遊可以實現的原因，也是思想應當自由的證明。所以莊子關切的，所試圖解決的，是人的最基本的問題。道是沒有分別的，而人是有分別的，這個分別在於德；人之間達到無分別的平等，人而真正為人，人可以達到至人，只能由得到德一途來實現，以達到道的自然和高明。

理學家排老，而不遷怒於莊，其根本原因是注意到了《莊子》的獨立性，而與儒家學說若有融通，同是「據於德」（《論語·述而》）。這一點從匡廓圖來看，甚為清楚：老子與孔子相對而缺乏聯繫，莊子則是處於兩者之間的橋樑。莊子「其學無所不窺」（《史記·老莊申韓列傳》），莊子學說的對像是德的世界的全部，沒有任何約束，正如莊子自己所述：「在太極之先而不為高，在六極之下而不為深；先天地生而不為久，長於上古而不為老」，「齏萬物而不為義，澤及萬世而不為仁，長於上古而不為老，覆載天地、刻雕眾形而不為巧。」（《莊子·大宗師》）

《莊子》牽涉範圍雖然廣泛，但每一議論又都意旨玄遠。所以朱熹說：「莊周是個大秀才，他都理會得，只是不把做事。觀其第四篇《人間世》及《漁父篇》以後，多是說孔子與諸人語，只是不肯學孔子，所謂『知者過之』者也。如說，『《易》以道陰陽，《春秋》以道名分』等語，後來人如何下得！它直是似快刀利斧劈截將去，字字有著落。」（《朱子語類》卷一

百二十五）

蘇軾也將老莊區別來看：「餘以為莊子蓋助孔子者。」（《莊子祠堂記》）蘇軾認為表面上看《莊子》有詆毀孔子的章節，但這些只是「世俗」的人對《莊子》的篡改，莊子本人並不這樣想。蘇軾的觀點，關於「篡改」的部分有待商榷，但「助孔子」，在《莊子》中有證據支持。《莊子·寓言》篇中有莊子對惠施說的一段話，莊子說：「孔子……，使人乃以心服而不敢蘁立，定天下之定。已乎已乎！吾且不得及彼乎！」這裡，莊子認同孔子的「大本」，莊子對孔子有這樣的推崇，顯然是對孔子之道有所會心。實際上，莊子深知孔子，「莊子謂惠子曰：『孔子行年六十而六十化，始時所是，卒而非之，未知今之所謂是之非五十九年非也。』惠子曰：『孔子勤志服知也。』」這段話所講的與夫子自道完全一致，孔子並非生而神靈，他說：「加我數年，五十以學易，可以無大過矣。」（《論語·述而》）又說：「過則勿憚改」（《論語·學而》），這即是孔子「據於德」之化。

《老子》不為儒家所接受，但《莊子》能夠與儒家發生聯繫，其深層的原因是：「道在為人，而行在反己矣。」（《晏子春秋·問上》中引墨子言。）莊子，孔子，和孟子無不是「學為己」的，核心在於「吾心」，這是《莊子》與儒家得以融通的基礎。而老子講道，則是「為人」，「己」在老子那裡若有若無。從論語中關於顏回和原憲這些修養最深厚的弟子的言行中，約略可以看出莊子的影子來，這是宋代理學家不能否認的。道是廣延的，老子有所見，只好有此說，是一種學，儒家人不能理解這一點，所以排斥老學。莊子講德，歸於吾心之涵養，這與反求諸己的儒家是相同的，此心行於道中，選擇的路途卻可以不同，聖人不必千人一面。莊子選擇無以為一途，朱熹也不能如之何，只能嘆惋。

莊子的「吾心」之用，與儒家又有所區別。莊子出世而不出於界：世是有人之界，界可以無人。界，大體上等同於莊子所講的宇宙，而與神鬼無涉。道開闢的空間，即是界的空間。可以說老子是以界的邊緣為議論的基礎，而莊子以界，儒家以世。老子所講是道與人的關係，莊子是物與人的關係，儒家則是人與人的關係；這三者的從前向後的源流意義極其明顯，後面的關係只是前面關係的流化和特例。這一意義，可以從學術形態得到證據。原始儒家述聖復古和重視典籍的傾向甚為明顯，以至於古制今用成為中國傳統學術中一個常見的辯論題目，這是原始儒家追溯和拓展學術，主要在世的範圍之內的緣故。在莊子那裡，出世入世不是一個問題，所以有才與不才，

曳尾泥中的脫略。莊子中唯一有出界味道的寓言是藐姑射之山上的神人,而神人也只表現為對物質界的克服,處在界的邊緣而沒有深入神道。

對於吾心,莊子講真,注重吾,是從吾與物的角度而言,唯有如此才能「明」物;而儒家講誠,注重心,是從人與人的角度而言,流入忠信。儒家從心出發,突破三皇五帝的世的限制,尋求先天之理,去探索界,是宋儒對原始儒家的擴展。道通天地有形外,格物致知,直造先天未畫前,都屬界的範圍,朱熹對莊子大為歡賞,因此又是與莊子同遊於界,對物之理有所發明的原因。陸九淵的心學雖然更接近原始儒家這一正統思維,但理學開闢的新天地不可去,理學此後成為儒家正統也就順理成章了。理學因此特別重視「自誠明,謂之性;自明誠,謂之教」(《中庸》),誠上又加明。但理學家對道儒融合工作只能說是一種開始,不能說是將其完成了。

宋儒將人與物事分開,然後人又有個內外之分。以程頤為例,他說:「敬只是持己之道,義便知有是有非,……若只守一個敬,不知集義,卻是都無事也」,「涵養需用敬,進學則在致知」,這是將人內外分開,敬是修習內在的涵養的方法,但又要到外面來集義,否則無功。他又說:「今人欲致知,需要格物,物不必謂事物,自一身之中,至萬物之理,但理會得多,相次自然豁然有覺處。」(轉引自錢穆《中國思想史》,錢穆此處仍加上「又曰:『今日格一件,明日格一件,積習既多,然後脫然有貫通處。』」)這裡他說的是外面的修習,是要明白外邊物的理,但自己一身也是有個理的,也要格它才知道。程頤這樣將內外分開,又要將其彌合回去,他說:「物我一理,才明彼,即曉此,合內外之道也」。這即是說,敬,集義,致知必須相輔相符,合在一起才行,那麼合在一起又稱為什麼呢?他沒有說,但這樣分分合合,其實只是說出個「德」字。據於「德」,敬,集義,和致知都在其中了。難怪李宗吾認為宋儒所講「迂曲難通」。

無論《莊子》還是理學中的物與人的關係,人始終是樞紐,這是朱熹欣賞莊子的另一個原因。專注於對物的研究,如科學和工商,只是末節,道家儒家和理學都以無限追求外物為非,這一特點決定了中國文化與西方近現代文化的不同趨向。

在老子學說中的我與物同,道與人的關係實質只是道,人無如之何,只能隨順之。莊子講的物與人的關係,剝離了人的外殼,實際上是一種心與物的關係。儒家的人與人的關係,以仁為起點論之,是我與人的關係,這裡的我不僅有人的思想身體的外殼而且有複雜的社會關係。這樣,在理論上,老

學最抽象，最難掌握，無以為，最高明；莊子則隨機應變，只有當惠施的議論達到極精微處，觸及心物，才顯現出超越性。司馬談《六家要指》說，道家「其實易行，其辭難知」，是深得此種意味的。而儒家則簡明易從，但亦為所困。

老子的道，似乎是以人為物，因此反對人道，但並非如此。老學中，人並沒有特別的地位使得老子絕對地贊同或反對之，老子只是就事論事而已。老子從道的立場出發，認為人也應該自然而真，所以要「絕聖去智」，「虛其心，實其腹」。莊子從德的立場出發，認為真正的人，應該有能達到逍遙遊境界的大德，得到道的全部。老子的人，沒有脫離自然。莊子的人，則已經脫離自然，要回歸於道，所以莊子的德，要處理的是人與道的關係的問題。莊子同意老子「絕聖去智」的態度，老子此言講在未發之前，真仍然是真；而莊子是返歸，去其人為之偽。「德者人之所自得也」，講到德，自然而然的立足點就是我。從這個意義上說，莊子的德是真正的人道主義，關心自我的獨特性，自我為人，自我實現的問題；相較而言，孔子的仁是一種「仁」道主義，處理的是人之間的關係的問題，孔子也關注自我的修養，但孔子的自我是去除獨特性的。

莊子以物為人，所以有齊物論。在真而且自然的吾心看來，物精與人情相通。儒家則是人與人有同情，他人因禮的遠近的規定而與我親近疏遠，物則更遠，孔子的「『傷人乎？』，不問馬」（《論語‧鄉黨》），即是此類。莊子與原始儒家皆認為道德在於一個人自身，但因為莊子以物入於人，有莊子獨處的自在與儒家慎獨的戒懼的不同——與孔子「德不孤」（《論語‧裡仁》）所透露出的孑然獨立的意味和《中庸》中「無入而不自得」的適應意味不同，莊子的吾心無待於外，只得逍遙遊的自由自在。陶淵明的「悠然見南山」，李白的「兩看相不厭，唯有敬亭山」，王維的「林深人不知，明月來相照」等，都得莊子以物入人的意味，因此自足而自在。而「舉杯邀明月，對影成三人」（李白《月下獨酌》），則仁義禮盡在其中矣，這是齊物的流露。儒家將仁義禮外推也及於此意境，所以對此心有戚戚焉，自然可以在一定的程度上接受莊子。

莊子的無我，與老子的無人，在道的層次是一致的，都與人世無尤。莊子所重，是人的內德。德有不同，就有人生而為人，鳥多會飛翔，魚多會游泳的大千世界。這種德，德性，是外來的，不是莊子講的內德。如果一概而論，容易混淆。所以我們稱這種與生俱來的為外德，莊子講的真為內德。

外德又與「得」相通。道是自然存在,不待外物的。內德與外德是往復相生的,賴以互存的,與道而為三。老莊的道德,就是講這三者的循環變化。這種循環變化,又必須以人為樞機。因為唯有人,才能夠有內德——這是一個必要條件的講法,反過來講,則是錯誤的。外德是萬物都能具備的。人不僅能夠積累內德,也足以積累外德。這個外德的積累就是德的流失,從而引出仁義禮刑兵的種種變化。至於這些變化如何,就是其他諸子「所據」的重心了。

三、《莊子》與《老子》

魏晉時代莊子學的流行,與王弼能夠寫出《老子注》不無因果,王弼亦極重視《莊子》。魏晉時解讀《老子》需如此,現在也一樣,老子和莊子之學可以互明,而不可分。在匡廓圖中,莊子處於核心的地位:通老必先通莊,達孔必先達莊。而《莊子》只有在匡廓圖中才能得到一徹底展開。

莊子之學,與老子根源同而趨向不同。老莊都撚出道與德這兩個概念作為議論的碇石,所以老莊得以並稱。道德,可謂思辨之極,抽象之盡。後人的理性體用等諸多說法都不出這個範圍,只能在這個範疇內變化求精。道德,也是最簡單不過的模型,以道德來解莊老,無處不契合。離此之外,以道德如何衍化,以種種象物來解老莊,雖然神妙,不失之,也不能得之。只有以匡廓圖為背景,以《老子》為參照,才能夠一窺莊子的忘荃之意。莊子指示得德之可貴和途徑,是欲使人得,得德即是同時得到人與道。莊子於人,所期盼甚深。這一點,錢穆《莊老通辨》說得很真切:「莊周的心情,初看像悲觀,其實是樂天的。初看像淡漠,其實是懇切的。初看像荒唐,其實是平實的。初看像恣縱,其實是單純的。」

老子和莊子所發議論的角度不同,如圖16-1所示。老子多向外講,莊子多向內講。老子講道德仁義禮,越講越遠。莊子講德,並不有求於外物,而是一種自化,自身由外返內,漸脫物身的桎梏,以達於逍遙。錢穆對德在《老子》和《莊子》內篇裡的不同分析甚精。他認為老子的德尚樸,而莊子的德尚真。尚樸是抱樸的意思,是保守;尚真是返真,是趨進。老子講的德有與生俱來的意思,人之為人,物之為物,都有先天而來的德。這裡的德,或可稱為德性。人與萬物,各有德性,是不同的,稟之自然,比於赤子,所

以要常保不失。而莊子內篇講的德注重於後天獲得。德要蓄累而成，「德有所長，形有所忘」。（《德充符》）莊子說：「之人也，之德也，將旁礡萬物以為一。」（《莊子・逍遙遊》）與先天的本性正好相反。這樣的德，是混然廓大的，無個性，非先天而近於先天的，所以近於道。

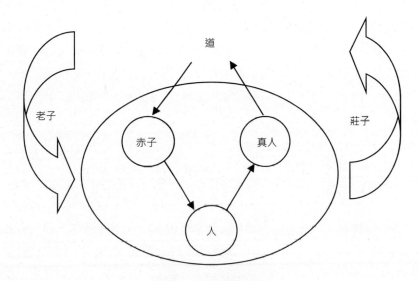

圖16-1：老莊的趨向不同

　　道家老莊合流是極為重要的事件。老莊之學的出現，將這兩種過程融為一爐，塑造了中國文化的思維氣度和格局。道，經過老子莊子疏解，指出出入的途徑，就成為了一個完整自洽的思想體系的立足點，進可以包羅萬象，退可以全身自守。此後佛教東漸，雖然有淩然代之之勢，卻只好以融合告終──被中國化。李宗吾認為，老子先秦為中國學術之第一階段，釋道儒合流於宋朝為第二階段。他更預見到中國印度西方文化之融合是第三階段。李宗吾書中用了「融合」一詞，不認為未來的趨勢是西方文化對其他兩者取而代之，這種自信，是李宗吾精研《老子》得到的。

　　老子自處於局外人的超然地位，但讀《老子》的人卻很少能自安於這樣的位置，或者達到這樣的境界，當局者迷，所以不容易從老子的角度看《老子》。但有例外，就是歷代皇帝，他們認為自己理所當然地超脫於人世，所以他們對《老子》所講更容易會心。從漢初統治層流行黃老之學，唐玄宗宋徽宗朱元璋親筆注《老子》，到「內」用黃老，外示儒術的統治術，都有這

一因素的影響。認為《老子》僅僅是，或者主要內容是統治術的誤解，也多少因老子所取的這個地位和角度而生。這種觀點之所以錯誤，在於默認了皇帝為「中」，為超然的天子的地位。但在老子的理論裡，無論是與老子同時的王侯，還是後世的皇帝，都算不上了不起的權威。雖然道天地王，王是域中四種大德之一，但「人法地，地法天，天法道，道法自然」（25）——在帝王的權威之上，仍有更高的權威，這些權威決定了所有人，不論皇帝還是平民，的出身，地位和命運——已經見識到了這樣的威權的人，很難想像會僅為滿足敬陪末座的人王之所欲而著作。不理解這一點就去解《老子》，得到的統治術也會自相矛盾。同理，以《老子》為統治術的註解，都幾無系統可言。

道家從「黃老」轉為「老莊」，實際上表現了老子學的學問的下移——從統治階層下移到士林，從王性轉到普通人的人性。漢初，統治層只得到了黃老之學的清靜無為，社會漸漸散亂失序之後，無能為力，有為的儒家就代之興起。同時，對《老子》的解讀也走入末路，流於庸俗，以至於儒家有「此是家人言耳」（《史記‧儒林列傳》）的批評。此處「家人」所含的貶義與孔子說「惟女子與小人」的口吻相類似。到了漢末魏晉，儒家禮教也失去活力，被玄學所代替。玄學家通過對《莊子》的研究，得以從另一個途徑，重解《老子》。此中關鍵因素是，莊子講的逍遙，正是無名無位的士子能夠上升到一種超然境界的門徑。魏晉盛行的玄學「越名教而任自然」，雖然在批評禮教，但在其蔑視的權威裡也包括了皇帝。「任自然」是理論，即是以「道法自然」中的「自然」作為最高的權威，這個權威「衣養萬物而不為主」（34），所以稱為「任」——這正是老子的境界。「越名教」是行為，表現為率真任誕的名士風流。《莊子》裡有：「道之真以治身，其緒餘以為國家，其土苴以治天下。由此觀之，帝王之功，聖人之餘事也，非所以完身養生也。」（《莊子‧讓王》）魏晉名士遠取乎道，近取乎身的態度，就彷彿此言的不折不扣的實踐。魏晉名士意識到內德是向內的，不是依賴外物外在的權威，但卻將重心放在了「身」，而不是更向內的心，因而有各種名士風流之舉，這是玄學常為人詬病的原因。莊子沒有此類的舉動，魏晉名士學莊子的曠達，沒有得其究竟是很明顯的。

魏晉玄學是基於《老子》，《莊子》，和《易》這三種經典。魏晉名士這種實踐又與玄學的另一支柱《易》相通，「古者包犧氏之王天下也，仰則觀象於天，俯則觀法於地，觀鳥獸之文，與地之宜，近取諸身，遠取諸物，

於是始作八卦。」（《易‧繫辭下》）在老莊那裡，陰和陽只是兩種德，道的重要性遠在陰陽之上。老子說：「道生一，一生二」（42），很明顯陰陽是二而非一。陰陽之德在對象和理論上與其他的德相垺，如《莊子》中，將陰陽與天地這樣的大德並論，而兩者都居於道之下：「是故天地者，形之大者也；陰陽者，氣之大者也；道者為之公。」（《莊子‧則陽》）陰陽作為人的認識，也只與其他經典處於同列，「《詩》以道志，《書》以道事，《禮》以道行，《樂》以道和，《易》以道陰陽，《春秋》以道名分。」（《莊子‧天下》）

老子莊子即使提及，也極少闡發陰陽，他們的理論因此與《易》沒有細緻的聯繫。老莊的道，既然不可道，就顯然不能以數度求之，「數度」即象數法度，所以「吾求之於陰陽，十有二年而未得。」（《莊子‧天運》）而得之者，亦不能以數度衡量：「中國有人焉，非陰非陽，處於天地之間，直且為人，將反於宗。」（《莊子‧知北遊》）

老子的道只有元亨利貞，沒有凶咎悔吝。馬王堆帛書《要》裡，子貢說：「夫子它日教此弟子曰：『德行亡者，神靈之趨；智謀遠者，卜筮之繁。』……夫子何以老而好之乎？」從子貢的話看來，似乎原始儒家也並非重視對「兇咎悔吝」的佔測。老莊之道顯然遠非「神靈之趨」和「智謀遠者」一路。莊子說：「（至德之人）禍亦不至，福亦不來。禍福無有，惡有人災也？」（《莊子‧庚桑楚》）此外，老子的數是一二三萬，「道生一，一生二，二生三，三生萬物。」（42）這與《易》的倍數順序，一二四八，「易有太極，是生兩儀，兩儀生四象，四象生八卦」，顯然是兩個系統。象數，就如幾何和數學，只是一種描述時所用的語言工具，老莊既有道家的一套，就不必用《易》了。從歷史源流上看，周孔重視《易》更勝於老莊。這種傳承使得宋儒排老，也不至於排《易》。老莊之學真正與《易》聯繫起來，大概始於魏晉玄學和道教：漢代陰陽之學尋枝可依，與儒家結合而生讖緯之說，但只是曇花一現，最終只能與易數同歸於道教。此後，理學和儒家雖然也講《易》，但太極，八卦，《易》這些符號屬於道教道家再無疑義。

與老子「其猶龍邪」不同，莊子是一個活生生的人。雖然學者對他的生平仍有爭議，但確知他有妻子，有朋友，有學生，有職業，而無神異。莊子唯一可稱為神奇的地方就是常被後人稱為「莊生」——先秦諸子裡，被稱為生，莊子是唯一一例。「不失其所者久」（33），莊子在人們的印象裡似乎未曾衰老過，是年輕人的形象而非像老子孔子那樣垂垂老矣。莊子成為神祇

比老子要晚很多，似乎最早在唐時始封神，宋時始有廟祠。

　　循著《莊子》指示的途徑，能夠較為容易地解讀《老子》。通莊子之心可通老子。但更重要的是，莊子的向內之學有所達，不僅指示出一個方向，而且回答了道在人，存於何處的問題，也就是道心存於何處的問題，這是《莊子》獨有的。簡單地說，人的可以載道的心——道心，不存在於人物質的體，也不存在於外物，若存於這兩者之間的生生不息；而體和物兩者缺一不可，而另有其主。人能成為人，是因為人能有內德，至人的內德存在於道心，道心用之而或不竭。莊子在《養生主》中，所論的即是這一主題。

　　「養生主」不是養生，而是講「生之主」應該如何存養。這裡的主與次相對應，主次又可說是本末或先後。老莊最重本，本總是為先，為基礎，為前提。但老莊並不將自己的理論畫地為牢地限制於只講本，「末學者，古人有之，而非所以先也」。（《莊子・天道》，此篇列舉五種本末，又提出了「五變」「九變」的本末的先後排列順序。）老莊之所以重視本，是因為唯有如此，才能備極精微地通達所有之末。對於人來說，這個本就是內德。從德來看，大德和全德勝於小德。德同於道，則為至大至全的玄德，廣大而澈底，包括所有的末，所以能「用天下而有餘」（《莊子・天道》），是一種完整性，而比完整的天下為多；與此對照，老子說無為而無不為，強調其用可以及於所有的末的精微，而妙至玄而又玄。否則，「覆杯水於坳堂之上，則芥為之舟，置杯焉則膠，水淺而舟大也。」（《莊子・逍遙遊》）此句話是指德，厚德載物，狹小淺薄殘陋則不能。

　　道心之所存，需要有身，亦需要有外，生生不息。老莊並不單單以身體為主，為本，或者為先。認為《養生主》一篇是養身之道，是一種誤解。從「生之主」的角度，將《養生主》簡單解析，即可明白這一點。《養生主》第一段，從致用於體外之物的角度說，道心不在外物與智識，人的智不足用，所以有「吾生也有涯，而知也無涯。以有涯隨無涯，殆已。」第二段是著名的庖丁解牛故事，其意義是用外物而不以智，「方而不割」（58），可以得身全：「臣以神遇，而不以目視，官知止而神欲行」，即是不用智；「遊刃必有餘地」，即是遊心有餘；「十九年而刀刃若新發於硎」，即是養生，因為「聖人處物不傷物。不傷物者，物亦不能傷也」。（《莊子・知北遊》）刀刃若新發於硎，如說身不害物，物亦不傷身。第三段是只有一足的右師事，意為身不屬我而從天命而來，身亦非生之主，形缺體殘而生之主猶全。第四段是澤雉在籠，「神雖王，不善也」。此段與上段是相反的情形，

身安而心不全，生之主的心需要全其所能用。第五段是秦失弔唁老聃事，「言夫子已死，吾又何哀」（王先謙《莊子集解》），意為體不在則心無存，內德隨體物化回到道，回到天。人之哀思，得以轉圜，可從此念起。莊子喪妻，先哀而後鼓盆而歌，與此段意義相同。此段從以人為物的角度看待死亡，「凡物無成與毀，複通為一」（《莊子·齊物論》），如滴水歸於大川。但人不是物，物毀歸於道，但人的死亡，卻不那麼簡單，身滅而人「心」仍在，如老莊孔孟等人，令人千載之下仍然感佩嘆惋。將他們的身逝去，等同於物毀，不近人情，之所以令人感到不近人情是因為這樣的處置並非妥當，仍有缺憾，有沒有照顧到的地方：他們仍有一種特別的存在，生之主在身後與後世仍相作用。這一作用，就引起了第六段，也是最後一段「指（脂）窮於為薪，火傳也，不知其盡也」。老莊的生之主盡寄託於燃中，其人已逝，但只要火傳則猶如其生之主不盡。後來人在其得道而燃時，其火與老莊並無不同，則若親見其人。「不知其盡也」，恆常的道如火種，無畏於時間的流逝，總是在那裡，生生不息，永無盡時。不能有像老莊那樣的內德，將生之主寄託於身或身外之物，則只是窮於為薪而已——時過境遷，無可再現，其影響隨時間消散無遺。

四、《莊子》與道德框架

道蘊含了所有的可能性，德世界只是一種可能的實現，或者說顯現。因此從道俯視而見的，不一定是我們所處的宇宙，而包括了種種可能實現的宇宙，即，如果我們處在物理法則不同的另一宇宙，也同樣在道的覆載之中。莊子是在人類這一特定的世界中的人，他所憑籍的，是屬於這一世界的道理，所以《莊子》就像一個錨，將飄渺不定的道與人類世界牽繫在一起。

老莊及後來的道書，有很多論述論及道如何衍化為萬物萬事。大體上這些論述，都不離老莊的原意。莊子說：「夫道，有情有信，無為無形；……自本自根，未有天地，自古以固存；神鬼神帝，生天生地」，是「萬物之所繫，一化之所待」。（《莊子·大宗師》）也就是說由道到萬物，是一個道──→衍化──→萬物的過程。道的作用既有萬物之間的「繫」，又有「化」。老子說道之於萬物是：「凡有，皆始於無，故未形無名之時，則為萬物之始；及其有形有名之時，則長之，育之，亭（成）之，毒（熟）之。

為其母也。」（王弼《老子注》）至於二者之間的衍化，老子說：「道之為物，惟恍惟惚。惚兮恍兮，其中有象。恍兮惚兮，其中有物。」（21）造物是自然而然的，而又有「信」為前提的「必然」意味。象為虛，物為實，就像道的名與道的本體的關係一樣。兩者之從起始的惚兮恍兮，就同時存在了──於物有精，於人有信。到了混沌初分，就只見「粗」顯現，而「精」隱於背後；信被「觀其徼」（1）的真所取代。

道法自然。「自然」這一權威，是道在人所知的世界運行的法則。對於人之外的萬物來說，它們的生滅遵循天道：它們的體用甫一出生，就已因果註定，就如同設定好的程式，只能按部就班地執行，直到終結──除非有人為的幹擾。對人來說，道不要求人一定做什麼，也沒有什麼確切的標準，做到了就一定可以得道，即「無以為」；但試圖違逆它的人不可逃，也無從抗拒。人與萬物不同，在天道中，又有人道：在自然之中，又有專屬於人的變化，人類作為一種現象，在歸類上，與萬物，天然，物理不屬於一類。人道源於天道，而不是反之，人道是天道中一特別之道，所以《莊子‧山木》有：「有人，天也；有天，亦天也。人之不能有天，性也」。但莊子也認為，人道能有與天道並駕齊驅的地方，這使得人可以通達於道，而不為天道所完全限制。

道在人為德。從道看德是由世界本體到人的一條路，從德看道是由人到世界本體的一條路。所以道不遠人，道不弘人，而德人卻能弘道。老子講道失而後有德，莊子講德真而後可以窺道，所以一個德，卻有兩種講法。講法不同，其意則一，都是同一個德。老子的議論，幾乎每一大段都是從道的源頭開始，而終結於具體對象，所以每一大段都是無為起，到無不為止。對於老子來說，道包含所有可能性，一切皆可為，在事物未萌之先已有勝算。老子只給出所有方法中最上乘的一種，即無為無不為，而不理會凡俗，以引起下愚之士的嘲笑為傲。莊子的學說卻沒有那麼理想化，莊子學說的起點是處於一種「樸散而為器」之後的補救，所以顯得淩亂，但幾乎每段議論都會終結於道。

在莊子這個起點上，人已經生成了自我的意識，知道自己是人，不與鳥獸同類。這時的人，意識到自己人的形體與其他萬物有別，更排他性地增強了人的自我認識。這樣的人有真德，也有偽德。這個真與偽與老子的常與非常是一個意思。這裡的真，是不變的天道本原的意思。莊子從人的角度來談德，先受到了人的形體和人文的局限。莊子的書要講回歸於道的辦法，就

要先區分開，何德為真，何德為偽，從真回歸道。莊子稱這種德真的人為真人。而老子從道談起，又歸結於道，目中無人，就不暇提及莊子這層意思了。所以老莊這兩種說法，各執一端，卻不衝突，合起來正好是個環形。

道在人的德不僅指出身，社會地位，身體，也包括一個人的思維狀態，總之，包括一個具體的人的一切，不論是從前還是以後。即，此處德指的是一個人的「整體」，包括了體，用，和未來之用。老子向外講，則重視外物，也力求致用。莊子向內講，不求致用，「人雖有知，無所用之，此之謂至一。當是時也，莫之為而常自然。」（《莊子‧繕性》）但回到道，又有用生出來，「德至，同於初。同乃虛，虛乃大。合喙鳴，喙鳴合，與天地為合。其合緡緡，若愚若昏，是謂玄德，同乎大順。」（《莊子‧天地》）所以老莊完成一個環形的理論，莊子不失其用。莊子不肯輕許用，是以達道的重要性大於用。老子是檻外人，已在道中，所以他的讀者應該與他並肩向下鳥瞰，而不將自己的設身處地盤算進去。而莊子則是立足於德，背對著仁，是從下至上，取仰視的角度，所以莊子尋求進德。莊子講的是老子「為道日損」的途徑。這個「損」字，解釋了為什麼《老子》可以用於帝王術，而非《莊子》。得了幾分《老子》意思的皇帝，或許可能有所作為，而得了幾分《莊子》意思的皇帝，很難說會做出什麼樣的事情來；這一點可以從魏晉名士的例子以小見大。

莊子認為人在德中，必須脫離此德，方才能證明有逍遙遊，證明道容許其他人所未見所不可思議的德的可能性。在莊子超脫於人的德世界之後，又可返歸，來解釋人間萬事萬物的衍化。莊子提出氣這一比喻，氣之升騰變化而非靜止，相當於老子的無不為。莊子對外物的認識，先同於初，然後有識，這個識是自生的吾所得到的識。這種認識與儒墨格物致知，由近及遠是相反的，是從不知的直覺開始：「故德總乎道之所一，而言休乎知之所不知，至矣。道之所一者，德不能同也；知之所不能知者，辯不能舉也。名若儒、墨而兇矣。」（《莊子‧徐無鬼》）莊子因為解脫外物，所以能得到對物的真正認識，但不會因此陷入物中。而陷於物中的人，知其所知就沾沾自喜，就如「罪人交臂、歷指，而虎豹在於囊檻，亦可以為得矣」。（《莊子‧天地》）

《韓非子‧解老》中說：「德者，內也。得者，外也。」德世界對人來說最簡單的劃分即是內外。「內也」的德為內德；外也的德為外得或外德。從一個個體的人設身處地來看，德有兩種趨向，即向外馳求和向內自省，即

外得和內德。西方的學術偏向前者多些，中印的學術偏向後者多些──但在
中西實際的民間生活中這兩者其實難分軒輊。單純地向外馳求或絕對地內
省，都是少見的。

　　所謂內外之分，只是一種方向性的異趣。與老子所舉的有無，難易，長
短，高下，前後（2），及莊子所說的德之大小一樣，內和外並沒有本質上
的差別。內外之間也沒有一定的界限，對此界限的所有定義，實質上只是相
對的。由內至外的逐漸變化，可以視為由一個維度所貫穿的不同位置點，而
這些位置點只有彼此間的相對性。有人據此認為老莊都是相對主義者，這是
一種誤解。相對主義者最終想達到的，是差異的消解，是一種將一維的直線
顛來倒去的詭辯。而老莊的相對性是圓線性的相互轉化的，世界上並不存在
無限長的幾何直線，「人法地，地法天」，而天道周而復始，這樣的直線最
終必然轉圓回來。

　　莊子認為小德不如大德，在這個根本問題上，不承認相對主義。對於
次要的一些範疇，莊子「兩行」而和之（《莊子・齊物論》），「兩忘」而
化之（《莊子・大宗師》）。相對存在的兩物，總是無法迴避地存在共同的
「所待」，由同一線所貫穿，才能夠有所比較。這根線的意義，比之這兩物
的相對地拴在何處，更為有常。以貧富為例，這兩者是相對的經濟處境，孟
子說：「富貴不能淫，貧賤不能移，……此之謂大丈夫。」（《孟子・滕文
公下》）對「大丈夫」來說，心志為重，處境已經非其所慮，更遑論計貧較
富──「恥惡衣惡食者，未足與議也」。（《論語・裡仁》）這就將相對主
義比較的兩個對象，一起拋掉了，從而澈底取消了相對的意義。莊子的「材
與不材」論與此類似，人的性命與自然人世委蛇，與能力不相關，又何必計
較有才與無才這樣的瑣屑呢，腐肉和惠施的卿相之位，此類的相對性或差
別，微不足道，而可以兩忘之。

　　《老子》第二章舉出多種相對性的範疇，這些範疇按照相對主義來說，
就是多角度不同的直線，互不相干；但老子此處想說出的真正意思，是這
些對範疇中任意一個，都不是有常的，而會轉向其反面。而這兩者合在一起
的整體，才是有常的，如「善者，吾善之；不善者，吾亦善之；德善」。
（49）這樣形成了相生相剋的一個環形。而這樣的環充滿人間世，一環套一
環，只有完全跳出這些環的範圍，去照觀，才能得到真知。困在環內，因為
任一點，都有兩面，永遠不能得其常道。而處於此一環與彼一環，也沒有什
麼差別。這個意思，莊子在《逍遙遊》中，寫得很明白：「且舉世而譽之而

不加勸，舉世而非之而不加沮，定乎內外之分，辯乎榮辱之竟，斯已矣。彼其於世，未數數然也。」「數數然」，即是斤斤計較，較短論長攀比的相對主義者的樣子。

其次，即使在一環，相對的兩者也不能靜止，存在著反之動是必然規律：「將飛者翼伏，將奮者足跼，將噬者爪縮，將紋者且樸」，欲取故與，先抑後揚，「後其身而身先；外其身而身存」（7），「天將降大任於其人，必先苦其心志……」。（《孟子・告子下》）老子重視動之後的結果，這個結果與相對主義完全無關，而是取得上善，優勢，和必勝。

老莊與相對主義最後也是最重要的的一個差別是，相對主義沒有絕對的參照物，而老莊則是創建了道德這一不可顛倒的絕對性的模型，並以這個模型為參照。這個模型無大不大，所轄對像是人間萬物，但模型本身卻在此之外。老子之無不為，與「有為」中的「為」；莊子之我，和「為我」中的「我」是截然不同的概念。老子所講的世界，未必是人們所處的此德的世界，但已經有了現有的現實世界，老子也可以將他的學術應用於其上而毫無滯礙。老子所講比人們所想更廣大，只有斬斷與此德世界的聯繫，超脫於其外，才能認識到這一點。莊子之我，從身外的角度看，可以形如槁木，心若死灰，而心之用處又可變化萬方，「吾與之虛而委蛇，不知其誰何」，「一以己為馬，一以己為牛」（《莊子・應帝王》），「一龍一蛇，與時俱化，而無肯專為」（《莊子・山木》）。

老莊的議論無不以道德模型為權衡和尺度，他們所不重視的那些範疇，是與道德比較，無足輕重的。而以道德為權衡和尺度，與普通人所熟知的，有時可以是完全相反的：「我愚人之心也哉！沌沌兮，俗人昭昭，我獨若昏。俗人察察，我獨悶悶」（20）；「有恆者，人舍之，天助之」（《莊子・庚桑楚》）。普通人所參照的，所昭昭的，淺而近，或者是物，或者是福禍，富貧，窮通，賢與不賢，智愚等等，都是無常的，不是有恆的；參照物有變化，就會引起迷失和混亂。參照物已變，視若無睹，死守一己之德，就成了守株待兔，刻舟求劍的暖姝者。（《莊子・徐無鬼》有：「所謂暖姝者，學一先生之言，則暖暖姝姝而私自說也，自以為足矣，而未知未始有物也，是以謂暖姝者也。」王先謙曰：「暖，柔貌。姝，妖貌。」（《莊子集解》））參照物變，即使前後不一，隨之變而不自省，這樣就會造成信口雌黃，隨風轉舵的勢利。孔子將這兩類人歸於小人，「言必信，行必果，……，小人哉」（《論語・子路》）；「小人窮斯濫矣」（《論語・衛

靈公》），但言下前者仍比後者強，後世的冬烘道學往往以前者自傲，卻不知「過猶不及」的道理。意識到參照物會有變化，因此要取消掉任何參照物，就成為相對主義者——但悖論在於，相對主義者認為他們的主張是絕對的，這是不能自圓其說的。

五、莊子與中

　　莊子從一個具體的人的存在，指示人如何達到至德，回歸道。他認為人首先要脫離物的控制，「不物於物」，脫離人的社會關係，然後脫離形骸差異，再脫離生死，然後可以幾於道。但道並不是個終點，從道這裡，又可發出其他可能性。《莊子》對這一過程，描述說：「泰初有無，無有無名，一之所起，有一而未形。物得以生，謂之德；未形者有分，且然無間，謂之命；留動而生物，物成生理，謂之形；形體保神，各有儀則，謂之性。性修反德，德至同於初。同乃虛，虛乃大。合喙鳴，喙鳴合，與天地為合。其合緡緡，若愚若昏，是謂玄德，同乎大順。」（《莊子・天地》）這段話的大意是：開始的無，沒有「有」也沒有名字。由無生出一，一是混沌無形的，萬物將由混沌生出。在生出前，任何物都沒有形質，但互相間已經有命的分別，一物將成為一物而不是他物。流動間，萬物出生，有形的分別。每一物有其特性和表現，即是它的物性。（人）性可以修德，由形返回到最初的「無有無名」的無。這種德即稱為玄德，於是就順乎道。

　　「性修反德」，最先要返的是性和形。老子說：「含德之厚，比於赤子。」（55）每個人都有嬰兒期，所以都曾有赤子的德。老子這句話說，嬰兒剛出世的，沒有自我意識的時候，所得的天然之性（或稱德性）為最厚；過了這段時期，自覺其形其性，就離道漸遠。赤子是嬰兒不能意識到自己是人的階段，他們即使遇到野獸，也不能辨別，而以之為同類，往往因此得到野獸對同類的待遇，而非傷害，「毒蟲不螫，猛獸不據，攫鳥不搏」。（5）

　　現在我們知道，人類嬰兒與狼猿等野獸為伴，且得以生存，這種事例是存在的。但這種孩子即使回到人類社會，也大多錯過了視聽語言的形成的時期，不能像平常的人那樣視聽說，不能過完全正常的生活，而自以為是狼或猿。在這些例子裡，人的命決定了人生而為人，但其形和性混淆了。那麼

如果形和性沒有混淆，保持赤子之心的人又會是什麼樣的呢？老子講赤子，只是以其為寓言，以形容德厚的形態，點到即止。對此，《莊子‧馬蹄》中有所回答：「故至德之世，其行填填，其視顛顛。……禽獸可系羈而遊，鳥鵲之巢可攀援而闚。夫至德之世，同與禽獸居，族與萬物並，惡乎知君子小人哉！」即在至德之世，保持赤子之心的人與野獸共處時，將形與性並忘。野獸和人都不辨其別，可以系羈而同遊，而不會相互傷害。在人世中，這樣的人即是與人無傷，隨心所欲，不失本性而不踰矩。不在至德之世，但有修為的真人也是如此，「泰氏，其臥徐徐，其覺於於，一以己為馬，一以己為牛，其知情信，其德甚真，而未始入於非人。」（《莊子‧應帝王》）這就是莊子所說的「德有所長，而形有所忘」（《莊子‧德充符》），「入獸不亂群，入鳥不亂行。鳥獸不惡，而況人乎！」（《莊子‧山木》）。

那麼脫離形和性，莊子的德，歸宿於何處呢？這個問題是中國學術的核心問題。莊子的立足點就是「吾」，「吾」係於道，可以稱為「道心」。對他人來說的道心，自莊子自己看去，即是吾。古往今來，體道者有同心，就在於道心的有恆，即體道者的吾，也達到了道心。莊子能夠逍遙遊，是因為他的道心的德，即他的內德。有莊子這樣的內德才能遊心於德（《莊子‧德充符》），遊心於淡（《莊子‧應帝王》）。錢穆說：「故有德者，極為莊子所推崇，蓋德亦非人人之所能具也」，也是就有恆之心而言。至於一般的德，命，形，和性，是人人都有的，但人人殊異的。

道心無體，其用無窮。道心不是器官性質的，與人的頭腦或心臟是兩回事。道心也不是感官性的，或理性智慧的。道心是決定了何為理性智慧的那個主。道心之體不可致詰，勉強地（也是冒險地）說，道心是存在於人之「中」和道之「中」的，兩「中」疊合。這個「中」，與中庸的「中」同。錢穆說：「秦代有兩大儒書出，一曰《易傳》，一曰《中庸》。此兩書皆特言天道，乃兼採道家言。」（錢穆《現代中國學術論衡》，北京：三聯書店，2001.6，173頁）儒家的中即是從道家的內引出的，但儒家的中，往往側重於「百姓心」，而與道心錯位。這種錯位造成捲婁者。《莊子‧徐無鬼》有：「卷婁者，舜也。羊肉不慕蟻，蟻慕羊肉，羊肉羶也。舜有羶行，百姓悅之，故三徙成都，至鄧之虛而十有萬家。堯聞舜之賢，舉之童土之地，曰冀得其來之澤。舜舉乎童土之地，年齒長矣，聰明衰矣，而不得休歸，所謂卷婁者也。」王先謙曰：「卷婁，猶拘攣也。」（王先謙《莊子集解》）拘攣即是筋絡骨節不得屈伸的疲老貌。儒家注重力行，而道家注重無

為，儒家以「百姓心」去為，是這種錯位的原因，而「卷婁」的萎頓是「知其不可而為之」的後果。

邵雍說：「人居天地之中，心居人之中。」（《觀物外篇》）邵雍在理學諸子中，受道家影響最深，他這句話深得道家的意味，實際上，透視過人的身體，「天地之中」即在「人之中」；莊子的內德，所謂內，即是透過人的身體不論，而達其「中」。道心可以說是存在於這個內，在不可致詰之最中之處。如果將天地陰陽萬物永不停息的大循環看作一個旋轉的盤子，那麼道心就存在於這個盤子的中軸線上。老子在盤外，盤的上空的軸線上，不在人間世；而莊子則在盤的正中心。老莊兩人所處的軸線，即是無論盤子如何動，而恆常不變的道樞。

無論陰陽變化，波動震動，還是一張一弛，都有個中位。圓環也要有個中心。人之用，也有個中，是人之用的立足，重心，和依據。人與道的中疊合，即是莊子的中。其他人還有另外的中，因為中錯位，而有種種弊端。莊子詳解了三種失其中：暖姝，濡需（苟安者），和卷婁（《莊子·徐無鬼》）。

濡需是個人主義的誤區，濡需者只看到自己的小圈子，滿足於此，並以此為中來行動。不同的濡需者因此沒有共性，沒有同一個中，在用的時候彼此不能相能，以淺陋的見識互相鄙薄。莊子認為這就像射箭，每個人先射箭，再在自己的箭落處畫靶心，然後每個人都自稱是百發百中的神箭手。莊子認為在不同學術的相對與此類似，是愚蠢的，因此反問說：「天下非有公是也，而各是其所是，可乎？」（《莊子·徐無鬼》）濡需者的錯誤在於，其德不廣，沒有見到天地之大，不知天地之中何在，而以己心為中。

暖姝者，是外立其德，以外為中，反而以自己為外。暖姝是複古者，經驗主義者，和學者容易陷入的誤區。經驗和實證都有局限，它們的功效在於證偽，而非證實。認為處理新事物，只需條件反射，這就將人降到動物的層次。經驗或學說，是「先王之蘧廬也，止可以一宿而不可以久處」（《莊子·天運》）。暖姝者的錯誤在於，恪守某一經驗或學說，以其為絕對，使自己「物於物」，即以一個不遷的物為中，而委順之。

卷婁者，是以眾人的心為中。卷婁是儒墨，極權者，民粹，以及集體主義者不可避免的錯誤。這是有為者「攖人心」所必然帶來的後果。「有為也，則為天下用而不足」（《莊子·天道》），不足而強為之的憂勞，反映在這些人自己身上，就有捲婁貌。人類之心，總彙在一起，有個中心之所

在。這些有為者可以使一些人如蟻附羶，是另立了一個中的所在，試圖將所有人吸引，聚集，和拘禁到這個錯位的「中」。這樣的做法與天道人性之間存在著張力，於人擾，於己勞，可以維持一時，卻難以長久。《莊子‧應帝王》篇前四段論政治的四個寓言，一和三為正，二和四為反，說的都是這個道理。君主制可以說是維持最久的捲羶，但對於人口事物日繁的近現代社會，君主只能成為象徵性地首領，幾乎無法深入處理任何事務——像劉邦親征匈奴，大衛王斷案這類的事情，在近現代社會中是難以想像的。幾千年來被認為是天經地義，毋庸置疑的君主制，最終消散，這是這種「中」無力繼續維持的結果。老子莊子從理論上早已得知這一結果了。

　　心與理學和心學大有關係。孔孟時代，中似乎還沒有取得儒家的重要哲學範疇的位置。孔子雖然提到中道和中庸，但並沒有進一步的發揮。孟子更曾說，「子莫執中。」（《孟子‧盡心上》）到了《禮記》，儒家開始講心處於中，「喜怒哀樂之未發，謂之中；發而皆中節，謂之和」。「中也者，天下之大本也；和也者，天下之達道也。致中和，天地位焉，萬物育焉。」（《中庸》）這是儒家心取中庸之位的原因。到了理學階段，程頤在《顏子所好何學論》中所講，也只是一個心字：「凡學之道，正其心，養其性而已。」而心又必須取中位，朱熹說：「聖人定之以中正仁義」（《近思錄‧道體》），即仁義是以「天地大本」的那個中為根本，為參照。理學這個說法帶有深厚的道家意味，程頤解中：「中也者，言寂然不動者也，故曰天下之大本」。（《近思錄‧道體》）這幾乎是老子的「守中」（5）和「守靜篤」（16）合言之。

　　理學家力拒道釋，理學與道家的中，顯然必有差別。這個差別是由儒家背負的沉重社會功能所造成的。《莊子‧胠篋》中說：「彼竊鉤者誅，竊國者為諸侯，諸侯之門，而仁義存焉。」儒家理論被竊據為帝王統治術，儒家的中被移位扭曲，皇帝成為天子，佔據了儒家的中，以其為「羶」的餌以聚集人心，就造成了理學的變形和異化。朱熹批評老子，主要是指責《老子》書是權術算計。實際上，反而是先秦儒家之後，儒家的顯學部分，最為講究權術算計，這種權術算計即是為皇帝做嫁衣——禦封「正統」的那部分儒家，淪為只以君主為中，為君主制打算的工具。而儒家思想的真正源流和生命力所在——為萬世開太平的大同思想這一脈，只在隱淪的儒家人中相傳，他們的行跡與思想與道家人相去不遠。清末帝制崩潰，發生了儒家是否是宗教的討論，這其實是儒家失其中的回響。

　　內德與外得這兩個範疇，在莊子那裡，是由「我」這個共同的維度聯繫在一起的。這個範疇下不同的對象，與我有遠近的關係。這個維度又是一個環形，道在最上，而生出先天命定的樸，樸散而有我，我又生我心，我心又延伸出去，最終道心繫在道處。關於這種遠近，李宗吾作有一圖，但不完全。取此圖，並將內德填補進去，就可以得到圖16-2。

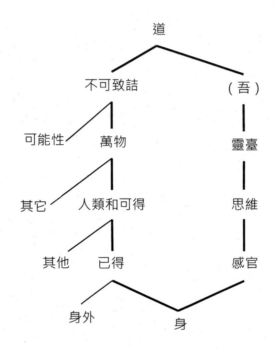

圖16-2：道─不可致詰─萬物─人類和可得─己得─身─感官─思維─靈臺─吾

　　中在這個圖中的位置，決定了一個理論的支足點，定下了何者為外，何者為內的分界。如楊朱的中在「身」，而傾向內，所以一毛不拔；而墨子的中在人類，而傾向外，則無我，兼愛而尚利；莊子的中則立足於靈臺，而傾向內，有向不可致詰發展的意味，所以能夠有化蝶的寓言。墨子的內，在楊朱為外；楊朱的內，在莊子為外；墨子的外，又與莊子通。老子不在圖中而在紙面之上，無內外（47）。

　　不同的理論，對這個分界處的選擇，顯然是秉承自然的某一節點，紋理或階梯，是有所依據的，而不是漫無目的的。但除靈臺之外的節點，都具相對性，對於一個人重要的，對另一可以可有可無的──如，楊朱的身很重

要，而老子說：「民之輕死」（75），孔子有「志士仁人……，有殺身以成仁」，孟子有「生，亦我所欲也；義，亦我所欲也，二者不可得兼，舍生而取義者也」，墨家則「摩頂放踵，利天下為之」（《孟子‧盡心上》）。唯有道家的道，是絕對不變的，各家理論歸根結底，皆不可逃出道這一線。在身的問題上，莊子認為生死只如晝興夜寢，又如「以生為脊，以死為尻」（《莊子‧大宗師》）的自然而然。

　　用這個圖為參照，可以考察一個理論的自洽性，是自洽還是立場遊移不定。一個自洽的理論，意味著這個理論在局域上是有效的，可以作為道這個源頭延伸到具體領域時，可以利用的一個據點，有可進取的可能。立場遊移不定則毫無意義。在現實上，諸子的理論大多是自洽的，所以是可以為「道心」所用的。用這張圖為參照，則可以看出他們的理論的來龍去脈，有效範圍，和可能的誤區。如墨家反對儒家的厚葬，墨家從節用的角度反對厚葬，儒家則從仁之始的情感主張厚葬，兩者辯論所依據的來源不同，無法放在一起論辯。而莊子則無所謂厚葬與否，認為所謂葬和哀都是表面的文化現象，其根本起因是物化，得知這個原因，無論厚葬或節葬皆可，哀與樂憑其自然——不哀而厚葬，當然是矯偽；哀而厚葬，也多有有妨真實情感的情形。

六、莊子的道心

　　莊子離脫形骸生死，可以不德而德，靠的是心的返道自生。也就是說，不著意於一得之德或先天之德，反而以不德化心，這樣得到的返道自生的心，與道一樣，存在無限的可能性，也能容納無限的可能性。這就是老子所說的空之用，人去掉了人的知識和思維習慣，這個空白空間並不是空了，反而擴大到可以容納其他的德，「虛則實」，如此反復，才能得到道。舉例來說，莊子認為人去掉對樂音聲的執著，就得以聆聽天籟，對樂音聲的德反而轉進一步。於連剌船於海上，置師曠於荒島，用的就是這個方法來點悟師曠。老子對仁義禮的看法，與此不謀而合。有了道德，才有真正的仁義禮。返歸只是一半，只知道返歸，不得新生，就表現為枯槁的無生氣。這就如抽象畫畫家，將印象抽象到極致，又必須用之駕馭印象以至於實物。一味地抽象到無，沒有新生，就無可畫，只能用簡單的顏色塊和線條敷衍塞責。這可以說有藝而無術。

　　「心無天遊，則六鑿相攘。」（《莊子・外物》）「六鑿」即人的目耳鼻口心和知。這裡的「知」通智，大體上與智力或思維相對。智力或思維只是我心之動，也可稱為心。莊子將知的極點稱為德，「知徹為德」。（同上）這個德，在於道心的吾，與智力或思維相區別。心沒有「天遊」，成為無掛礙的道心，則「六鑿」疊相為主，轉換不定；智力或思維因此有時不能為主，而被攪擾。俗語說，「一心不能二用」，即是指此而言。而心如果被不同的物所牽引，就發生分心。莊子說：「其嗜欲深者，天機淺。」（《莊子・大宗師》）如「以瓦注者巧，以鉤注者憚，以黃金注者殙。」（《莊子・達生》）這裡貪欲心使人內在的思維混亂，外在表現為利令智昏；此類心又有利名心、嫉妒心、計較心、好勝心等等，不一而足，但都可令人智昏。在此類情形下，一個人的心不是自己之主，而主人位置或者被物佔據，或者自身心亂如麻——即心之動無目的，無主持，無以為繼，充滿了中斷。所以達到了中，又必須有主，有能夠「天遊」的道心的主持，然後能用。

　　人的心不同於人的思維。如果將人的思維比作列車，那麼心就是司機。有了可靠的思維辦法和工具，如理性，人的思想就如乘上列車，在軌道上能夠可靠地而快速地運行。理性這種可靠性保證了反饋機制的可重複性，克服了隨意性。理性使得經驗可以有真正的校正作用，同時歸納簡化了經驗，使豐富的經驗不至於成為一種雜亂的負擔。這就避免了莊子所說的，射箭射到哪裡就以之為靶心的不可靠性。但世界的軌道並非是單一的一條線，在岔路只有心才能作出選擇，決定方向或目的地。尤其在尋找潛在的新的軌道時，心起到決定性的作用。沒有心的作用，思維就與人分離，人不能駕馭思維，就導致失控，人們不知道將前往何處。科學的，人工智慧的發展，已經引起某種焦慮，即是由此而來的。但沒有心的，失控了的列車，即使很快，也往往不能達到目的，不能善用之。如伯昏無人向列禦寇展示的那樣，在危崖之上，心不能定，再好的箭術也無法施展。正如效率與速度不同一樣，理性之用不在於越強大越好，而是在於隨心所欲的控制，心有所準備，才能在有新的發現時，謹慎而細緻，不至於與之失之交臂。如庖丁解牛遇到複雜的筋肉交結之處，或疾或徐，在於一心，並不以速度為念。所以無論哪種思維都只是工具，不能作為人的主人。這種對思維的控制，只能通過吾實現，這是人如何成為人的基礎，不同於智慧機器的地方。這種對思維的控制，是一種對吾認知，更是人的一種根本性的能力。

　　只有能夠在於一心，能夠超越和明照其他心和理性的心，如水如鏡的

心，才能最善地運用思維，包括理性思維。莊子提出的道心，即是指那個沒有掛礙的心。道心為主，但道心不是與其他心並列，而是將所有其他心都掃盡，波瀾不興，才能見到道心——即靈臺。這樣的道心，能夠容納和驅使其他心，也能夠明徹其他心為何。人的反思，只有體悟道心的人才有可能實現，其他的人只是諸多的心「相攖」。這種此起彼伏，沒有終結，首鼠兩端，即是無主見；沒有定論，今是昨非，前後不一，即無德行。

因此得到了道心，才能夠真正地在內有效而連貫地驅動思維，在外使智力得以發揮而盡其用，創造性的智源源不斷而生。道心因此也能夠貫通諸子以及禪宗之心。如，道心對外物的應用，即表現為「自性能生萬法」。然而靈臺仍有所持，「而不知其所持，而不可持者也。」（《莊子‧庚桑楚》）道心也有法則，法其自然。

《莊子‧駢拇》說：「吾所謂聰者，非謂其聞彼也，自聞而已矣；吾所謂明者，非謂其見彼也，自見而已矣。夫不自見而見彼，不自得而得彼者，是得人之得而不自得其得者也，適人之適而不自適其適者也。」對外物的瞭解是智，與此相應對自己的瞭解是明：「知人者智，自知者明。勝人者有力，自勝者強。」（33）一個人智的極限由明所決定：智勝明，往往「雖智大迷」（27），文過飾非，如惠施嬴政等人；而明勝智，「知止所以不殆」（32），其智易生，常常有餘，而不感不足。劉邦即是明勝於智的一例，張良雖智勝過劉邦，但感於劉邦之明「殆天授」也，自嘆不如，遂傾蓋如故。

與智相反的是愚，對於明勝智的人來說，無知也可，愚也可，其智易生而不必預先準備，「運用之妙，存乎一心」，因此靈動無滯礙，有隨機應變信如神的表現時，即使其人自己也無法預知，有如神助。韓信請封齊王一事中，劉邦的反應即使如此。這就觸及中國人常說而不能說清楚的「境界」的問題。與明相反的是昏。老子於世外看，連明也不必有，所以說：「俗人昭昭，我獨若昏」，但老子也只是「若昏」，仍有大明在。莊子在人世間，外物和辯論紛爭無法避免，所以主張「以明」。「以明」用以處理外物，但是是從內在的修養著手。

莊子明徹，與老子的「若昏」，在行為方式上的表現也不同，《天下》篇說莊子：「以天下為沈濁，不可與莊語」，比天下人明；而老子則：「人皆求福，己獨曲全」，好像比天下人昏，但天下的昏不足以危及老子的明。明與若昏皆是心，或者說「吾」在應接外物時的用。老莊此心皆是以道為本，明於道，在這個根源上老莊是同的，只是在用上有所不同。老子這種

用，常使有餘；而莊子齊萬物為一，無往而不得；兩人正是無為和無不為兩種用的寫照。在老莊看來，不能以道為本，而為外物所牽累，昏就不可避免，就會表現為「夫適人之適而不自適其適，雖盜蹠與伯夷，是同為淫僻也。」（《莊子‧駢拇》）淫僻則不道，不道早已，盜蹠與伯夷都會遺害，只是一個近在眼前，一個殃及後世而已。盜蹠的危害易見，而人很少能認識到伯夷這類人的誤區。從明的角度來說，將善橫在心裡，同樣妨害明，這個道理就如金和玉都是貴重之物，但「如眼中放些金玉屑，眼亦開不得了。」（王陽明《傳習錄》）

「中無主而不止」（《莊子‧天運》），在對外物的研究達到一定的地步之後，沒有相應修養和悟性——主，如果無法繼續容納，繼續蓄積自己的德——不止，就會物於物，執著既有見解，排斥或驚慌失措於自己所未嘗見過的奇異事物。外物不僅是自然科學，而包括心之外的所有，包括人事，所以這種瓶頸不僅發生在科學家身上，也發生於社會學家或哲學家身上。一個渾渾噩噩的人，不去追尋外物的根源，也不需要修養或悟性，因其自足，所以足以自在悠遊。但在需要對外物加以考察的時候，「其出彌遠，其知彌少」（47），越有成就，就越容易遇到此一困難，修養或悟性就越影響這些人成就的限度。「褚（注：即囊）小者不可以懷大」（《莊子‧至樂》），而不能反身自求，就會像惠施一樣：「惠施不能以此自寧」，「駘蕩而不得，逐萬物而不反」。（《莊子‧天下》）

執著既有見解，發生在固執的學者身上，人們可能認為是書生氣；但如果發生有威權的人身上，則是剛愎自用，有破壞性的後果。執著既有見解就如一葉障目，無知於外物的無涯，「由天地之道觀惠施之能，其猶一蚊一虻之勞者也，其於物也何庸！」（《天下》）同樣的話也適用於志得意滿的嬴政一類人。所以老子說：「知不知上；不知知病。」（71）

從外得上講，莊子的道心是哲學家和科學家所渴望的客觀性來源，也是智力和思維所能達到極致——只有無掛礙的道心，才能使人逍遙遊，無拘無束於逝大遠返的極致——「精神四達並流，無所不極」。（《莊子‧刻意》）因此，《莊子》不僅能夠包容哲學科學思維，而且對這兩者具有決定性。以惠施為例，惠施向外馳求，憑藉的是思辨，他所得到的與科學家實驗所得的接近，最多只是魚的生活習性，喜好，而不能得到「如魚飲水，冷暖自知」。反之，莊子從道心到化生這一途徑，可以得到魚之樂。這兩者之間只隔了若有若無的一線，但從莊子這邊跨過這一線不難，從惠施這邊卻非得

要求科學家自身有相應的修養和悟性才行，不是擁有精密先進的儀器和勤謹周密的推理就能得到的。即使科學家從惠施這邊試圖趨進於這一線，問題的關鍵也在於科學家自己，「其心以為不然者，天門弗開矣」。（《莊子·天運》）「（科學發現的）機遇只偏愛有準備的頭腦」（據雲是阿爾伯特·愛因斯坦語），有準備的頭腦，實際上即是直覺，這樣的研究不是像機器人那樣隨機行走去發現，而是創造性的發明——發現以明。明是思想家之事，一個思想家能成為真正的思想家，至少要在純粹思想上有所發「明」才行。從這個意義上說，偉大的科學家未必需要是一個哲學家，但必須是個思想家，與外在發現對應，偉大的科學家必有內在思想上的發明。

　　莊子多有對惠施的批評，但能夠容納和理解惠施和惠施學說的人，也只有莊子——惠施之書不傳，只能藉《莊子》留名，就是明證。道教能夠海納百川，固然與道的廣大有關；但道家老莊所說開的明，才是具體的接引使者，使得名家陰陽家墨家等賓至如歸，使得他們能夠揮灑自如而非有寄人籬下的局促之感。以名家為例，名家在當時，可以說在思辨高度上超出其時代，所以難以為人所理解，能理解他們的唯有道家，因此往往與之友善。道家這種接引，從魏牟之事，也可看出其趨勢。（錢穆《先秦諸子繫年考辨·魏牟考》）

　　莊子之學，有外得之用，而不肯用。他說：「吾將曳尾於塗中。」（《莊子·秋水》）有此道心，遊戲於泥中，也可以「得至美而遊乎至樂」。（《莊子·田子方》）無此道心，遊樂也不能盡其樂可知。能盡其用，能盡其不用，其唯道歟？此或為莊子逍遙遊之謂歟？

第十七章　無為與道德

　　「道行之而成」，行道的關鍵就在於「無為」。老子講的「無為」，不能理解為無行動，無所事事，或無所作為。這樣的理解與「無為無不為」（48）相矛盾。無為也是一種為，所以有「為無為」（63）。有作為與不作為雖然相對，但都是根據「有」，無為則超出「有」的層次之外，而基於「無」。無為的範圍是道下的一切，無為的對象包括所有的「有」：既包括人事，也包括天然萬物。對於這樣的對象和範圍，就行動而言，只能「無為而無以為」。（38。「以」，《說文》解為「用也」。）

　　無為沒有固定的方法，對象，和目的，即，沒有一定之規。孔子的「無可無不可」（《論語‧微子》）亦如此類。無為沒有具體的法則才能「無不為」（37），在整個道之下的範圍內，曲盡其妙，用之不盈；反之則「指事造形，非其常也」。（王弼《老子注》）

　　有為是循既定的法則而行的。與無為相比，有為視野狹隘而不足用，作為理論因為沒有「無」的根本而不嚴密。《莊子‧天道》篇說：「無為也，則用天下而有餘；有為也，則為天下用而不足。」又說：「可用於天下（的有為），不足以用天下。」因而，仁義，兵法，刑罰，禮樂這些有為和刻意而為都是捨本逐末，有上述弊病。但這些末學有其地位，「末學者，古人有之，而非所以先也。」（《莊子‧天道》）老子和莊子對這些末學的反對是一種惡紫之奪朱，不是厭惡紫，而是厭惡其奪；反對將它們作為根本，而蒙蔽道德這個真正根本。這樣的本末，自然引出「上無為，下有為」的主張。

　　行動意義上的無為，發軔於無，在有之先，而能夠生有，「為之於未有，治之於未亂」。（64）無為直接的對像是未有，而不是具體一物。在對像是具體一物時，無為表現為與已存在的有，兩不相害，是自然的，不得已的，應有的。如庖丁解牛，不用割折，「恢恢乎其於遊刃必有餘地」。無為治世，「太上，下知有之」（17），但「下」遵循的是完全的天道，不感覺到「為」的發生，而認為「我自然」，不感覺到有額外之事加於我——不論索取還是賜予。遵循無為的人，是真正尊敬天道和自然規律的人，功出於

自然規律，當然就不敢不應貪天之功而歸於己，就表現為「為而不恃」。（2，10，51，77）君主制下的君王沒有不以天下為私人財產的，其不能無為就不足為奇了。反過來，有為則敗之。老子說：「將欲取天下而為之，吾見其不得已。天下神器，不可為也，為者敗之，執者失之」。（29）這裡的天下，意味著統治，這個對象「為者敗之」，只能無為而治。

最後，無為的目的不可言說。無不為不是無為的目的，而是無為的結果，不容心於其間。道的本意是一達，達是行之而成，即成功地從出發點達到目的地。但老子推演哲學上的道所通往的，卻不是一個明確的目標。道不可道，道的目的地也無法說出。老子說：「大道甚夷，而民好徑」。（53）這裡老子是說大道寬而平，而人們卻喜歡走小路。人們之所以選擇小路，顯然不是為了易行，而是因其是捷徑。在目的明確時，是特定的「有」時，走捷徑或許能夠更快地達到目的。但「雖小道，必有可觀者焉，致遠恐泥。是以君子不為也。」（《論語‧子張》）福禍相依，人們專注於特定的「有」，往往是顧此失彼，不能有遠大的目光。目的是從「前識」得到的，老子說，這是「道之華，愚之始」（38），否定前識即意味著只能法其「自然」。個人的德性教育如此，社會的發展也是如此，越是看似合理的前識，弊病也越大，歷史不斷地證明瞭這一點。這時的法其「自然」，只有從理解輔助真正的人性入手，使其自己發展，即無為。

一、「無為」的內德根源

道不能拿來給人，只能由人自得。這樣的得是內在的，無法探知的內德。而內德發出來，使他人所能夠見的即是為。內德達到與道合，人能夠立足於道心的吾，其為即從道出。從道出的為，即是無為。其餘的為都是有為——先有而後為之。無為法效道之為，但無為與道的作為，有不同的地方。萬籟發聲，「怒者其誰邪」（《莊子‧齊物論》），這是道之為；而無為則有吾的驅使，必然是人發出的。打比方來說，道之為，如同斷木順流而下；而無為則如空船順流而下——其軌跡類似，但後者雖然裡面無人，但必是上游有人將其置之中流的。

無為的一個表現是無以為，不能以一定之規來測量和判斷一種為是不是無為。內德無法確切探知，但人們設計各種面手骨相，中正三品，科舉等

來加以甄別。這些手段有時偶有一得，但不具普遍性。德的測度衡量的除德的內在的困難，還有德的累積程度漸廣帶來的困難。有德之士，如果有大德，比測度衡量的標準更為廣大，則無法測度，除非在一種特殊的情形，就是測度是由大德的人來做測度。這方面的例子很多，俞伯牙鍾子期在音樂之德上相仿，才有知音的說法。禪宗在話頭中互相試探，來印證或點化，應接之際，話頭是信手拈來的，沒有也不可能有個定式。只有對話人之間的禪學所得相仿，才有契合。否則只是像俱胝和尚伸出一指的故事，其意思人見人殊了。雖然沒有決定性的方法，內德或可探知，與道一樣，是或然閃現的，使人知其有，而不是絕無。玄奘言，「如魚飲水，冷暖自知。」玄奘此言是說，他的德性，是個人獨得，個人的德性，無從驗證，玄奘的自信極深，事實上也確實無人有資格或能力去驗證之。孔子「不踰矩」的自白，也是此類自信彌深之言，孔子的「矩」，放眼天下，又有誰能矯正之呢？此類又如，顏回的「夫子奔逸絕塵，而回瞠若乎後矣」（《莊子‧田子方》）和老子的「善行無轍跡」（27），兩者可以互參。

　　有為是可以探知的，有為一定會有以為。將追逐名利做為行為準則的人，其道小而不及遠，這是人們容易知道的。而「知效一官，行比一鄉，德合一君而徵一國者，……也亦若此矣」（《莊子‧逍遙遊》），也是不能及遠，此類有為的本質，與追逐名利者沒有不同，但人們就很少能明白這個道理了，這是人們困在相對性中而不自知的結果。這些仍然是「有待」，也就仍然是有以為。老子「處眾人之所惡」（8），莊子「獨與天地精神往來，而不敖倪於萬物，不譴是非，以與世俗處」（《莊子‧天下》），孔子「知其不可而為之」（《論語‧憲問》），這些人踽踽獨行，不近人情──以至於惠施無法理解莊子，子貢子路也無法理解孔子──道在其中矣。從道的角度上，孔子與莊子相像的地方頗多，都讚同無以為。莊子處於「材與不材之間」，而孔子也非一專材：「達巷黨人曰：『大哉孔子！博學而無所成名。』」（《論語‧子罕》）

　　無不為作為結果，不是出於成心的結果，而是因為無為「與物有宜」：物的因素為主，人的因素為輔的結果。能真正達到這一點的，只有去「我」之後得到的「吾」。「外物不可必」（《莊子‧外物》），外物不是人想如何擺佈就可以如何擺佈的。這裡的外物，是吾之外的所有的，包括人在內的外物。外物有各自的物德，越是其本質的物德，越難以改變，不以人的意志為轉移。所以在為的時候，成事則不光取決於人，而在於人為和物對人

為的反應的綜合後果。對這一點的認識，往往是成敗之間的閾限。擅長游泳的人，不在於有力或強壯，而在於「從水之道而不為私焉」（《莊子·達生》），能利用水的特性，越不與其牴觸（為私），就越諳熟水性，用力少而游動自如——在水勢複雜時，自恃強壯有力，反而容易誤事。又如，鯀壅水，禹導水，對比是顯而易見的。在開放系統裡，這個綜合後果往往是不可逆料的，所以有「謀事在人，成事在天」的說法。老子因此說：「輔萬物之自然，而不敢為。」（64）

無為無不為，「與物有宜」，而能順物而成之。「所謂無為者，不為物先也；所謂無不為者，因物之所為也。所謂無治者，不易自然也；所謂無不治者，因物之相然也。」（《淮南子·原道訓》）無為不是無所動作，只是因勢而行；勢從道出，吾無意於其中，彷彿我並沒有參與其中。在這種情形下，人與物各得所適，對於人來說，就是成。反之，「不自適其適」（《莊子·大宗師》），則兩敗俱傷。鯀壅水，用蠻力勝水於一時，不是真正的勝。禹導水，順乎水性，也不是輸給水，而是無為——用力少而成其功。「不自適其適」則不成，如，「昔者海鳥止於魯郊，魯侯禦而觴之於廟，奏九韶以為樂，具太牢以為善。鳥乃眩視憂悲，……三日而死。此以己養養鳥也，非以鳥養養鳥也。」（《莊子·至樂》）又如伯樂治馬，「而馬之死者已過半矣。」（《莊子·馬蹄》）僥倖未死的馬又常有種種不馴，「馬知介倪（不服駕馭）、闉扼（yin 甩掉車軛）、鷙曼（頂車）、詭銜（吐掉嚼子）、竊轡（咬轡繩）。」（同上）這些損失和不馴，不是伯樂治馬不力，而是因為「不自適其適」，所以莊子說：「故馬之知而態至盜者，伯樂之罪也。」（同上）

馬且如此，治世的對像是人，更必須使人「適其所適」，完全順乎人性才能實現郅治。否則「態至盜者」必不可免，莊子認為這是人王的罪過。認為用強勢的武力和思想灌輸就可以改變人性，就可以實現大治，這樣的「輕天下」是行不通的。民眾對強勢的武力和思想灌輸的反應，實際上遠遠更為強烈，而且有兩極性，順和反之動：「上有好者，下必有甚焉者矣」（《孟子·滕文公上》）；「舉賢則民相軋，任知則民相盜」（《莊子·庚桑楚》）。道家與儒家在君民孰重孰輕的認識上是一致的，如，老子說：「重為輕根」（26），其意與孟子「民為貴」，「君為輕」（《孟子·盡心上》）是一致的。這裡所謂的輕重是權衡，民是根本，所以重，即是君王和民眾的相互作用兩者中，民勝出的意思。但道家與儒家因為對人性有不同的

理解，所以有不同的應對。儒家反對武力，試圖用仁義的教化達到治，這是一種有為。老莊承認世界上有仁義，但認為仁義不足用，他們尤其反對「諸侯之門，而仁義存焉」（《莊子・胠篋》），即像仁義這樣的善，當用來作為治理的工具時，也成為惡的了。老莊認為，治世，強力或仁義都不可用，所可用的即是無為。換言之，外物和外在的工具，不足以治世；只能用根源於內德的無為。治世完全順乎人性，並非軟弱，而比依仗強勢更難。即使能夠理解無為，也要配合自身的修道才有可能做到，因此，即使明白這個道理的「寡人有疾」的人王也難以做到。治世的無為如禹的治水，去其壅塞，水自行流走；去掉妨礙人追求自在的障礙，人會自行安居樂業。用武力去脅迫，用恐嚇去剝奪，卻想人對此安樂以對，就如抱薪救火。

　　君王與治下的百姓同樣是人，這一點使得治世與治物完全不同，物可以被隔離，人卻不能。任何試圖隔絕，將人或人的思想裝到一個封閉盒子裡的嘗試，都必然失敗。成功的控制人，即是成功的奴役，這樣的情況只能是偶然性的成功，難以重複。即使在很小的一群人中，也是如此，何況人類。所以老子說；「天下神器，不可為也，為者敗之，執者失之。」（29）

　　人們往往錯誤地認為好的政治的關鍵是君或統治階層更英明神武。這樣的認識與實際情況截然相反。君的知與力與民的至少是相埒的。而「知有所困，神有所不及也。雖有至知，萬人謀之。」（《莊子・外物》）任何人的謀略相比於萬人，只能是百疏而一密。沒有人能夠織就涵蓋所有人心思的一個羅網，也就沒有人能夠杜絕思想的自由，這是現實性的。所以《莊子》中有，「老聃曰：『汝慎無攖人心。……僨驕而不可系者，其唯人心乎！』」（《莊子・在宥》）歸根結底，人性是「不可（囚）系」的，也就是說，人性是開放的系統，不能完全隔絕而加以控制。人性這種不可隔絕性即是人的自由意志，在社會環境下的表現。人性這種不可隔絕性，就往往引起人們對於微妙難識的命運的思考，即命運能否像個盒子，裝下人的自由意志。在這個意義上，古希臘的詩歌和悲劇，比希臘哲學更接近於現代人。

　　在極端的境況下，即以一極高明的人心，去系另一「不可系」的人心，也可以有極端的兩種情況，即同心和敵對。《莊子》中的盜蹠，即是人心的「不可系」而敵對的一例：「（盜）蹠之為人也，心如湧泉（思緒不斷），意如飄風（無可捕捉），強足以距敵，辯足以飾非，順其心則喜，逆其心則怒，易辱人以言。」（《莊子・盜蹠》）盜蹠並非不世出的人物，也不是天才的領袖，只是人群中常有的。在只知道以仁義刑法為約束的社會裡，越是

高尚的仁義，越是苛刻的刑法，就有越多的人被拋棄或者因其他原因游離在社會之外，當這樣的人足夠多，有號召力的領袖就自然產生了。盜蹠陳勝劉邦等人都是如此，有這樣的時勢，就會造出這樣的英雄。這即是「聖人不死，大盜不止」（《莊子·胠篋》）的原因。

　　人類社會的種種形式，如神權，奴隸制，君權，封建，到民權社會等等，可以看作是一系列約束人性的實驗，而這些實驗的結果指向人性不可約束，而非反之。人們從這些實驗似乎至多只得到了人性不可系的經驗，而非人性不可系的「結論」——人們仍然寄望於最終約束住人性，如社會科學的意義，在很大程度上是因為它可以解決完美社會組織形式這一問題——其結果可想而知。有了這樣的理解，才能夠真正認識到無為的意義——處理開放系統的唯一方法。

二、無為是至善的

　　善惡並不外乎人，不可能離開人性。善惡不能用外在於人性的標準規定。道德也是如此。凡是真正人性所有的，人做出來，就是善的，而不是惡的。問題在於，人並不知道何為真正的人性，以目耳鼻口心和知的欲望為真正的人性，去盡性，就一定是惡的。只有在道心的吾為主時，完全沒有外物的牽扯時的人性，才是真正的人性，能夠實現至善無惡。真正的人性只有在絕對自己時，才能夠表現出來。而人的真正本質只能由絕對自在的，沒有外物干擾，極虛極靜的道心的吾達到。吾能夠「吾喪我」，就連身，包括目耳鼻口心知，也一概摒棄，才達到了超脫於外物的境地。所以物於物，外立其德，外立善惡，外立道德，都一定是偏離善，而帶有惡的。

　　有吾主持的無為，是以無為的方法，去為至善；而只有去為「善之善者」，即超越善惡，而達到自然，無為而無不為這一理論才能夠成立，在行動中才能行得通。為私不可能無為，無為反而能成其私。所以老子講：「是以聖人後其身而身先；外其身而身存。非以其無私耶？故能成其私。」（7）老子提供的是最普遍的，對象最廣泛的情形下的指導，是常。而「不知常，妄作兇」（16）：不知道普遍永恆，只依賴一己之私或者一己之見，是危險的。沒有這樣的見識，應用老子的無不為，只能是胡作非為，造成禍患。莊子說：「道固不小行，德固不小識。小識傷德，小行傷道」（《莊

子·繕性》），即是講的這個道理。

　　普通人所謂的小善惡，皆有後患，福禍相依；而有以為的仁義禮，也是如此，「其事好還」。這裡值得注意的是，《老子》中有天道和人道兩個部分，天人不相勝，其神不傷人。在人道的部分，尤其是具體情形，例如君主制下，因為對象不同，老子所講也不同，天道與人道有相反的情形，如「天之道，損有餘而補不足。人之道，則不然，損不足以奉有餘。」（77）這裡老子不是對「人之道」進行激烈的批評，而是就事論事，古今都確是如此，人之常情而已——有名的哲學家，作家，畫家即使平常的作品，也有人去推崇；而新進，即使是天才，也往往無人問津。

　　老子的慾取故與（36），看起來是一種詭計，但這只是反之動原則的一個應用。不可忘記，老子有言在先，欲取故與的前提是「善為道者」，而善為道者是上德不德的。「欲取故與」，本是天道的作為，天道即是如此變化。將其借用於人道，是真的給予，不求回報，才能有取；否則只會自遺其咎。老子說：「聖人執左契，而不責於人。」（79。左契，債權人所執。此句意為，執契而不求取償（回報）。）徐梵澄解「上德不德」（28），舉漂母飯韓信，馮諼為孟嘗君營三窟為例。（《老子臆解》）這兩例中，「與」是在不德和真的情形下，即不以得為目的的所為。漂母和孟嘗君都得到回報，似乎出於幸運。但出於望外的回報，是因為給予的時候並沒有想要回報，這即是上德之得。此上德已經在那裡，如果需要就會顯露出來。不明就裡的人或許認為這是神奇的，但對老子來說，只是平常而已，因為人不能篤信，才覺得驚訝。很明顯，只有將《老子》作為一個整體來解釋的時候，才能得到上述的解釋。否則，只能將「欲取故與」這類的與「為而不恃」相衝突的字句，從老子中剔除。從字面上理解，漂母得到的回報與付出完全不成比例，很多中國人因為在不知不覺中得到道家的教化，對此並不驚訝，但在西方這卻可以說是傳奇——這種回報不是在有約契的情況下，不是不失德而施恩望報的下德所能取得的。老子認為道天地王都應如此，與而不望報，是以不去，常保此道，所以有一不德之心在先，而不會被外物牽動而造成「博鉤者昏」（《莊子·應帝王》）的情形。不管怎麼說，「欲取故與」作為原則比「先取後與」，「取而不與」，或「與而不取」總是要好很多。

　　上德不德，另一種情形即是其德無法回報，就象得到偶然相逢的陌生人的慷慨幫助，無從回報，受者對此念念不忘的程度往往超出幫助的所值，而施予者不覺其失反而覺得充實。這是因為內德有所廣導致的充實感，在不物

於物，不貴難得之貨上，又進一步，德有所長。此類事情也非「上德不德」不能解釋。

從「君子懷刑」的角度，很容易理解老子講無為的原因。刑意味著懲罰，有人刑我，有我刑人，也有天刑人。有為則有咎，犯刑責，所以不敢輕為。朱熹批評，「老子是個佔便宜，不肯擔當做事的人」。（《朱子語類·卷一三七》，轉引自陳榮捷《朱學論集》，「朱子評老子與論其與『生生』觀念之關係」篇。）朱熹此言有所見於「刑」，卻失於斷章取義。無為以成，並不是佔便宜的奪取，而是雙贏。老子任何所論，基本假設都是基於「以道蒞天下」這樣一個假設，而不是朱熹認為的，是人間世，甚或帝王的立場。老子認為，天下有所成，也就成我之私，我之私，不能從有損天下得來。老子所講的大部分內容不離於上德，老子並不以上德苛求眾人，也不肯從眾。老子寬容眾人中有善有惡，他說：「善者，吾善之；不善者，吾亦善之。」（49）上德是對聖人，「以道佐人主者」（30），人王等人的要求：「故貴以身為天下，若可寄天下；愛以身為天下，若可託天下。」（13）這些人必須愛重天下如愛自己的身體，聖人處身不圖僥倖，治天下也不容疏漏，否則傷損必多——此時老子的過於謹慎，勝於朱熹的盲目自信。

老子所講的無為而治，實際上既包括了中國傳統文化中公認的理想的政治，有孔子「君君」的具體內容；又包括了君得以君：如何得天下，如何失天下。無為與人無傷，老子認為得天下也應無殺傷，而「夫樂殺人者，則不可以得志於天下矣」。（31）（孟子說：「（天下）不嗜殺人者能一之。」（《孟子·梁惠王上》）這裡兩人觀點一致而略有不同：不樂殺人，不是能一天下的充分條件，只是一種必要條件。）老子又說：「奈何萬乘之主，而以身輕天下？」（26）這裡的意思是不像愛身那樣謹慎以對天下，不能將天下託付給他：視享樂比天下更重要，「取之盡錙銖，用之如泥沙」，只會敗之。

「知徹為德」，任何一個人的知都很難澈底，而根據自己的「成心」，狹隘的「有」的經驗去為，這是老子所不取的。在知道福兮禍伏的道理之後，這一點就很容易理解了。普通人只知道不去為惡的道理，但不知道為善也不是可以輕言的。理解不為善比不為惡，要難得多——對「絕聖去智」的理解也是如此。馮夢龍記趙母奇語，「趙母嫁女，女臨去，敕之曰：『慎勿為好！』女曰：『不為好，當為惡耶？』母曰：『好尚不可為，況惡乎！』」（馮夢龍《智囊·雜誌部》趙母奇語條）趙母真是深得無為之

道。又如，「子贛贖人，而不受金於府，孔子曰：『魯國不復贖人矣。』」（《淮南子·齊俗訓》），也是善亦不可輕為的例子。此類例子俯拾皆是。

老莊之無為，使人在無不為和道遙遊時，不傷己，也不傷人。人們往往重視老子善於攝生，使物不傷我，人不傷我這一用途。但這只是一半，更重要的另一半是不去傷物或傷人，而且這後一半是前一半的前提。道如水，「水善利萬物而不爭，處眾人之所惡，故幾於道。」（8）天也是如此，「萬物並育而不相害，道並行而不相悖，小德川流，大德敦化，此天地之所以為大也。」（《中庸》）聖人也如此，莊子說：「聖人處物不傷物。不傷物者，物亦不能傷也。」（《莊子·知北遊》）庖丁解千牛，刀刃如新發於硎，刀刃猶如我，我如新，是因為不去割傷（他人）。這也是個用無則不傷的意思。

人的情形複雜得多，但人不傷我仍以我無為為前提。老子說：「聖人亦不傷人。」（60）這裡的人是所有人，包括親人，遠人；愛我的人，憎我的人；善良人，惡人，等一切人。《莊子》中的《人間世》是專門講如何能夠使惡人不傷我；《應帝王》則講「勝物而不傷（物）」。自保易，不傷人難，不傷愛我之人猶難。對於愛我之人，我之貧老病死皆可傷之，這種傷人也是老莊試圖避免的。俗世的人往往只知道愛是好的，卻不知道愛也是傷人的。所以莊子兩次言及「相濡以沫，不如相忘於江湖」。（《莊子·大宗師》和《天運》）又，《莊子·天運》說：「以敬孝易，以愛孝難；以愛孝易，以忘親難；忘親易，使親忘我難；使親忘我易，兼忘天下難；兼忘天下易，使天下兼忘我難。」老子講「寵辱若驚」（13），其實質是不欲驚，避寵避人之擁戴如避禍。莊子又言，「非汝能使人保汝，而汝不能使人無保汝也」（《莊子·列禦寇》）——使人親近自己易，使人不親近自己難，而這正是莊子的目的——既與人無傷，又使人相忘於道，不牽掛於己，才可以在人道中從容逍遙。

為而不從中出，即行動不出於刻意固執的成心，而是因應自然之變而動，這樣的為就表現為不得不為。進一步，為而心不動也不化，身能隨自然而與之委蛇，沒有滯礙，物我兩成，即成無為。與外物委蛇似易實難，為物所役的人，有刑罰不能壓制的慾望，有難改的積習，情感的牽掛，便談不上無為，只能有顧此失彼的有為。無為也不是對大自然的模仿順從，為自然所役，而是「天與人不相勝」（《莊子·大宗師》），在充分地遵循自然法則之時，有獨立性的人格，有自主的心，即有可以喪我的吾，才能真正地與化

委蛇。中心無主，一味對自然的拙劣模仿，這樣的為是「非生人之行，而至死人之理，適得怪焉」（《莊子・天下》），不是無為。

　　無為「為之於未有」（64），其表現是創造。創造性的最根本的來源不在於想像力，而是存在於對自然法則更深更充分地發明。唯有不動心，才能將自心的幻想與成見減低到最小，以至於無；此時來侵擾此心的唯有自然，人即能最大程度地感知自然，在勢已萌，形未現之前，已經有了行動。心有成見，則重視與自己意見相同，而對與自己成見相反的現象麻木遲鈍。「其者欲深者，其天機淺」，心有所欲，則會心無旁騖，對其餘事物熟視無睹，這就談不上感知自然了。所以老子說：「治人事天莫若嗇。夫唯嗇，是謂早服」。（59）這句話的意思是：「以無為處理外物外事（也包括科學實驗），要用嗇。只有做到嗇，才能早做準備——為之於未有，防患於未萌」。其中「嗇」，即韓非說的「聖人之用神也靜，靜則少費，少費之謂嗇。」（《韓非子・解老》，又如《莊子・達生》中梓慶為鐻事。）少費，即不動不用。《莊子》也有「水靜則明燭鬚眉，平中準，大匠取法焉。水靜猶明，而況精神！聖人之心靜乎，天地之鑑也，萬物之鏡也。」（《莊子・天道》）簡言之，無為存在於心與物之未萌之間，有生之意，用之則神動天隨，無窮無盡。

三、無為與人世

　　道是無為的。老子所講的無為，是從道來講的，抽象而缺乏具體。道無內外之分，但德有；人有人德，就不能澈底地無為。老子將內外分得很明白，所以說「貴大患若身，……以有大患者，為吾有身也，及吾無身，有何患？」（13）人生而為人，得了人身這個物德，就是道已經分化後的結果，老子視之為一種妨害。而莊子解決了這一問題，講出了實際的方法。莊子使我心自生，這樣心隨道，身隨德，達到「吾喪我」，即沒有身患。莊子所講的無為即成「我」無為實際的方法。

　　人未生之前，可以說在道中存在。已生之後，「天生德於予」，一個人不由自己地就有這個人身的德，而且不能決定自己生在何時何處何世，這就是所謂的「命」。人生前死後皆歸於道，不由人。人生之後，道與人有分別，但不相隔膜。草木無知而自長，鳥獸不用教化而自得其所，嬰兒赤子亦

是如此，嬰兒赤子所為即無為。與道隔膜，是人自己的作為。人為為偽，所以道者不取。「道也者，不可須臾離也」（《中庸》），人沒有脫離道，也不能脫離道，總在道中。視道為外在的，認為人與道是主體客體的區別或道與人相對立，是未能知徹的暗昧見解。

　　人被外得所誘，有得而行，即是有為。但追求人皆知的善德美德，實際上只能做到眾善則善，眾惡則惡，就如在禮教中恪守禮法，是善還是惡，其實並不自知。知道有為之後，人們才有對失去明確目的或對象的恐懼，對委之自然不能安心；而外物不可必，有為有成敗，在選擇為的時候，有患得患失的恐懼；這些恐懼實際上是失去赤子之心的表現。修道即是重拾赤子之心，《莊子》尤其專注於「心」這一問題。無為並不要人們去做什麼，或者不去做什麼，而是憑籍每個人自己的赤子之心而為。人與道相分之後，德不獨在於人，也不獨在於道，存乎人與道之疊合處，這就是「復歸於樸」（28）和「為道日損」（48）成為道術的必由之路的原因。知道這個背景，始可以明白無為之所出。

　　道是非人格的，而我是人格的；道之為，以道德的維度來描述；我之為，以人世的倫理道德來衡量。人世的倫理道德依存於老莊所講的道德——人的本性，人的本來面目。人世與道德割裂，也就意味著倫理道德的喪失：不依賴於人的自然而真的本性，試圖將人塑造成某種「應然」或某種「理型」，所得到的是變異的人。人所認為的「應然」和「理型」不一，總有發展變化，根據它們建立的倫理道德前後不一，出爾反爾，也就無任何倫理道德可言。人只應成為人，這是無為的，在這個基礎上才有倫理道德的建立。人為人，即踐形，實現人應有的可能，只有「無以為」。老子說：「上仁為之而無以為。」（38）「無以為」是保持人應有的開放性的唯一辦法。

　　道與我兩分，我不能達於道，那麼道德和倫理道德這兩套系統就沒有聯繫。這種道我兩分的情形，即如莊子所說：「（在名化之後的社會裡）文滅質，博溺心，然後民始惑亂，無以反其性情而復其初。由是觀之，世喪道矣，道喪世矣。世與道交相喪也。」（《莊子·繕性》）莊子顯然對道我兩分的情形是不樂見的。道我沒有澈底兩分，但不尊道重德，則是捨本逐末，也為老莊所反對——這種情形下，人容易陷於迷惑。迷惑者，「小惑易方，大惑易性」（《莊子·駢拇》），小的迷惑使人不知所為，盲目地去有為；而大的迷惑使人喪失本性，人而非人，這樣的人任何的有為都是畸形的，可想而知。莊子認為自己所處的世道即是「無以反其性情而復其初」（《莊

子・繕性》），在這樣的世道裡「三人行而一人惑，所適者猶可致也，惑者少也；二人惑則勞而不至，惑者勝也。而今也以天下惑，予雖有祈向，不可得也。不亦悲乎！」（《莊子・天地》）莊子之不肯出來做事情，這大概就是其中最重要的原因。

道我實際上不能澈底兩分，道是人不可加，也不可逃的。道延伸到人世，就形成了人道的基礎，「世與道交相喪」雖然從「民鮮（缺乏）久矣」看來不錯，但仍有「深根寧極而待」的人藏在天下。道在人間，人世間必然有其道理，這些理雖然可能被掩蓋，但仍在那裡：人間世不是完全隨機的，也不是任何異想天開都行得通，在看似雜亂無章中，有潛在的流向。在這個基礎上的人道是指，人世間的理又不完全是神界或自然界的投影，不附屬於這兩者，而是具有本於人的獨立性，具有特別的人性特點。人道的範疇因此不同於道的範疇，不能隨便互換，而後者對前者有所限制，所以人道有「道到人」的意味。道德貫穿了道德仁義禮的所有層次，而社會道德只發生在仁的層次以下。人動，也有能動性，這就包含了反之動。這使得人不同於道中其他範疇的物，而有無窮盡的反復。當強調這種獨特性時，從人世間看人道，就有人本主義。所以人道與人本只是角度不同。如果認為人本不同於人道，重人本卻不重道，就將人與道割裂，這就為異化的人，畸形的人性打開了大門。

社會道德是道和德在仁義層次的重演。老子說：「上德無為而無以為；下德為之而有以為。上仁為之而無以為；上義為之而有以為。」（38）上德接近道，道的「無為」在仁的層次轉為「無以為」；下德即一般的德，義與下德一樣，「為之而有以為」。仁是人道，人生而平等是不言自明的，人存身其中而不自知，即「為之而無以為」。義是人對人道之得，如孟子善養浩然之氣，只是「德畜之」的另一種說法，即「為之而有以為」。

人類之得以生成和存在，有道之精的基礎，也必有其理。人所分得的精和理，合在一起，即是人之德。人之德因此與生俱來，也是不可脫離的，因此德是仁的基礎。德延伸到人世，所形成的即是人文。人文是社會人所獨有的德，與自然人不同，是人道外化出的紋理。孔子說：「質勝文則野，文勝質則史。文質彬彬，然後君子。」（《論語・雍也》）孔子的質實際上是老莊所講的德；文即是倫理道德的德。不能偏重後者，而忽視前者，否則就有削足適履的問題。老莊的道德中，德從道出。社會道德的德，從老莊的德出，順應天理和自然之理；也必然從人道出，明人道。德潤身，即是社會的

「我」其身顯明了合乎人道之理的社會性的條理和紋理，這樣可以悠遊於人世，所以潤身而不困乏。這裡的條理如「心正而後身修，身修而後家齊，家齊而後國治，國治而後天下平」（《大學》）；紋理如「言念君子，溫其如玉。」（《詩經・國風・秦風・小戎》）

老莊道德是內在的，基礎性的，實的。社會道德是外在的，外來的，名義的。這兩者的連通的結點在有道德的人，孔子即是這樣的人。《論語・學而》記子夏言：「賢賢易色，事父母能竭其力，事君能致其身，與朋友交言而有信。雖曰未學，吾必謂之學矣。」子夏此處所說的學，正是外在的社會道德，而非道德。而孔子說：「古之學者為己，今之學者為人。」（《論語・憲問》）孔子從「古之學者」，所以他的學，是道德，比社會道德深一個層次。孔子所講的社會道德是由內及外，不是像子夏那樣僅有外。莊子說：「為善無近名，為惡無近刑。」（《莊子・養生主》）此句所講實際上是道德與社會道德的共存的情形。莊子之精神存在於道德的層次，而身體作為外在之物，則按照社會而行。這裡刑不同於法律，指的是那些違反習慣習俗的行為，社會對應地給予的懲罰。莊子認為世道交喪，那麼刑當然也失位，莊子避開卻不認可這樣的刑。蘇格拉底卻缺乏此類見識。

老莊的道德，延伸到人世而形成的社會道德，看起來已經與本意不同，但兩者仍是不可分割的一貫。這就是老子所講的枉則直的道理。直接不變動地將老莊道德搬到人世間代替社會道德，在老莊的時代，即已經是刻舟求劍。莊子認為，在這種情況下，人世的惑亂不能螳臂當之。（見於《莊子・人間世》）但莊子寧可「我獨若昏」（20）也不去「形就，心和」（《莊子・人間世》），而取「至人不留行焉」（《莊子・外物》）一途。《莊子・逍遙遊》中說：「予無所用天下為。庖人雖不治庖，屍祝不越樽俎而代之矣。」也是講了同樣的「深根寧極而待」意思。《論語》中隱士對孔子的規勸，大體上也都是從這個意思引申而來的。

老莊的道德，延伸到人世，就為社會道德提供了一個立足點，也提供了社會道德發展的空間。道的延伸，形成的是信，即社會道德的存在和恆常是必然的絕對的，因此當有，而不是虛無的，莫須有的，若有若無的。有社會道德則生其用，其用即是生生不息。反之則「不道早已」（30，55），時間會將其洗刷殆盡。德的延伸，形成的是真，即真正的社會道德必有其實，有根據，有效驗，而不能僅僅是名義的，相對的，刻意的，人為維持的。有社會道德則有所立，其立即是可建設的，有恆的基礎，不被迷惑而不能使之轉

移。反之則失其常，不能踐其形而或者殘缺，或者異化，反復無常，夢中說夢，不能自安。信和真保證了社會道德的有常，能夠經受時間，世運和思想的考驗。不能經受此類考驗的社會道德，也就毫無道德意義。孔子說：「君子可逝也，不可陷也；可欺也，不可罔也。」（《論語・雍也》）沒有信和真，君子就可陷，失去志向；就可罔，迷失自己。

一種社會道德總是附著在一種特殊的社會之中。而老莊的道德則是普遍的。在不同社會間，有著信和真的社會道德，在基礎上總是相通的，甚至是相同的。人能在其他社會中發現這一點，就產生了仁的同情，而不是將對方視為異類。信和真是超越不同社會的，因此是仁的基礎，也是人類的基礎。在仁的基礎上，才能有文化的融合。如「樊遲問仁。子曰：『居處恭，執事敬，與人忠。雖之夷狄，不可棄也。』」（《論語・子路》）「子張問行。子曰：『言忠信，行篤敬，雖蠻貊之邦行矣；言不忠信，行不篤敬，雖州裡行乎哉？』」（《論語・衛靈公》）這兩段話，都是將社會道德的獨特性與道德的超越性合而言之。

在中國文化傳統中，使道世不至於兩喪的關鍵人物是孔子。孔子之學處於道家源流之下游，儒家源流之上游，是這兩家的樞紐和橋樑。孔子深得道德之信和真，所以在無社會道德處，也自信能建立之。所以有，「子欲居九夷。或曰：『陋，如之何！』子曰：『君子居之，何陋之有？』」（《論語・子罕》）孔子對在九夷建立社會道德或文明的自信，不是確信可以模仿華夏而華夏之。而是在信和真的基礎上，有著道德的空間，就必然有可以建立社會道德的基礎；孔子自信可以用仁義禮在此基礎上施展所學。信和真這個基礎，不是孔子能夠給人的，也不是任何人能夠建立的，而是道德流化的必然結果。但孔子得到了這樣的道德，也就自信能在其上有所建立，不管在九夷還是華夏。孔子的仁義禮，純是社會道德的，建立的是是非，義與不宜，禮與無禮的社會道德。

有道德的人，承襲一套社會道德，就像穿上一件衣服那樣簡單自然。不管在什麼樣的社會裡，都合體和體面。這就是道德的廣泛有恆性，就是老子說的常。沒有這樣的道德，穿上倫理的衣服，只是勢利或時尚的人。這種人讓外部世界決定了內部世界，因此在新的情況產生時是常變的，無常的；是無源之水，不值得仿效。

道家人被指責為「知天不知人」（荀子語），就是因為道世相分時，道家人多仿效莊子不願參與進去。劉伶嵇康的放浪形骸是一種行為的寓言，其

根本所指即在於否定沒有信和真的社會道德。這種否定也包括了刑。道家人可以遵守法律的條文，但不必認可法律的精神，管寧嵇康更是連條文也不肯通融，他們所根據的，使他們留名青史的是信和真的道德──這是超越時代的。法家沒有意識到真這一點，或者說並不在乎這一點，所以與道家分道揚鑣。不能領會孔子的真正思想的儒家人，往往局限於回溯並且熱衷於「帶長鋏之陸離兮，冠切雲之崔嵬」的半神話時代，而非達到信和真的道德。所以儒家人苦於不能像孔子那樣有所建立，而常有今不如古的感嘆，這些人是真正的刻舟求劍者。

　　將倫理置於道德之上，就是仁義道德的說法。這個用法與道德仁義不僅僅是順序的不同，而且有個主次的不同。仁義道德將道德籠罩在一套仁義的裡面，所得到的不是常道，只是那一時勢情形下的道德。道學先生的迂腐冥頑不化，所指的就是時勢變異，仁義下的道德與時代格格不入的情形。道德仁義是將道置於更為基礎的地位，仁義之內容，由道德這個根基而來。人類社會的德不斷進展，人與人的關係，就是仁義的具體內容，與德的情形相符合才能生存，所以也有其變化的過程。這即是說，社會道德不是一蹴而就，而必須在老莊道德的反覆體悟修正下演化。

四、甚易行的無為

　　老子的「無」的意味，與道非常接近，無不是與有相對的無，而是生有那個無。「天下萬物生於有，有生於無」（40），而「道生一，一生二，二生三，三生萬物」（42）。老子第一章中的無名和有名，都是道，只是談論道時勉強為道起的名字。無作為道的別名，帶有本體論的意味，不具否定的意味，而是空之用，蘊藏無限的肯定性，或說具備所有的可能性。道家常將清靜與無為連用，「將飛者翼伏，將奮者足踢，將噬者爪縮，將文者且樸」，寂然清靜使人無從預料接下來的舉動，也同時意味著任何舉動的可能性。所以無為與「無不為」是一回事，可以有「道常無為而無不為」（37）。效法道的人，如孔子，在教學中，也有無為而無不為。從道的無為和孔子的無為的具體實現，可以看到無為不僅最有成效，也最易行。

　　無為與為（或不為）的區別在於：為與不為是根據行而言的，有行與不行，即有為和不為；而無為的「無」則可以看作是行之道，無為生「為」

和「不為」，在其先，其中，和其後。老子說：「安易持，其未兆易謀。其脆易泮，其微易散。為之於未有，治之於未亂。」（64）無為在未萌時，得其先機，得其幾則「易謀」；為或不為是已萌之後才發出的反應之一。無為總是既考慮現實情況，又將「化」的作用考慮進去。在兆已萌之後，順物而行，物安即「易持」。但無為作為行之道，以「成」為根據，沒有絕對的行與不行，而以「成」為判斷。這與為和不為兩者以行作為判斷不同。老子說：「民之從事，常於幾成而敗之。慎終如始，則無敗事，是以聖人欲不欲，不貴難得之貨；學不學，復眾人之所過，以輔萬物之自然，而不敢為。」（64）無為只存在於能成的情況。在不能成的情況下，不為，甚至往往與平常人所取行動相反，不能稱之為無為。不能成的徒勞難，而無為而成，即便有周折與徒勞相比就不算難了。

　　道「常無為」，但又「生萬物」，這是以「無之為」化生萬物。那麼這種「無之為」的過程又是如何實現的呢？莊子《齊物論》中既提出這個問題，又給予了答案：「天籟，……夫吹萬不同，而使其自已也，鹹其自取，怒者其誰邪？」莊子此言，揭示了道至德的過程。在這個過程中，被「為」的對象，並非是被動地接受，而是「鹹其自取」，被「為」的對象自取它的自得之德，這就是「生而不有，為而不恃，長而不宰」（51）的含義：萬物只是自作主張自取所需——這樣一來「為者」又有何可恃的呢？「為而不恃」同章中，老子又說，「萬物莫不尊道而貴德。道之尊，德之貴，夫莫之命常自然。」（51）貴德容易理解，因為德是萬物所必需的，但道既然不有，不恃，不宰，萬物為何還要尊道呢？可以不尊道麼？老子接下來解釋尊道說：「天下有始，以為天下母。既知其母，複知其子，既知其子，複守其母，沒身不殆。」（52）殆是危的意思，指陷入困境險境。不尊道，道也是「善人之寶，不善人之所保」（62），道對不善人也容留。「不善」的人，不一定會有禍患，但也浮浪不能有所立，只能靠氣運。但尊道，一定「沒身不殆」。

　　李宗吾認為，道家學說起點於嬰兒，確切地講，就是未孩未能笑的初生嬰兒。道家的返樸也是回到「能嬰兒乎」的境地：「我獨異於人，而貴食母」。（20）食母即是以母乳為食，那是指初生之嬰兒無疑了。道家因此認為，道家的聖人之尊道，正如嬰兒與母親的關係，「雖縱之而不去」（蘇轍《老子解》）；而道無偏私，以天鈞（均，均等，均勻）化萬物。這裡需要注意的是，上面所談的「尊道」的主體，其實並不相同。按照自然而人，或

者說樸到非樸的順序對這些主體排序，可以得到尊道的程度遞減的順序：萬物，嬰兒，善人，不善人。所以尊道可說是道家獨有的觀點。

人尊道，然後才能貴道德，將道之用引入人道，成全社會道德。對萬物的無為，道已然做到極致，並不需人為。人的無為是以道為宗，而仿效道之用。人能夠無為而成的，就是教給人人道，使人踐其形，或者說，成為一個完整的，自我實現的人。在這個過程中，社會道德寓於其中，無繁人力而成。

孔子所教，即是道德在人道的延伸。孔子師道的實質是無為，孔子的教是無之為的一個最佳的例子。無為無待，有為有待。孔子說：「有教無類。」（《論語·衛靈公》）這句話有兩層含義：一是學生無類，不必待學生有某一程度，然後才能教；二是，不必教出同一類人才，無以為而教，人才無以為而各自自成。孔子教學，「不憤不啟，不悱不發，舉一隅不以三隅反，則不復也。」（《論語·述而》）學生如同種子，孔子不去削斫使之成才，而是從其無入手，不到學生冥思苦想而不能通的時候，不去啟示；不到學生欲語而不能時，不去引發。這樣一旦啟示，一旦引發，就如銀瓶乍破水漿迸一樣，學生的領悟不是按照一定的形式和管道，而是自然而然，全然是自己的豁然迸發，這樣的迸發無控制，無以為；學生所得只與自性有關，而非學得孔子的意見；而孔子的參與只是助力，而非主導。因此，孔門弟子，由此道學成，不是千人一面，而是群賢畢集，各有卓異之處，而弟子不必不如師：顏回的德行使孔子感嘆自己或許不如，而子貢更擅言辯，子路愈勇。這既是無為而無不為。

孔子又說：「君子之德風，小人之德草。草上之風，必偃。」（《論語·顏淵》）以被教者為草，風之拂動，只是助草自己去生長，而非揠苗助長。正如蟬破繭而出的時候，蟬的身體和翅膀都是極其較弱的，任何觸動都會破壞其展開。蟬只從自然的微風中藉力，任何試圖的幫助反而使其變形。孔子的以風比喻的教化，就是這種恰到好處的幾乎微不足道的助力。現代道德教育的悖論與觸摸蟬翼相仿：以說教的方式教給學生道德，實際上教給了學生兩種東西，一是道德的知識，一是說教的方法。當學生只注意到後者，得到道德可以從說教建立的觀點，就為不道德的說教打開了途徑。這個悖論，只能靠參悟和仿效孔子的師道來解決。

錢穆深得孔子「有教無類」的真意，他所體悟的師道，尤為透徹。錢穆說：教育重在教人，但尤重在教其人之能自得師。最高的教育理想，不專在

教其人之所不知不能，更要乃在教其人之本所知本所能。外面別人所教，乃是我自己內部心情德性上所本有本能。如是則教者固可貴，而受教者亦同等可貴。……孟子曰：『如時雨化之』。一經時雨之降，那泥土中本所自有之肥料養分，便自化了。」（錢穆《國史新論‧中國教育制度與教育思想》）

　　孔子以無為之師道所傳授的，形成了學生自己的道德。這種成就固然偉大，但對孔子來說，卻並不是難以承受的艱難，而是有如園丁，順其自然，舉重若輕，更樂在其中，有教學相長的愉悅。這就是老子說的「大道甚夷」（53）的表現。當使人自生信和真的道德時，老子之無為「甚易知，甚易行。天下莫能知，莫能行」（70），而只有孔子等寥寥幾人才能實行之。顯然，無為沒有體無的深通妙識，是不可能做到的。能做到，是有德之後的事情，無德只是束手束腳，無能為。正如在蟬翼的舒展中，道有恰到好處的無為，人對此的為，當成為一種干擾時，即顯出德行的不足。

　　無為之所以易知易行，是因為善——適宜之方法和途徑——比不善更容易為。善更有著道「用之或不盈」的綿綿不斷的助力。而不善則有礙，失道險德以行，常有意想不到的困厄，難以及遠也難以成其大。正如庖丁解牛的刀，傷物傷人的不善，最大的禍患其實在於傷及自身。以這樣的被傷之身，去遊歷大逝遠返，顯然是不可能的。

　　《文子‧下德》（《通玄真經》）中有，「老子曰：『天下莫易於為善，莫難於為不善。』」這裡的「不善」，是不明智不適當的行為，而不是倫理道德中的邪惡敗壞的意思。此下說，「……及至世之衰，害多而財寡，事力勞而養不足，民貧苦而忿爭生，是以貴仁。人鄙不齊，比周朋黨，各推其與，懷機巧詐之心，是以貴義。男女群居，雜而無別，是以貴禮。性命之情，淫而相迫於不得已，則不和，是以貴樂。故仁義禮樂者，所以救敗也，非通治之道也。」此章又說：「故知道德，然後知仁義不足行也，知仁義，然後知禮樂不足修也。」這裡講仁義禮樂是「救敗」的方法，是應對「世之衰」時的亂象而來的，治世不需要「救敗」，這些仁義禮樂就用不上，無從談起也就失去意義了。因此講仁義禮樂的人只看到了什麼是不應該的，卻不能知道應該如何，也不可能從仁義禮樂中得到「致太平」的道理。

　　這樣的說法似乎有些迂腐矯情，世界上任何略為發達的文明，無一不有需要「救敗」的情形，照現實看來，好像反而是老子的學問沒有用處——這是一種短見。但「大道廢，有仁義；智慧出，有大偽」形成了完整的一個循環，互相引發，層層遞進，沉溺於這樣的循環，智計百出，只能使之日益

繁雜，永無解決的辦法。莊子說的「聖人不死，大盜不止」（《莊子·胠篋》），看來驚世駭俗，實際上是老子所說這個循環的另一半，一般人只能看到明白仁義的好處，卻不能像莊子這樣看到這種與物反矣的作用——繁不能駕馭繁，簡反而可以馭繁。老子說的「絕聖去智」是打開這種循環的唯一辦法。這種方法容易知道容易實行，因為要一個人成為聖人智者很難，而「絕聖去智」卻容易的很。之所以這個辦法至今仍沒有辦法實施，是這循環未臻完整成熟，這是後人心急了，老子卻有這個耐心，他說：「孰能濁以靜之徐清？」（15）不肯出個頭痛醫頭的半截主意來敷衍了事。

　　循環未臻完整成熟指的是這樣一波又一波的循環，在不斷地劃著更大的圈子，更精巧的圈子，在遍歷「丸之走盤」這個匡廓圖盤子之前，並不能成熟完整。上面這種情形，可以用個比喻來說明：一碗水，平平靜靜地，一絲風來打破了這個平靜，耐心的人等著這個平靜自然而然的重新來臨，沒有耐心的人卻想盡辦法將所有波瀾壓下去，卻一波未平一波又起。老子是這個耐心人，而儒家法家則試圖用半成不熟的辦法壓住水波，所以這些聖人智者不停手，就沒有平靜可待。這就是老莊去聖去智的本意和原因。這個比喻也隱含另有一種可能，就是如能將整碗水面都一齊蓋住，強制的平靜也是可能的。這種想法在科學飛速進展的情形下，一般人對此的反應是「為什不呢，我們會有辦法的」。但拋開其缺點不論，這種方法至少與老子絕聖去智的辦法同樣遙不可及，所以在做此想前，不如先想想老子的意見，反而簡易許多。（「儉故能廣」（67）是任何具普遍性的規律的共同特點。物理學家認為自然界最基本的規律都是簡單而優美的。這樣的規律所適用的範圍比起複雜的公式更廣泛。）

　　無為之為不引起反之動，有為必然引起反之動。為，但「功成事遂，百姓皆謂我自然」（17），這樣的為即是無為：施力於無物，不費力而有功；有功不被人察覺，也無法居功為己有；遊刃於隙，不傷人也不傷己，所以也不引起反之動。「不開人之天，而開天之天；開天者德生，開人者賊生。」《莊子·達生》）反過來，有為之為，或前或後，或不足或有餘，總是不能恰好。不能恰好，人為的痕跡就會被察覺，而成為有為。

　　為而不能恰好，過猶不及，偏離中而產生的張力，就會引起反彈，即反之動。對物來說，物德即如一物的慣性，反之動即是推動一物時，物慾靜；止住一物時，物慾動。對人來說，在同樣的情形下，人能夠動，也可以保持不動，能夠規避，也能夠使動加劇。所以人的反之動，是更複雜和更需加以

注意的。「無為而無不為」，老子認為無為是最上策，但並不絕對化，有為亦可，但須計及反之動之後而為，這種為可以說是一種中策。這也蘊含著善容易，不善難為的意思。計及反之動的有為，即如柔弱勝剛強，欲取故與，以退為進，「玄德深矣，遠矣，與物反矣，然後乃至大順。」（65）這樣的為，最大程度上消解了反之動，而與道同波。這就回到了「不以人助天」（《莊子‧大宗師》），而所謂助天，實際上是僭天。與物反矣，而得大順，此類例證很多，劉邦在社會全然無序時，不是嚴刑峻法，而是簡單的約法三章，反而使得民間晏然，即是一例。又如老子所說的愚、弱、孤、寡、不穀等。「物或損之而益，或益之而損」（42），老子用虛以彰顯其反之的趨勢；而這種反之無可阻擋，因此老子說：「天之道，損有餘而補不足」（77），莊子也說：「唯道集虛」。（《莊子‧人間世》）老子提出這一原則，與其說是以真為根據，不如說是以信為基礎。人的生命以至於人類的生命皆是有限的，「朝菌不知晦朔，蟪蛄不知春秋」，能夠推演到「不知」，是基於信。在基督徒忍受羅馬的迫害時，從事實或此前的歷史很難預見梵蒂岡俯視羅馬的結果，柔弱勝剛強。這是人的認識有限的事實例證。又，從這一意義上，很容易得到基於事實的科學，雖然植根於事實，但科學更深層地根基在於更為廣大的信。為的下策，即是引起反之動的有為。從道看來，這種為「為則失之」，「多藏必厚亡」。《莊子‧盜跖》篇的一段話，頗可視為老子「多藏必厚亡」的一個典型例證：「城之人者，莫大乎天下矣。堯、舜有天下，子孫無置錐之地，湯、武立為天子而後世絕滅，非以其利大故邪？」引起反之動的為，是人為，而非真，所以只能在一定的時期和範圍內如願，而必至失望。

無為是一種術。術的執行，可以知其然不知其所以然。如庖丁所講，「以神遇，而不以目視，官知止而神欲行。」（《莊子‧養生主》）無為不是人人能做到的，而是知徹為德的人才能行之。無為與人的德，修養有關，但與外在的物德也有關。能夠「陸行不遇兕虎，入軍不被甲兵」（50），或者「潛行不窒，蹈火不熱，行乎萬物之上而不栗」（《莊子‧達生》），是行乎道中，而非德中，有其道存在，則有其可能。上德不德，物德與我德都必須放棄，才能循道而流。「子絕四：毋意，毋必，毋固，毋我」（《論語‧子罕》）是成德的放棄。列子禦風而行，放棄我德，但仍有待於物德，所以莊子說他「猶有所待者也」。（《莊子‧逍遙遊》）莊子說：「若夫乘天地之正，而禦六氣之辯，以遊無窮者，彼且惡乎待哉！故曰：至人無己，

神人無功，聖人無名。」這裡「無己」即可解為去我德；「無功」不假物也無犯物，即是去物德；「無名」即不可致詰，玄同而不可道。此句中的至人，神人，和聖人或者解為一，或者解為不一皆可——道並不為一，道通復為一。

孔子的師道即是對人類社會的庖丁解牛。人類社會因為人的反之動，變化莫測，而更為繁難。但有其道存在，既必有道術能行之。孔子之行，已經通達人道，即是此類的已成之術。孔子因此能夠為萬世師，後人可以與之比肩，也通達如孔子，但不能逾越之。而社會變遷，術也不同，無以為，不能以孔子的具體言行作為法則。同樣道理，無為沒有可以奉行的具體規則或實例。「善弓者、師弓，不師羿；善舟者、師舟，不師奡；善心者、師心，不師聖。」（《關尹子・五鑑》）學孔子，不是學孔子的一言一行，孔子之學，而必須在孔子之外的社會中去學，在自心中發掘。孔子證明了此術可通，即可以永遠作為指路燈，使有志者在艱難中，不至於失去希望。庖丁解牛之術，有道之德為其保障，不煩氣力；孔子的師道之術，有社會道德為其恢恢乎遊刃的餘地。就如同河流已經開闢了管道，只待活水，即可水到渠成。像墨子那樣自覺困難重重，「形勞天下」，「日夜不休，以自苦為極」（《莊子・天道》）則失之矣。

第十八章　仁，心之德，愛之理

　　朱熹將仁的來由說得很明白，仁是「心之德，愛之理」。仁是德的一種，是特殊的一種德，只是因為其重要性，因此得以被單獨提出來，這是仁在匡廓圖的框架中的地位。仁是人天生就有的，「同類相從，同聲相應，固天之理也」（《莊子・漁父》），有自然的根源。仁既是自然的，又是人為的和社會性的，是人道的開端。再無其他德，可以具有同樣的性質而在匡廓圖中可以取代仁。道賦性於人，仁已經寓於其中了，「仁者愛人」（《孟子・離婁下》），愛是仁外化出的規律，其表現為，物以類聚，人以群分，同德相親。人群本與仁而聚集，按照愛條理之，這個「體」的基礎已明，其餘就都是「用」的具體細節。

　　朱熹又說：「仁是愛之理，愛是仁之用。未發時，只喚作仁，仁卻是無形影；既發後，方喚作愛，愛卻有形影。未發而謂仁，可以包義禮智；既發後而言惻隱，可以包恭敬、辭遜、是非。四端者，端如萌芽相似，惻隱方是從仁裡面發出來底端。」（《朱子語類》二十卷）這裡朱熹將孟子的四端說也包含在內，仍然用德包括仁，進而包括其他。這段話有幾個關鍵的地方。「仁卻是無形影」，即是李宗吾所說的「仁是渾然的」。仁不僅僅是愛，而是內發的，屬於心的德，因此孔子能夠說：「我欲仁，斯仁至矣。」（《論語・學而》）但卻不能說，斯「愛」至矣。這與孔子與子貢談禮很相似，「子貢曰：『貧而無諂，富而無驕，何如？』子曰：『可也。未若貧而樂，富而好禮者也。』」（《論語・學而》）子貢所說是個往用施行的意思，而孔子則指出，子貢的說法與人交接時固然可行，但獨處時內在的修養，「心之德」更為基本。（又如，「衣敝縕袍，與衣狐貉者立，而不恥者，其由也與？」（《論語・子罕》））

　　仁就其最根本來說，即是這樣的內在修養，內在之德，根本於「未發」。已發就必然有所取裁，不是兼愛，不是對所有人都一般無二的愛，而是有其等級次第的，因此引出義（宜）和禮。孔子認為禮有親疏，所以父子相隱。有親疏即不是絕對平等的愛。

　　愛必遵循其理，不是渾然的。具體來看，仁是貫穿於各種仁行中的理或綱紀，愛承載人類社會各種仁行，使人際關系得以維系，而非斷絕，「仁不輕絕」（《戰國策・燕策三》）。仁是愛的道理，從仁引出的理，可以矯正愛，可以遵循理而用愛。仁不是愛，只是其中的道理。之所以愛需要一個綱紀，是因為不是所有的愛行，都合乎德——有的愛行失德，有的侈於德。不合乎德的，除了自身發出的愛，還有外在欺騙性所致的愛，君子要做到「可欺也，不可罔也」，（《論語・雍也》，即，君子可以被蒙蔽，但不能使之落入作出惡行的陷阱。）也需要對愛有所規範，而不是濫愛。

　　仁因此不是泛愛所有人，也包含憎怒的道理。孔子說：「唯仁者能好人，能惡人。」（《論語・裡仁》）只有明曉仁，人才能夠在真正意義上懂得愛。仁因此不是泛愛無節制，即「惡不仁者，其為仁矣」。（《論語・裡仁》）不論愛還是憎怒，仁都是要求己達而達人，推自心而廣之，而不是出於私心，即：「己欲立而立人，己欲達而達人。」（《論語・雍也》）以仁為依據發出的怒，是勇，「仁者，必有勇。勇者，不必有仁」。（《論語・憲問》）這種勇是儒家殺身成仁而不怨的原因。這種勇程度上與老子發自於慈的勇相似。社會道德不僅有勸善的鼓勵，也有對惡的批評，仁者能善人和惡人，正與此相應。仁的意義上的愛和惡，是人類的社會道德。

　　墨子之兼愛，只有一個主體，類似於宗教之愛，而非平等的兩人間之愛。所以兼愛與仁是不同的原則。兼愛有平等之意，不必有愛之理。錢穆說：「墨翟言兼愛，與孔子言仁有不同。孔子言愛有分別，朱子言仁者愛之理是已。兼愛則是一無分別愛，……既不主分別，乃亦不言禮。」（錢穆《現代中國學術論衡》，北京：生活・讀書・新知三聯書店，2001年，第22頁）孔子認為愛有差別，循序漸進將切近的仁愛擴而廣之，能夠趨進仁。孔子與子貢討論仁之方的一段對話，涉及到了這個問題，「子貢曰：『如有博施於民而能濟眾，何如？可謂仁乎？』子曰：『何事於仁，必也聖乎！堯舜其猶病諸！夫仁者，己欲立而立人，己欲達而達人。能近取譬，可謂仁之方也已。』」（《論語・雍也》）此對話中，孔子似乎認為墨子所行，如能其如願，則不止是仁人，簡直可以稱為聖人，超越於人之上。而對於普通人來說，做不到那樣，仍然需要「近取譬」的修養方法。從實際情形來講，人類社會迄今為止，仍沒有看到人人皆為聖人的跡象。人人皆為聖人的世界，很難說仍是人的世界。人因此總是有不同，而處在人倫中，人倫迴轉如輪，總有遠近次第及其變化，不是人人都可以無差別地平齊，可以無差別地兼愛。

所以愛還是需要理，才能理順，這是現實的。此外，用否定句的方式提出，仁這個理就是「己所不欲，勿施於人」。「勿施」又是一個保持開放性的否定句，保留了對「『己所欲』要不要分給人」這個問題的回答的開放性。兼愛缺乏這種開放性。

愛總是具體的，不可一概而論。不同表現的愛可以有共通的理，這個理的依據是仁的時候，才能理清，而不是越理越亂。愛可以泛指一切仁行，孔子認為恭、寬、信、敏、惠、敬、忠和恕，都有仁之理在其中。仁行又不僅僅限於這些。人類社會中所有的真正的善的行為，都是仁行，可以從仁這一源頭找到所需之理，所以孔子說：「苟志於仁矣，無惡也。」（《論語‧里仁》）這是因為信仰，真，自然，自在，自由意志，慎獨等，都必須與人道相結合才能產生善，而仁是人道的入口。天道不仁也不善，只是個自然和真，生是道的基本之用。人道寓於天道之中，繼承了生之意。人道流泛所及，則是善。善只屬於人道，是人道的一個基本之用。善只限於人道範圍內。人善假於物，善待生物，與其說是善，毋寧說是自然——以其物之道對待之，才是善，但此道是物理而非人道。這樣的人，不應稱為善人，只能說是得到物之理的人；不是有德，而是有得。如伯樂相馬，不可由此得出伯樂必是一善人，近現代的科學家也是如此。

以匡廓圖為背景，可以清楚看出仁的重心所在。仁上與德屆，中與兵反，下與義接。對仁的模糊認識和誤解，大多發生在這些邊界處。這就有必要對它們進行討論。仁在匡廓圖中只是一維，但在現實中，其重要性僅次於道，道是一切所有萬物的起點，仁是人類社會的起點。釋道儒墨兵法各家都無可迴避地必須處理仁在自己理論體系中的地位的問題。所以整理仁邊界處的糾纏，實際上可以重新彌縫整合分裂的道術，順帶可以對諸子學說做些解釋。求仁得仁是孔門弟子和後世儒家以至於一般的有心人的重要課題。從個人的角度來看，這就是個如何能作個仁人的問題，本章也將討論這個問題。

一、仁的地位

道德是個框架，具體到人事，只有一個大致的態度，缺乏具體。可以說，道德是人的精神，它的具體內容則是有血肉的人，沒有血肉即不成其為豐滿的人性。仙風道骨，不食人間煙火，不是這個活生生的世界中活生生的

人。只去注重仙風道骨,轉失其真。

　　道德骨架所需填補的內容,主要是對待人的問題。老子莊子隱於人群之中,有家人,朋友,和學生——「親而不可不廣者,仁也」(《莊子・在宥》)——也必須有人群之道。因此,在德的層次中,又必須分開人這一德,特別加以梳理。這一部分,不是老莊之學的重心所在,而是儒家學說,尤其是孔孟之學的重心。孔孟之道因此得以將匡廓圖這一部分補全。「道生一,一生二,二生三,三生萬物」(42),老莊是前半部,孔孟是後半部。所以老莊與孔孟互補,但不對稱。這種關係,晁說之在《老子道德經王弼注》序中已經點明:「(王弼)其言仁義與禮,不能自用,必待道以用之,天地萬物各得於一,豈特有功於老子哉。」

　　荀子批評莊子說「知天不知人」,認可莊子對人的天性的學問,但認為莊子忽視了人事。這種批評主要因為莊荀對人事的理解不同,荀子所處的時代,學派互鬥,已屬尋常,荀子注重學問之分別排斥,而非融合。荀子不能看到道家超脫的道德實質上是人事的骨架,而輕率地轉入具體的社會去探求,不免被他的時代所局限。筋骨使人常為人形,而肌肉的豐瘠則是時時不同,荀子兼顧當前人事的態度,不能說是錯誤,但人事只是暫時的,表面的,以暫時表面的人事為常,導致了荀子這一派學問的短視。荀子一脈,後來者有韓非,韓非得到了荀子知天那部分學問,所以推崇《老子》;但他的學說同時又力求符於那個時代,終究流於狹隘。司馬遷將韓非列在《老莊申韓列傳》裡,將其與老莊歸為一類,那是重視韓非知天那一部分的學問。

　　仁者,二人也,推而廣之,及於所有人。由這個本意所推衍出的的仁,涉及的是任意兩個個體的人之間的關係,仁是兩個個體最基本關係。最簡單的人事關係,即是兩個人間的事情。兩個獨立的,無特別的關係的人又是最簡單的兩人間的人事。仁即是這樣兩個無特別關係的人相處的原則。以人為人是仁所循的原則。仁是一種原則,和循這個原則而達的境界。這個境界是漸趨而進的,一般來說沒有止境,沒有完美,因為人無完人,也沒有兩個相同的人。所謂仁人,只是趨向仁而行的人。

　　對於二人關係之道的心得,是內在的修養,屬於內德的一種,是「心之德」。仁德屬於純然的精神世界,不能等同於,也不決定於物質世界的任何特定的行為,現象或事物,而廣泛地貫穿於其中。仁存在於人的自心中,無待於外,所以是心之德。(《朱子語類・論語二》「張仁叟問:『義亦可為心之德?』曰:『義不可為心之德。仁是專德。』」)這種德,有仁之用。

仁不是心之得，不能得而居之或積蓄之，只有發出時，用時，才能知道。心只能在生生不息的動態中表現出來，仁也是如此，所以仁不能實質地取得擁有，也沒有固定的探測考察的方法。孔子說「我欲仁，斯仁至矣」（《論語‧述而》），就是無遠弗屆，心動而仁立現的意思，固不可寂然不動而可稱為仁。

「上仁為之而無以為」（38），「心之德」是內在的，沒有行動就無從顯露出來，但仁可以從表現中看出來，其表現沒有一定之規——「無以為」。仁除了仁沒有外在的規定性或考察方法。對於個人來說，在每個時代，仁的原則都是一樣的，但因為時代情勢不同，雖然都是遵循仁的原則，行為表現卻可能不同。仁人是在修養上能夠達到仁的境界的一種人。孔子很少許人為「仁人」，因為仁的境界是很難達到，或者說是無止境的，所以真正的仁人是稀罕的。但他認為，某一事，某一行為是否出乎仁的原則，或者趨合於仁，是可以得而知之的，所以合乎仁這個原則的行為，仁行，不難做到。「我欲仁，斯仁至矣」，也是指仁行可以從微小處著手。如孟子說：「孔子，聖之時者也。」（《孟子‧萬章下》）因為「上仁為之而無以為」（38），仁行可以因時勢而變，失其時機也不能稱為仁，所以不能概括地說一個人是否仁，孟武伯問孔子弟子是否仁，問不及義，孔子只好統統回答「不知其仁也」。（《論語‧公冶長》）又如，孔子說管仲，「管仲之器小哉」（《論語‧八佾》），但與兵趨反也是仁，所以「桓公九合諸侯，不以兵車，管仲之力也。如其仁！如其仁！」（《論語‧憲問》）

《論語》中孔子論仁，明顯顧及到了「無以為」這一點，不直接定義何為仁，而或者從仁者如何而論，或者從仁之方論，或者從反面論證。從仁者如何而論，如，孔子說：「仁者樂山」；「仁者靜」；「仁者壽」（《論語‧雍也》），「仁者先難而後獲」（《論語‧雍也》）。從仁之方而論，如「克己復禮為仁」（《論語‧顏淵》），「能行五者（恭、寬、信、敏、惠）於天下為仁」（《論語‧陽貨》）。克己復禮是仁之方，但不能說仁即是克己復禮，可以以此類推。又如，孔子說：「回也，其心三月不違仁」（《論語‧雍也》），即是從不違而論。這裡值得注意的是孔子說的是「其心」，而非其行。心之德已經及仁，行即不會脫離仁，無需也不能將行一一列舉出來，作為仁的標准或驗證。

仁與兵是相反的，仁聯繫人，兵斷絕人與人的聯繫。兵主殺，與道的生和人道的善皆是相反的：老子非兵，「不以兵強天下」（30），因為兵傷

生；孟子非兵，反對好殺人，而認為殺人「以刃與政」（《孟子·梁惠王上》）並無不同，是因為兵傷善。仁要求以人為人和以自己為人，二而一，所以仁者看來，殺人如殺自己。以仁為準則，「己所不欲，勿施於人」，何況舉刀相殺呢？而兵則是，「兵者，……死生之地，存亡之道」（《孫子兵法·始計》），動輒殺人盈野。戰爭中傷亡既不可避免，兵之策略上，也是以人為非人之物的，無論敵我方之人。老子說：「以正治國，以奇用兵。」（57）仁作為穩定社會的規則，與兵所統的混亂正好相反，一正一奇：兵興而國麋，國麋而兵興，國立則兵弭。道自化，不仁，即不以人類為懷，運命惟所使，仁與兵因道流而生，在道看來兩者相垺。兩者各有自身統轄的範圍，相反而互不統領。所以儒家雖然是道家之補，但儒家還需加上兵家才能補全道家形而下的部分，這是道儒互補，卻不對稱的另一個方面。

　　仁的對像是人或人類社會，而不是像德那樣，德的對象無所不包；所以仁只是德的一種。木石無情，但在賦予其人格之後，仁之理也可延伸到其中。所以仁的對象，也可以是人格化的物，如器物鳥獸。但這種人格化出自於喜愛，喜愛最為易變而不能廣泛——一個人所珍愛之物，對於別人來說可以毫無價值。仁作為理可以延伸到這種愛中，但不常，不恒久也無法普及。舉例來說，澤及枯骨可以算是仁（劉向《新序·雜事五》。又，《隋書·煬帝紀下》：「澤及枯骨，用弘仁者之惠。」）但網開一面歸於德。（《史記·殷本紀》有，「湯出，見野張網四面，……曰：『嘻，盡之矣！』乃去其三面。」）莊子立足於德，見髑髏，「撽（從旁敲擊）以馬捶」，「援髑髏枕而臥」（《莊子·至樂》），因為德先於仁的緣故，不為不仁，只是通達物化的意思。

　　上德能括而大之進於道，在於齊物，萬物一指；上仁能真而躋於德，在於齊人，以眾心為心。從對象範圍來看，很明顯齊物自然就能齊人，而能容得下人與人的差異。而齊人未必能夠齊物，只是做到了齊物的一隅。人與萬物在德這個過程來講，沒有差別，因此可以齊物。人從物中分別出來，需要另立一個仁的範疇來描述，是全德的分裂下衰，所以「失德而後仁」。（38）從物化的角度來看，也是如此，「久矣夫，丘不與化為人！不與化為人，安能化人！」（《莊子·天運》）不能齊物，一個人就沒有自立，而物於物，仍有部分或全部是物而非人。「德成之謂立」（《莊子·天地》），不物於物，特立獨行，方能自立為人，成為一「己達」的人。沒有這種已經立的德，己不達，前提闕如，焉能達人。道德是一人事，仁是兩人事，仁從

屬與道德，以一己為基礎，迨無疑義。無論何種道德，道德都只是一個個體的人之事。

二、仁是人道之本

　　仁是已立之德。仁如同道的門的作用，是自然通往人道之門。以天地為屋宇，道為其門；以人世為廣廈，仁為其門。道是唯一的，仁也是如此，兩者皆是有常有信的。道儒並為中國傳統文化的兩大源流，其他學派不得不銷聲匿跡或依託於這兩個源流，其原因即在於道和仁這兩個根基的「常」。無論哪一個社會，哪一個民族，通往人道之門只有仁，別無其他途徑。一個社會不定立這一門，必然是不穩定的，總會有兵戈或糾紛，直到最終意識到這一門徑的不可改變。從這一點看，主奴隔絕的奴隸制，君民尊卑的封建制，其穩定只能是暫時的，其消亡是必然的。

　　仁的最基本對像是對等的兩個人的聯繫，等是仁的一個不可或缺的特徵。齊物，在自然方面，解決了生而等的問題。仁以人為人，先以自己為人，再推及他人，在修養上最終達到視人如己。人生而平等，可以由齊物推論出來：以道為母，任何物都有其生的理由和作用，而人有德的自立和其可能性，即在德上平等。甚至，在老莊看來，「能赤子乎」是非比尋常的修養，初生的嬰兒，比之平常人，在德上更為優越。在社會方面，等是規定性的，無須理由。作為社會規則的禮，在實現仁時，必須差而等，即禮必須由仁而定。在差而等的社會規則裡，人的社會倫理意義上的道德仍然是由一個人自己的行為決定的。如，「君君，臣臣，父父，子子」（《論語‧顏淵》），孔子此言的意義在於，在這種禮的社會規則中，衡量人的標準，善與不善，只以他與自己的比較而定，而不是互相比較。如，舜之為孝子，不因其父瞽瞍的虐待，而是做到了子子，孝不能由父母而定，也不能因瞽瞍不善而定下舜善或不善。這種禮的社會規則排除了貴賤，貧富，智愚等攀比，摒棄了勢利小人的標準。富而無禮不如富而不驕的人，富而不驕不如富而有禮的人，富而有禮者才是與自己比較，因此是道德的。富而有禮與貧而有禮的人可以視為同列。但儒家和道家認為這兩者又不如安貧樂道的人，以後者更難能可貴。所以孔子說：「賢哉回也！一簞食，一瓢飲，在陋巷。人不堪其憂，回也不改其樂。賢哉回也！」（《論語‧雍也》）。又，《莊子‧讓

王》有子貢見原憲事。）在這樣禮的規則下，只要做好自己的事情，即可自立於社會，有其不可侮之道。荀子有得於此，所以說「以類行雜，以一行萬，……君君、臣臣、父父、子子、兄兄、弟弟，一也。」（《荀子・王制》）荀子這個解釋，即是禮制如何達到差而等，即「一也」，是孔子「君君」一句的正解，否則孔子所論，全無實際內容，只是老生常談了。

　　與道和仁的有常相比，德和義是可以變動的，有差異和大小之別的。仁先於義，是義得以變動的依據。孟子說：「嫂溺不援，是豺狼也。男女授受不親，禮也；嫂溺援之以手者，權也。」（《孟子・離婁上》）所謂權，即是決定變動（行動之變改）的能力。（徐鍇《說文解字系傳・通論》有，「權道者，違經而和於道也。道，經也；權者，不久之名也，不得已而行也。……維君子能行權。」）這種變動既包括制定對新的問題的處理辦法的變動，又包括對原有做法作出改變。當沒有人有權時，就沒有任何變動（舊例的改變）能夠發生。禮的特性是節制，節制容易流於僵化。所以孟子在此對禮的規定加以變動，是掌握了權。仁無以為，為義和禮的豐富內容和發展變化容留了極大的空間，即提供了權變的可能。從容量上來看，仁大於義，義大於禮，所以仁義禮的順序不可改變。以嫂溺這一特殊情況來看，以仁來看，仁只關心抽象的兩人關係——只要能夠拯救生命，特定的社會關係和危險不在考慮之列，就如拯救陌生人一樣，可以用一切有效的辦法。即使在伸手去拉即可解救的情況下，救人的人卻跳入水中把將溺水的人打昏抱上岸，也無不可，也是「如其仁」。但在具體情形下，仁流而為具體的義。依義而行，需採取適宜的手段，惻隱和悚惕都在考慮之中，能伸手去拉，就不危害自己去赴水救人，才得其宜。而依禮而行，要避免身體接觸，可選擇的辦法就少很多，甚至伸手去拉這樣簡單的辦法，也不能實行。仁與義相比，義和禮相比，前者更具先決性和權威性。先決性即更基本，更普遍適用；權威性即是容許變通和違背現有秩序的力量。孟子認為，如果禮為先，只能讓嫂溺死，有傷人道。孟子的權，是從仁這個權威取得的力量。嫂溺卻不伸手援之，是沒有仁的禮，孔子說，「人而不仁，如禮何？」（《論語・八佾》）即，這樣的禮哪還有什麼禮在裡面？

　　仁對於義和禮的先決性，還在於仁是對義和禮加以裁制的標準。以仁為基礎的人道屬於仁的層次。人道是善和惡不變的準繩，趨近於人道，即是善；背反人道就是惡，這一判斷與現狀如何和理由如何沒有關係。林肯解放奴隸宣言，不管是出於避免國家分裂還是維護市場經濟的原因，都無法改變

其善的性質，其本質是仁必然的伸張——不以此事件，也會以他事件為因由而實現，「如其仁，如其仁」（《論語・憲問》）的評價用在這裡再恰切不過。而外在的這些表面原因，正是上仁無以為的最佳註解。換言之，善和惡也是「無以為」，除了人道，善和惡沒有外在的標準，不是能做到某一行為即是善或即是惡。這就像幸福沒有一定的外在標準，只在於一個人自己的感覺一樣。由此而來，民族主義，地方保護主義，都不能成其為善，只有與人道相容的那部分才能夠稱為義。

　　人類行為除了善行和惡行，還有無善無惡的一類，這部分是天道直接的延伸。「飯疏食飲水，曲肱而枕之」，屬於人的自然性行為，不能說是善的或惡的。《莊子》中，那些真人至人的行為，大體上皆是此類。又如，孔子「吾與點也」（《論語・先進》），也是此類，而與莊子相通。（「天生德於予，……此猶謂人文隨自然變。中國人之人文理想，則謂任何環境中，各可保有其理想之一已。故曰：『君子無入而不自得。』」（錢穆《現代中國學術論衡》，北京：生活・讀書・新知三聯書店，2001年，第52頁）此類行為出自於德的層次，德流之後，也存在於仁以下的層次裡。按照老莊的理論，一個社會可以純自然，沒有社會生活，因此由仁義所統轄的可分為善惡的社會生活，只是一種贅行。（《老子》24章有，「餘食贅行」。儒家「飯疏食飲水」，禪宗「搬柴運水」，屬於自然性，都不是餘食贅行。而「熊掌」則屬於餘食。孟子以熊掌比喻義，真是妙極。）即使是珍饈美味，已經飽了的人也覺得難以下嚥；畫蛇添足，則轉失之。簡單來講，自然性是人的根本屬性，社會性可以看作是附加在人的自然性之上的，忽略自然性去談社會性，是空中樓閣。人的自然性存在於社會之中，人類社會行為可以分為自然生活和社會生活兩部分。自然是社會的基礎，天文是人文的基礎，與此相仿，無善無惡的自然生活，是社會生活的基礎。德的權威，因著自然生活部分，延伸到社會中，並成為仁的前提。自然生活中的行為，因此仍由德所統轄，只分為自然與不自然。

　　在社會生活部分，如同在自然生活中，一種行為存在，即有其存在的理由，但有理由未必就善。只有在它趨近於人道時，或與人道相結合時，才是善。在善的範圍內，適宜的行為，稱為義；類似於德，義有大小，公私等分別。義不出於仁的範疇。在惡的範圍內，沒有義，即使一個人自己認為他的行為是適宜的。在惡的範圍內，任何行為都只能由兵和刑來裁斷。

三、道統，學統，和政統

仁之所以能夠具權威，在於仁是恆常的，在不斷變動的社會內容裡，仁總是不變。孔子說：「仁者樂山」（《論語・雍也》）：仁如山梁，人們一開始並未意識到這一參照物的不動，但人們反復地悖離又回到這裡，就日漸意識到這一不變性，可以作為社會行為的參照。當這一參照確立，仁即成為社會行為的標準，仁不再可以輕侮，就具有近乎不可辯駁的權威。

在中國古代社會裡，以仁為權威的學術，即是儒家的學統，儒家在此學理根據上批駁其他學說。宋儒又將孔孟奉為先師亞聖，仿照佛家心傳，建立了一道統。學統與道統並非一回事，前者是內在規律之學；後者則是這一學說入世的形式。在學統意義上，儒家人，包括力闢釋道的韓愈朱熹等人，往往頗有方外的釋家道家好友，可以坐而論道。但在道統上，宋儒對釋道的攻擊則幾近於偏執，幾如水火不容。

錢穆論述中國傳統文化的獨特性，說：「（儒士）不為君而為師，而師道猶在君道之上，道統則猶在政統之上。」（《現代中國學術論衡》，北京：生活・讀書・新知三聯書店，2001年，第134頁）因此，道統的權威性又勝於政統，即政治權威。這一特點表現為歷代皇帝，尤其宋朝之後，至少在姿態上，要信奉孔孟之道。他們也往往深信，政統憑籍道統或與道統妥協，是有助於統治的。宋儒重道統，認為韓愈是道統中重要人物，得到了孔孟心傳，這裡面大概有韓愈力闢佛教的原因。

道統在政統之上，並不意味著學統在政統之上。只要政統將道統納為己用，學統就不得不被政統綁架，這正是宋後，中國文化發展被壓制的原因。「善弓者、師弓，不師羿」（《關尹子・五鑑》），此句的意思是，學射箭，跟著善射的羿學，以羿為師，不如掌握射箭的方法，這一方法只能從熟諳弓箭和射擊的原理來。羿不是唯一的善射者，羿射箭的方法也無排他性，以羿射為權威，遠不如以弓箭和射擊的規律為權威。只有如此，才能超越羿。從師而來的學術，不如從學術的對象來的學術。孔子的學術，仁雖然超越時代，但後來儒家所能學到的大體只是禮，而且儒家依仗道統不容他人質疑或變更禮。禮與社會之間，關係極為緊密。社會不同，禮則不可照搬。儒家對禮生搬硬套，正是禮教最大的弊病。合宜的禮，只能從社會中來。從

書而來的學術也是如此，伯樂之子相馬的寓言，盡信書不如無書的警句，都指出了以書為師的弊病。因此從道統來的學術，抑制了學術。政統之下的學統，只是一個社會的學，不具有跨時代的普遍性，這樣的學毫無學的意義可言。所以學統應在政統之上。這一點在匡廓圖中是自然而然的。舉例來說，一個政府不可能改變自然規律，而違反自然規律的任何人都會碰壁和遭到懲罰。退而求其次，學統如不能凌駕於政統之上，也至少應該在政統之外，與政統相對獨立。

學統在政統之外，與政統相對獨立，是中國文化的一大特點。這種相對獨立是學托庇於道統之名而取得的，但這種庇護並不能保持完整和不間斷。在西方，學則是托庇於宗教，後來則托庇於大學，來避免政治的壓迫，維繫一種學統。現實中，中國學統的相對獨立和維繫，是通過士這一階層實現的，尤其是不仕的那些士。中國獨特的四民社會，士農工商，與其他社會不同的在於士。錢穆認為，孔子的一大貢獻是在刑不上大夫，禮不下庶人的社會結構中，開創了士人這一階層。這一見解極具精義，士這一階層的存在關乎學統的存亡，對中國社會演變的影響之深刻，難以估量。中國的士，可以是職業或專業人士，但職業或專業都不足以使其成為一士。孔子說：「士志於道」（《論語‧裡仁》），一士成其為士在於其志，志於道即成道之學統下的一士。志即心之所向，志不一定要外化為行為或成就。即士沒有一個外在的標準——勉強可以說，《論語》中所論的君子，就是對士的要求。

士在先秦政治中的表現，明顯地顯示出學統與統治層的相對獨立。無論出身於大夫還是庶人，士與各國君主可以以賓主之禮對談。此外，大夫和庶人之間的鴻溝，對於士這一階層，似乎並不存在。庶人的士有時在言談中立取卿相，也有時一語不合，即拂袖而去，也可始終曳尾泥中。而出身於貴族的士，並不以這樣的身分傲視其他士。如果將大夫和庶人階層看成是按照政治地位分成上下兩個扁平的階層，那麼士就是一個豎直的階層，下與庶人平，上與大夫齊：士可以在這樣的豎直的階層中自由流動。這個圖景很直觀地顯示出學統與政治權力之間的相對獨立——學者的地位不需要政治權威的支撐，而可以依賴自身的權威。

在秦漢大一統之後的中國，維持這樣的狀態就變得頗為艱難。但以隱士為號召，士的階層仍然力圖保持獨立。司馬遷在《史記》的列傳中，列隱者伯夷叔齊為第一，即含深意。這一相對獨立的平衡，在宋後，終因道統的提出而被徹底打破。此後，學只能在政統下勉強維持。即使儒家的學統在這種

壓迫中也不能倖免，只能在精緻繁瑣化上做文章，名存而實亡。道統說之後這段歷史帶來的教訓頗為深刻。政統對儒家道統的強力支持，證明了只起到了荼毒的作用。

　　清末民國初期，君主制的垮臺，才將中國學術的枷鎖除去。但以仁為權威的儒家學統，並沒得到恢復。儒家未能正本清源，重建仁的權威，反而使之掩埋在枝節之說之中。西學東漸，帶來了「自由，平等，博愛」和「人生而平等」之說。這些與仁相類似的學說，本來蘊含在原始儒家學術之中，但對那時的中國人來說，反而覺得新奇。這種新奇之感，一是源於對原始儒家的仁的久違，一是源於西方的「仁」之方與儒家的仁之方大相逕庭。

四、智者利仁

　　孔子說：「仁者安仁，知者利仁。」（《論語・裡仁》）又說：「知者動，仁者靜。」（《論語・雍也》）儒家的仁，是從「安仁」而來。孔子據於德，輕視外物的利誘，重視內心的反省和修養，因此他的仁是從內德而來，是真正的「心之德」。孔子不看重智者，這與老莊的觀點相一致，或者源於孔子有著試圖與老莊妥協的傾向。要做偏重「安仁」的仁者，而非以仁漁利的智者，是孔子很明顯的主張。孔子說：「剛毅、木訥，近仁」（《論語・子路》），「仁者其言也訒」（《論語・顏淵》）。《論語》中，又記孔子三次批評「巧言令色」（見於《論語・學而》，《公冶長》，和《陽貨》）的智巧。這些記載都顯示出，孔子贊同樸質的仁者。

　　孔子對於仁毫不懷疑，「論而不議」。孔子之後，仁已然確立，成為不必辯駁而必然合乎天理常識的一個理論基石——儒家五常之首。所以儒家認為人應當實現仁，不言自明，不須理由，理所當然；對於仁應該安之若素。「知者利仁」，真正的智者知道仁是有利的，因而行仁。孔子雖然知道仁有利，但並不重視論證這一點。孟子更是將利與義對立起來，這實際上使得「知者利仁」形同虛飾，幾乎沒有得到任何重視和發展。

　　西方文化中的「仁」，是從「利仁」而來的，是一種「知者利仁」。「知者利仁」不是智者以仁來牟利，而是智者在理論或實際中看重仁，是因為仁是有益處有利益的，遠勝於不仁。錢穆屢次言到，西方文化與中國文化的差別明顯見於西方文化偏重向外馳求。西方文化傳統中，其中一枝即是重

視外在的得，而非自省或德。在工業革命之後這一傳統所佔比重更為明顯。錢穆說：「一曰重職業，二曰重商重軍。富強二字，為立國之大本。此兩者，豈不為西方之思想傳統。（錢穆《現代中國學術論衡》，北京：生活·讀書·新知三聯書店，2001年，第134頁）從古希臘時的商人兼做海盜，直到近代商船與砲艦齊出，都是重商重軍這一傳統的表現。商業利益要求保障自由市場，商人間可以平等競爭，這一原則所延伸出來的人的平等，就如商業交易一樣，是契約式的，其中不言自明的前提是利益和價值。這樣得到的平等原則，是一種利仁。這種契約就如商業契約，這種契約之下，總潛在著利益和價值的重估所帶來的風險和波動，而人道的價值是難以估量的，對其重估則會導致道德標準的搖擺不定，即「知者動」，智者所行的仁，不能安於仁，總是圍繞仁而波動。

按照現代人的說法，中國傳統思想所主張的是一種「自律」，而西方的社會契約是一種「他律」，不由一個人自己的修養道德而定。但這種說法並不全面。一是，自律與他律的說法使得中西文化可以相對比較，這兩者表面上有同樣的效果，但實質上它們並不對等：從自律而來的自信，自立，和自尊，與他律而來的他信，他立，和他尊，大相徑庭。二是，西方社會並非僅有他律，由宗教而來，西方也有自律這一文化線索。表面上看，中國傳統思想中的自律不需要神的假設，與西方不同。但實際上，自律的基礎在於人的自由意志，在這一點上中國與宗教改革後的西方並無二致。道德只能通過自律而實現，沒有自律的基礎就不能稱為道德。如果他律能夠實現道德，那麼囚犯就在道德最高尚那些人中佔一席之地了。同理，專制國家中，井井有條的社會秩序，並不是道德的表現。西方民主國家的社會契約，是以國家為平臺實現的。以國家齊整的民主，只能從利仁得來，因此常受到「虛偽的民主」的譏諷。以國家為平臺的社會平等，與基於個人的自由平等，並不是一回事，前者從國家齊整之，而後者從個人齊整之。西方的民主是這兩種齊整的依據耦合而成的。

利仁則不能安。求利的環境不可控，求利的人之間也必然錙銖必較，爭論不休，因而不能安。「夫以利合者，迫窮禍患害相棄也；以天屬者，迫窮禍患害相收也。」（《莊子·山木》）此外，利仁所得到的是一種政治。政治是一種手段，治民的方法外現為工具即成為政體，政體之運行即是政治，但政治本身不成其為一種目的。只有建立於人道上的善才是人類社會的理想目的，而此善必須以每個人的「心之德」為根基。以美國的種族問題為例，

利仁無法澈底解決種族問題，因為實現仁而不是利益才是問題的關鍵。證明社會的利與仁相一致，固然是明智，但問題總是出現於利與仁相悖的時候，此時如何將仁置於利之上，才更需要智慧。利只能以仁為前提而得到保障，而以利為前提，難以仁。值得一提的是，利仁並不是美國推進「仁」的唯一動力，宗教是另一不可忽視的動力，但這一動力只對信眾起作用。這兩種動力都不無缺憾。因此道德的框架和仁者安仁的方法對此一問題頗有借鑒意義。

種族問題的根源不在於現存規則如何，及其設定和執行，而在於在規則無存情況下一個人對此做何想。這個問題的根除只能通過道德教育，而不是公民教育。錢穆說：「西方又稱小學為國民教育。人生不限為一國民，其意義價值，有超乎為一國民之外之上者。」（《現代中國學術論衡》「略論中國教育學」章。又雲「中國人之教育宗旨與其教育精神，其主要乃在此德字上」。（錢穆《現代中國學術論衡》，北京：生活‧讀書‧新知三聯書店，2001年，第171頁）道德教育立足於慎獨的一個人，是自我的事情，是自發的；而公民教育只是外在的，是社會性的，是二人及二人以上之事，有規定性，對於一個人來說，則是非自發的，被動的。

一國的公民教育可以使人成為一個守法知禮的公民，為國所用，但不能使一個人成為一個在人類意義上善的人，善需要一個人自發地對善的追求。在兩種極端情況下，可以很清楚地看到這兩者的區別。一是在一國不正義時，如二戰時的德國日本，「好的」公民的作為，就隨之不正義，整體為不善。而奧斯卡‧辛德勒（Oskar Schindler）這樣的義人，在當時卻不是個好公民。中國歷史上的忠義之士，與幫兇往往有交集，也屬此類。另一種是在規則失效時，如災難或戰亂造成規則失效，或者僅僅暫時無法執行法律，人們行為就可能只由個人的意志而定。如果陷入這一境地的人們只接受有公民教育，這一群人所組成的社會就相當於從沒有此類的教育的混亂社會，或更糟糕，就像《蠅王》這一思維實驗所揭示的那樣。

公民教育的社會性決定了它只能規定惡，但不能作為善的依據，它可以成為善的開始，但不能支援艱難或複雜情況下的善的成長，「大匠能與人以規矩，不能與人以巧」。（錢穆《現代中國學術論衡》，北京：生活‧讀書‧新知三聯書店，2001年，第223頁）從匡廓圖來看，成功的公民教育，即是刑與禮的實現。這樣教育下的好公民，可以不是惡人，但不足自動使其成為義人或善的人。上仁無以為，不能以一個固定的行為模式來決定一個人是否仁。因其無法固定，仁不能成為公民教育的內容。強要將其納入公民教

育，反而會出現「有大偽」（18）的情形，即是莊子批評的「仁可為也」（《莊子·知北遊》），這裡為，即是刻意造作的偽仁。此外，仁有常，而公民教育受時效的限制。

五、仁能生善

「中無主而不止」（《莊子·天運》），學的根本在於中有主，個人的主動性——這是一切教育的核心，既包括道德教育，也包括知識教育。莊子認為，人的身之於心，就如屋宇和其中的居停主人。這個主人是能知能覺，有所選擇的。如果這個主人只是順乎自然，不肯主持，就是慎到所講的「至於若無知之物而已」，是一種「死人之理」（《莊子·天下》）。「心不在焉」就會「視而不見，聽而不聞，食而不知其味」（《大學》），就沒有教育的基礎。教育必須充分認識到居停主人的存在，為客而不為主，才能不至於被主人驅出。而居停主人放棄主人的地位，這樣所得的教育，與條件反射無異，成為完全為外物所役使的軀殼。

一個人對自我的善的建立，只能依據德性教育而來。而真正的道德，必須從一個人自發的追求而得來。這種自發的自我德性教育，才能使善得以萌芽，成長，而堅定。由此所構建的仁義禮才是真正的而非虛偽的。這樣的道德教育下的禮，「禮聞取於人，不聞取人」（《禮記·曲禮上》），禮應該被人主動地取，不是由外力規定或強制地給予。這是中國古代道德教育中，「禮聞來學，不聞往教」（同上）的原因。中國古代以道德育人，又稱樹桃李，錢穆說：「教者則如春風，學者乃如桃李。桃李在春風中自化，非春風能化出桃李來。」（錢穆《現代中國學術論衡》，北京：生活·讀書·新知三聯書店，2001年，第133頁）此言顯示出錢穆對德性教育的真諦的深刻認識。

要有桃李，先必有桃李的種子。對於可教之才，這個種子只能在學生的心中自生，無法從外植入。孔子說：「吾十有五而志於學。」（《論語·為政》）此句的重心在於「吾」和「志」，吾和志皆是內在的，不同於我和學。志是孔子向學的種子，也是孔子「學而不厭」（《論語·述而》）得以維繫一生的線索。孔子又說「志於道」（《論語·述而》），這是孔子所學的對象。道不可得，學道所得乃是自我，即「踐形」：由桃李的種子而終於

長成桃李。而唯有在道中，人才能踐形，而成一完人，而不畸零。孔子鍾愛子貢子路，但孔子對這兩人屢有批評，對他們的評價不如顏回。這之間的異同在於，這三人都有「志於學」這個種子，得一善則拳拳服膺，所以孔子對三人都極為喜愛；但顏回「退而省其私，亦足以發」，這是顏回能踐其形，能有所發揮，為其他兩人所不及。聞而知之，算不得學成；足乎己無待於外，才能說是有所成。子貢感嘆「夫子之言性與天道，不可得而聞也」（《論語・公冶長》），是處於未聞之情形下，自己不能有所發揮的嘆息。而顏回則可以說已經學成，可以再樹桃李了。如以莊子薪盡火傳為喻，三人皆有薪之才，而只有顏回有火傳，對理學有所啟發。

　　師道扶助種子的萌發和滋養。但這種扶助，只能是一種鹹其自取。孔子為萬世師表，其教的要旨在於如樹桃李，使學生自生自立；而不在於使學生成為一個個小孔子，這是孔子之教與通常所謂教育不同的關鍵。在孔子的教育下，孔子門中，人才多樣而齊備，「有萬不同之謂富」。（《莊子・天地》）人才這種富，正是社會所需。這種德性教育與註重整齊而專的教育相比，得到的結果完全不同，後者不僅不足，不足以教出傑出的專業人才，又有餘贅，過度教育，教育出超過社會所需的專業人才。

　　孔子之教的立足點在於孔子的自立——「據於德」（《論語・述而》）。本書前面已言之，德是內裏的，難以從外察知。孔子用於教的，只是他的德的緒餘，是內在之德自然流露出來的，是一種身教和感染。先有自立，然後能夠身教。孔門弟子對孔子行為的質疑和討論，在《論語》中多處可見，即是身教的表現。據雲宋范仲淹寫《嚴（漢代嚴光）先生祠堂記》時，有「先生之德，山高水長」。李泰伯其後建議將「德」改為「風」，范仲淹大為歡賞，欣然改之。范仲淹所領悟到的，大概是孔子所說：「君子之德，風；小人之德，草。草上之風，必偃」（《論語・顏淵》）的語義。孔子對學生的以及後人的感染，就在於其德之風，吹拂以助學生的自生自立——鹹其自取，而不是以己之德來代換充塞學生本身之德。

　　「夫子為木鐸」（《論語・八佾》），有人聽到了，勤而行之，有人置若罔聞。老子莊子皆認為，在這種情形下，不可強求，強求者只能自取其辱，而由此生出的反之動使「喜怒相疑，愚知相欺，善否相非，誕信相譏，而天下衰矣」（《莊子・在宥》），只會引起混亂。而在儒家的源頭，孔子也明言：「中人以下，不可以語上也。」（《論語・雍也》）這是後世儒家所未能理會的。

灌輸式的教育是侵入性質的。認為孩子的頭腦如同一張白紙，教育可以像作圖一樣繪就，也是同類的侵入式的教育觀點。這些觀點假設房間裡面沒有主人，目中無人，也就談不上對教育對象的尊重。客人對主人不加尊重，甚至試圖強行改變主人，將李樹置換為桃樹，就失去了教育的意義。這樣的教育是一種侵略和傷害，如同對教育對象的心理強行進行外科手術，所得到的結果必然是畸形的。在道德教育上，灌輸教育越有效就越有害。一個人的心之主一旦被外來力量所置換，最嚴重的後果是此心失去了保持自我的能力，從此更容易被外力所置換。從這個意義上講，西方人的「道德教育的方式是不道德的」，是言之有據的。灌輸教育製造的人失去了道德的基礎，也就無法恪守任何原則，談不上道德與否，也使得此後任何道德教育對他都難以生效。對於知識教育，灌輸是毫無效率的，不僅浪費了資源，也摧毀了學生對信和真的認識能力，有百害而無一利。灌輸教育造成的有用之才，只是僥倖的倖存者。

孔子說：「剛毅、木訥，近仁。」（《論語‧子路》）這是就教育對象，也就是心之主的材質而言的；而不是就表現而言的。仁無以為，刻意去剛毅木訥，無法達到仁；剛毅木訥的表現也不能視為仁的必然表現。孔子認為這種材質近仁，無疑是一種推重，這是因為，這種材質實際上是心之主保持自我的能力的表現。中國傳統中對人格的評價，一個人能否保持始終如一，矢志不渝的氣節，是一個很重要的標準，而氣節決定於心之主保持自我的能力。中國傳統中的人格評價，有時甚至不問是非利弊，而專重氣節，這折射出中國人對道德基礎的認識——有這個根本，才有道德的可能，否則就無從談起。沒有心之主，即是物於物的人，行為即是形勢利益驅動，這只是一種物理，不能成其為道德。

心之主，不屈從於外力，不為外物所誘，在這一點上，中國的釋道儒三家的觀點是一致的，但他們從不同的途徑達到這一點，由這一點出發對外物的處理也因此不同。道德教育上通於道，不能由有時限地域限制的一國來強制規定或實現。那麼道德教育如何存在呢？老莊對此提出的解決方法，即是無為，「我無為，而民自化」。（57）道與德，如果有恆常，則人們會不斷地接觸之，由此而來的正反饋，自然會使得道與德深入人心，愈來愈清晰和堅定，直至不需外力去維持的境界。孔子不語怪力亂神，不是抹煞怪力亂神的存在，而是為了讓學生不分心而專注於普遍和恆常事，因為只有此類事才能導致正反饋。而只有遵循這一途徑，才能得到真正的而非人為的道和德，

和據此而生的仁義禮。正如物理學的法則，物不須學物理學，自然按照物理原理而行；基於人的本性的仁義禮，就無需去提倡，而人們自然而然為其所吸引，因對其好奇而導致發現。「君子之德風」（《論語・顏淵》），君子的教育，如同春風，主人樂於打開門窗將春風引入，享受其滋養而自化；這樣的教育入而不侵，化而不為。「不與化為人，安能化人！」（《莊子・天運》）教育者不能認識到這一途徑的唯一性，就無法真正實現教育。

　　道和德的恆常，允許了人們認識能不斷得其校正，這即是道和德權威的來源。老莊孔孟的信心，正是由此而來。老莊孔孟都在某種程度上「予欲無言」（《論語・陽貨》），即便奔走天下如孟子，也說：「予豈好辯哉？予不得已也。」（《孟子・滕文公下》）孟子的「不得已」，實際上深得老莊無為的意思。（如，《莊子・庚桑楚》有，「不得已之類，聖人之道。」）而孟子所闡發的義，與他所依據的仁不同，義已經為時代所限，所以非辯不明，而辯則有失，「辯也者，有不見也」（《莊子・齊物論》）──思慮綿密，言網稀疏，即使辯論勝利的所得，也不足道。言與意猶如玉和璞，璞可雕琢成不同物件，但雕琢之後，其他可能性和潛力就完全失去了。這是孟子未曾注意到的，也是《孟子》為人詬病的起因。

　　商業和軍事處於外得和兵的範圍，「人生而平等」則是仁，從匡廓圖上，很容易看到西方這一進途與中國文化的差別，兩者的方向在道德框架裡正好相反，即達到安仁與達到利仁所採取的方向是正相反的，但殊途同歸。西方因為此種文化得以建立繁榮的現代社會，一方面證明瞭老子的圓環形的世界模式，另一方面似乎表明，利仁在實踐中更勝安仁──但這只是一種暫時的現象。只有物質文明演進與基於內德的道德演進共同進行，即遍歷匡廓圖的環路，才能避免歷史上的覆轍。在這個意義上，中西文明相當，各走過匡廓圖的一半。就目前而言，中西文明似乎都意識到了另一半的意義，而試圖打通之，而實現完整的仁。

　　完整的仁，需從匡廓圖通盤的理解而來。孔子沒有為仁做一限制，做一定義；而是種下一顆種子，使其成長，這樣的仁是開放的：人類社會歷時越久經歷越多，仁的內涵越廣大而無止境；這是孔子的大德。孔子及見道不行，仁流而為義，所以才會發感慨說自己要乘桴浮於海，或避居九夷。其中的原因不是這些地方的人類社會更為仁，而是其尚未有義，甚至尚未有仁。但一旦仁流而義生，人類社會就無法回退到仁之前。只能向前，以遍歷社會必由之環路重新回到仁──孔子之道一以貫之，就是以仁貫之，沒有異趨衝

突之處——即在道德仁義禮刑兵得的整體上，重新通盤考慮，來建立仁的內容。這樣的一以貫之不再是一維的，而是容許匡廓圖中各維的展開之後的貫通。這一貫通容許人通過匡廓圖達到人類社會的每一角落，毫無遺漏，也不需要更多的假設或維度來支持。

第十九章　社會複雜性　自由意志

人類社會是世界上最為複雜的一個系統。這個系統在自然界沒有任何一個系統能夠複雜到可以與之比照，即使自然界作為一個整體也是如此。

從宏觀上看，人類社會的規模宏大，包括世界上的所有人和他們的活動所及。從微觀上看，人類社會的分子，人，每一個都是特殊的，尤其是其意識世界。將人看作或約化為具有全同性的元素，就會犯過於簡化的錯誤：儒家的人皆為堯舜，楊朱的人皆為我，近現代的西方學說中的物質人，理性人等等，因此都過於簡化而失其真，錯誤理解了真正的人性。以簡化後的理論對人裁制，就會反人道。

人類外在的活動受到物質世界規律的約束，在人類的所有文化活動中，絕大部分內容來源自於自然，是自然規律的延伸。但自然規律決不能包括人類文化的一切。絕大部分與一切之間的些微差距，即是人類社會獨特的內容，使人得以跨越自然的閾限，脫離開自然而形成人之道的基礎，最終導致了人類社會與自然本質的不同。

在人群中，也只有極少部分的人，能夠脫離自然性和自然性在社會中的延伸。這部分人，實際上即是人之道，人道的先驅。人不能澈底地脫離自然，然而人在某一點上，某一方面上脫離自然的影響，即獲得了某種自由性，達到了某種自由的境界，就是所謂的「自由意志」的起點和源頭；達到充分自由，則是人道之流的方向。但自由意志並不是這種境界或狀態一個恰切的描述，應該說自在的意志，即適其所適的我自然。如同老子的無為一樣，自由意志只能通過否定的形式表現出來，即「自由否定」。這是因為，任何意志，一旦有為，則必然有所履，有以為，這時的所履，所以為的，必然被自然的規律所規定；而無所履，無以為則與自然脫離，形成自在的一個狀態。否定的形式提出的「自由否定」，保證了開放性，因而才保障了自在。自由意志不是任意行動的能力，行動是外在的，任何行動上都必然被自然規律所限制，任意行動並不是真正意義上的自由意志。

在自在的狀態中，人之所處就是莊子所講的「道樞。樞始得其環中，

以應無窮。」（《莊子‧齊物論》）人的自在，以否定的形式表現出來，就是不為所動，不被任何外物所驅使，有否定「一定」要做某行動的自由，而自我存在。老莊孔孟所得的，都是這一種人之道，所以他們的學術可以一以貫之。如，孟子「不動心」，說：「富貴不能淫，貧賤不能移，威武不能屈。此之謂大丈夫。」（《孟子‧滕文公下》。類似地，《莊子‧田子方》有，「古之真人，知者不得說，美人不得濫，盜人不得劫，伏戲、黃帝不得友。」）這即是自由否決的表現，與莊子不為物所役使，是一致的。兩人的區別在於，孟子主張以心馭氣，去實行，去進取；而莊子則馳心入幻，守此自在而不肯表現，莊子對後人的影響即是此一「無為」的作為。

　　如果將人類歷史看作流水，那麼自在是與「流」脫離的。因此自在在某些時候被某些人看作是一種擾亂，阻礙，或破壞，因此是不善的，柏拉圖對藝術的批評，朱熹對老子批評即是兩例。這些觀點顯然是錯誤的，因為它們將規律和秩序混為一談。真正自在的人，即意志自由的人，才真正能夠照觀自然規律；而不能自在的人，將自身陷在物中，必然帶有偏見和偏私。真正自在的人必然尊重遵循規律而行，因為他別無所見，無可選擇。因此意志自由的人也是真正的人性的人。他們對秩序的蔑視和違背，是人道「前進」的唯一動力，揭開了新的規律。其他人對歷史「前進」的影響，其他的努力和動力只能是天道「循環」的一部分。老子說：「玄德深矣，遠矣，與物反矣，然後乃至大順。」（65）這裡的反，即是與有相反，與秩序相違，但不違反規律。自由意志的人內在的觀念因此決定了歷史的方向。這不意味著其他人，其他動力完全無用，而有「善人之資」（27）之用。

　　意志自由的人的行動是內在決定的，不能由外在的勢力或秩序推得，不可預知。他們順之而行的時候，不為人所知，別人認為是自然而然的；反之的時候，才會有所表現。這是老子著重談道的「反之動」的原因之一。「有」是不當有，「有」總是不完備，不理想，有偏私的，所以「反之動」是普遍存在的。天道循環，反之動不是與循環相反，而是指對既有循環的圈圈框框的超越，是新生。雖然意志自由的人的行動不可預知，但行動只有順和反兩種，即只有肯定和否定。這就像，世界上的任何變化，都可以用陰陽來描述，但陰陽相生相剋，曲盡其妙，因此微茫難識，不可前知。《易》也因此能夠用簡單地二進制描述所有人事的變化。但《易》與陰陽，並不是自由意志，只有在人的用之後，才能曲盡人事的變化。也就是說，《易》不能獨明，有能用之的人才有妙用。（如邵雍鄰夜扣門借物佔一事。（《梅花易

數·卷一》〕）

　　這樣，人類社會在已知的規律之外，已有秩序之上，又有不可預知的肯定和否定所帶來的複雜性。只有明白了這一點，才能開啟對人類社會的真正認識。這種認識的關鍵是自由否定的複雜性，而對此的理解，又不能脫離一個人自己對意識自在的領悟，而不是所謂的客觀性所能得到的。

一、老莊孔孟的社會思想

　　老莊學說重視對理想社會的構思；而對中國學術和社會形態的形成，孔孟學說的影響更為直接。在每日生活中，他們學說應用的比重以老莊孔孟的順序遞減。將老莊孔孟的學說結合在一起，就可以得到先秦學術對社會的整體思考。

　　孔孟之於儒家，猶如老莊之於道家。老子和孔子的學問是發源，老子和孔子所關心的是原則和主幹，對形而下多是泛論；莊子和孟子所言則靈動具體得多，就像從主幹引出了枝葉。莊子與孟子各自在道家和儒家起到了理論與現實間過渡和銜接的作用，使得兩人的學說頗有相似性。莊子的德，從邏輯順序上與孔子近，是道家到儒家的過渡；但在結構性上，與孟子又有呼應。孟子是儒家與現實生活間的過渡。學孔子須從讀《孟子》開始，通《老子》必先通莊子。從匡廓圖可以很明顯看出來老莊和孔孟這種結構性的相似性。老子的道德難以外化為具體行為，在被莊子疏通之後，則得一大解放：莊子賦予了德豐富的內涵，使之易於應用。孔子的仁和禮，即使及身的弟子們也難以理解和做到，但經過孟子的提煉，義這一維度提供了一種從權的靈活性，使得禮不只限於僵化到令人窒息的前人精粕。莊學大體上只是在老學的範圍內，孟學只是在孔學的範圍內，但他們自有闡發，使得老學和孔學更加平易，也使整個中國學術獲得了變化發展的動力和生命力。

　　老莊的學術處理的問題主要是道與我心的關係。道生萬物，道為萬物母，也是人之母。人的最基本的特性，因此與道直接相連。老子認為道之中就有人所需的一切，說：「我獨異於人，而貴食母。」（20）「貴食母」的意思就如嬰兒以母乳為食，從母親那裡得到一切。人與道不相分離，也不應分離，就如同嬰兒與母親的關係。人自道而生，只有在道中才能得到人性的完整，任何對此的割裂，都會傷及人性，使之扭曲，混亂，或殘缺。

　　老子因此認為，任何對人的治理都只能採取與道一致的無為。老子說：「天下神器，不可為也，為者敗之，執者失之。」（29）人為地試圖插入人與道之間，例如自詡為天子，將人歸於自己管理之下，就會使人與道分離，就如將嬰兒從母親那裡奪走而交給暫時的而且可靠性存疑的保姆，卻認為這是更好的安排，這顯然是錯誤的。任何有為都會傷害人性的天然和完整，因而不可能導致治理，只會導致天下分崩離析。莊子也說：「汝慎無攖（攪亂）人心。……天下脊脊大亂，罪在攖人心。」（《莊子·在宥》）無為並不是無所作為或者是對社會發展的壓制。老子說：「我無為，而民自化；我好靜，而民自正；我無事，而民自富；我無欲，而民自樸。」（57）這句話的意思是，人民天然地得到道的照拂，不需人為幹擾，就能自己發展：「化」，化育而不壅滯；「正」，不迷失其道；「富」，多樣不貧乏；「樸」，不離失本性。這樣的發展是真正地根據完整的和天然的人性得到的，這只能由無為做到──任何人都不可預知，而（建立在可預知假設下的）任何包含成心的有為，不管是善還是不善，都不可能做到。不善，不必別人提醒，就容易引起人們的警惕和排斥；而善，如聖智，仁義，巧利等，不必別人提醒，就容易引起人們去喜愛和趨附。但善對天然人性的影響，人們就難以認識清楚，所以老子著重指出「絕聖棄智」，「絕仁棄義」，「絕巧棄利」的重要性。老子的「絕仁棄義」不是認為應該不仁不義，而是「去小知而大知明，去善而自善矣」（《莊子·外物》）的意思。

　　老莊認為在理論上，只有「愛以身為天下」（13）和「無所用天下為」（《莊子·逍遙遊》）的人才能夠使天下得到治理。在應用於老莊時代的政治形式，即封建君主制，的時候，這就形成一個的困境：理論上適合的人根據這個理論不會去做君主；而不適合的人不應去做。這就是說，只有君位空虛，才合乎理想。這並不是個尖銳的觀點，但據此反言之，就很嚴重，即，事實上的君主每個都是不合格的，這實際上否認了君主的神聖性。這個困境，在君主制大多消亡的現代，實際上證明瞭老莊的先見之明：即君主製本身就是自相矛盾的，像枝指一樣，出於性──有其形成的因緣，但侈於德──不當有。如果無政府主義只是指無君主制的政府，那麼老莊可以說是「無政府主義者」了，從他們的理論只能推演出這樣的結果。這就引起了現實中的問題，即按照這樣的理論，如何構建組織社會。

　　天下大治是一切社會的理想，即社會處在有條不紊的秩序之中，這是從靜態來看。從動態來看，社會又必須有一個發展方向，即秩序將會變化。

這種變化或者循序漸進，或者是突變，例如中國歷史上的改朝換代或者革命。社會秩序處於義和禮的層次，社會秩序發生突變，往往只能在消滅以往秩序的基礎上進行。這種消滅屬於兵的範疇，秩序消滅之後社會就回到德的層次，在這個層次一切秩序幾乎都有可能，所以新的秩序在德的層次得以醞釀。但新秩序的成立和維持則處於仁和仁以下的層次，也就是儒家學術範圍。社會有循環和前進：天道循環，人道超越，人道只能在天道適合時取得超越，沒有得到天時的時候，只是推動天道的循環。這意味著只有在德和仁的層次上才有人道的超越，全新人道的產生，也意味著錯失天時的時候，只能等待下一個循環。

天下大治的思想從道家轉為儒家，存在著曲則全的轉折。道家認為對人類社會應取保守的辦法，老子說：「我好靜，而民自正」（57），莊子說：「孰知正處」（《莊子‧齊物論》）。而儒家則主張積極地幹預，孔子說：「政者，正也。子帥以正，孰敢不正？」（《論語‧顏淵》）老莊的正，與天道「為客」不為主，在老莊看來，仁只是林林總總的德中的一種，以仁為正，則有失去真的危險。而儒家則為「主」，認為學人因該「就有道而正焉」（《論語‧學而》），然後參與到社會中去施行，這裡的道即是仁道，或者說人之道。孔子認為，只有仁道才能保全人的德之實，這與老莊「處其實」（38）是一致的，是「曲則全」中的全。

孔子所講的仁是二人，包含著人是平等的意味，由此推出的原則只能是取其中道。所以儒家從仁引出了中庸的政治思想，即中之用的思想。中之用即是孔子的正。對於社會的靜態來說，中庸就是人際諧和，沒有特別地偏倚的狀態，社會在有條不紊的秩序下運行，人各自依據自己的禮去競而不爭，達到大治。這與老莊的社會理想是一致的。對於社會的動態來說，中庸就是得人群的中正，以至於人類的中道而行的中正，不偏不倚的「正」治，才能使秩序得到長久的維持，社會才能保持正確的前進方向。顯然「正」比「治」是更為根本的，「正」決定「治」。孔子從政的態度很明顯地偏重正，政正則留，政不正則去，治不在考慮之內。孔子甚至說：「其身正，不令而行；其身不正，雖令不從。」（《論語‧子路》）這句話的意思是，沒有正的基礎，即談不上政令，當然也就沒有治可言。換言之，就是不存在「不正」而能「治」。

孟子的政治思想，與孔子一致，也是以正為立足點。孟子認為紂是一夫，《孟子》中又有，「彼丈夫也，我丈夫也，吾何畏彼哉？」（《孟子‧

滕文公上》）這是孟子的仁，是人人平等的意思。由此，孟子又說：「民為貴，社稷次之，君為輕」（《孟子・盡心下》），這是孟子的民主思想，也就是孟子的正。孟子的正是中之用，他說：「中道而立，能者從之」（《孟子・盡心上》），不與社會妥協。

在儒家看來，正是個是非的問題，屬於仁的層次，是不變的規律性的；而治則是宜於不宜的問題，屬於義的層次，是常變的，在某一特定秩序下才成立。君主制的治只是一種權宜之計，即勉強而暫時的合宜，屬於義，沒有普遍性的或理論上的是非可言。關於君主制的所謂是或非，只能在具體的一個時代和國裡，根據適合不適合而定。如，孟子說：「聞誅一夫紂矣，未聞弒君也。」（《孟子・梁惠王下》）孟子否認弒君是個是非的問題，認為弒君沒有絕對的是非，只能由宜於不宜而定。在君主制下，某一皇帝或者在一時適宜，但隨時間流逝，其適合性轉瞬即逝。傳之萬世，除了慣性，沒有任何其他支持。因此君主制的主要表現是一種不適合，不理想，偏私，其理論或邏輯的支撐不具有普遍性。

將孔孟的思想擴展開，在現代語境中講，即是：從人生而平等而得到的民主是正，屬於仁的層次，屬於是非的問題，無可妥協；而專制是義的層次的問題，有時適合，有時不適合。民主和專制不在一個層次，不存在爭議。現實中，專制與民主之間的爭議不在於正，而在於治。也就是說，爭議只存在於民主的治和專制的治之間，是義的層次上的宜與不宜，合不合利益和時宜之爭。成功的民主的治，民主制度，是正，與社會未來的發展相一致，因此是相容的，可以持久。但專制是偏私的，偏離中道和人道，只能在非常少見的情形中，與正相一致，因為與中道和人道相背離，社會發展了，專制就難以維持。所以專制通常以壓制社會發展作為生存的手段。在中國的為數眾多的帝王中，僅有極少數的能夠與正大體一致，如漢初的無為政治時期，和與士大夫共治天下的北宋初期。漢初是受道家天道的影響，宋初則是受儒家仁道的影響。但這兩個時期的正，只能憑藉皇帝個人的德行維持，所以只能是短暫的。莊子認為外物無窮而又有變化，所以人的知不可能逆料一切。莊子說：「雖有至知，萬人謀之。」（《莊子・外物》）萬人之謀，無法以少數人應對，當然專制在技術上就難以維持。莊子接著又說，不僅有知程度的對比，還有相生相剋：「魚不畏網而畏鵜鶘」（同上），這是更為深刻的複雜性，是專制無法解決的，甚至無法承認的。

治的關鍵在於息爭。能夠息爭，自然就會導致和，產生秩序。人群中

爭的趨勢是：急則並力，緩則相圖，將順序反過來就是「兄弟鬩於牆，共禦外侮」。急則並力，人群處於戰爭或危難中，無頭不行，兩心或多心則亂，只能將權委於一人，使一人得以專制，這個人可以使用權威壓制爭，這是形勢所驅。這樣的形勢一去，權威的基礎不再存在，專制就不再適合作為解決爭端的手段。就如現代的飛機或輪船，需要機長船長有令必行，但一旦旅行結束，他們的權威就被解除了，也就無法以命令解決爭。緩則相圖，形勢緩和，人群之間的爭鬥即凸顯出來，平息這樣的爭，可以靠刑和禮，也可以靠專制──專制不合宜的批評因此而起：專制在緊急情況下，顯然有不可替代的效用，這是專制在與民主相比較時，不至於沒有立足之地的原因；但專制也只有在緊急情況下，才有合宜性。老子說：「以正治國，以奇用兵。」（57）大體上，民主是正，有其常；專制是奇，難以作為法則，沒有奇而久的道理。

　　中國歷史上的政治，在禪讓製之後，大體上是君主制，君主通過戰爭取得其地位，並通過慣性保持下來。這種制度也受地理的大陸性影響。古希臘的艦船，商戰合一，經商和戰鬥時各自為戰，為了緩急得宜，顯然更容易產生「民主」的兵法和社會決策機制。這是兵和德層次的決定性作用的表現。

　　儒家製止爭的辦法是禮。周公制禮，尊尊，親親，賢賢，男女有別，「所以息爭也」（王國維《殷商制度論》），是根據時宜而定，是為了應付人群內部之爭而設。時代變，時宜也就會隨之而變。周公制禮的息爭之意至今仍有意義，但周禮本身卻應該過時則棄。老莊主張不尊尊親親賢賢，是試圖將爭的問題釜底抽薪，取消掉。因為只要爭的基礎還在，只能疲於奔命的應付；而一旦有失，即會陷入混亂，這顯然是有先見之明的。孔子的君君臣臣的目的也在於息爭，這是孔子與周公心意相同的地方。孔子講禮，以和為貴，用克己復禮，謙退忍讓，消融化解爭，與老子以柔克剛頗有相通之處。但禮需隨時代而變，也有疲於奔命的缺點。

　　老子孔孟的政治思想合起來，包括了社會秩序生成的基本要素，他們的思想都是以人的福祉為目的，但有曲則全的差別。用比喻來說，老莊認為人生活在自然中，櫛風沐雨，才是自由自在的，而孔孟則認為應該造一間大房子，人在其中能夠躲避風雨，才是幸福的。

　　在兩千多年之後的今天來看，似乎孔孟是正確的，人類文明即是這樣的一個大房子的建立，只是這個大房子仍然有待完善。這個大房子，從結構上講，有個人，家庭，社會集團，和天下人類的層次。國祇是集團中的一個特

例。《戰國策》以國為根本，雖然智計百出，但所論大多只是國宜（義），不是國是，「譎（詭詐）而不正」（《論語·憲問》），所以不足為法。縱橫家之類都是如此，雖然有智謀，有顯赫的地位，有歷史表現，但以國，而非天下人為根本，這樣的義沒有其恆常，所以不入中國傳統學術的正統，不被重視。從分佈來看，如錢穆所講，又有城市，鄉鎮，山林，和江湖。這個順序是從文明，到游離於文明之外，到反文明的順序。這些層次，分佈，及其動態，使得人類社會成為一個極為複雜的系統。

但老莊也沒有錯，老莊的核心思想是關於人的人性。人從靜態來說，是這間大房子的一塊塊磚瓦；從動態來說，又是那個遊走，使用這個大房子的。這使得這個大房子的最後完善，必然要加入個人為何的考慮。也就是說，這個大房子是否完善，必須由住在裡面的人的性質，真正的人性來決定。人性的考慮無疑使得人類社會系統更為複雜，從而引出這樣的大房子是否可能得到最後完善的問題。

二、道德與個人

老莊孔孟，像很多其他的先秦諸子，如墨子楊朱，他們關懷的是人類的問題，理論假設的對像是所有人類，尋求的結果也是應用於人類，而非一國人或一群人。所以在這個意義上，他們都是超脫於國之上，在國家仍然存在的情況下，可以稱為「天下主義者」，這是他們「無政府主義」的另一方面。莊子拒絕楚王之請，輕視惠施的相位，寧可「曳尾於塗中」（《莊子·秋水》），即是此類的「無政府主義」。

孔子亦是如此，他說：「吾其為東周乎」（《論語·陽貨》），是為天下的意思。他的弟子並不能理解這一點，所以留下了一個疑問。這個問題直到顧炎武始得答案，他說「保國者，其君其臣、肉食者謀之；保天下者，匹夫之賤，與有責焉耳矣！」（顧炎武《日知錄·正始》）

孔子在其位，則謀其政；不在其位，則謀天下之正。「君子無入而不自得焉」（《中庸》），孔子在有位無位的情況下都可以有所作為，重實不重名，所以「無可無不可」（《論語·微子》），對於名位不患得患失。（《論語·陽貨》有，「子曰：『鄙夫！可與事君也與哉？其未得之也，患得之；既得之，患失之。苟患失之，無所不至矣。』」）。對於名位，孔子

「溫、良、恭、儉、讓以得之」，這就是孔子所講的：「富與貴是人之所欲也，不以其道得之，不處也；貧與賤是人之所惡也，不以其道得之，不去也。」（《論語‧裡仁》）這在平常人看去可能迂腐，但深刻地符合老子「後其身而身先」（7）的道理──不從其道得之，也不能守之。

中國歷史長久的大一統狀態，使天下與國難以區分，削弱了這種「無政府主義」的清晰性。在實際中，天下意識對秦漢以下的大一統的形成和維持有重要影響。如錢穆即說：「春秋時代……其實凡屬那時的知識分子，無不是流動的，即是無不抱有天下一家的大同觀念。他們絕不看重那些對地域家族有限度的忠忱，因此而造成秦漢以下中國之大一統。」（《國史新論》，北京：生活‧讀書‧新知三聯書店，2005年，第10頁）中國文化從一開始就脫離了狹隘的民族性和地域性，而致力於達到人類「大同」的世界，是先秦諸子的創設。西方社會對民族性和地域性的克服，是憑籍宗教達到的，但中國合久暫分，西方卻是分久暫合。印度的佛教，也是一種大同思想。佛教在中國大行，是因為中國人對大同思想的普遍接受，這個根基是先秦諸子打下的。印度本土卻缺乏這一根基。

老子提出小國寡民，兵戈不用才是理想的社會。這樣的理想社會是在人類的範圍內，而不是在一國之內實現的。即，小國寡民是以人類為基本框架，而不是以國家為框架，大國在老子的框架裡是無存的。莊子也同意這樣的觀點。但這種社會顯然是難以實現的，只有在全人類都處於這樣的狀態才可有此可能。而「甘其食，美其服，安其居，樂其俗。鄰國相望，雞犬之聲相聞，民至老死，不相往來」（80），則需要每個人都這樣選擇。老子所講的這種社會因此是取決於個體，而非外在的社會規則，這與老莊的思想體系整體上相一致。明白了這一點，就可以真正理解老莊的「無政府主義」──不是無政府，而是無社會──將政治和政府的問題澈底取消掉──皮之不存，毛將焉附。老子所講的小國寡民，不是平均的，而是多樣的。每一小國都是採取自身最優的生活而不必知為何如此，將國的物質和人力的維持成本降為最低。這樣的小國裡的人最大程度地保持了人的自在的完整，人和其生活是有機結合在一起的，有其化，正，富，和樸；而非僵死，偏邪，貧乏，或華而不實。桃花源記，佛教寺院中的生活，即如此類。

老莊這個願景的作用，與其說是對人類社會的構想，不如說是對政治制度的澈底批評。老莊因此並不重視如何構建社會制度這一類的問題，而是對其提出要求，即任何制度不能妨礙人類中任何一個個人的天然的自在狀

態。老子說：「太上，下知有之；其次，親而譽之；其次，畏之；其次，侮
之。……功成事遂，百姓皆謂我自然。」（17）皇帝可以有，但必須使民感
同「不知有之」；制度可以有，但必須使民感同「百姓皆謂我自然」，「帝
力何有於我哉」。「太上，不知有之」（17），在這樣的理想社會裡，即使
「上」有作用，人們也認為這是理所當然的：事情應該如此，也就如此發
生，不必視為「上」的作用作為，也不使人感覺是「上」的作用作為，而只
覺得「上無為」——有為則必然不善——上有所好，下必甚焉。在這樣的社
會裡，人們自行其是，卻「不踰矩」，才能維持這樣的一個理想的社會狀
態。這就將社會的責任落到了每一個「個人」身上。這樣一來，社會倫理道
德的基本元素是在「個人」，而不在於兩人或兩人以上的社會關係。

　　由老莊的思想而來，在至善的社會裡，社會倫理道德不再由社會關係而
定，而是在於「個人」。道德因此最終的根源是一個人自己，而不是社會。
一個道德的人，可以推論出他一定會遵守社會中的法律，規則，或禮貌，可
以用這樣的規則責求他。反過來，遵守社會規則的一個人，很難推論出他一
定是有道德的。所以有道德的人很難從表面看出來。孔子就是前者的一例，
他「從心所欲，不踰矩」（《論語‧為政》），內在的道德與社會毫無衝
突。他的不踰矩，不再是「非禮勿視」，卻內心卻非常想視。這種不踰矩，
不是社會規則的強制，也不是刻意去克己所達到的，而是從心所欲，自然
而然。

　　等而下之的，「不善」的皇帝或製度，依次為「親而譽之」（王弼注
「立善行施」），「畏之」（王弼注「賴威權也」），最下為「侮之」。
（王弼注「而以智治國，下知避之，其令不從。」）這個順序既是管理效果
和效率上的一種層次，又通常是歷史上一個朝代興衰的過程，一個社會制度
的苛刻程度和社會穩定的程度也以這個次序下降。社會出現弊病之後，社會
秩序不再有力維持，甚至社會道德蕩然無存，這時有道德的人就會在社會關
係中顯露出來，「大道廢，有仁義；智慧出，有大偽；六親不和，有孝慈；
國家昏亂，有忠臣。」（18）這個現象，是道德在於個人，而非環境和社會
的一個顯例。依賴環境和社會的道德，不是真正的道德，而是規矩的囚犯的
道德：在沒有強力約束的時候，這樣的道德就難以為繼；而在強力約束的力
量出自於邪惡的目的，這樣的所謂的道德就整體上是邪惡的。道德之所以植
根於個人，是因為社會是由人組成的，是否背離人的真正天性是社會善惡的
最終衡量。

　　道德有常，古往今來，有道德的人都很相像。道德不會淪喪，當人們認為道德淪喪時，則一定是社會病入膏肓，與道德背道而馳。道德沒有相對，只有恆常。有弊病的社會才有使人「親而譽之」的「上」和「尚賢」的社會風議。在沒有弊病的社會裡，這些人只是隱於無名。道德在有弊病的社會中得以表現出來，但從社會看去的道德，只能看到表像，一件外衣。從社會問題入手，最多只能解決使人服從社會秩序的問題，而不能培養出有道德的人。從社會問題入手，一方面，「和大怨，必有餘怨；安可以為善？」（79）另一方面，則有矯枉過正的反之動之虞。

　　至善的社會即是莊子所說的「至德之世」。（《莊子‧胠篋》）莊子對至德之世的描寫，可以看作小國寡民的具體化。莊子之所以用「至德」是因為莊子的立足點是與萬物為一，人類社會和人道只是莊子視野中的這個大世界和大德中的一小部分，所以莊子用「德」而非善。善總是與人道相聯繫的。道德必然善，而善不必有道德。生物之間不論是友愛還是同類相噬，都談不上善惡。動物間的友愛，只能算是是一種不仁的仁，「至仁無親」。（《莊子‧天運》）它們的命運即是如此，如同設定的程式，只是一種按部就班。善只屬於人類，由人道而定，可以延伸到人群，但不由人群所定：一群人所謂的善，也可能是惡；反之亦然。而傷害人道即是惡，即是無道德，這是毫無疑問的。

三、人性與人道

　　真正的人性和道德結合在一起所行之而成的道路，即是人道。社會只能在人道的左右，搖擺而前行，順之者昌，逆之者亡。人道雖然只是莊子視野中大德中的一小部分，但對於任何一個人來說，都是最特別，最重要的一個部分。荀子認為莊子對此的認識有缺欠，荀子這一觀點有他的理由，但也是因為他不能體會到莊子所講的大德是人道的根基。人道的根基處於天道與人道交界，即道和德與仁交界的地方，有「枉則直」（22）的效應。這種枉則直的效應實際上普遍存在於所有哲學範疇交界處，科學學科交界處，和人們的思想交流中。

　　莊子的德，有吾無人無我，但卻是仁的根本，是人際關係的基礎。孔子從仁的層次講起，所以講仁人。但仁人「志於道，據於德，依於仁，遊於

藝」（《論語・述而》），首先必是一有道德的人，這是仁的前提。仁是一人自立而達到道德，而與另一人平等相待，相攜手使其自立而達到道德，不是兩人的對立。老子莊子主張與人無尤，「相忘於江湖」，這時我，人和萬物皆是平等的。有道德不必有仁，即自然而然已經做到了自立和人的對等。孔子對仁人的要求，是積極入世的，所以又附加上了達人的要求。而達人只能通過老子所講的「上仁，為之而無以為」（38）的方法。

老子說：「天地不仁，以萬物為芻狗；聖人不仁，以百姓為芻狗。」（5）芻狗有如後世紙紮成的冥器，祭奠前千方百計買來，小心照看，祭奠時卻一火燒之，唯恐燒之不盡。道生成萬物，有萬不同，道對萬物中任一物無所偏愛，無意於使某一物永貴永存，當其生，使其勃然而生，當其消亡，也無所惜。這是天道不積的意思，只有如此才能「天道運而無所積，故萬物成」（《莊子・天道》），否則天下就只能充斥芻狗了。聖人對人也是如此，「帝道運而無所積，故天下歸；聖道運而無所積，故海內服。」（同上）聖人不偏愛偏重某一人或者某一種人，也不偏廢某一人或者某一種人，才能得到不拘一格的人才。所以老莊所反對的仁，是有以為的仁，有固化了的形式的仁。無以為的仁，即是老子上述的「不仁」。儒家所講究的愛人等仁行，只是小仁小義，去小仁小義，而大仁大義明，是顯然的道理。所以使人達，必須無以為，每個人都是不同的，使其整齊劃一，必然對人的人性有所割傷，這是「大製不割」（28）的意思。作惡違背道德，強迫為善也違背道德，這裡善轉成惡。

社會道德與老莊主張的道德，這看似不同的，甚至有人認為是針鋒相對的兩者，即以上述方式曲則全，合二為一。以儒家為基礎的社會倫理被稱為道德，不是藉用了道家的道德，而實際上正是老莊所講的道德在人類社會中的形態和外化。實際上，對兩者間差異的爭論只存在於中國文化的學術表層，中國文化潛意識中早已意識到了這兩者是一回事——人們用「道德」一詞時，早已神會此義，並不惑於其緣起。正如《莊子・知北遊》所說的：「⋯⋯昭然也，神者（靈性）先受之；⋯⋯昧然也，且又為不神者（思維邏輯）求邪？」

人性是有常的，而社會制度不是，歷史已經不斷地昭示了這一點。人性有常的表現，即是人道的實現和外化。任何社會制度，都只是一件外衣，包裹於人性之上，符合人性的即是人道的，是善的，反之，就是反人道的，是惡的。削足適履是愚蠢的，以製度去羈縻人性也是愚蠢的——《莊子・在

宥》中藉老聃之口說：「慎無攖（擾亂）人心」，此話猶如說，不要試圖改變人性，否則就會自遭其咎。

從理論上來講，老莊的政治邏輯可以簡單歸結為道不可為，上德無以為。任何制度都只如一個囚籠，不可能將道包係其中。任何制度都只是一時的，一部分人的，而不是永遠的，所有人的。所有的製度都屬於有以為，只能是下德層次的東西。下德不失德，或者可以固守一時，但終究會被拋棄。不知道這一點，固守不放，就如「豕蝨」，「一旦鼓臂、布草、操煙火，而已與豕俱焦也」。（《莊子・徐無鬼》）因此老莊的批評適用於任何社會制度。從這樣的理論出發，《莊子》一書不支持任何的君王，或提出任何具體的社會制度，就可以理解了。

以往的人性研究，多從人脫離動物的開始這一方向考察。但正如在街道轉彎處，沒有人能夠說出從哪一個具體的點開始，街道從一個方向澈底地轉到另一個方向——也沒有人能夠說出從哪一個具體的點開始，人成為了人。這種方法，充其量只能將人性歸於湍水般「決諸東方則東流，決諸西方則西流」無定的神性。（《孟子・告子上》）神性可以是人性的一端，但人不是神，神或上帝之子降臨到人間也不再是神，人性只能在人的身上找到。神本主義不承認這一點，將神性極端化，就導致人性的喪失，違反了人道和仁，因而不善。

對有常人性的認識，不能從人的生物性得到，而只能從人性所能達的最高遠處考察；不能從起源得到，而只能從終點考察——即道和德最終所能達到的最大，逝（流動運行），和遠處。從這裏反而能更清楚地認識人脫離動物這一拐點上發生了什麼。人道是在起源和終點間的道路，不是神本，由神完全決定；也不是人本，完全脫離神和物質世界，而是在這之間的一條道路，這個道路包含著前段所講轉彎的意思。在起源和終點不可確知的時候，只有在不被外物牽動的自在的人身上，才能看到道和德的真正運行方式。以比喻來說，牛頓慣性定理說：「不受外力的物體保持靜止或直線運動狀態」。這樣的狀態，只能在完全不被外物牽動的物體上表現出來。對有常的人性的瞭解，只能基於人類史上最偉大的那些人的人性，而不是各種各樣的低劣的人性表現——這些表現往往使人得到人比野獸性質來得更為低劣的印象。人性能達的偉大之處，幾乎總是通過特立獨行的一個人的人性表現出來。這種人性即是道德，表現出這樣的人性的偉大人物，即是有道德的人。這個事實也證明了社會道德根源於一個人的自身。心理學家馬斯洛清楚地意

識到了這一點，馬斯洛在他的人性心理學中，選取偉人而非生物性的人或普通人作為研究對象，因而推動了心理學的第三次思潮。遺憾的是，馬斯洛只是意識到道家理論與他的研究之間的聯繫，而沒有使兩者發生直接的接觸。從偉大人性考察，立刻可以得到兩個推論。一是，我們雖然只能目睹以往的偉大人性，但也足以從中推出未來人性所能達的大體輪廓。然而我們無法得知人性所能達的極限或終點，即我們無法一窺人性的發展空間的全貌，隨著人類新的活動的出現，人性又會有新的呈現。二是，由此一來，我們所能知的人性，不是固化有形的，確定性的，而是方向性的，比較性的。這兩個推論多少是在意料之中的，因為道所提供的空間和可能是無窮的；也是不壞的，因為人性的終點或者同時意味著人的消亡。

有常的人性，定義了何者為人。在最原始的部落裡，也不難找到根據現代人的標準，根據文明人的標準，而仍然可敬的人，可敬的人性。這些人和他們能達的人性境界定義了整個部落成員人的身分，即他們與我們有著同樣的人性空間。種族主義者不承認這一點，實際上也否認了自己的人性空間的存在。因此種族主義是種族主義者在人道上的殘缺而發生的一種畸形心理，在理論上是架空的。清除種族主義，因此需要通過對有常的人性的認識而達到。

四、自由意志：實現勝於證明

前面已經討論了老莊的道德與孔孟的道德，在理論上如何轉折而相承。老莊與孔孟的人性和自由意志，存在類似的承接關係。道家儒家在這一點上的承接，對中國社會有更直接的影響。

人類的社會是變動不息的，人們通常認為動或變化是絕對的，靜止不變是相對的。那麼人性在這種川流不息中，存在於何處，而如何能夠不變動呢？這個答案，在老莊的理論中甚為簡單，老子說：「歸根曰靜」。（16）這裡的根，即是道，將心寓居於道，即可以得到靜而不變的人性：「聖人之靜也，非曰靜也善，故靜也，萬物無足以鐃心者，故靜也」。（《莊子・天道》）這樣的靜，萬事萬物都無法牽動之，是一而非多，與紛繁蕪雜的動相區別。老子說：「致虛極，守靜篤」（16），「靜為躁君」（26）。莊子說：「虛則靜，靜則動，動則得矣。」（《莊子・天道》）從虛，靜，動的

順序，足見兩人所說的靜是一回事。虛引領靜，就如道引領人心。靜統率動，得到靜，就掌握了動的先機。這樣的靜，不能由人給予，不能與人共用；只能獨自領會，也無法使人得知，卻不言自明。

　　社會的變動，不足以牽動的人性，即是靜的人性，也是常的人性。這樣的人性是道德的，這可以從幾個方面看出來。一，道大逝遠返，寓心於道的逍遙遊，能夠使人達到人性的極致。二，這樣的人性是一個人自心的獨行，而不是能夠被人給予的。三，在這種境況下的人性，與物無傷，與人無尤。這樣的人性是善的起源，可供依憑的立足點，和歸宿。在社會整體為惡的時候，社會不能傷及這個起源；不能使善人與之妥協；也不能變善為惡。

　　道德的人性，靜的人性，或常的人性，換作現代人的語境，所指向的即是一個人的自由意志。上面對這幾個概念的討論，同樣適合於自由意志。人是否存在自由意志，在西方至今仍是一個充滿爭議的問題。但中國傳統學術對此早有肯定的回答。以《易》為例，對於完全沒有自由意志的人，禍福都已先定，沒有趨避可言。中國傳統學術解決了在現實中，意志能夠自由到什麼樣的一個程度和境界的問題，而不是先抽象出一個自由意志的概念。中國傳統學術所採取的具體的途徑是從如何實現自由意志出發，達到以人性所能達到的道的至為高遠之處。因此，追求一個恆定的原則，道；追求如一的自我，自由意志，是中國傳統學術內在的動力。這種追求以受到外力而改變為恥。常變，就無道德可言。人類存在自由意志並不意味著，每一個人的意志都是必須是自由的，或者一個人的所有意志都是必須是自由的。從一種意志的自由如何實現出發，只要能夠實現它，就是某種程度上的自由意志。每個人的意志的自由程度，也互不相同。有人實現這種意志的自由，有人實現了另一種意志的自由。而只有擁有最大程度自由意志的人，才是研究自由意志的最佳對象。

　　一種意志的自由只能從一個人的意志與限制其自由的因素的相互作用中表現出來。意志不受限制，就自然是自由意志。也就是說，當有某種因素試圖限制，阻礙，和扭曲一個人的意志，如果他的意志不受這個因素的影響，就可以說他有這種自由意志。至少，在這個特別的情景裡，他的這種意志是自由的。孟子所說的大丈夫，就具有某種程度的自由意志。這裡富貴，貧賤，和威武都是可能使人「獨行其道」的意志屈服的因素，而大丈夫能夠衝破這三種因素的限制，或者說這些因素不足以動搖大丈夫的意志，不足以「攖人心」。孟子這句話對中國人人格的塑造有很深的影響。而《莊子・田子方》

中所講與孟子所講幾乎完全一致：「古之真人，知者不得說，美人不得濫，盜人不得劫，伏戲、黃帝不得友。死生亦大矣，而無變乎己，況爵祿乎！」

　　孟子在這問題上與莊子的一致性，顯示出了儒家與道家內在的緊密聯繫，而被道家包含。儒家所面向的人類社會，只是道家視野中的一部分。所以道家除了人類社會的限制因素，對更廣泛的限制因素，自然因素，也有所提及，如：「至人神矣：大澤焚而不能熱，河、漢冱而不能寒，疾雷破山、風振海而不能驚。若然者，乘雲氣，騎日月，而遊乎四海之外。死生無變於己，而況利害之端乎！」（《莊子・齊物論》）不用說，道家認為這些自然因素也不足以限制至人逍遙遊，更何況其自由意志。《莊子》書中，多有此類的的議論，如孔子對承蜩丈人的評論（《達生》），伯昏無人背崖而立（《田子方》），胥靡登高而不懼（《庚桑楚》），皆如此類。

　　孟子之所以能夠與莊子契合，在於他們思考的前提背景的一致性。莊子「獨與天地精神往來」（《莊子・天下》），孟子「窮則獨善其身，達則兼善天下。」（《孟子・盡心上》），兩人皆強調「獨」，而皆有達到人性能達最高境界的志。這個志對於孟子來說是仁，而對於莊子來說是道，兩人都相信沒有任何因素可以阻礙他們達到最高境界的意志。孟子稟誌養氣，最後所達的境界與莊子相似，得到人間的自由：「其為氣也，至大至剛，以直養而無害，則塞於天地之閒。」（《孟子・公孫醜上》）莊子逍遙遊是，「夫乘天地之正，而禦六氣之辯，以遊無窮者。」（《莊子・逍遙遊》）這兩者所遊的背景不同，但自由自在的性質幾乎一致。

　　莊子認為人性的最終空間，與道同，「人有能遊，且得不遊乎？人而不能遊，且得遊乎？」（《莊子・外物》）物外立其德，因為外德的緣故，物與道割裂，然後自己的德得以確立，所以物有定性。物只有不德時，回歸於道，能物化而為他物。而人不同，人有內德，「至人無己」，形固可以槁木，但內德可以回歸於道，既可知魚之樂，又可化蝶。人既然能夠有像道一樣的人性空間，人性就必然會充塞這個空間。在這個空間的逍遙遊，即是澈底的自由意志。由此，就得到了中國傳統學術自由意志的定義：人的自由意志表現在人有意志不順於外物的自由。在超脫生死之後，做到這一點並不難。人的自由意志因此不表現在能將自己的意志強加於物或他人，這樣做，其事好還，毫無意義；而在於外物不能強加於我。更進一步說，人的內德最終所存，在於道心，道心是外物所不能犯的——「靈臺者有持，而不知其所持，而不可持者也。」（《莊子・庚桑楚》）道心是每個人都有的，但不是

每個人都能夠意識到，並能夠善用之的。

　　按照人編寫的程式運行的機器人，或按照自然程式運行的非人生物，都不具自由意志，也不可能成為人，與人分享同樣的人性。反之，一個失去了運用自由意志能力的人，就落入了機器人和生物的範疇。這樣的狀態，就是莊子所講的物於物，為物所役使。物有定性，就將這樣的人像囚犯一樣，囚係於物的定性之中。最明顯的例子，就是沉溺於物慾的人。因此莊子說：「其耆（嗜）欲深者，其天機淺。」（《莊子‧大宗師》）而同樣地，孟子說：「養心莫善於寡欲（《孟子‧盡心下》）。

　　西方人對自由意志的研究，也頗與莊子所講相一致。美國生理學家利貝特（Benjamin Libet）曾做了一個有名的實驗。他發現，在人意識到他們做出決定之前，人的腦神經已經有行動的準備和衝動，以這些衝動預測人的最終行動，有80%的正確率。有人據此錯誤的認為，人沒有自由意志，只是由物理，化學，生物等的因素所驅動的。但這個實驗的重點所在，告訴了我們與這個結論恰恰相反的現實，人有將這些神經衝動否決的能力。人不是僅僅由條件反射做出反應，而是可以對條件反射所引起的衝動或者執行或者拒絕。這個實驗的重要性在於那20%裡面，如帕累托法則所講。廉者，不因為飢餓或對餓死的預測，而接受嗟來之食。廉者不僅有條件反射，也有邏輯思維，但這些生理和理性，最終屈服於某種心理力量，以至於死並不算得上一種畏途──世事有甚於死者。當然不是每個人都能做到這一點，但與這些人相比，廉者彰顯出的是真正的人性能達的程度。因此美國人舍曼提出了對自由意志（free will）的修正，即人有自由否決（free won't, Michael Shermer, Scientific American "How Free Will Collides with Unconscious Impulses" Jul. 16, 2012）。可以預見，這個提法將逐漸取代目前的自由意志的提法，因為這個提法在理解人類社會上，有重大的意義。

　　自由否決或者說人的不物於物的意志能力，並不神祕。在神經系統複雜到某程度時，人可以對外界的刺激作出多種反應，也就是說一種刺激不足以使人啟動所有神經資源來應付時，人的神經系統對做出何種反應有選擇的能力。例如對於口渴的刺激，人可以喝水，或者用「望梅止渴」來壓制它，或者完全不去理會。這幾種選擇中，第一種是一種適應性，後兩種是否決，其中前者是選擇性的否決，後者是絕對性的否決。這兩種否決的能力似乎是人類特有的。而這種否決的能力是可以通過學習獲得或得到加強的。在最為極端的情況或鍛鍊的結果下，人可以逐漸掌握完全否決一切外來刺激的能

力。如真正的宗教信仰，即可使人獲得這樣的能力。因此，真誠的信仰者，不需要外來的社會信仰自由的保證，外物並沒有辦法撼動他的信仰，這在歷史上不乏其例。

　　自由否決的能力最終決定了人與非人的區別。這一區別使得人性能達的疆域是無限的。也就是說，一旦為人性設定了一個極限，就會遲早有人能夠去否決它——天下皆知美之為美，斯惡已（2）——打開下一發展的門路。自由否決也存在於人對自己的否決，包括對自己諾言，習慣，思想，和生存的否決。「靈臺者有持，而不知其所持，而不可持者也」（《莊子·庚桑楚》），人心不可持，即不可拿在手裡，不可限制於一個囚籠。

　　反之動是老子的一個核心思想，反之動幾乎是自由否決的先聲，但在提出時間上要早兩千多年。對於選擇，老子說「寵辱若驚」。（13）陳鼓應對此的解釋探驪得珠，他說這是寵等同於辱，老子對其一併拒絕。道流而為德之後，那得以實現的物化的那部分道，是情（精）和信。老子不為任何外物所牽動，即使自己的身，也加以拒絕，認為「吾所以有大患者，為吾有身，及吾無身，吾有何患？」（13）老子之選擇，是依據道的精和信，而不被任何外在的東西所驅動，表現為無為。這一種無為，又等同於不得不為。也就是說，老子即使與別人的選擇相同，也是基於不同的考慮，謹慎地保持著最樸質的如同嬰兒一樣的自由境界。道的精信，給了老子一個方向性，這個方向性就是生，不得不為必須與此相一致，老子才會去為，「外無正而不行」（《莊子·天運》）。不被任何外在的東西所驅動，就無以為，這是很明顯的。朱熹認為老子的學說可能會使人選擇大無狀，別人也無法克制之。這層顧慮是合理的，但他所擔心的不是真正的得到老子思想的人，只是一些冒牌貨，沒有老子的學說，這樣的人也存在。孔子以「己」為依據，確定了自由意志的原則。孔子說：「古之學者為己，今之學者為人。」（《論語·憲問》）孔子之學，在於己；孔子的道德和行為，也在於己——在於人性的自在和自主。「知其不可而為之」，那是拒絕社會給出的選項。孔子的依據在於己。孔子論射箭，說：「君子無所爭，必也射乎！」（《論語·八佾》）這句話中也寓以了學為己的意思。所以孔子的好學不倦，「己」是其核心，這與後世捨己為學，頭懸樑錐刺股等「學為人」，學貴於人是截然不同的。孔子之學，也從道講起，「志於道，據於德」（《論語·述而》），這就與老莊大有淵源，孔子嚮往的「風乎舞雩」（《論語·先進》）和達到的「從心所欲」（《論語·為政》）等境界，因此與老莊一致。但在孔子，外物雖

然不足貴，然不能釋然於人，所以要喚醒天下人，誨人不倦──老莊則沒有
這種勞苦之態。孔子並不以社會如何為依據，所以無可無不可，在政治現實
中選擇獨行，也有「從眾」（《論語・子罕》）的時候。可以說，孔子之
學，目的在於「夫志心篤（獨）行之術」（《素書》），這樣在用的時候才
能有獨立的人格。

　　孟子在儒家的諸多傳人中，是對孔子「知其不可而為之」最有心得的
一個。孔孟合言，有內在必然性。《孟子》一書中，獨行特別明顯。孟子講
「不動心」，幾乎與老莊相同，區別在於老莊的不動心是將心的問題取消
掉，如莊子說：「養志者忘形，養形者忘利，致道者忘心矣。」（《莊子・
讓王》）孟子的「志至焉，氣次焉」和「持其志無暴其氣」（《孟子・公孫
醜上》）又幾乎是孔子「志於道」和「學為己」如出一轍。孟子注重內省，
如他說：「仁者如射，射者正己而後發。發而不中，不怨勝己者，反求諸己
而已矣。」（《孟子・公孫醜上》。又：「射求正諸己，己正然後發，發而
不中，則不怨勝己者，反求諸己而已矣。」（《禮記・射義》））這是深得
孔子之意的。孟子「五十步笑百步」（《孟子・梁惠王上》），說的也是一
種自省，只在於「我」如何，而不是與人攀比；這句成語的意思不在於兩者
沒有區別，而在於（學）「為人」還是為己。耶穌說的無罪的人可以擲石，
與此類同。孟子排除與人比較而成德的途徑，可以說對後世亦步亦趨模仿孔
子的人的一種批評：仿照不能成為有獨立自我的人，只能造出一些拙劣的仿
製品。這在研究中國傳統學術中，是特別地需要重視的嚴重問題。

　　孟子說：「我善養吾浩然之氣」，又說「是集義所生者，非義襲而取
之也（外來的侵入佔據）。」（《孟子・公孫醜上》）孟子所謂的集義，即
是要到達大丈夫的自由境界，是從一義開始，一種意志的自由開始，而逐漸
積累，慢慢養成自由意志。在一種困境中，不失自我，即是一種自由意志，
孔子所說的「歲寒，然後知松柏之後雕也」（《論語・子罕》）即如此類。
這就是儒家所講的正心誠意如何最後能與天下相作用，或者說對天下產生影
響。孔子和孟子都堅信憑藉這樣的修養，一個人最終是可以對天下有所作用
的，事實也證明的確如此──孔孟的影響至今不絕。《大學》說：「古之欲
明明德於天下者，先治其國；欲治其國者，先齊其家；欲齊其家者，先修其
身；欲修其身者，先正其心；欲正其心者，先誠其意；欲誠其意者，先致其
知，致知在格物。」這一段只有「先致其知，致知在格物」與孔孟的學說相
衝突。朱熹沒有註意到這一點，重視外在的先天的理，就將意志限定住，因

此得到的學問迂曲不通而死氣沉沉。這個問題如此嚴重，以至於王陽明意識到必須加以重新解釋。王陽明認為「心外無物」，「理也者，心之條理也」，才又重拾孔孟的自由意志的可能性。但王陽明的心又走向另一極端，隱含著人天生皆有，更始終保持著自由意志——事實顯然並非如此。

　　自由意志並非是一味的否決，而是自在決定。儒家的一個誤區是重視克己復禮時，一味克己。因此《淮南子》批評說：「今夫儒者不本其所以欲，而禁其所欲；不原其所以樂，而閉其所樂。是猶決江河之源，而障之以手也。」（《淮南子·精神訓》）很多宗教或教派都有認為對身體的磨練懲罰是進階或淨化靈魂的手段。但除了佛教以身飼虎的決絕例子，慾望是不可避免的。即老子所說「吾若無身，我有何患」：人一旦有身體，渴飲飢食後，舒適感就會存在，即使將其視為洪水猛獸的苦行之士，也只能對其抗禦，而非消滅。這是人的物質性的必然要求。但這一要求只是外得，不管是順應還是克己，只要決定操之在我，都無可無不可。克己猶如孟子的集一義，是自由意誌之始，而不是終點，自由意誌之用並不在此。如果認為克己即是修養的絕對衡量，就不免外立其德了。

　　《莊子·天地》篇有：「德人者，居無思，行無慮，不藏是非美惡。」得到了真正自由意志的人，是「思無邪」，其所想和所行皆是自然的，真的，也即是道德的：此類所想和所行就如同孟子所講的赤子之心和老子所講的嬰兒的行為。這裡的道德是指老莊的道德，人與物關係中的超越善惡的道德。克己復禮做到之後，又遠而能返，吾得重生，才能達到赤子嬰兒的境界，而在此境界，克己復禮已經沒有用場。

五、社會的複雜性

　　迄今為止，人似乎是唯一具有自由否決的能力的特別的存在。智能機器或許在國際象棋上勝過人腦，但象棋終究是有限的。可以預見，在一切公理體系和邏輯規則確定的系統裡，包括圍棋（本書草稿2016年出版，預言此事，2017春即有穀歌機器人戰勝韓國棋手之事。），有限定條件的設計等，人工智慧最終都會勝出。但人工智慧終究只是存在於有限的世界裡的。人工智慧機器或許會達到生物的程度，組成一個社會，但不可預測的出爾反爾，浪子回頭，和自我決定的殺身成仁，都很難出現在這一社會。

　　因為人的自由意志導致的自由否決的能力，人類社會的複雜程度超過一切自然的現象，因此與螞蟻，蜜蜂，類人猿的社會截然不同。現代科學研究將系統按照複雜程度分為幾類，其中最簡單的是線性系統，線性系統的起始條件與結果有確定性的關係，即是可以預測的。非線性系統是更為複雜的系統，對這種系統最直觀的說明莫過於蝴蝶效應，即起始條件極其微不足道的，難以察覺的不同，就會帶來難以預測的結果，但在短期仍可預測，例如天氣系統。而生物系統更為複雜，具有適應性，在不同的起始條件下，可以自發地形成秩序，更具有自我改變系統反應規則的能力，這種能力與初始條件共同塑造了生物系統的形態。生物系統的形態因此不再是由初始條件決定的了。而最為複雜的系統是人類社會：人類社會的形態不僅不能由初始條件決定，而且可以否定初始條件，或者在最大程度上脫離初始條件。生物系統的秩序一旦形成，就沒有自發打破秩序的問題。而人類社會可以適應，也存在反適應的自由否決能力，有自發打破秩序的現象：物極必反，人則靜極思動。除線性系統，其餘系統不可逆，也無法從邏輯反推得到初始條件，這意味邏輯在此類系統中只能是後見之明。

　　科學對線性，非線性，和生物系統都可澈底預測，或有某種程度的預測，但人類社會的更高層次的複雜性在幾個方面使得科學的方法完全無法預測其發展。首先，人性是無限的，不可封閉的。其次，人既能適應，又有反之動。再次，對適應還是否決的決定，是超越理性的。科學的邏輯，在人類社會中是行不通的。如，科學上很容易得到甲對乙施加一個作用力，乙一定對甲有個反作用力。而在兩人之間，任何作用，都沒有一定的反應可言。

　　進化論在人類社會裡，不具有決定性。試圖用進化論或者基因學說，得到人類社會因果性的解釋和預測，只能是徒勞的。按照進化論來講，同性不能生育，會導致與同性戀有關的基因流失，遺傳途徑的局限會使同性戀的人數減少以致消失，但事實並非如此。（有的解釋認為，同性戀因為沒有孩子的拖累，而對群體有益，因此基因仍在親族中得以保留。這是一種詭辯，實際上社會對同性戀的態度至今仍不能達到理性的地步，即使「有益」，也不可實現。因為「凡事皆有兩面」，同類的詭辯，可以證明任何基因都不會流失，也就沒有所謂的進化了。）與此類似，佛教教人禁慾守戒，此中的基因因素按照進化論來說，會使得人們越來越遠離佛教，這與佛教發展的現實相衝突。事實上，佛教在誕生地印度先繁榮而後式微，而在與印度幾乎無基因聯繫的一些地區卻不乏信徒。此中的複雜性，不是進化或基因所能說清楚的

了，超出了它們的維度。

　　人類社會在物質積累達到某一閾值之後，就與科學家所定義的自然分道揚鑣了。自然科學沒有足夠的維度來包含人類社會，人類社會的種種現象必須從更複雜的一個框架裡來理解。從遺傳物質上看，靈長類尤其黑猩猩與人類相近，而與其他動物遠。但從社會和行為上看，人與黑猩猩有本質的的不同，黑猩猩與動物更為相近。在「人法地，地法天，天法道，道法自然」這個序列裡，可以說其他動物只能限於「法地」一層。人類自從跨過這個閾值，或者說跨出大自然的門檻，就與類人猿分離開來，成為幾乎澈底不同的「法天」，「法道」的生物。

　　人類社會的主要特點是由非自然的因素所決定的。科學有助於對人類社會的理解，但僅憑科學無法解釋人類社會。人類文明從一開始，就不再是決定性的。科學無法澈底解釋人類社會，也不是因為對初始條件的瞭解不夠澈底，或者對自組織學的研究不夠深入。而是人類社會的發展充滿了反之動──「反」自組織。

　　常言所講的「每個人都是獨特的」，只是一種表像的描述。這種獨特如果只意味著組合和程度的不同，那麼獨特也就沒有任何意義，在社會學中可以用統計方法將這種獨特性移除，在心理學中可以用拼接的方法處理。而具有自由否決的自由意志的人，其獨特性不可移除或拼接而成。具有自由意志的人，其「反」自組織不是對人類社會秩序的有意地明知故犯，如盜蹠一類（《莊子・盜蹠》）；而是超越的，另闢蹊徑的，創造性的，因此是藝術性的。這樣的反自組織是建設性的超越。單純為否定而否定，仍然是被其所否定的物籠罩著，更深地陷入被其否定的物的層次，沒有新的來源，也不能有新的建設。

　　正如科學無法規範藝術，只能對過去的藝術加以分析和歸納；社會科學方法也無法規範藝術的人生，更遑論預言未來的發展。從這個意義上說，真正的藝術不是來源於人類生活，而是來源於對人類生活的反之動。來源於生活，從生活抽象所得到的是「科學」或者說「工業」的藝術，只能源源不斷製造出來的廉價的「藝術」。在生活藝術中，也是如此。如盧梭說：「奢侈腐蝕已享有它的富人，也腐蝕對它垂涎的窮人」。奢侈同時也遮蔽了與奢侈抗爭的人的視野，如墨子。莊子與墨子的不同正在於莊子對此的超越，奢侈本身並非問題的本質，德人不以此為念，而是「四海之內，共利之之謂悅，共給之之謂安；怊乎若嬰兒之失其母也，儻乎若行而失其道也。財用有餘而

不知其所自來，飲食取足而不知其所從。此謂德人之容。」（《莊子·天地》）德人的生活是藝術性的，唯有德人能夠藝術地生活。據於內德的吾的德人，未必會有新的創造，但新的創造，必然只能由這樣的人作出。

「反」自組織的可能性是由不待於有的無所保證的。也就是說，道用之或不盈，總是存在著潛在的可能性：一個社會趨勢，往往在人們認為絕無反轉的可能時反轉。「天下皆知美之為美，斯惡已。皆知善之為善，斯不善已。」（2）這種反轉不總是簡單地對此前的美和善的否定，而往往是進一步揭示更深層次的美。前者如時尚，是無定的，同時也不常；而後者則是人們在道中打開更大的空間。

「反」自組織總是通過一個個人的反之動來實現。這之所以成為可能，是因為人有自由意志，或者說，這個逆潮流而動的人，在這一行動上，有著自由意志——在這一決定上，其意志非被外部環境的力量和趨勢所決定。即使在衣著時尚上，開啟一個新的或者復古的潮流，也需要有個人先來穿著這樣的衣裳，而這個人往往被認為是有勇氣的。在社會更嚴肅的趨勢中，則需要更有勇氣的人，來反轉之。這是一個人對整個社會能夠產生的最大的影響，中國傳統上，只有這樣的人才被推崇。與其說英雄創造歷史，不如說英雄撐開了人性的空間。英雄有了開拓之後，人們認為是理所當然的，但在當時的人們眼中，英雄所為卻是一種將不可能變為可能的神奇的事業。

中國傳統學術裡，不乏試圖用「科學」——術數和數學來解釋人類社會的努力。在這些學術中，《易》是最早的，也被認為是最為深奧而普遍適用的，無論道教還是儒家都是如此認為。《易》的數學，在人們認識到二進制之後，就很明白了。至遲到北宋，邵雍已經毫無疑義地意識到了這種二進制結構。這種簡單的二進制如何能夠涵蓋人類社會的方方面面，是很容易引起質疑的一個問題，但中國人對此並無懷疑。這是因為在中國文化的潛意識中，人們早已接受個人決定的可選擇性。去算命的人，也是那個試圖否定和擺脫命的人。從這個角度上講，篤信科學的人，才是真正的命運的信徒。《易》的每一卦都是一種境況，君子對某一境況，或者順從或者反之而行，對應著一種自由意志，最終的結果是由人的意誌所決定的，而非卦象所決定的。卦象因此只是一種處境的二進制化，數字化，在資訊時代，幾乎一切資訊都是通過數字化為零和一而傳輸的，因此在原理上卦像是可以成立的。不同的人對於某一卦象的認識和反應可能是不同的，因此《易》不是一種科學，而是一種技術，其運用得當與否是與一個人對其認識的程度深淺所決定

的。而《易》所象徵的自由選擇能力，蘊含了中國傳統學術對於人的自由意志的深刻認識。因此《易》的對像是人類社會，而《易》所能達的是迄今為止任何對人類社會的數學模擬難以比擬的。

人類社會的複雜性可以看作幾種作用的疊加：在物理世界的決定性之上，芸芸眾生似乎有純粹隨機的混沌行為，但此中有著可以預測的自組織的潮流，而在自組織潮流裡，始終蘊含著「反」自組織的因素。「反」自組織的因素即是人的因素，只有這一因素的存在，才使人類社會成為人類社會。而人的自由意志決定了「反」自組織的行為，因此最終定義了人之為人。

「反」自組織因素的存在保證了人類社會變化的可能，使得人類社會得以生生不息和有希望，引領社會有方向性地前行。這種存在於個人的「反」自組織的因素，因此最終決定了人類社會與生物社會的不同。與西方不同，中國史學注重人，而不是大事件。所謂的大事，屬於自組織的範圍，而未來的走向，是由人所決定的。讀歷史，是為了通變，而變在於人。無論史料史實如何地齊備，沒有對人的注意，只能是一堆故紙。歷史如何變的線索，不在於收集，而在於尋找，只看到大事件或只看到「自組織」，就會恰恰錯過突破它們的變的發現。歷史如何變的線索，不在於大數據之大，而往往在於帕累托二八法則所指出的那被錯過的小。人類社會能夠從種種嚴密控制的專制制度下走出來，沒有「反」自組織的因素是不可想像的。「反」自組織的因素使人類社會的重大轉折成為可能。歷史學即是對此的尋找學。

有這樣的人性才有這樣的歷史，包括思想史和人類史。所謂歷史，即是複雜人事的記錄，人事的史實是表像，其中隱藏著潛在的人性的線索——人事只能由人性發出。無論在中國還是歐洲，殘酷的戰爭之後，人們能夠從混沌中重建文明，是因為人性並不能被戰爭摧毀。沒有對其支持的人性，就沒有歷史的可能，歷史就只能成為化石一樣的一簇簇的文明遺跡。孟子說：「民為貴，社稷次之，君為輕」。（《孟子·盡心下》），維持人類社會不墮的人性不存在於偉大的帝王，而存在於草野的民。人性是歷史之盤，歷史不出於盤中，卻極盡變化之能事，「人有能遊，且得不遊乎？人而不能遊，且得遊乎？」（《莊子·外物》）學術亦是如此。沒有人能夠理解人類人性所不能理解的，「知能能而不能所不能」。（《莊子·知北遊》）；也不能作出人性所不能支持的事情。人性不是歷史，歷史只是人性被實現的一種可能，歷史是人性被揭開的一角。觀念並不總能化成歷史，而歷史必有其能被人理解總結預言的觀念和規律在背後支持它。因此，從這個意義上說，人性

是人類歷史中的唯一的可以貫通一切方面的總線索。而人的思想，人對於人性的認識，是歷史最重要的意義。因此，雖然不能說歷史即觀念史，但歷史學即觀念學殆無疑義。與普遍人性的內涵所對應的外延是人類宏觀歷史，因此對人性越普遍的認識，越能預見宏遠的歷史。而社會的微觀內容是不可預知的。

　　社會科學所處理的問題是人類數據的問題，即在實驗可得的可重複數據上，又加上人文的過濾，適應和排斥，之後的數據。這個數據實際數量可以說超過自然科學的實驗數據的總和。對此的處理，應該得出遠較自然科學學科複雜的理論體系。學者不能由自己對人性的深刻體驗，就不能理解社會學家，歷史學家和他們所記錄的，也就不能理解社會和歷史，這是顯而易見的。因此，這樣的理論體系很難說對每個人都是一樣的，只對那些對自由意誌有深刻理解的人才是一致的。

　　人類歷史中的人性線索，不是像告子所說的那樣「性猶湍水也，決諸東方則東流，決諸西方則西流。」（《孟子・告子上》）而是「壅諸東方則東決，壅諸西方則西決，不壅則不決」。（壅，塞也。（《說文》）可以參見莊子所說的「積」：「天道運而無所積，故萬物成；帝道運而無所積，故天下歸；聖道運而無所積，故海內服。」（《莊子・天道》））一個社會的變動，絕不能沒有來由，這個來由在表像上即是壅。一個社會在這個社會中幾乎每個人都認為不可維持的時候，仍然能夠在相當長時期維持下去，即是一個社會之「壅」。這種「壅」的決口，在中國歷史上往往表現為合久必分之後，兵戈擾攘的大混亂，這是兵的層次的一種結局，對社會造成酷烈的破壞。而在刑的層面上，變法是預防此類破壞的手段。「利不百，不變法」（《商君書・更法》），傳統的慣性一般被認為是變法的阻礙，但並非如此，「利」不百才是變法最大的困難——天時地利；而變法的人不能因勢「利」導：不能因慣性的勢，以百倍的「利」導之，才是變法失敗的關鍵——謀事在人。不知道這一點，將變法與傳統對立起來，去攻擊傳統，以今日之是，非昨日之非，是策略中下之下者：不僅荒廢了變法的生力和時機，消耗了自己可信度，更無從知曉或指引社會的真正演變方向。中國歷史上，此類失敗的變法或者流於頭痛醫頭腳痛醫腳，或者流於抱薪救火的嚴刑峻法，或者半途而廢，歷歷在目。

　　人類未來中的人性線索，必然與過往歷史中的人性線索有強烈的連續性，而非斷裂的。人類從進化之流遊弋出來那一刻，就決定了不可能有新人

類，只能有一以貫之的有常的人性。所以未來的線索，要從對歷史的深刻認識中去認識，從對人性的透徹認識中去預言。歷史的人性線索，不存在於神論天時地利，也不存在於任何一個時代中的大多數人的所想或所欲，而存在於自由意誌之用，這個用最終引向人性的充分發展。從對歷史影響深遠，引領歷史的那些人身上，可以看到此類的人性的端倪，「人能弘道」（《論語‧衛靈公》），指的是這些人。「聖人無常心，以百姓心為心」（49），他們所表現的，是大多數人日用而不知的人性之真。這些人的「一心」能夠對歷史有所影響，在千載之後仍然引人共鳴和想往，是通過人性實現的。這些人超越時代和現實的自由意志的最終實現，就塑造了歷史。孔子「知其不可而為之」（《論語‧憲問》），「莊子當時也無人宗之，他只在僻處自說」（《朱子語類‧一百二十五》），他們對歷史的影響，即如此類。

孟子說：「人有不為也，而後可以有為。」（《孟子‧離婁下》）「有不為」不是無可無不可，家人言耳一類的說教，而有其深刻的意涵。有所不為者的有為，不同於可以忽略不計的反射性有為，有所不為者的有為有「人」在其中，是「人」的真正意義之所在。從有所不為得到的自由否決的力量，是建立真正的自由意志的途徑，循此而進可以通往過去以至於未來。有志者可以以此自勉。

國家圖書館出版品預行編目

中國傳統學術之結構：從道德經到厚黑學 / 楊道
還著. -- 臺北市：獵海人, 2018.10
　　面；　　公分
　　ISBN 978-986-96985-1-1(平裝)

1.先秦哲學 2.文集

121.07　　　　　　　　　　　107017597

中國傳統學術之結構

——從道德經到厚黑學

作　　者／楊道還

出版策劃／獵海人

製作銷售／秀威資訊科技股份有限公司

　　　　　114 台北市內湖區瑞光路76巷69號2樓

　　　　　電話：+886-2-2796-3638

　　　　　傳真：+886-2-2796-1377

網路訂購／秀威書店：https://store.showwe.tw

　　　　　博客來網路書店：http://www.books.com.tw

　　　　　三民網路書店：http://www.m.sanmin.com.tw

　　　　　金石堂網路書店：http://www.kingstone.com.tw

　　　　　讀冊生活：http://www.taaze.tw

出版日期／2018年10月
定　　價／800元